KB177132

이중언어의 기쁨과 슬픔

MEMORY SPEAKS: On Losing and Reclaiming Language and Self by Julie Sedivy

Copyright © 2021 by the President and Fellows of Harvard College

Korean Translation Copyright © 2023 JIWASARANG

All rights reserved.

Published by arrangement with Harvard University Press through AMO Agency.

이 책의 한국어판 저작권은 AMO에이전시를 통해 저작권자와 독점 계약한 지와사랑에 있습니다.
저작권법에 의해 한국 내에서 보호를 받는 저작물이므로 무단 전재와 무단 복제를 금합니다.

한 언어심리학자의
자아 상실과 회복에 관한 이야기

이중언어의
기쁨과 슬픔

초판 인쇄 2023. 4. 7
초판 발행 2023. 4. 19

지은이 줄리 세디비
옮긴이 김혜림
펴낸이 김광우
편집 강지수, 문혜영
마케팅 권순민, 김예진, 박장희
디자인 송지애
펴낸곳 知와사랑
주소 경기도 고양시 일산동구 고양대로1021번길 33 402호
전화 02) 335-2964 팩스 031) 901-2965 홈페이지 www.jiwasarang.co.kr

등록번호 제2023-000016호 등록일 1999. 1. 23

ISBN 978-89-89007-98-2 03700

이중언어의

기쁨과

한 언어심리학자의
자아 상실과
회복에 관한 이야기

줄리 세디비 지음
김혜림 옮김

슬픔

知와 사랑

일러두기

• 단행본 및 정기 간행물은 『 』, 시, 논문, 단편, 칼럼은 「 」 미술 및 음악, 영화 작품은 〈 〉를 사용했습니다.
• 원서에서 강조 처리한 부분은 번역서에서 굵게 처리하였습니다.
• 본문의 각주는 모두 옮긴이주입니다. 원서의 미주는 번역서에서도 그대로 미주 처리하였습니다.
• 원서에는 별도의 소제목 없이 단락과 단락 사이에 여백을 줌으로써 내용을 전환하였지만, 번역서에서는 독자의 이해를 돕기 위해 같은 부분에 소제목을 추가하였습니다.
• 인명과 도서명 등의 원어 정보는 '찾아보기' 항목을 참고하시기 바랍니다.

베라와 라디슬라브,
그리고 그 이전의 사람들에게.
캐서린과 벤저민,
그리고 이후에 올 이들에게.

1장

*

죽음

체코슬로바키아를 떠나기 몇 달 전에 집 앞에서 찍은 가족사진. 아버지 품에 내가 안겨 있다.

아버지와 모국어

　아버지는 평생을 살아왔던 방식 그대로 돌아가셨다. 준비 없이, 그리고 누구와도 상의 없이. 그저 어느 날 밤 잠자리에 든 뒤, 다음 날 아침 이불이 표석인 양 그 안에 누워 발견되었다.

　나는 아버지의 갑작스러운 죽음을 힐책으로 받아들일 수밖에 없었다. 수년간 아버지는 체코공화국에 있는 자기를 보러 오라고 간청했다. 내가 태어난 곳이자 1992년에 아버지가 다시 돌아간 그곳으로 말이다. 하지만 나는 매년 그것을 미루었다. 그때 나는 인생에서 결혼-대학원-육아-커리어-이혼의 물결이 숨 막히게 휘몰아칠 때였기에, 한가하게 조국을 방문하는 일은 시간을 멈추는 것만큼이나 불가능해 보였다.

　이제 아버지는 저편에서 내게 어깨를 으쓱해 보이고 있었다. "거봐, 이제는 너무 늦었잖아."

　그의 죽음은 내게 또 다른, 더 미묘한 상실을 의미했다. 바로 모국어 상실이다. 체코어는 내가 두 살까지 유일하게 할 줄 알던 말이다. 내가 두 살이 되던 해 우리 가족은 당시의 체코슬로바키아를 떠나 오스트리아와 이탈리아를 거쳐 마침내 캐나다 몬트리올에 정착하는, 서쪽으로의 이주를 시작했다. 그

과정에서 나는 여러 언어를 잡동사니처럼 접했다. 독일어를 쓰는 유아원, 이탈리아어로 말하는 친구들, 동몬트리올의 불어권 거리. 그러나 다섯 형제자매들과 내가 영어권 학교에 다니기 시작하면서 우리의 언어는 고정되기 시작했다. 부모님—특히 아버지—의 투덜거림에도 불구하고 여느 이민자 가정에서처럼 영어는 우리 가족의 비공식 언어가 되었다. 부모님은 우리에 비해 수적으로 불리했기 때문에 어쩔 수 없었다. 체코어가 일상생활에서 서서히 사라지기 시작했다.

유치원에 처음 들어갔을 때 나는 영어라고는 고작 몇 마디밖에 몰랐다. 1학년으로 올라간 첫날에는 반에 이민자 자녀가 몇 명 있는지 보려고 출석부를 살피던 선생님이, "줄리, 너는 어때? 영어를 좀 하니?"라고 물어 내 기분을 극도로 상하게 했다. 분개한 나는 "영어를 조금 아는 게 아니라, **많이** 알아요"라고 받아쳤다(아마도 슬라브어 악센트가 강하게 들어간 영어였을 것이다). 하지만 몇 년 뒤에는 어떤 선생님도 영어가 모국어인 친구의 말투와 내 말투를 구별하지 못했다. 지금 나를 아는 사람들은 영어가 내 다섯 번째 언어라는 얘기를 들으면 무척 놀란다. 어떻게 그렇게 이전의 언어들을 완벽하게 밀쳐낼 수 있는지 신기해하면서.

재빠르게 영어에 안착한 우리 모습에 많은 사람들이 박수를 보낼지도 모른다. 모범적 이민 가정의 모습이기 때문이다. 하지만 당시 나는 동화assimilation, 同化가 치러야 하는 대가를 알지 못했다. 대부분 젊은이가 그러하듯 조상의 뿌리를 돌보는 것보다 내 미래로의 돌진이 훨씬 더 중요했다. 그리고 그 미래는 영어를 사용했다. 내게 체코어는 나와 유전적으로 얽힌 사람들이 섬과 같이 좁은 지역에서 사용하는 작은 언어였다. 반면 영어는 지평을 넓힐 수 있는 거대한 언어였다. 내가 좋아하거나 잘 보여야 하는 선생님들이 쓰는 말이었고, 친구들이 계속 따라하는 TV 프로그램의 언어였으며, 나를 사로잡은 책 그리고 언젠가는 내가 쓸지 모르는 책의 언어였다. 그것은 꿈과 목표의 언어였다.

그러나 거기에는 치러야 할 대가가 **있었다**. 나와 형제자매들이 체코어와 멀어지자 우리와 부모님(특히 영어를 빌려 입은 양복처럼 어색해하는 아버지) 사이의 공간도 넓어졌다. 마치 고향에서의 부모님 인생과 그 인생을 정의해 주었던 가치들이 다른 언어로는 제대로 옮겨지지 않는 것 같았다. 예를 들어 영어를 쓰면 부모님에게 대들기가 훨씬 쉬웠고, 심지어 부모님을 부르는 명칭부터 버릇없음을 부추겼다. 우리가 사용했던 애정 어린 체코 단어 마민카ma-minka와 타티넥tatinek*은 불손한 감정으로 발음하는 것이 불가능한데, 이에 상응하는 영어 단어는 존재하지 않는다. 영어에서는, 사랑스럽지만 유아적인 단어 마미mommy와 대디daddy가 아이들이 자라며 곧 맘mom과 대드dad라는 명칭으로 바뀌고, 이 영어 호칭은 청소년들이 부모에게 말대답할 때도 충분히 쓸 수 있는 단어다.

최근 들어 나는 우리가 모국어 뿌리를 계속 유지했었다면 아버지 입장에서 뭔가가 조금 달랐을까 궁금하다. 시간이 흐르면서 우리와 아버지 사이의 대화가 줄었고, 자식들에게 가장 물려주기 바랐던 유산들—종교적 독실함, 가족의 끈끈한 유대감, 체코 향토 음악과 전통에서 얻는 기쁨(부끄럽게 고백하자면 우리는 종종 이것을 비웃었다), 조상에 대한 따뜻한 존중—을 전하지 못하는 무력감에 아버지가 좌절했던 기억이 난다. 이 모든 유산들은 우리가 영어로 소통하는 세상에서 계속 마주했던 새로운 경험들, 영어권에서의 야망과 개인주의까지 가미된 경험들로 희석되었다. 우리가 성인이 되고 북아메리카 대륙 곳곳에 흩어져 독립된 삶을 살게 되자 아버지는 포기했다. 그리고 고향으로 돌아갔다.

그 후 20년간 나는 영어로 소통하는 세상에 완전히 녹아들어 성년기를 보냈고, 심지어 캐나다 국적에 더해 미국 국적까지 취득했다. 아버지는 나와 정기적으로 체코어 대화를 나누는 유일한 사람이었다. 몇 달에 한 번 하는 전화 통화를 '정기적'이라 할 수 있고, 너무나 많은 영어 단어로 땜질을 하며 만드는 어설픈 체코어 문장을 '체코어를 말한다'고 부를 수 있다면 말이다. 내게 체코어 유산은 점점 기능을 상실한 흔적기관이 되기 시작했다.

그렇지만 '상실'은 비로소 우리가 무엇을 잃었는지 분명하게 보여준다. 아

---

*　체코어로 maminka는 엄마, tatinek은 아빠라는 뜻.

버지의 죽음과 함께 내겐 체코어와의 연결 고리도 사라졌고, 그것은 마치 오케스트라에서 비올라 섹션이 소리를 내지 않는 것과 같았다. 멜로디를 연주하지도 않고 역할이 잘 드러나지 않지만, 그것이 없으면 그동안 비올라가 음악에 얼마나 풍성한 깊이와 질감을 더했고 그 리듬이 어떻게 일관성을 제공했는지를 알 수 있는 것과 같다. 아버지를 애도하면서 동시에 나는 앞으로의 삶에서 느낄 체코어의 침묵을 슬퍼했다. 내게는 오직 체코어로만 말할 수 있는 부분, 영어로는 형제자매나 어머니에게도 표현하기 힘든 어떤 부분이 있음을 깨달았다. 갑자기 허공에 뜬 기분이 들었다. 내 어린 시절뿐 아니라 나를 형성한 문화 전체에서 닻이 풀린 느낌이었다.

살아 있는 언어의 죽음

그 뒤로 계속 그 상실감에 대한 생각이 내 머릿속에 머물렀고, 나는 그것의 전체적인 윤곽과 다양한 모습에 친숙해졌다. 대학 신입생으로 처음 언어학 수업에 발을 디딘 이후 평생 동안, 종종 밤낮을 가리지 않고 나는 '언어'에 대해 생각해 왔다. 그리고 언어의 심리학적 측면을 연구하는 분야인 언어심리학 연구자로서 우리가 언어를 어떻게 배우고 사용하는지 작은 부분까지 고민해 왔다. 그러나 그동안의 연구도, 거의 쓰지 않았던 언어와의 단절로 느끼는 이 아리송한 공허함을 설명하지 못했다.

이 책은 그 상실감을 이해하려는 시도이며, 언어에게 경의를 표하고 학문적 지식의 틀 안에 그것을 위한 자리를 마련하려는 노력이다. 내 경험뿐 아니라 다른 사람들의 경험을 자세히 참고하여 여러 창을 통해 들여다보니 어렴풋하게 연관성이 보이기 시작했다. 나는 이 경험들을 '언어와 이주'의 다양한 측면을 탐구하는 연구들, 즉 어떻게 인간의 마음에 언어가 들어오고 사라지는지, 사회적 변화에 따라 언어가 어떻게 흔들리는지를 연구하는 작업들과 연결하고자 노력해 왔다.

언어는 살아 있고, 모든 살아 있는 것이 그렇듯 죽음의 가능성이 항상 뒤

따른다. 이 책에서 나는 왜 하나의 언어가 어떤 사람의 정신에 뿌리를 내렸다가 나중에 시들 수 있는지, 이 쇠퇴는 어떤 모습인지, 언어의 이지러짐이 어떻게 개인적 고통을 넘어 집단 위기의 규모로 증폭되는지를 탐구할 것이다. 언어 상실이라는 개인적 경험으로 인해 나는 언어의 진정한 '소멸'을 마주한 사람들에 대해 더 깊이 생각하게 되었다. 이들은 모국어가 위태롭게 된 사람들, 자신의 일상생활에서 모국어가 사라지는 것뿐 아니라 그 언어 자체의 멸종을 막으려고 분투하는 사람들이다. 언어학 분야에 종사하면서 나는 세계 속 작은 언어들이 마주한 커다란 위험을 잘 알게 되었고, 그것들에 대해 깊이 고찰하게 되었다. 하지만 작은 내 인생에서의 체코어 상실이 모국어의 대체 불가능성을 뼛속까지 사무치게 **느끼게** 해주었다면, 모국어 멸종을 마주한 사람들이 겪는 상실감은 절대로 내가 손을 내밀어 직접 체험할 수 없는 종류다.

언어 상실의 중심에는 잔인한 역설이 있다. 한 언어의 약화는 종종 더 나은 삶—풍요, 안전, 주류 문화로의 진출—을 향한 꿈으로 야기된다. 지금까지 살아 있는 수천 개의 언어 중 단지 몇 가지만이 사회에서 대접받는 위치와 특권을 누린다. 세력이 약한 언어 사용자들은 자신들의 생활과 정신에서 이들 우세한 언어에 자리를 양보하는데, 실제로는 더 나은 삶과 자신의 정체성을 맞바꾸는 것과 다름없다.

두 개 이상의 언어와 문화를 넘나들며 인생을 영위하는 많은 이들이 그렇듯, 나는 스스로를 서로 간헐적 대화를(때로는 논쟁을) 나누는 여러 자아의 혼합물이라고 느낀다. 여러 언어와 문화가 섞이고 사람들의 삶이 하나의 언어 커뮤니티에 머물지 않는 경우가 많아지면서, 자아의 이중성이 많은 이들에게 자연스러운 상태가 되었다. 앞으로 이 책에서는 언어가 어떻게, 그리고 왜 그렇게 자주 이중자아 사이의 경계를 규정하는 역할을 하는지, 그리고 쓰는 언어에 따라 우리가 왜 다른 사람인 듯 느끼는지를 탐구할 것이다.

결국 한 개인의 마음에서나 크게는 사회 전반적으로 여러 개 언어가 평화롭게 공존할 수 있을까? 아주 적은 수의 언어가 세계의 언어 양상을 너무 많이 지배하고 있기 때문에 작은 언어들의 생존은 다언어주의multilingualism에 의지할 수밖에 없다. 그러나 언어는 필연적으로 서로 경쟁할 수밖에 없기에 다언어주의는 잠재적인 갈등을 내포한다. 나는 언어들이 한 사람의 마음 또는 한 사회 안에서 공간을 공유할 때 발생하는 어려움을 되돌아볼 것이며, 이 갈등이 위험의 요소이면서 또한 유익을 줄 수 있는지 그 가능성을 물을 것이다.

모국어의 쇠퇴를 고민하다 보니, 한때 내가 커다란 언어적 공허라고 느꼈던 그것이 되돌릴 수 없는 게 아니라는 걸 명확히 알게 되었다. 사실 올바른 방향으로 몇 걸음만 가면, 공허함에서 나와 굳은 땅으로 올라설 수 있었다. 어쨌든 체코어는 인구 천만 명인 독립국가의 공식 언어로 남아 있다. 삶이 어느 정도 안정되자 나는 내가 태어난 나라를 찾아가 관광객이 아닌 단기 체류자로서 아버지가 자란 집에서 시간을 보낼 수 있었다. 그곳에서 나는 다시 한번 내 언어, 내가 고향으로 돌아오기를 오랫동안 기다려온 그 언어의 따뜻한 포옹을 느낄 수 있었다. 하지만 모든 사람이 언어의 공백에서 굳은 땅으로 발을 디딜 수 있는 것은 아니다. 이 책 말미에서는 어린 시절을 지탱해 주던 언어를 잊었던 사람들에게 아직도 남아 있는 언어 소생의 가능성을 파고들면서, 동시에 자신들의 언어가 멸종을 향해 너무 멀리 가버린 커뮤니티가 마주한 어려운 도전들도 깊게 다룰 것이다.

아버지와 주고받던 언어의 일부를 되찾는 경험은 내 인생에 변화를 가져왔다. 분열되었던 여러 자아들 사이에 평화가 형성되어 내가 누구인지를 더욱 깊고 차분하게 인식하게 되었고, 우리 조상의 터가 아닌 다른 낯선 곳에서 어떻게 뿌리를 내릴 것인가에 대한 오래된 문제에 새로운 빛을 비춰주었다. 지금 캐나다에 사는 내게 이 질문은 몹시 불편하다. 내가 살기 이전 몇 천 년 동안 이 땅에 살았던 민족들은 문화 이탈cultural dislocation로 가장 큰 타격을 입었고 그들의 언어는 진정 사라질 위기에 처해 있다. 그리고 지금 이 땅은 내 터전이 되었다. 이 질문은 책 마지막에 이르러서도 답할 수 없을 것이다. 하지만 이 질문에 대한 답은 언어가 그저 지식을 공유하는 수단만이 아님을 이해하는 데서 시작한다고 믿는다. 모두에게 언어는 사원이며 피난처이고, 영지靈地이자 집이다.

모국어 상실의 메커니즘

1994년 처음으로 프라하를 방문했을 때 나는 대학원생이었고, 학회에 참석하기 위해 다른 언어학자들과 동행했다. (그때 아버지는 프라하에서 몇 시간 떨어진 모라비아 지방에 살고 있었다. 그러나 나는 집에 두고 온 어린 아이들과 학교 업무 마감일에 쫓겨서 며칠 휴가를 내어 아버지를 방문할 생각을 하지 않았다. 지금 생각하면 참으로 어리석었다.) 일행 중 한 명이었던 저명한 언어학자 바버라 파티가 관광 안내자 역할을 했는데, 그녀는 체코슬로바키아의 벨벳혁명 동안, 그리고 이후에도 꽤 많은 시간을 프라하에서 보냈기 때문에 자기가 좋아하는 곳을 우리에게 보여주고 싶어 했다. 파티 교수님의 체코어는 영어 악센트가 강했고 말할 때 노력이 조금 필요했지만 그래도 인상 깊을 정도로 유창했다. (이전에 나는 영어 악센트가 들어간 체코어를 들어본 적이 없었는데, 교수님의 체코어를 들으니 내가 상상하던 것과 똑같았다.) 내가 상점이나 음식점 종업원에게 체코어로 말할 때는, 몇 십 년 동안 옷장 깊숙한 곳에 넣어두었던 옷을 꺼내 사람들 앞에서 입어야 할 때와 같은 창피함이 느껴졌다. 어눌하고 구식인 체코어는 마치 비뚤어진 치맛단과 어긋난 솔기처럼 어설프게 나를 따라다녔고, 나는 체코어를 너무 많이 잊어버렸다고 계속 쑥스러워했다. 어느 순간 파티 교수님과 내가 띄엄띄엄 체코어로 대화 비슷한 걸 시도했는데, 그녀가 놀라면서 소리쳤다. "자네는 내가 평생 배울 수 있는 체코어보다 더 많이 체코어를 잊어버렸네!" 언어를 배우기는 왜 이리 어렵고, 잊는 것은 어찌 이리 쉬운지 모르겠다.

나는 모국어를 잊어버릴 확률이 가장 높은 1.5세대 이민자 집단에 속한다. 즉, 어렸을 때 다른 나라로 이주하여 사춘기가 되기 전에 새 터전의 언어를 배우기 시작한 이민자 세대다.

아무리 모국어일지라도, 한 언어가 두뇌에 너무 단단하게 박혔기 때문에 새로운 언어가 그것을 밀어내거나 바꾸지 못하게 되는 나이란 없다. 다만 아기가 새로 태어난 가족처럼, 새 언어가 들어오면 마음에 이미 자리 잡고 있던 다른 언어가 영향을 받을 수밖에 없다. 이 언어들은 공존할 수 있지만 마치 형제자매들처럼 정신적 자원과 관심을 받으려고 서로 몸싸움을 벌인다. 이중언어bilingual를 사용하는 사람이 하나의 언어로 생각을 표현할 때, 나머지 언어의 단어와 문법 구조가 머리 뒤편에서 관심을 호소하며 아우성을 칠 때가 많다. 그리고 새 언어에 관심이 치우치면 오래된 언어는 고통스러워한다.

어린 나이에 자신의 언어적 항구를 떠나 새로운 곳으로 가야 했던 아이는 모국어를 잃을 가능성이 크다. 이민자들의 언어 약화를 연구하는 학자들에 따르면, 모국어를 잃어버리는 정도는 이주 후 새로운 언어를 배우기 시작하는 나이와 관련이 있다. 다시 말해서, 이주 나이가 어릴수록 어른이 되었을 때 모국어 상실이 더 심각하다. 그보다 커서, 예를 들어 십 대나 성인이 되었을 때 새 언어를 습득한 사람들도 결국에는 모국어로 말할 때 어려움을 겪게 되어 말의 속도가 느려지고 부자연스러워지며 단어를 잘 떠올리지 못한다. 그리고 모국어가 흔들리면 새 언어가 밀고 들어와 모국어의 빈틈을 이어주기 때문에 제대로 된 모국어 문장을 회복할 기회를 놓친다. 하지만 성인 이민자들의 모국어가 완전히 와해되는 경우는 드물며, 모국어의 구조와 문법이 아예 무너지지는 않는다.

어린 나이에 다른 언어권으로 이동한 아이는 이전에는 바르게 사용했던 말의 형식을 제대로 쓰지 못해 결국 모국어가 좀먹히고 만다. 언어가 얼마나 너덜너덜해지는지는, 3세에서 11세 사이에 러시아에서 미국으로 이주한 사람들의 러시아 말에 대해 상세하게 연구한 마리아 폴린스키의 논문에서 볼 수 있다.[1] 이 논문을 읽으며 나는 움찔했다. 러시아어와 체코어는 문법적으로 상당히 비슷하고 연구 대상자들도 나와 유사해서, 논문에 기술된 문법 오류의 세세한 사례가 모두 내 언어 상실을 설명하고 있는 듯 느껴졌다. 성인이 되어 체코어를 배운 친구의 표현을 빌리자면 슬라브어의 문법은 일종의 '도를 닦는 것'과 같다. 예를 들어, 시제와 행위의 주체에 따라 동사 어미가 달라질 뿐 아니라(프랑스어나 스페인어 등도 마찬가지다) 명사 또한 '격 체계case system'에 따라 모양이 다양하게 변하는 것으로 악명이 높다. 격 체계란 명사의 형태가 그것의 문법적 기능을 알려주는 방식이다. 체코어에서 '개'라는 단어는 개가 행위의 주체인지 대상인지, 당신이 개의 주의를 끌려고 부르는 것인지, 개를 **위해** 또는 개와 **함께** 무언가를 하는 것인지, 개가 가진 뭔가를 얘기하는 것인지 등에 따라 여러 가지 형태로 발음될 수 있다(예를 들어 pes, psa, psovi, psem, psův). 그뿐만 아니라, 특정 단어가 명사의 여러 범주 중 어디에 속하느냐에 따라 다양한 격의 체계가 사용된다. 따라서 '개'라는 단어는 '여성' 또는 '마을'이라는 단어와 매우 다른 격의 체계를 갖는다. 여기서 끝이 아니다. 형용사나 숫자, 명사 앞에 오는 수식어도(예를 들어 '저 성난 세 마리 개those three angry dogs'라는 문구에서 'dogs' 앞에 오는 각 단어) 격에 따라 모양이 변한다. 고국을 떠나기 전 이 언어를 약 2년 만에 숙달했던 아이들이 이주 후에는 이 모든 변주를 활용하는 데 애를 먹는다는 사실이 결코 놀랍지 않다. 폴린스키는 미국의 러시아 이민자들이 종종 러시아어의 복잡한 6개 격 체계를(체코어는 7개 격 체계다) 대충 두 개의 체계로 단순화하여 사용함을 발견했다. 문법의 다른 영역에서도 비슷한 왜곡이 발견되었는데, 이 모든 오류들이 너무 낯익어 나는 몹시 당황했다.

'격'과 같은 문법 특징은 그저 언어의 장식이나 과장이 아니다. 한 언어의 바탕이 되는 기반암이며, 그것이 모국어인 아이들은 유치원에 가기 전에 거의 완벽하게 사용하는 영역이다(아마 나도 그랬을 것이다). 폴린스키의 논문을 읽고 내가 번뜩 깨달은 것은, 1994년 프라하 방문 때 상점 종업원들이 들었던 내 체코어는 단지 구식이고 잘 맞지 않는 옷이 아니었다는 점이다. 그 옷을 입은 몸뚱이 자체가 문제였다.

대가족인 우리 집을 살펴보면, 형제 서열에 따라 이주 연령과 언어 약화 간 상관관계를 추적할 수 있다. 즉, 나이가 많은 형제들이 가장 많은 체코어를 기억하고 어린 동생들의 체코어 능력이 가장 약하다(청년 시절 고국에서 상당히 많은 시간을 보낸 막내는 제외하고). 이것은 언어 연구자들이 설명하는 '습득 연령age of acquisition' 효과를 그대로 보여준다. 습득 연령 효과란 두 번째 언어를 배우기 시작하는 나이가 어릴수록 성인이 되었을 때 그 언어가 높은 확률로 유창하다는 것이다.

왜 어린 아이들일수록 첫 번째 언어가 새 언어로 쉽게 대체되는지 그 이유는 분명하지 않다. 어른보다 새로운 말을 더 잘 습득하는 아이들의 두뇌 가

소성*이 새 언어를 빠르게 습득하게 해주는 만큼이나 첫 번째 언어를 더 쉽게 덮어버릴 수 있다. 또는 청소년기나 그 이후가 되어야만 첫 번째 언어가 안정적으로 자리를 잡는 것일 수도 있다. 마치 뿌리가 아직 얕은 어린 나무가 다른 언어와의 접촉이라는 가뭄에서 생존하기 힘든 것과 같다. 아주 어린 아이들이 새로운 언어로 에너지를 쏟기 전에 모국어가 미처 숙달되지 못했을 수도 있다. 마지막으로, 아이들은 아직 정체성이 확립되지 않았기 때문에 기존 언어와 삶의 방식에 갖는 충성심보다는 친구들과 동화되고 섞이고 싶은 마음이 더 클 수도 있다.

언어 약화에 대한 이유가 무엇이든 ─ 위에 언급한 모든 요소가 각기 다른 수준으로 영향을 미칠 수 있다 ─ 모든 사람이 같은 정도의 언어 상실을 경험하지는 않는다. 놀랍게도 어떤 사람의 언어 약화와, 그 사람의 모국어 사용 기간 혹은 새로운 나라에서 거주한 기간이 분명한 선형 관계를 보여주지 않는다. 몇 십 년 동안 모국어를 사용할 기회가 거의 없었는데 아직도 유창하게 구사하는가 하면, 비슷한 조건인데도 모국어 단어를 찾지 못해 계속 말이 끊어지고 대화를 이어가기 어려워하는 사람도 있다.

몇 가지 요인이 모국어 미사용으로 인한 쇠퇴를 막는 듯 보인다. 첫째, 타고난 언어 학습 능력이다. 흔히들 모국어를 통달하는 데 있어 타고난 언어 능력이 필요하지 않다고 여긴다. 아마도 거의 모든 아이들이 모국어를 배울 만큼 탄탄한 언어 능력을 가졌기 때문일 수도 있고, 얼마나 빨리 혹은 느리게 말을 배우느냐에 상관없이 보통은 어린 시절 동안의 훈련으로 충분하기 때문일지도 모른다. 그러나 모국어 습득과 같은 상황이 아닐 때는 언어적 재능이 중요하다. 연구자들은 일반적 지능과 관계없이 사람들이 새로운 언어를 배울 때, 특히 성인이 되어 새 언어를 습득할 때 도움이 되는 기능 몇 가지를 밝혀냈다. 여기에는 말소리에 대한 민감성, 그 소리를 글자와 연결시키는 능력, 문장의 문법적인 부분들을 이해하고 언어에서 문법 형태를 알아채는 능력, 새

---

*   plasticity, 可塑性. 학습이나 여러 환경적 요인으로 뇌세포와 뇌 부위가 유동적으로 변하는 성질.

로운 단어를 빨리 배우고 기억하는 능력 등이 포함된다. 이 능력들은 모국어 약화에 가장 취약한 사람들, 즉 나처럼 사춘기 전에 두 번째 언어 환경에 들어간 이민자들의 모국어 상실을 늦추는 데도 도움을 주는 듯 보인다.[2] 어쩌면 언어능력은 우리가 유전적으로 심혈관 건강을 타고나는 것과 비슷하다. 운동이 모든 사람의 심혈관 건강에 도움을 주지만, 운 좋은 소수는 거의 훈련을 하지 않거나 겨우내 운동을 소홀히 한 뒤에도 놀랍도록 튼튼하다.

이민자 자녀들은 또한 모국어를 '읽을' 줄 알면 나중에 그것을 잊어버릴 확률이 적다.[3] 왜 그런지는 아직 분명하지 않지만, 읽을 줄 알면 대화라는 형식 없이도 계속 모국어에 접근할 수 있기 때문일 수도 있고, 글을 통해 복잡한 문장 구조나 많이 쓰지 않는 단어를 접하게 됨으로써 모국어가 깊고 넓게 뿌리를 내리기 때문인지도 모른다. 글과 말의 차이를 공부하는 연구자들은 글에는 말로는 잘 쓰지 않는 언어 형식이 포함되어 있으며, 모국어를 배울 때 글을 읽거나 듣고 자란 아이들은 이런 형식을 더 잘 다룬다는 사실을 발견했다.[4] 모국어를 읽을 수 있는 아이는 모국어를 더욱 성숙하게 장악하고, 이러한 숙달이 모국어가 쇠퇴하지 않도록 지켜준다. 그리고 모국어를 읽는 능력은 아이가 가족의 언어와 문화를 더 가치 있게 느끼게 도와주고, 각 언어에 얼마만큼 정신적 공간을 할애할 것인지 선택하는 순간에 모국어가 주류 언어에 쉽게 밀리지 않게 해줄 수 있다.

책벌레였던 내 어린 시절을 돌이켜볼 때 만약 체코어로 된 책이 가득한 도서관이 있었더라면, 내가 영어 책에서 만났던 낸시 드루*, 스파이 해리엇**, 빨간 머리 앤과 같은 매력적이고 대담한 캐릭터들을 체코 버전으로 만났다면 나와 체코어의 관계가 어떻게 달라졌을까를 상상하게 된다. 아직 세계적인 온라인 상거래가 없었을 때, 우리 집에 체코어 책이라고는 부모님이 고향에서 가져왔거나 해외에서 친척들이 보내준 여남은 책들이 전부였다. 그중 어린이 책 두세 권을 좋아했지만, 책에 대한 나의 탐욕은 영어로 쓴 책으로 채워

---

*   유명 미스터리 소설 『낸시 드루』의 주인공.

**   아동 문학의 고전인 『탐정 해리엇』의 주인공.

야만 했다. 이 때문에 두 언어에 대한 나의 인상, 즉 영어는 크고 방랑적이며 탐험의 언어이고 체코어는 작고 안락하며 할머니네 부엌 온기 같은 포근함의 언어라는 느낌이 굳게 자리 잡았다.

어렸을 때 내가 체코 문학을 알았더라면 그것은 내게 엄청난 영향을 미쳤을 것이다. 내가 읽던 영어 책 속에 묘사된 가족들은 매혹적이었지만 내 가족과는 많이 달랐고, 책 속 인물들도 그때의 나와 조금 달랐다. 하지만 그들은 언젠가 나도 될 수 있는 흥미로운 사람들로 보였다. 체코 문학은 청년이 되어서야 처음 알게 되었는데, 내 글이 약간 밀란 쿤데라(그때까지 내가 들어본 적이 없었던)와 닮았다는 문예창작 교수님의 말이 계기였다. 그리고 영어 번역본으로 읽을 수밖에 없었던 밀란 쿤데라, 보후밀 흐라발, 카렐 차페크 등 체코 작가들의 글을 읽기 시작하자 뭔가 익숙한 것으로 돌아가는 듯 신기했다. 세상을 **나**처럼 바라보고 느끼는 방식이 거기 있었다. 이 책들 속에서 사람들이 관계를 맺는 방식이 북아메리카 사람들이 보기에는 말도 안 되지만, 슬라브족의 렌즈로 비춰보면 완벽하게 정상이었다. 나는 일종의 안도감을 느꼈고, 그것은 내가 품고 있는 줄도 몰랐던 외로움이 스르륵 녹는 느낌이었다. 내가 아동기나 청소년기에 이런 독서 경험을 했다면 체코 유산을 더 쉽게 포용할 수 있었을까? 부모님의 경험과 그들을 지금의 모습으로 만든 역사적 사건들을 더 궁금해했을까? 왜 내 친구들의 부모님처럼 될 수 없는지 계속 묻지 않았을까? 고향처럼 느껴지는 이 문학의 줄기를 조금 더 두드리기 위해 내 안의 체코어를 유지하려고 애를 썼을까? 어쨌든 어렸을 때 체코어를 읽을 수 있었다면 이 언어가 내게 훨씬 더 소중했을 것임은 거의 확실하다.

독일어를 잃어버린 독일계 유대인

조상이 쓰던 언어에 과연 어떤 가치가 있을까? 본인이 알든 모르든 소수 언어를 사용하는 사람들은 모두 그 언어가 지닌 가치의 한 몫을 짊어지고 있다. 그것은 그 언어를 지키기 위해 치르는 대가다. 우리 집에서는 특히 아버지가 체코어의 아름다움에 대해 많이 얘기했고 집안에서 체코어를 쓰라고 부추겼으며 그러지 않을 경우에 심하게 잔소리를 했다. 그러나 우리가 살던 집 밖의 세상, 즉 영어와 프랑스어를 모두 쓰는 커뮤니티에서는 체코어에 무관심했다. 체코어에는 흔히 일부 이민자 언어와 결부되는 거부감이나 오명은 없었다. 하지만 여전히 세대를 넘어 우리의 말을 이어가기 위해 치러야 하는 값은 너무 비싸 보였다. 체코어도 분명히 가치가 **있지만** 영어만큼은 아니었으며, 그래서 우리는 이 새로운 언어의 유혹에 빠졌고 그것을 습득하기 위해 자신의 일부분을 희생했다.

호의적인 여건 속에서도 어떤 언어를 잊어버리기는 정말 쉽다. 하물며 한 언어가 고통의 기억으로 물들어 있다면 그것은 더욱 부서지기 쉽다. 나는 할아버지가 유럽 여행 때 겪었던 일화를 전해 들었다. 한번은 할아버지가 다른 여행자를 만나 서로 대화할 수 있는 공통 언어를 찾기 시작했다. 상대방 남자가 프랑스어를 시도했지만 실패했고, 할아버지가 독일어를 제안했지만 상대방이 할 줄 몰랐다. 결국 두 사람 모두 러시아어를 할 줄 안다는 사실을 발견했지만, 한때 러시아어가 유창했고 소련 강제수용소에서 5년이나 보낸 할아버지는 갑자기 대화를 할 만큼의 러시아어를 기억해 내지 못했다.

할아버지에게 러시아어는 제2 혹은 제3의 언어였을 것이다. 그것은 부모와 얘기를 나누던 언어도 아니었고 그의 정체성의 중심을 차지하는 언어도 아니었기에 어느 정도 이해할 수 있다. 그러나 그것이 모국어였다면 어떻게 될까? 조국 독일이 나치주의에 무릎을 꿇은 뒤 그곳에 살았던 수많은 유대인들처럼 모국어가 끔찍한 기억과 연루되어 있다면 무슨 일이 벌어질까?

우리는 모니카 슈미트의 연구에서 그 결과를 살짝 엿볼 수 있다. 그녀는 1933년에서 1939년 사이에 영어권 나라로 이민을 간, 독일어가 모국어인 유대인들의 언어 쇠퇴를 조사했다. 독일 사회 주류에 거의 완벽하게 동화되고 독일어를 모국어로 말했던 유대인들은 이 기간 동안 가장 가혹한 방식으로 자신들이 독일인 자격이 없음을 알게 되었다. 이 시기를 지난 생존자들이 과연 독일인이라는 정체성과 독일어로부터 자기 자신을 분리시켰을까? 슈미트는 같은 독일어를 사용하는 독일인들에게 받은 트라우마의 정도가, 이들 유대인들이 얼마나 기꺼이 독일어를 떨쳐버리는지에 영향을 미칠 것이라 예측했다. 시간이 지남에 따라 점점 악화된 나치의 잔혹 행위는 슈미트에게 자연적으로 발생한 역사 실험이었다. 일찍이 독일을 떠났던 사람들보다 나중에 떠난 사람들이 조국에서 가장 가혹한 공격을 받았고, 그들은 가장 폭력적인 방식으로 독일 정체성을 부정당했다. 이들이야말로 독일어와 멀어질 이유를 가장 많이 가진 사람들이었을 것이다.

슈미트는 망명자 집단을 시기에 따라 세 단계로 나누었다. 1단계는 1933년부터 1935년으로, 독일에서 유대인이 전문직을 가질 기회를 차단하고 공공 생활에 참여할 권리를 부정함으로써 유대인을 박해하기 시작한 시기다. 유대인이 운영하는 상점과 회사에 대해 불매 운동이 일어나고 유대인 의사, 변호사, 판사가 자격증을 잃었다. 이 기간에 떠난 사람들은 주로 자신의 직업을 계속 유지할 수 없어서였다. 독일의 유대인들 대부분은 동료 국민들이 보이는 고조된 적대감에 스트레스를 받았지만 결국에는 정상적 생활로 되돌아가길 희망했다. 2단계는 1935년 가을에 시작되었다. 뉘른베르크 인종법이 공포되어 유대인, 흑인, 루마니아인 등 비아리아계non-Aryans 사람들이 소위 아리아계 후손과 결혼이나 섹스를 하면 범죄이며 이를 어기면 감옥에 보내기로 규정한 것이다. 유대인들은 자기 조상이 얼마나 오래 그곳에서 살았는지에 상관없이 독일 국적을 박탈당했고, 이들은 나치 표식卐이 있는 독일 국기를 게양할 수 없었다. 유대인과 비유대인 사이의 엄격한 분리 정책으로 유대인 상점들이 문을 닫았고 많은 유대인 가족들이 빈곤에 처했다. 1938년 후반에 시작된 3단계에서 나치 정부는 폴란드 국적의 유대인들을(독일에서 태어난 사람들을 포함하여) 독일에서 추방하여 폴란드로 보냈고, 폴란드는 이들의 입국을 금지함으로써 수천 명이 음식과 거처 없이 국경 지역에서 오도 가도 못하게 되었다. 그리고 독일로 다시 들어가려는 사람은 총살당했다. 유대인 아이들은 공립학교에 다닐 수 없었고, 유대식 문화 행사와 출판물이 금지되었다. 불법 무장 단체들이 수천 개의 유대인 상점과 가정, 유대교 사원을 약탈하고 부순 크리스탈나흐트Kristallnacht는 확실한 전환점이 되었다. 유대인 남자 3만 명이 체포되어 강제수용소로 보내졌고 이제는 모든 유대인이 시시각각 다가오는 생명의 위협을 느꼈다. 그곳에서 도망칠 수 있던 사람들은 비굴할 정도의 공포와 필사적인 마음으로 빠져나왔다.

모니카 슈미트는 이 세 단계에 걸쳐 독일에서 미국으로 이주한 유대인들을 인터뷰하고, 이들이 사용하는 단어와 문법적 특징을 철저하게 분석했다. 인터뷰는 모두 이들이 독일을 떠나 영어권 나라로 들어온 지 60년이 지난 뒤 독일어로 진행되었다.

성인이 되어 모국어로부터 멀어진 대부분 사람들처럼 처음 두 단계에 이주한 사람들도 언어 쇠퇴의 미묘한 징후들을 꽤 많이 보였다. 1단계 이주민들은 계속 독일어를 사용하는 사람들보다 어휘가 약간 부족했지만, 거의 원어민처럼 말했다. 2단계 이주민들은 단어와 문장 구조의 복합성이 훨씬 떨어졌지만 그들이 원어민이 아니라는 인상을 줄 만한 실수를 범하지는 않았다. 그러나 크리스탈나흐트 이후에 독일을 떠나온 사람들 중 많은 이들의 독일어는 더 이상 독일어권 나라에서 태어난 사람처럼 들리지 않았다. 많은 경우 독일어에 영어 악센트가 있었고, 독일어 원어민이 보기에 문법적으로 틀린 언어 구조를 사용했다. 이들 중 많은 사람들에게 독일어는 부정적 감정으로 심하게 얼룩진 언어였고, 따라서 일부러 자신의 기억에서 쫓아낸 뒤였다. 옛날에 뒤셀도르프에 살았던 한 유대인은 "전쟁이 발발한 뒤 나는 다시는 독일어를 말하지도 쓰지도 읽지도 않겠다고 맹세했다"라고 말했다.[5] 그리고 크리스탈나흐트 이후에 망명한 어떤 사람은 독일어를 듣는 것이 얼마나 힘들었는지 설명했다. 전쟁이 끝난 후 독일에서 다시 살면서 일할 수 있으리라 생각하고 독일 회사의 일자리를 수락했는데, 막상 국경에 도착해서 독일어를 들으니 극심한 공포가 밀려왔다고 했다. 결국 그녀는 베를린에서 근무하는 2년 동안 독일어 사용자와의 접촉을 최대한 피했다. 그리고 몇 십 년이 지난 이 인터뷰에서 그녀는 미국이 자기 나라이며 영어가 자기 언어라고 주장했다. 그녀에겐 이것이 개인적인 현실이었으며, 혼란한 독일어 실력이 이를 증명하고 있었다.

나치 때문에 모국어를 말하고자 하는 욕구가 말살된 사람들은 유대인뿐이 아니었다. 슈미트는 루마니아 출신의 홀로코스트 생존자에 대해서도 썼다. 이들은 '집시'로 분류되어, 부분적으로는 루마니아어를 할 줄 안다는 이유로 강제수용소에 갇혔다. 종전 후 새로운 국가에 정착한 많은 생존자들은 새고향의 언어에 완전히 동화되었고, 한때 몰살의 표식이었던 자신들의 모국어를 다시는 사용하려 하지 않았다.

트라우마 때문에 모국어가 '침묵당한' 증언들을 읽으며 나는 우리 가족이 선택한 나라 캐나다의 언어 범죄를 생각하지 않을 수 없었다. 진실과 화해 위원회Truth and Reconciliation Commission, TRC 보고서는 캐나다 토착민 자녀들을 위한 기숙학교 시스템의 역사를 찾아 기록하는 임무를 수행했다. 이 위원회가 제출한 보고서는 노골적인 언어 말살 정책이 주도한 토착 언어 훼손의 증언들로 흠뻑 젖어 있다. 아이들은 자신들의 언어가 미개하며 그것을 쓰면 심하게 벌을 받을 거란 말을 들었다. 루마니아어처럼 이들의 모국어가 아이들을 처벌의 대상으로 만드는 근거가 되었다. 하지만 홀로코스트에서 도망칠 수 있었던 사람들과 다르게 이들에게는 갈 곳이 없었으며, 새로운 터전이 될만큼 오염되지 않은 언어가 없었다. 이 아이들은 원시적이고 더럽다는 모략을 받는 모국어와, 이들을 가족으로부터 찢어놓고 어떤 경우에는 구타와 강간까지 감행한 사람들의 언어 사이에 낀 신세였다. 그런 상황에 처하면 도대체 누군들 말이란 걸 하고 싶겠는가?

소외당하는 소수 언어

언어라는 집 혹은 나라를 잃어버린 듯 느끼더라도, 실상 언어가 통째로 증발하는 일은 거의 없다. 한 가지 언어밖에 할 줄 모르는 사람은 뇌를 다치거나 뇌졸중으로 신경세포 전체가 망가지지 않는 한 그 언어를 잊지 않는다. 그 누구도 언어가 아예 없는 사회를 본 적 없는 것처럼, 인간은 다만 특정 언어로 말하는 법을 잊을 뿐이다. 한 언어가 죽었다는 것은(다만 한때 그 언어를 쓰던 사람은 살아 있다) 항상, 언제나, 그것이 다른 언어에게 밀려났거나 강제로 대체당했다는 뜻이다. 이 과정은 새로운 언어를 말하기 위해 모국어가 어떻게 잊히는지, 혹은 어떻게 더 이상 사용되지 않는지를 완벽히 파악해야만 이해할 수 있다.

한 사람의 머릿속에 두 언어가 같이 사는 것은 다른 두 개의 뇌 안에 각각의 언어가 사는 것과 매우 다르다. 이중언어를 하는 정신은 여럿이 사는 집과 같다. 한 집에 사는 두 사람이 얼마나 긴밀하게 주거 생활을 조율하는지에 따라 관계의 역학과 어쩌면 각각의 성격까지 바뀔 수 있는 것처럼, 같이 사는 언어들은 서로를 변화시킬 수밖에 없다. 같이 사는 커플처럼 가사 분담이 이루어지고 개인적 영역이 구분된다. 한 사람이 가계부를 담당하고 다른 이가 아이들 병원 약속을 책임진다든지, 한 사람이 요리를 잘 하면 다른 사람이 인테리어에 재주가 있는 것과 같다. 어떤 커플은 노동과 책임을 대략 비슷하게 분담하고 자신의 기술과 융통성을 발휘하여 자주 서로를 돕는다. 그러나 서로 책임을 확연하게 구분하는 엄격한 커플도 있다. 일부 커플들은 한 사람이 다른 사람 위에 군림하여, 상대방이 할 수 있는 일과 갈 수 있는 장소에 대해 냉혹한 경계선을 긋는다. 당신은 집안일을 하고 나는 바깥 일 모두를 책임진다는 식이다.

두뇌를 공유하는 언어들도 이와 같다. 한 언어로 쓰인 책을 더 많이 읽거나 직장에서 특정 언어를 더 많이 사용할 수 있다. 집에서 가족들과 있을 때는 이 언어를 쓰다가 밖에서 친구를 만날 때는 다른 언어를 사용할지도 모른다. 시 창작은 오직 이 언어로만 가능하고 다른 언어로 쓰려면 서투르게 느껴질 수도 있다. 술집에서는 다른 언어로 창의적이고 능숙하게 이야기를 풀어낼 수 있는데 말이다. 예배를 드릴 때도 한 언어로만 가능하고, 다른 언어를 쓰면 불경하게 느껴질 수도 있다. 법정에서의 변호나 라디오 인터뷰 역시 특정 언어로 들을 때만 편할 수 있다.

그렇다고 이중언어 사용자가 쓰는 각 언어의 사용 범위가 단일언어 사용자monolingual의 그것보다 좁을 수밖에 없다는 말은 아니다. 커플을 이루는 두 사람 모두 보통 사람보다 각각 더 뛰어난 능력을 가질 수 있듯이, 이중언어 사용자의 각 언어가 많은 영역에 걸쳐 평균적인 단일언어 사용자보다 더 고도의 기교를 보일 수 있다. 그러나 융통성 없이 엄격하게 구분하여 가두면 한 언어 또는 두 언어 모두가 제한을 받는다. 파트너가 죽으면 갑자기 혼자서는 할 줄 모르는 온갖 일에 부딪치는 사람처럼, 한 언어로 특정 기능만 수행하는 데 익숙해진 이중언어 사용자는 또 다른 언어로는 그 일을 할 수 없음을 깨닫게 된다. 그리고 하나의 언어가 다른 언어를 전체적으로 지배하면, 적게 사용되는 언어는 점점 더 구석으로 쪼그라들고 목소리를 낼 기회를 잃어 이중언어 사용자가 점점 단일언어 사용자로 기울어지기 시작한다.

소수 언어들이 설 자리는 계속해서 줄어든다. 이 언어들은 보통 공공 생활에서 사용되지 못하고 길거리나 상점의 표지판에서 사라지면서 집안으로 숨어들게 된다. 때로는 언어의 주변화*가 법의 위력을 갖기도 한다. 그 예로, 프랑코 정권의 스페인에서는 바스크어Basque나 카탈루냐어Catalan로 출판을 할 수 없었고, 공공장소에서 이 언어들을 사용하는 것 역시 불법이었다. 가끔 힘 있는 개인이 자기가 통제하는 공간에서 소수 언어를 쓸어내기도 한다. 예를 들어, 2018년에 『로스앤젤레스 타임스』는 커피숍 손님이 영어 이외의 말을 쓰는 직원을 주인에게 알리면 손님에게 공짜 커피를 제공하는 사례를 보도했다.[6] 그리고 부모와 자식들이 모국어로 대화를 하면 옆에서 누군가가 들으라는 듯 "저 사람들은 왜 영어를 쓰지 않지?"라고 말하는 경우를 나 자신도 많이, 아주 많이 목격했다. 이런 사람들과 법들은 스페인어, 아랍어, 중국어, 우르두어** 또는 체코어는 집안에서만 쓸 수 있고 밖에서 쓰면 안 된다고 주장했다.

자라면서 나는 정부 문서는커녕 상점 간판에서조차 체코어를 본 적이 전혀 없다. 아주 드물게 체코어로 쓴 신문이나 잡지를 언뜻 보았고, 그것은 동료 캐나다인들이 만들고 읽는 것이 아닌 '저기 그곳'에서 우리에게 보내준 것들이었다. 거리나 쇼핑몰에서 체코어를 들은 적도 없었다. 많은 이민자들처럼 모국어는 거의 집안에서만 사용되었고, 잘 모르는 사람이 체코어를 하면 깜

---

*   marginalization. 어떤 사람이나 집단, 개념을 하찮거나 지엽적인 것으로 취급하는 것.

**   Urdu. 파키스탄의 공용어이며 인도에서도 널리 사용됨.

짝 놀랐다.

역사학자이자 작가이면서, 미국 웨스트버지니아의 독일어 사용 가정에서 자란 토마스 라쾨르는, 어렸을 때 독일어가 가족들만 아는 은어가 아닌 집 밖의 사람들도 말할 수 있는 언어라는 사실을 깨닫던 순간을 묘사한다. 하루는 라쾨르와 형이 편의점 앞에서 한 개의 아이스크림을 놓고 독일어로 소리 지르며 다투고 있는데, 어떤 여성이 다가오더니 자기가 돈을 줄 테니 각자 아이스크림을 사먹으라고 독일어로 말했다. 어린 라쾨르는 흥분하여 집으로 뛰어가 우리 "언어 종족"을 만났다는 뉴스를 전했다.[7]

우리 가족의 언어가 멀리 떨어진 곳에 깊게 뿌리를 두고 있다는 것을 항상 알고는 있었지만, 1994년 학회 참석차 잠깐 방문한 고국에서 난생 처음으로 체코어를 말하는 사람들에 둘러싸여 있던 기분은 충격이었다. 프라하에 있는 역으로 기차가 들어서자 스피커에서 체코어 음성이 큰 소리로 출발 시간과 플랫폼을 알렸다. 그전까지 나는 권위가 담긴 체코어 음성을 들어본 적이 없었다. 그것은 마치 오빠나 삼촌이 장난으로 마이크를 잡고 우리 가족의 은어를 말하는 것 같았고, 금방이라도 진짜 권위를 가진 사람이 나타나 말하고 있는 사람을 끄집어낼 것만 같았다.

물론 머릿속으로는 프라하의 기차 안내 방송이 체코어를 쓴다는 것을 잘 알고 있었다. 그러나 그 기차 승강장에 서서 소름이 오소소 돋으며 내가 느꼈던 것은, '어머나, 이 언어를 모든 국민이 쓰는 나라가 있구나'였다.

영어와 맞바꾸다

이제 성인이 되어 되돌아보니, 내가 어떻게 내 안에 있던 언어를 돌보지 못했는지, 어떻게 그것이 내 인생에서 위축되도록 내버려 두었는지가 보인다. 형제자매들과 내가 운동장에서 아직 체코어로 말하던 때도 있었다. 우리 사이에 퍼지는 이 낯선 언어를 들으면 친구들은 우리가 자기네와 많이 다르다는 것을 갑자기 발견한 것처럼 긴장하고 조심스럽게 행동했다.

그래서 우리는 그럴 수 있게 되자마자 당시 운동장에서 통용되는 말로 대화했다. 그런 뒤에는 그것을 집에서까지 쓰는 걸 당연하게 여겼다. 우리 영어 실력이 느는 것에 모두가 미소를 지었다.

여동생에게 걸음마를 가르치던 기억이 생생하다. 첫 돌 즈음의 금발머리 동생이 활짝 웃고 있었고, 나는 여섯 살이었다. 동생으로부터 몇 발짝 앞에서 내가 손짓을 하며 영어로 "옳지, 아가야. 그래, 잘한다. 할 수 있어!"라고 말하던 기억이 난다. 우리 집 안이었는데도 왜 동생에게 체코어가 아닌 영어로 말했을까? 당시 어린 아이였던 나의 감정은 추측할 수밖에 없다. 하지만 내가 사용한 단어들까지, 그리고 그것이 내 마음에 어떻게 들렸는지까지 선명하게 기억나는 이유는, 바로 그 순간 내가 영어로 말하고 있었음이 나 자신에게 매우 중요했기 때문이라고 생각한다. 어쩌면 내가 작은 체코 둥지 안에 있는 동생에게 크고 중요한 세상의 선물을 주는 게 자랑스러웠을 수 있다. 또 어쩌면 이 같은 새로운 상황에서 제대로 된 영어를 말할 수 있다는 사실에 신났을 수도 있다. 아니면 금쪽같은 여동생의 손을 잡고 우리 집 울타리 밖 세상의 온갖 놀라운 것들을 보여주고 멋진 영어권 세계에 나갈 준비를 해주는 꿈을 이미 꾸고 있었는지도 모른다. 저 세상 밖으로 말이다. 아마 부모님이 이 모습을 보았더라면 빙그레 미소 지었으리라.

여기 어린 여동생에게 영어로 말하는 여섯 살짜리 이민자 소녀에게 아무도 해주지 않은 말이 있다. 주의해라. 이 길로 계속 가면 언젠가는 네 조상들의 언어로 말하는 것이 지금 이 새로운 말을 하는 것보다 훨씬 어려워질 것이다. 네가 모국어로 말하면 세상은 너를 향해 미소 지어주지 않고, 결국 너는 그 언어를 전혀 사용하지 않는 스스로를 발견하게 될지도 모른다. 이 언어는 너, 그리고 성년기까지 너를 형성할 민족 전체를 연결해 주는 가느다란 실이다. 네가 인식하든 안 하든, 원하든 원치 않든 상관없다. 이 끈이 해지면 스스로에 대해 너 자신조차 절대 이해할 수 없는 일들이 생길 것이다. 너는 모국어를 잃은 언어 고아가 될 것이다.

그때, 그리고 조금 더 커서 부모님에게 영어로 말하기 시작할 때도 내게 이런 말을 해주는 사람은 아무도 없었다. 체코어로 말하기가 너무 힘들어서,

내가 아는 적은 수의 체코어 단어들보다 영어 책과 선생님에게서 배운 영어 단어들이 내 생각을 더 잘 표현해서, 영어를 구사하는 내 목소리가 마음에 들어서 나는 부모님에게까지 영어를 사용했다.

그리고 수년 후, 내가 아이를 낳고 어렴풋이 내 언어 유산을 자식에게 전하고 싶어졌을 때 나는 이미 떠돌이 신세가 되어 있었다. 체코어를 하는 부모님과 친척들에게서 멀리 떨어진 뉴욕주 북부로 이사한 것이다. 그때는 1990년대 초반이었고, 아직 인터넷에서 체코어 책을 사거나 체코어 팟캐스트와 TV 방송을 바다 건너 집에서 스트리밍할 수 있기 전이었다. 내가 한 세대 후에 태어났더라면 내가 간직한 언어 유산이 조금 달랐을지 모른다. 내 인격 형성 시기에 체코슬로바키아는 정말로 먼, 뚫고 들어갈 수 없는 나라였다. 기술적, 정치적 이유 때문에 사람이든 물건이든 국경을 넘나들기가 쉽지 않았다. 국제전화 값이 너무 비싸서 고향의 친척들과 여유롭게 대화하기는 불가능했고, 편지도 중간에 개봉되어 검열을 당했다. 우리에게 비행기 값을 댈 여유가 있었다 해도 그곳 방문은 생각도 할 수 없었다. 공산 정권은 우리 가족의 출국을 합법이라고 여기지 않았기에, 우리는 귀국하자마자 감옥에 갈 처지였다. 나는 평생 그 나라에 한 번이라도 갈 수 있을는지 의심하며 자랐다.

요즘은 하나 이상의 커뮤니티와 문화에 걸쳐 있는 젊은이들이 1, 2년에 한 번씩은 가족과 고국을 방문할 수 있고, 혼자 자기 방에서 컴퓨터로 잡지, 블로그, 영화, 유튜브 동영상을 볼 수 있으며, 언어를 공유하는 전 세계 사람들과 은밀히 연애까지 할 수 있다. 내가 말하는 언어를 사용하는 사람들로 이루어진 나라가 있다는 사실을 추상적 개념이 아니라 일상생활의 사실로 아는 게 어떤 느낌일지 나는 상상만 할 수 있을 뿐이다.

내 어린 시절에는 그렇게 가까운 접촉이 불가능했고, 내가 아이를 낳았을 때는 나의 체코어 실력이 이미 허물어진 상태였다. 남편은 영어밖에 몰랐다. 어떻게 나 혼자서 아이들이 체코어를 저절로 익힐 수 있을 만큼의 어휘를 구사할 수 있겠는가? 내가 말하는 체코어 단어들은 오류투성이였고 그것마저 상당한 노력으로 기억해 내야 했다. 설령 내가 뉴욕주 로체스터시에 위치한 고립된 언어의 섬에서 아이들과 체코어로 대화를 한다고 해도, 아이들이 학교에 가거나 동네 친구들과 놀기 시작하면 무슨 일이 벌어질지 나는 정확히 알았다. 내가 했던 일을 그대로 할 것이며, 곧바로 영어로 돌아설 것이었다. 체코어에 능숙하던 부모님과 살던 나조차도 그 언어를 유지하지 못했는데, 나 한 사람만 체코어를 써서 아이들에게 물려주기란 불가능했다.

모국어를 소홀히 했을 때의 결과를 알고 이해했더라도 내가 같은 선택을 할 수밖에 없지 않았을까 생각한다. 거의 모든 상황에서 체코어 사용은 거친 물살을 거슬러 헤엄치는 것과 같았고, 거기서 허우적댄 데 대한 보상은 넓은 세상에서 자리를 잡기 위해 애쓰는 내게 불충분했다. 이민자로서의 삶만으로도 충분히 진이 빠졌다.

그렇다고 모국어 상실이 끔찍하고 심각하지 않다는 의미는 아니다. 여전히 비통하다. 상황이 달랐다면, 그 물살이 덜 강압적이었다면 좋았으리라 아쉬움을 느낀다.

모국어를 애도하기

언어 상실에 대해 비통함을 느끼는 것은 나만이 아니다. 언어 유산의 상실과 그것의 아픈 결과에 대해 글을 쓰기 시작하자 모르는 사람들에게서 이메일이 쏟아졌다. 그중 하나는 몬트리올로 이주한 나와 같은 이민자가 쓴 다음의 글이다.

부모님은 우리가 헝가리 난민이 아닌 캐나다인이 될 거라 말씀하셨고, 우리는 영어와 약간의 프랑스어만 사용했어요. 그때가 1957년이었죠. 1993년에 나는 아내와 함께 고국을 떠난 후 처음으로 부다페스트를 방문했어요. 그 경험은 내게 격한 감정을 일으켰고 어느 순간 나는 허물어져 울고 말았습니다. 무엇 때문에 이런 감정의 홍수가 밀려오는지 알 수 없었어요. 헝가리를 떠날 때 고작 여섯 살이었거든요. 그동안 나를 캐나다인으로 생각하고 있었는데, 내가 태어났던 도시로 돌아오니 비로소 드러나는, 그동안 파묻혀 있던 내 일부분이 분명히 존재했어요.

모국어를 잃는다는 건 어린 시절뿐 아니라 인생 전체의 맥락과 단절된다는 것이다. 내 세포 안에 평생 남아 있을 줄 모르고 흡수했던 가치와 규범이 담긴 책, 영화, 이야기, 노래에 접근하지 못하는 것이다. 또한, 우리 가족들만 이해하는 기이한 관습이나 생각을 전혀 이상하게 생각하지 않는 커뮤니티와 민족 전체의 너른 품을 잃는 것이다. '나는 누구인가'라는 정체성에 빈 공간이 생기는 것이다.

하지만 내가 헝가리 출신 남성과 공유하는 이 사적인 감상은 조상들의 문화와 언어에 계류되지 못하는 토착민 커뮤니티 전체가 느끼는 집합적 상실에 비하면 작고 초라할 뿐이다. 모국어 상실은 이들에게 파괴적인 결과를 초래할 만한 단절이다. 다시 핼릿은 그가 이끌었던 2007년 연구에서 캐나다 브리티시컬럼비아의 원주민 커뮤니티들을 살펴보았다. 그 결과 자신들의 토착 언어로 대화하는 구성원 수가 절반이 되지 않는 커뮤니티에서는, 절반 이상이 그 언어를 쓰는 커뮤니티에서보다 젊은이의 자살 비율이 여섯 배 높음을 발견했다.[8] 심리학자인 테리사 라프롬보이스와 그녀의 동료들은 미국 중서부 원주민 청소년들 중 그들의 전통 언어와 전통과 관련된 활동에 참여한 아이들이 전통문화와 덜 연결된 청소년들보다 학교에서 성적이 좋고 문제도 적게 일으킨다는 사실을 밝혔다. 실제로, 청소년 문제에 있어서는 따뜻하고 자상한 어머니보다 문화적 소속감이 더 효과적인 완충제였다.[9]

나와 체코어가 그랬듯, 지구 위 어딘가에서 명맥을 잇고 있는 언어와 한 개인은 멀어질 수 있다. 하지만 이 경우 다시 연결될 수 있는 가능성이 열려 있고, 역사상 지금이 그럴 가능성이 가장 큰 시대다. 그러나 완전히 사라질 위기에 처한 언어 또는 마지막 사용자가 이미 죽은 언어로부터 한 민족 전체를 비틀어 떼어내는 것은 매우 다른 문제다. 그것은 회복 불가능한 형태의 상실이며, 나로서는 한 발짝 떨어진 곳에서 감히 상상만 할 수 있는 아픔이다.

세계적으로 많은 언어의 마지막 사용자들이 죽고 있다. 우리가 살고 있는 지금의 인류세에서 인간들이 다른 동물 종을 없애는 것보다 언어를 없애는 일을, 즉 인간의 정신과 인간 사회의 결과물로만 존재하는 언어를 없애는 것을 더 잘한다는 사실은 아이러니다. 1992년에 언어학자인 마이클 크라우스는 약 10퍼센트의 포유류와 5퍼센트의 조류가 멸종 위기에 처했다고 지적했다.[10] 크라우스는 이것이 분명 경각심을 일으키는 숫자지만, 언어가 마주한 위협에 비할 바는 아니라고 덧붙였다. 일반적으로 언어학자들은 앞으로 몇 세대 안에 세계 언어의 적어도 절반이 멸종된다는 데 동의한다. 크라우스는 더 비관적이어서, 세계적으로 6천 개가 넘는 언어 중 단지 6백 개 정도만 안전하며 현존하는 언어의 90퍼센트가 한 세기 안에 사라질 것이라고 추측했다.[11] 그는 이렇게 물었다. "에야크어*나 우비크어**의 소멸을 판다나 캘리포니아 콘도르***의 멸종보다 덜 슬퍼해야 하는가?"[12]

거의 50년 동안 알래스카 원주민의 언어를 연구하고 기록했던 마이클 크라우스는 언어의 죽음을 비통한 심정으로 애도했다. 1960년대에 그가 에야크어를 연구하기 시작했을 때 에야크어를 말하는 사람은 여섯 명 남짓이었다. 그는 꺼져가는 에야크어의 마지막 나날들을 목격했다. 2006년에 크라우스의 건강이 나빠지기 시작하자 그보다 열여섯 살 많은 마지막 에야크어 사용자가 오히려 그의 건강을 염려했다고 한다. 크라우스는 에야크어가 적어도 자기보다는 오래 살기를 바랐지만[13] 결국 그 소망은 이루어지지 않았다. 에야크어를 말할 줄 알았던 마지막 생존자 마리 스미스 존스가 2008년에 사망했고, 크라우스는 11년 후인 2019년에 세상을 떠났다.

에야크어가 보존된 유물 중에는 애나 넬슨 해리가 쓴 「에야크족을 위한 애가」라는 시가 있다. 그는 에야크어를 구사하던 마지막 생존자 중의 한 명이었으며, 크라우스가 이 시를 영어로 번역했다. 시는 비탄의 강물처럼 흐른다.

---

*   Eyak. 미국 알래스카 쿠퍼강 지역에 살던 에야크족들의 언어로 지금은 소멸되었다.

**   Ubykh. 현재의 러시아 소치 지역에 거주하는 민족이 사용했던 언어로 지금은 소멸되었다.

***   condor. 주로 남미에 서식하는 대형 독수리.

가여운 나의 고모.

당신이 죽는다는 걸 믿을 수 없었어요.

어떻게 하면 당신의 목소리를 들을 수 있을까요?

나는 그곳 당신에게 돌아가고 싶을 뿐이에요.

그러나 당신은 더 이상 존재하지 않아요.

내 어린 시절이 그렇게 말을 걸어오는데요.

그저 눈물이 복받치고 애통할 뿐이에요.

여기서 난 홀로 다녀요.

검고 윤기 나는 까마귀처럼 혼자 살아요.

고모가 나를 두고 떠났고, 난 홀로 살아가요.

내게 왜 이런 일이 일어나는 걸까요?

삼촌들도 모두 나를 두고 떠났지만

난 그들을 잊지 못해요.

삼촌들이 모두 떠난 후 고모들이 뒤를 이어요.

난 완전히 혼자예요.

이 땅에서 몇몇 아이들과 살아남겠지요.

그러나 계속 눈물이 차올라요.

고모들이 있는 곳을 계속 생각해요.

당신은 나의 고모, 그리고 마지막 고모마저 떠났어요.

어디로 갈까요?

이제 어디로 가야 할까요?

그들은 모두 더 이상 존재하지 않아요.

세상에서 완전히 사라졌어요.

어쩌면, 조상들은 내가 이렇게 되길 바란 게 아닐까,

내가 혼자 생존하는 것을 원한 게 아닐까 궁금해요.

난 그저 기도할 뿐이고 다시 기운을 얻어요.

여기 주변, 이 땅이 기도의 공간이고
난 그저 걸어 돌아다녀요.
그곳을 가려고 해요.
혼자, 여기서 홀로 썰물 해안가를 걷는답니다.
그리고 흐느껴 울어요.

바위에 걸터앉았어요.
에야크 사람들만, 오직 에야크인들만 모두 사라져요.
저기 한 줌의 에야크인들이 있어요.
에야크 민족으로 살아남았지만
그들도 사라지겠지요.
그곳에 가는 게 소용없어요.
삼촌들이 모두 나를 두고 죽은 후
다음은 고모들이 쓰러졌어요.

그래요,
왜 나 혼자만, 나만 홀로 살아남은 걸까요?
나는 살아남았어요.[14]

내가 아직 박사과정 중이었을 때, 크라우스가 1992년에 발표한 「위기에 처한 세계의 언어들」이란 논문과 함께 이 애가를 읽었다. 그때 크라우스의 논문은 언어학계가 세계적으로 소멸 위기에 처한 언어를 기록하고 보존하는 데 더 깊은 노력을 기울이게 된 촉진제가 되었다. 그 당시 내게 세계 언어가 처한 곤경은 그저 연구의 대상이었다. 그러나 시간이 흘러 아버지가 세상을 떠난 후에야 나는 이 언어 사용자들의 경험을 진심으로 다시 고찰하게 되었다. 나만 해도 체코어의 끈을 잃은 뒤 실존적으로 흔들렸는데, 그 상실이 영원하며 회복 불가능하다는 것을 깨달았을 때는 어떤 기분일까? 내 인생에서뿐 아니라 우주 어디에서도 체코어가 더 이상 존재하지 않는다면 어떤 느낌일까?

경쟁하는 언어

언어가 그렇게 대량으로 멸종하는 이유가 무엇일까? 많은 동식물과 함께 언어가 빠르게 사라지는 건 우연이 아닌 듯하다. 실제로 생물학적 종과 언어의 운명은 깊은 연관성이 있다. 현대인의 삶의 방식이 두 가지 모두를 점점 더 위협하기 때문이다. 그리고 둘 다 그것들이 자리 잡은 땅에 의존한다. 이유는 알 수 없지만, 언어는 동물과 식물이 풍부한 기후대에서 가장 잘 확산된다. 예를 들면 해안가, 습한 환경, 기온과 강수량의 변화가 극심하지 않은 계절을 가진 곳 등에서 말이다. 지구 전체에서 언어적으로 가장 다양한(그리고 생물학적으로도 가장 다양한) 곳은 파푸아뉴기니로, 이곳에서는 현재 8백 개가 넘는 언어가 쓰인다. 평균으로 따지면 1만 명당 약 하나의 언어가 있다는 뜻이다. 그런 밀도라면 미국은 3만 2천 개 이상의 언어를 가지고 있어야 하고 영국과 프랑스에는 각각 6천 5백 개 이상의 언어가 존재해야 한다.

진화 과정을 연구하는 생물학자 마크 페이겔은, 지리적으로 좁은 영역에 서로 다른 서식지가 많이 몰려 있을 때 언어와 야생 동식물 모두 풍성해진다고 말한다.[15] 동물에게 있어 다양한 서식지는 종들 사이의 경쟁을 줄여주는 효과가 있다. 각각의 종이 특정 서식지에 매우 특화된 특징을 진화시키고, 이런 적응이 다른 서식지로 잘 옮겨지지 않기 때문에 종들이 같은 자원을 두고 경쟁하는 대신 각각 분리된 적소適所로 분류되는 것이다. 적은 경쟁은 어떤 종이 우세 종에 의해 밀려나거나 전멸할 위험이 적음을 의미한다. 마찬가지로 사람들도 멀리 가지 않고 식량을 구할 수 있다면 자신의 서식지에서 특화된 문화를 발달시키고 다른 집단과 상호작용을 많이 할 필요가 없다. 따라서 언어를 공유할 필요도 줄어든다. 역설적이게도, 경쟁자들 사이의 생물학적 또는 문화적 **고립**이 큰 경우, 이는 다양성의 동력이 된다.

언어를 멸종시키려면

현대 사회는 고립을 허물어뜨린다. 작지만 서로 구분되고 독립적이었던 많은 서식지를 크고 균일한 서식지로 평준화하며, 이는 그들이 품고 있는 많은 종과 언어에 중대한 결과를 초래한다. 얼룩말 홍합Zebra Mussel, 유럽 찌르레기European Starling, 그리고 위협적인 칡덩굴과 같이 급속히 퍼지는 종들처럼, 몇 개 안 되는 언어들이 이들 서식지를 지배하고 그곳에서 사용되던 많은 언어를 몰아낸다. 세계적으로 6천 개 남짓한 언어들은 지구에 골고루 분포되어 있지 않다. 고작 5퍼센트의 언어가 세계 인구 94퍼센트에 집중되어 있고, 나머지 95퍼센트 언어는 전체 인구의 단지 6퍼센트만이 사용한다. 그리고 여덟 개 언어(표준 중국어, 스페인어, 영어, 벵골어, 힌디어, 포르투갈어, 러시아어, 일본어)만이 각각 1억 명 이상의 사용자를 가지고 있다. 이 언어들이 언어의 칡덩굴인 셈이다.[16] 그중에서도 영어는 가장 많은 줄기를 가진, 가장 침투력이 강한 언어다. 영어가 우세한 나라에서는 이미 1992년 이전에 90퍼센트의 경쟁 언어를 없앴으며 아직 남아 있는 언어들에게도 심각한 위협이 되고 있다.[17]

마크 페이겔 같은 생물학자가 언어를 종과 비교하여 다윈의 시각으로 보는 것이 하나도 이상하지 않다. 최근에는 언어학자들도 언어의 다양성과 언어의 소멸을 이해하는 방식으로 경쟁과 진화라는 생물학적 개념을 차용한다. 비유는 옷과 같아서 그것을 입혀 보여주려는 추상적 개념과 완벽하게 맞아떨어지지는 않는다. 그러나 생물학적 종과 언어의 비유는 바로 그 어긋난 솔기 때문에, 우리 시대에 왜 언어가 종보다 멸종에 더 취약한지에 대한 통찰을 얻을 수 있다.

동물 종보다 언어가 더 심각한 멸종 위기에 처한 게 맞다면 그 이유는, 언어 멸종에서는 언어를 쓰는 개체들이 실제로 꼭 죽을 필요가 없기 때문이다. 그저 자식들에게 그 언어로 말하지 않으면 된다. 아이들이 어떤 언어를 더 이상 배우지 않으면, 그것이 바로 언어 소멸의 확실한 징후라고 언어학자들은 입을 모은다. 그런 언어들은 생존에 필요한 자손을 충분히 생산하지 못하는 멸종 위기의 종처럼 '재생산 능력'이 결여되었다고 여겨진다.

때때로 재생산 능력은 강제적인 언어 단종斷種 때문에 감소하며, 이것은 특정 언어를 뿌리 뽑아 사용자들을 지배 문화에 흡수시키려는 노골적 정책을 통해 이루어진다. 사람들이 집에서 아이들에게 특정 언어로 말하지 못하게 막는 것은 현실성이 거의 없다. 그러나 아이들을 가정 밖에서 살게 하고 자기 조상의 언어와 문화로부터 분리하는 것은 가능하다. 북아메리카와 호주에서는 국가가 원주민 자녀들을 강제로 가정에서 데리고 나와 기숙학교에서 생활하며 교육받게 했다. 이런 기관들의 목적은 대부분 언어 말살이었다. 아이들은 자신들의 토착 언어로 말하면 벌을 받았고, 가족들의 방문이 어려웠으며, 부모와 자식 간의 편지와 대화는 영어로만 가능했다.

아이들이 가정에 남았더라도 학교에서의 경험이 모국어와의 연결을 느슨하게 만들 수 있다. 일부 언어들은 학교 안에서 금지되며, 그것을 말하면 벌을 받을 수 있기 때문이다. 주로 기쿠유어Gikuyu로 저술했던 케냐 학자 응구기 와 시옹오는 1950년대 케냐 학교에서 영어 사용을 독려하고 아이들이 기쿠유어 쓰는 것을 막으려 했던 억압적인 정책들을 기술한다. 학교에서 기쿠유어나 다른 아프리카 말을 하는 게 적발된 학생들은 목에 수치심 팻말을 걸고 다녀야 했다. 이 팻말을 빼는 유일한 방법은 기쿠유어로 말하는 다른 학생을 붙잡아(필요하다면 함정을 써서라도) 자신의 팻말을 넘겨주는 수밖에 없었다. 하루가 끝난 뒤 제일 마지막에 팻말을 걸고 있는 아이는 앞으로 나와 벌을 받아야 했다. 시옹오는 자주 마지막 팻말지기가 되었던 한 소년이 다른 학생들 앞에서 바지가 찢어지도록, 매를 때리는 선생님에게 피가 튈 정도로 엉덩이를 맞던 장면을 세세하게 묘사한다. 어린 작가에게 기쿠유어에 대한 교훈은 분명했다. "이 언어가 내게 가르쳐줄 수 있는 것은 아무것도 없었다. 적어도 나를 교양 있고 현대적으로 만들어줄 수 있는 것은 없었다. 기쿠유어를 쓰는 아이들에게는 선혈이, 영어가 능숙한 아이들에게는 영광이 있을지어다."[18] 학교에 입학할 때 수업 시간에 사용되는 언어가 아닌 다른 말을 하는 아이였던 내가 증언할 수 있다. 이보다 훨씬 약한 조치로도 학생이 모국어를 쓰는 걸 싫어하게 만들 수 있다. 학교뿐 아니라 집에서도.

아이들이 가정에서 사용하는 언어를 배우거나 쓰지 못하게 하는 것은 그들의 마음을 잔인할 만큼 효과적으로 뒤흔든다. 언어 학습은 아이들의 놀이다. 아이들의 두뇌는 어른의 것보다 쉽고 완전하게 언어를 흡수한다. 성인이 되어 습득한 언어는 높은 확률로 악센트와 문법적 오류를 갖고 말하게 되어있다. 어린 시절 오랫동안 모국어를 쓰지 못하게 하면, 나중에 다시 그 언어로 돌아간다고 해도 항상 어딘가 외부인이라는 느낌을 갖게 된다. 가끔 눈에 띄는 실수를 범하고, 긴 하루 끝에 피곤할 때면 단어가 얼른 떠오르지 않는 그런 언어가 되는 것이다. 결국 자녀에게 그 언어로 말할 확률은 적어질 것이다.

의도적이든 아니든, 다른 언어가 자기 영토의 한 구획에라도 발붙이지 못하도록 주류 집단이 활용하는 다른 방법들도 있다. 터키의 쿠르드어Kurdish 나 프란시스코 프랑코 독재 아래 바스크어와 카탈루냐어처럼, 정부가 공적 영역에서 소수 언어의 사용을 금지하고 그 언어로 된 출판물을 금지할 수 있다. 목적은 그 언어를 집안에서 쓰는 사적 언어로 낮추어 절대로 권력의 지렛대 근처에 오지 못하게 하는 것이다. 악의 없이 그저 어떤 사회가 모든 법적 거래와 법원 심리 등을 하나(또는 그 이상)의 언어로 수행하도록 법을 제정하여, 특정 언어를 '공용어(공식 언어)'라는 단상 위에 놓기도 한다. 이것은 공용어만 알면, 아주 개인적인 틈을 제외하고는, 사회에서 소통의 장벽을 절대 경험하지 않을 것을 의미한다. 다른 언어를 말살하려는 동기가 없더라도, 공용어 지정은 칡덩굴에게 비료를 뿌리는 것과 아주 비슷한 효과를 갖는다.

사실 지배적 언어는 법적 강화나 공식적인 규율 없이도 자주 다른 언어들을 몰아내 왔다. DNA에 무언가를 임의로 추가하거나 유전자 코드를 서로 바꿀 수 없는 다른 생물학적 유기체와 달리, 인간은 새로운 언어를 배울 것인지 그리고 어떤 상황에서 어느 언어를 사용할 것인지의 결정에 자신의 의지를 더할 수 있다. 우리는 형태를 바꿔 다른 언어 '종'의 구성원으로 침투할 수 있다. 지배적 언어를 습득함으로써 얻는 이득이 너무나 자명해서 다른 언어 사용에 대해 노골적으로 벌을 줄 필요도 거의 없다. 결국 언어 상실은 아이들과 젊은이들이 순간순간에 행하는 수많은 선택의 결과다. 언어의 죽음은 나 같은 아이들이 만든 결과일 수 있다.

바이러스와 언어

언어의 진화를 연구하는 살리코코 무프웨네는 언어를 동물의 종보다 바이러스로 생각하는 것이 더 잘 맞는 비유라고 말한다.[19] 언어는 독립적 유기체로 혼자 살 수 없다. 언어는 바이러스처럼 인간 숙주에 기생하며, 언어의 생존과 확산은 숙주의 행동과 상호작용 양상에 의존한다. 이 말인즉 어떤 언어가 퍼져나가 다른 것들을 없애는 현상을 이해하기 위해서는 그것을 퍼뜨리는 인간을 이해해야 한다는 의미다. 질병의 확산을 예측하려는 역학자처럼 우리는 사람들이 어디에서 살고 일하며, 누구와 말을 하고 누구를 피하는지, 누구와 같이 살고 아이들이 다니는 학교는 어디인지를 알아야 한다. 거주자들이 자기의 물리적 커뮤니티 밖의 사람들과 거의 상호작용을 하지 않는 확연하게 분리된 소집단으로 이루어진 동네라면, 유행하는 언어가 인간 상호작용의 이런 간격을 뛰어넘지 못할 것이다. 그러나 사회 안의 다양한 커뮤니티에 구멍이 많고 그 경계가 유동적이어서 사람들이 여러 커뮤니티를 드나들고 사회적 모임을 돌아다닌다면 감염의 기회가 아주 많다.

공교롭게도 사람들이 공간에 흩어져 있는 방식과 서로 상호작용하는 방식들은 바이러스보다 언어에게 더욱 중요하다. 언어는 전염시키기가 유난히 어렵다. 언어는 감염자의 기침에서 나와 공기에 떠돌다가 우연히 지나가는 죄 없는 사람의 기도를 점령하는 코로나바이러스가 아니다. HIV 바이러스처럼 감염된 숙주와의 단 한 번의 성적인 접촉으로 옮지도 않는다. 언어가 '옮기' 위해서는 숙주와 반복되고 지속적인 접촉이, 보통 한 명이 아닌 다수의 사람들과의 접촉이 필요하다. 언어와의 접촉이 아주 많이 필요하기 때문에 연구자들은 언어에 충분히 노출되지 않은 아이들의 언어학적 건강을 매우 걱정한다. 베티 하트와 토드 리슬리는 그들의 유명한 연구에서 '빈곤한' 언어 접촉이 일부 아이들에게 언어 능력의 결손을 초래할 수 있다고 경고했다. 즉 보통 아동들은 4세가 될 때까지 평균 4천 5백만 개의 단어를 접하는데, 단지 천만 개 이하의 단어밖에 접촉하지 못하는 아이들은 언어 발달에 문제가 있을 수 있다는 것이다.[20]

사실 언어 바이러스는 옮기기 너무 어려워서, 빈번하게 노출된다한들 전염되지 않는다. 예를 들면, 나처럼 최근에 중동에서 온 이민자가 많은 도시에 산다거나 사교 모임에서 자기들끼리 아랍어로 얘기하는 사람들과 친하게 지낸다 해도, 단순히 아랍어 대화의 바다에 빠져 있다고 저절로 아랍어를 말하게 되지 않는다. 그 언어를 배우려면 아랍어를 말하려고 의도적으로 노력을 해야 하고, 아랍어 사용자가 당신과 그 언어로 대화를 해주어야 한다. 내 경우는 그렇지 못하다. 내가 아는 아랍어 사용자들은 영어를 충분히 알기 때문에 굳이 내가 애쓰지 않아도 되기 때문이다.

여기서도 비유의 한계가 언어 소멸에 대한 중요한 무언가를 드러낸다. 바로 언어는 숙주와 공모하지 않으면 번영하지 못한다는 점이다. 바이러스는 숙주가 그것을 자신의 혈관에서 몰아내고 다른 이에게 옮기는 것을 피하려고 아무리 노력해도 살아남고 퍼질 수 있다. 하지만 언어는 그것의 안녕을 고취하기 위해 적극적인 조치를 취하는 숙주가 필요하다. 어떤 언어가 수동적이고 무관심한 숙주 안에 뿌리를 내리려 한다면 파멸을 맞을 수밖에 없다. 언어를 유지하는 것은 시간과 에너지를 요구한다. 따라서 언어는 숙주에게 제공할 무엇, 그 노력을 정당화할 혜택을 제공해야 한다.

세계적으로 가장 번영한 언어들이 지역 언어를 몰아내지 **못하는** 지구의 귀퉁이들을 살펴보면 도움이 된다. 무프웨네는 북아메리카나 호주와 달리 아프리카에서는 식민지 개척자가 쓰던 유럽 언어들이 지역의 소수 언어들에게 큰 위협이 되지 못함을 지적한다. 식민지 개척자들의 목적이 대륙마다 달랐기 때문에, 결과적으로 다양한 언어 생태계가 발생되었기 때문이라고 그는 주장한다. 아메리카 대륙에서 식민지 개척자들의 목적은 자기가 떠난 본국의 복제품을 설립하는 것이었다. 이들은 그 당시 자신들의 꿈과 열망 속에 있는 옛 이름과 비슷한 이름을 개척지에 대놓고 붙여 이 목적을 드러냈으며, 그 결과 뉴잉글랜드, 뉴프랑스, 뉴암스테르담(후일 뉴욕으로 바뀜), 뉴올리언스 등과 같은 이름이 만들어졌다. 이들 '뉴'들은 꾸준히 밀려드는 정복자 인구를 받아들이고 정복자의 언어와 문화를 식민지에 속속들이 불어넣기 위해 만들어졌다. 게다가 아메리카 원주민 인구의 90퍼센트가 소멸됨으로써 이 과제는 더욱 손쉽게 달성되었고, 북아메리카에서 살아남은 나머지 원주민들은 당연하게 새로운 문화에 흡수되었다. 국가란 단일언어의 기반 위에 선다는 18~19세기 믿음이 더해져서 새 정부는 모든 원주민 아이들을 기숙학교에 보내는 등 강압적인 동화정책을 펼쳤다. 무프웨네는 식민지 지배자들의 경제력이 사회 모든 영역에 침투하게 된 것이 더욱 중요한 문제였다고 말했다. 원주민들이 향유하던 최소한의 생활 수단이 뿌리째 뽑힌 경우도 있었기 때문이다. 예컨대, 북아메리카 대평원에서 버펄로에 의존하여 살던 종족들은 자신들의 주요 자원이 멸종 위기에 내몰리자 그들 자신도 살기가 어려워졌다. 결국 지배적인 식민지 경제의 대안이 될 지역 경제가 모조리 사라졌다. 어떤 식으로든 경제에 참여하려면 영어 혹은 프랑스어를 쓰는 사람들(이들은 토착 언어를 배울 생각이 전혀 없었다)과 상호작용을 해야만 했다. 원주민들 눈앞에 끊임없이 제시된 메시지는 '이 모든 것이 네 것이 될 수 있어. 네가 우리처럼 되기만 한다면'이었다. 이리 오라 손짓하는 기회 앞에서 다른 선택의 여지가 거의 없었다.

아프리카의 상황은 많이 달랐다. 식민지 개척자들의 목적은 본국에 이득이 되도록 아프리카 나라들의 자원을 채굴하고 착취하는 것이었으며, 이곳에 자국민을 이주시켜 살게 하거나 이주한 유럽인들에게 호의적인 문화 토양으로 바꾸려는 의도가 없었다. 유럽인들이 권력의 지렛대를 쥐고 경제적 이득을 불균형적으로 가져갔지만, 그들이 경제생활의 모든 측면에 관여하지는 않았고 행정적 역할 밖에서는 지역 주민들과의 상호작용이 거의 없었다. 유럽인들 대부분은 농장을 운영한다거나 시장에서 물건을 팔지 않았고, 택시 회사나 식당도 소유·운영하지 않았다. 많은 아프리카인이 자신들의 일상생활을 유지했고, 유럽 언어가 꼭 필요하지는 않다고 생각했다. 심지어 유럽 언어가 특별히 쓸모가 있는 것도 아니었다. 아주 적은 수의 아프리카 사람들만 종사할 수 있는 '사무직'을 갖겠다는 야망이 없는 한 의미가 없었다. 이 생태계에서 유럽 언어들은 그것이 공용어 지위에 올라갔음에도 불구하고 생각보다 전염력이 약했다. 한 예로 말리, 니제르, 부르키나파소의 유일한 공용어는 프랑스어지만 이들 나라 인구의 4분의 1도 안 되는 사람들만 프랑스어로 말하고, 거의 항상 제2언어로 사용된다. 무프웨네는 아프리카에서 유럽 언어는 엘리트들의 언어로서 다소 제한적으로 남아 있다고 말한다. 이 말들을 학교에서 배우고 사무실, 강의실, 정부기관에서 쓰지만 길거리에서 쓰지는 않는다. 유럽 언어가 생소한 촌부락의 가정에서는 말할 것도 없다.

무프웨네는 또한 아프리카에서 영어나 프랑스어 같은 유럽 언어가 아닌 더 큰 아프리카 언어들이, 서로 다른 부족어를 쓰는 사람들에게 공통어lingua franca 역할을 한다고 말한다. 따라서 전 세계적으로 거대한 '킬러' 언어보다 이러한 언어가 지역 언어와 아프리카 언어 다양성에 가장 큰 위협이 된다고 한다. 이 현상이 계속될지는 두고 볼 일이다. 프랑스어권 국제기구*의 2018년 보고서에 따르면, 아프리카에서 프랑스어 사용은 증가하고 있으며 현재 아프리카 총 인구 중 40퍼센트가 프랑스어로 말한다. 그리고 이 추세가 계속된다면 50년 안에 인구의 80퍼센트가 프랑스어를 사용하리라고 예측했다.[21]

언어를 바이러스에 비유하는 것이 변화의 물결에서 언어가 어떻게 소멸되는지 그 기제를 설명하는 데 도움이 될지 모르지만, 언어 상실에 대한 비통한 감정을 불러일으키기는 어렵다. 차라리 벵골 호랑이의 멸종을 슬퍼하는 게 쉽지, 숙주가 양육하는 데 실패한 바이러스를 애도하기는 힘들기 때문이다. 아마도 이것이 언어 상실이라는 현실과 바이러스 비유 사이의 격차가 가장 적나라하게 드러나는 지점일 것이다.

한 언어 대신 다른 언어를 쓰겠다는 순간적인 결정을 수없이 많이 내리는 주체는 결국 개인(많은 경우 아이들)이다. 그리고 이런 결정들이 마침내 그 사람 안에서 모국어를 아사시킨다. 그 선택의 순간마다 지배적 언어가 더 유용하게 보였을 것이다. 하지만 이렇게 공리주의를 발라 번지르르하게 말하는 것으로는, 그 사람이 또는 그들의 자녀가 언어의 죽음에 대해 느끼게 될 슬픔의 깊이를 충분히 가늠할 수 없다. 나는 바이러스의 멸종을 그토록 슬퍼하는, 비통함이 강처럼 흐르는 애가를 한 번도 본 적이 없다.

---

*   Organisation Internationale de la Francophonie. 흔히 '프랑코포니'라고 줄여 부른다. 프랑스어를 모국어나 공용어로 쓰는 국가들로 구성된 국제기구로 1970년에 설립되었고 현재 88개 주 또는 정부가 가입되어 있다.

무너지는 문법: 쇼쇼니어

한 종의 멸종처럼 언어의 죽음도 치명적이고 회복 불가능한 개인적인 상실이 수없이 축적된 결과다. 어떤 언어의 사용자가 한꺼번에 학살되거나 홍수로 떠내려간 경우를 제외하면, 한 언어의 소멸 또한 개인이 편하게 사용하던 말을 점점 잊는 것과 같은 방식으로 서서히 진행된다. 위축된 언어가 한 사람의 마음에서 물러나는 것과 똑같이 언어가 집단적 기억에서 사라지는 것이다.

한 언어의 제한된 기능만 사용하는 사람은 다른 맥락에서는 그것을 제대로 다루지 못할 수 있다. 예를 들어, 글은 말보다 더 풍부한 어휘와 다양하고 복잡한 구조를 사용하기 때문에, 어떤 언어로 말은 하지만 읽거나 쓰지 못하는 사람은 어휘력이 부족하고 구어에서 잘 쓰지 않는 정교한 문법을 구사하지 못한다. 또한 한 언어의 시 혹은 격식을 갖춘 형태의 글에 자주 노출되지 않은 사람은 솜씨 좋은 문체를 구사하지 못하고, 가까운 가족과만 말을 해본 사람은 공식적인 자리에서 혹은 사회적 지위가 다른 사람에게 어떻게 말해야 하는지 모른다. 이런 사람은 체코 추기경을 만났을 때 반말을 했던 내 동생과 같은 결례를 범할 수 있다. 아버지는 그때 너무 놀라서 추기경에게 황급히 딸의 말도 안 되는 무례를 사과했다. 이와 같이 다른 사람들 앞에서의 실수는 말하는 사람의 고향이나 출생지에 상관없이 그 사람이 '외부인'임을 적나라하게 드러낸다.

마찬가지로 한 언어가 자신이 점유하던 널따란 마음의 공간에서 후퇴하기 시작하면 그 언어는 필연적으로 작아질 수밖에 없다. 움직이지 않아 허약해지는 신체처럼 언어 위축은 가장 적게 사용하는 근육부터 찾아온다. 그리고 집에서 식구들과만 쓰는 말은 언어의 본래 기능 중 아주 적은 부분만 발휘할 수 있다.

언어학자인 모니카 슈미트와 마리아 폴린스키가 기록했듯이 언어의 약화는 그 사람이 활용하는 단어의 종류에서 볼 수 있다. 즉, 일반적인 어휘는 유지되지만 흔하지 않은 단어일수록 점점 사라진다. 또한 사용되는 통사 구조의 수가 줄어들고 가장 흔하고 단순한 것들만 남는다. 결국, 특히 언어 활용이 아직 굳건해지기 전인 아이들은, 문법적인 구분이 사라지고 이전에는 정확하게 사용했던 단어와 형식이 서로 섞여 대단히 모호해진다.

시간이 지나면서 개인의 언어 위축은 커뮤니티의 집합적 언어에 반영된다. 점점 많은 사람들이 특정 언어를 제한된 영역에서만 사용할 수 있는 '주변적 사용자marginal speakers'가 되면서 그 언어 전체의 규모와 복잡성이 축소되기 때문이다. 작은 공간으로 압착된 언어는 그야말로 작은 언어가 되고 사용자의 필요를 점차 충족시키지 못하게 된다. 언어 사용자의 기억에 조금이라도 남아 있는 건 잔재뿐이다.

언어학자들은 죽어가는 언어가 밋밋하고 단순해지는 이 과정을 세심하게 기록하기 시작했다. 한 사례 연구에서 캐서린 마쓰모토는 네바다주와 아이다호주 사이에 걸쳐 있는 덕밸리 인디언보호구역Duck Valley Reservation에 거주하며 쇼쇼니Shoshone 민족어를 사용하는 커뮤니티를 기록했다.[22]

쇼쇼니어를 말할 수 있는 사람이 약 2천 명 있지만, 이 언어는 공적인 장소에서는 거의 쓰이지 않는다. 쇼쇼니어를 모르는 사람 앞에서 이 언어로 말하는 것이 무례한 행동으로 여겨지기 때문이다. 덕밸리에서 경제 활동을 하는 연령층 대부분은 쇼쇼니어를 모르며, 따라서 업무를 처리하거나 서비스를 제공할 때 이 언어는 거의 사용되지 않고 부족회의에서조차 듣기 어렵다. 이 커뮤니티에서 쇼쇼니어를 할 줄 아는 사람들은 대체로 이 말을 친구끼리 농담할 때 사용하거나(노인들은 쇼쇼니어가 영어보다 훨씬 재미있다고 주장한다), 밭일을 할 때, 아는 사람 얘기를 할 때 사용한다고 마쓰모토는 말한다.

북아메리카에 있는 다른 많은 토착 사회처럼 언어의 숙달 정도도 연령에 따라 다르다. 1950년 이전에 출생한 사람들은 집에서 쇼쇼니어를 쓰던 것을 기억하고, 역시 영어를 모르던 다른 부족의 원주민 아이들과 함께 기숙학교에 강제로 입학했을 때 처음으로 영어를 접했다. 아이들은 벌을 받을 각오를 하면서도 학교에서 자주 모국어를 사용했다. 그러나 이들보다 10년에서 20년 후에 태어난 사람들은 집에서 토착 언어를 배웠음에도 학교에서 이 말을 쓰는 아이들이 전혀 없었다고 한다. 그때는 학생들 모두가 영어로 말했고, 학교 친구들과 대화를 할 때도 영어 사용을 선호했다.

영어가 쇼쇼니어 위에 빠르게 군림하고 있음은 오히려 토착 언어의 구조가 허물어지는 모습에서 더 잘 볼 수 있다. 여러 측면에서 볼 때, 어르신들이 말하는 쇼쇼니어는 영어보다 더 복잡하다. 체코어와 마찬가지로 쇼쇼니어 단어들은 다른 격을 반영하기 위해 문법적 주어와 목적어를 구분하여 형태를 변화시킨다(다만 7개 격을 구분해야 하는 가학적인 체코어에 비해 쇼쇼니어는 2개 격만 구분한다). 또한 쇼쇼니어는 명사나 대명사가 그저 단수인지 복수인지 표시하지 않고, '두 개'를 의미하는 형태가 따로 있기 때문에 세 가지(단수, 2개, 복수)로 구분한다. 그리고 공간에서 물체를 지시하는 정교한 시스템을 가지고 있다. 영어의 지시대명사가 비교적 가까운 것과 비교적 먼 것만을 구분하는 이분법을 사용하는 데 반하여(이것/저것, 이것들/저것들), 쇼쇼니어는 다섯 가지로 구분한다. 어떤 물건을 지시할 때 그것이 아주 가까운지, 그냥 가까운지, 중간 거리인지, 멀지만 눈에는 보이는지, 보이지 않을 만큼 떨어져 있는지를 구분하는 것이다. 이 다섯 가지에 2개 격 체계를 곱하고 다시 '단수, 2개, 복수'라는 세 개 구분을 곱하면, 고작 네 개밖에 되지 않는 영어 표현에 비해 쇼쇼니어는 서른 개의 형태를 갖는다.

젊은 층에서는 쇼쇼니어의 복잡한 형태가 흐트러지기 시작했다. 이런 문법적 구분의 사용에 일관성이 없거나 그중 일부를 아예 쓰지 않게 되었다. 예를 들어, 어떤 사람들은 다섯 개의 공간적 변형들을 둘이나 셋으로 통합하거나 심지어 공간적 구분을 전혀 하지 않기도 한다.

급속한 변화와 단순화는 세계의 다른 멸종 위기 언어들에서도 볼 수 있다. 오늘날 프랑스 브르타뉴 지역에서 쓰이는 브르타뉴어Breton는, 격식을 차린 문체에서 쓰이던 여러 형식들이 최근에 없어지고 하나의 편한 '단일 형식monostyle'으로 수렴되었다.[23] 호주에서는 언어학자 애넷 슈미트가 죽어가는 언어인 지르발어Dyirbal를 기록할 때 이 언어의 문법적 기준이 나뉘는 것을 발견했다. 즉, 나이 든 사람들이 체계적인 문법 형태를 따르는 데 반해서 젊은 사람들이 사용하는 지르발어는 극도로 불안정했다.[24] 젊은이들은 이 언어를 어떤 종류의 체계로 **나름대로** 조직해서 사용하고 있지만 이것은 전통적 언어보다 훨씬 단순하다. 언어는 개별 방언의 모음으로 전락했으며, 한 사람이 사용하는 언어 체계가 다른 사람의 것과 딱 들어맞는 적이 거의 없었다.

언어 구조의 단순화는 스코틀랜드의 이스트서덜랜드 게일어East Sutherland Gaelic, 캘리포니아 북쪽의 센트럴 포모어Central Pomo, 그리고 시에라리온의 마니어Mani에서도 목격된다.[25] 언어가 죽음에 이르는 궤적에 대해서는 아직 밝혀지지 않은 것이 많다. 모든 멸종 위기 언어가 비슷한 궤적을 가질까? 구조 변화가 반드시 한 언어의 임박한 죽음을 예언하는가? 변화를 되돌릴 수 있을까? 한 가지 확실한 것은, 모국어가 위축되어 있는 사람이 사용하는 문법이 단순하고 불안정한 것처럼, 이런 변화는 언어 상실의 징후들이다.

기로에 서 있는 언어학

언어가 죽으면 정확히 무엇을 잃는 것일까? 어떤 작은 집단의 사람들이 자신들만의 배타적 언어를 포기하고 영어(혹은 스페인어, 러시아어, 프랑스어)를 쓰는 전 지구적 가족에 합류한다면, 국제적인 '큰' 언어를 사용하는 사람들은 이를 슬퍼할 일이 아닌 축하할 일로 여길 것이다. 언어적 통일과 전국 혹은 전 세계적 소통 능력은 사람들 사이에 분명히 더 큰 화합을 조성할 수 있으며, 이것이 바로 평화를 사랑하고 에스페란토어*와 같은 '보편적' 언어를 창시한 사람들이 갈망하는 상태다. 언어의 **죽음**을 도대체 왜 얘기하는 가? 세계적으로 언어의 수가 적어지는 변화는 죽음이라기보다는 디지털 기술, 수세식 변기, 팝 음악의 확산처럼 전 세계 사람들이 자신의 이득을 위해 열렬히 선택한 것이 아닐까?

하지만 광범위하게 일어나는 언어 상실이 언어학자들에게는 곧 지성의 응급상황이다. 세계 언어들이 품고 있는 장치와 양식은 그 범위가 황홀할 지

---

*   Esperanto. 유대계 폴란드인 안과의사 L. L. 자멘호프가 1887년에 창안한 국제 공용어.

경이며, 이 중 90퍼센트를 잃는다는 건 언어의 **의미**를 잃는 것이다. 한 언어는 적게는 11개의 언어음*을 이용하여 하고 싶은 모든 말을 옮기기도 하고, 때로는 164개에 달하는 언어음들이 그 중책을 나누어 수행한다.²⁶ 소리들이 어떻게 결합되는지를 정하는 규칙은 요리의 그것만큼 변화무쌍하다. 예를 들어 표준 중국어에서는 하나의 음절에 의미의 단위가 압축되어 들어가 있지만, 영어에서는 카디건cardigan 또는 페튜니아petunia 라는 단어처럼 여러 개의 음절이 분리될 수 없는 의미 덩어리를 형성한다. 일본어는 숙녀들 사이사이에 신사들이 앉는 전통적 정찬 자리처럼 가까운 모음들 사이에 자음들이 우아하게 흩어져 자리를 잡는 편을 선호한다. 하지만 체코어는 자음들이 서로 친하게 엉기는 것을 좋아해서 prst나 skrz와 같이 모음이 전혀 없는 단어들도 있다. 많은 언어들은 동사의 꼬리에 접미사를 붙여 주어가 1인칭이나 2인칭, 혹은 3인칭인지 표시하는 동사 활용을 한다. 그러나 스토니 나코다어**는 이 표식이 동사의 꼬리가 아닌 코에 붙기도 하고, 동사 단어의 첫째와 둘째 음절 사이에 곧바로 주입되기도 한다. 이것은 동사에 따라 다르며 각각의 동사가 어떤 형태를 쓰는지는 '그냥' 알아야 한다. 그리고 소중히 모셔 문법으로 정할 만큼 중요하다고 여기는 정보도 언어마다 다르다. 표준 중국어를 말할 때는 어떤 사건의 발생 시점이 과거, 현재, 미래 중 언제인지 굳이 드러내지 않는다. 문맥을 통해 구별할 수 있으리라 믿기 때문이다. 반면 터키어에서는 시제를 표시할 뿐 아니라, 말하는 사건을 직접 목격한 것인지 아니면 간접으로 전해 들은 것인지를 나타내는 문법적 표식을 사용해야 한다.

지구의 구석, 외딴 곳에서 사용되는 작고 고립된 언어는 종종 언어의 생김새에 대한 우리의 개념을 확장시킨다. 마치 대양 심해나 열수구, 얼어붙은 바닷물, 산성 연못과 같이 외지고 극한 환경에서 발견되는 유기체로 인해 생명이 취할 수 있는 모습에 대한 우리의 생각이 확대되는 것과 같다. 보통 이

---

*   speech sound. 보통 모음과 자음으로 분류된다. 기침이나 재채기 등 자연의 음과 구분되는, 변별될 수 있는 음을 말한다.

**   Stoney Nakoda. 캐나다 서부 로키산맥 산기슭에 거주하는 북아메리카 토착 민족 또는 그들이 쓰는 말.

런 작은 언어들은 잘 알려진 세계적 언어가 발생한 사회와 현저히 다른 사회에서 발달했으며, 이들 우세 언어들과 공통의 조상을 갖지도, 접촉을 통해 우세 언어의 일부를 흡수하지도 않았다. 이러한 언어의 연구는 발아래 익숙하고 견고한 것이 아무것도 없는 듯한, 일종의 언어학적 현기증을 경험하는 일이다.

어떤 언어는 학습 가능성을 애초에 차단시키는 것처럼 보이는 양식을 발달시켰다. 예를 들면, 자신의 책『언어란』에서 존 맥워터는 동사 체계가 단순한 표로 정리되는 페르시아어의 간결한 규칙성과, 멸종 위기에 처한 시베리아 지역의 언어 켓Ket을 대비시킨다. 켓어에서 대명사는 동사에 붙어 주어가 누구인지 나타내지만, 접두사와 대명사가 깔끔하게 일대일로 대응하지 않고, 두 개의 표식 세트가 있다. 한 표식 세트는 특정 종류의 동사에 붙어 사용되고 두 번째 표식 세트는 또 다른 종류에 붙는다. 이때 정확한 규칙이 없기 때문에 사용자는 어떤 동사가 어떤 대명사 접두어를 쓰는지 무조건 외우는 수밖에 없다. 게다가 더욱 복잡하게도, 많은—그러나 '모두'에는 훨씬 못 미치는—동사가 동일한 것을 의미하는 **두 가지** 대명사 표식이 있다. 예를 들어, 'digda**ba**tsaq'는 '나는 강으로 간다I go to the river'라는 의미인데, 여기서 d와 ba 모두 '나'라는 의미이기에 영어로 말하면 'I go to I the river(나는 강으로 나는 간다)'라고 말하는 셈이다. 그러나 이게 끝이 아니다. 대명사를 두 번 반복하는지 아닌지에 따라 동사의 의미가 바뀔 수 있다. 구체적으로, 'digdabatsaq'는 '나는 강으로 가고, 조금 뒤 돌아온다'는 의미다. 그렇지만 같은 대명사 접두어 **d**를 두 번 반복한 'digda**d**daq'는 '나는 강으로 가서 이번 계절에 머물 것이다'를 의미하고, 같은 단어지만 대명사 표식이 하나밖에 없는 'digdaksak'는 '나는 강으로 가서 며칠 혹은 몇 주간 머물 것이다'라는 뜻이다. 맥워터는 이렇게 복잡한 단어들을 어떻게 구성 요소의 의미로 분해하는지 그 방법을 터득하려는 켓 민족 아이들의 입장이 되어보려고 애를 쓴다. "천천히, 엄마가 아이에게 얘기하듯 가락을 넣어 말한다고 해도 이것은 아이에게 모차르트가 아닌 스트라빈스키를 들려주는 것과 같다." 켓 민족 사회에 태어난 아기들이 어떻게 이 말을 배우는지는 미스터리이지만, 어쨌든 보다시피 그들은 이 언어를 배우고 사용한다. 아니, 적어도 지금까지는 수많은 세대를 거쳐 이 언어를 배우고 사용해 왔다.[27]

언어들 중에는 인간 언어의 주요 구성 요소라고 생각되는 장치가 없고, 따라서 당황스러울 만큼 복잡함이 **결여된** 것들도 있다. 실제로 언어학자 댄 에버렛은 아마존에 있는 고립된 토착 주민의 말인 피라항어Pirahã 구조에 순환성recursion이 거의 보이지 않는다고 주장하여 언어학계에 파문을 일으켰다.[28] 순환성은 러시아 인형처럼, 더 큰 구문 안에 똑같은 구문이 끼워져 있는 스타일이다. 예를 들면 '그 소년the boy'이라는 명사구가 '그 소년의 아버지 the boy's father'와 같은 더 큰 명사구 속에 있는 것, 혹은 '그가 어제 떠났다He left yesterday'와 같은 문장이 '그가 어제 떠났다고 그녀가 우리에게 말했다She told us he left yesterday'라는 큰 문장 안에 내포된 경우가 있다. 이렇게 언어에서 복잡한 의미를 작은 공간에 압축해 넣는 기량은 인간의 타고난 언어적 능력이라고 주장되어 왔다. 그러나 에버렛에 의하면 피라항어는 이 전략을 쓰지 않는다. 그들은 '존의 형의 집John's brother's house' 대신에 '형의 집. 존은 형이 있다. 이들은 같다Brother's house. John has a brother. It is the same one.' 또는 '호랑이가 소년과 소녀를 잡았다The tiger got the boy and the girl.' 대신에 '호랑이가 소년을 잡았다. 소녀도 역시The tiger got the boy. The girl also.'라고 말한다. 순환이 그렇게 강력한 표현 장치고 이것을 사용하는 능력이 인간 두뇌의 내장된 부분이라면 피라항어 사용자들은 왜 이것을 쓰지 않을까? 이것은 일부러 바퀴를 사용하지 않는 것과 마찬가지다.

요리의 다양성이 음식에 대한 우리의 이해와 감사를 증진하고 강화하는 것처럼 언어의 다양성도 언어 애호가들에게 끝없는 기쁨을 안겨준다. 어쩌면 당신도 낯선 문법의 혼란스런 형태를 풀어갈 때 신경 세포가 짜릿한 쾌락을 느끼고 다양한 언어가 종소리처럼 울리는 공공장소의 느낌을 즐기는 사람일 수 있다. 그러나 언어 다양성 논의는 미적인 영역을 훨씬 넘어선다. 언어는 우리 인간 본성에 녹아 있다. 다른 동물들도 서로 소통하는 것이 분명하지만, 인간만이 복잡한 생각을 상징적 형식에 압축하고 그것을 서로 주고받는 종인 듯하다. 그리고 삶의 모든 측면이 언어적 소통을 중심으로 돌아갈 정도로 우리는 아주 특별하다. (구어든 문어든 어떤 언어도 없는 하루를 상상해 보라!) 인간 언어의 경계, 그러나 인간이 사용하는 언어 중 대다수가 사라진다면 결코 알 길이 없는 그 경계는, 인간이라는 개념에 형태를 부여한다.

언어에 대한 과학적 이해를 시도하기 시작하는 바로 지금, 세계적으로 너무 많은 언어가 죽어가고 있다는 사실이 가슴 아프다. 언어가 온전히 인간 정신의 생산물이고, 모든 인간 아기는 태어날 때 만나는 언어가 무엇이든(비록 그것이 스트라빈스키 음악 같을지라도) 그것을 배울 준비가 된 채 세상에 나오지만, 그렇다고 언어가 어떻게 작동하는지에 대해 우리가 선천적으로 지적인 이해를 한다는 의미는 아니다. 언어에 대한 분석적 이해는, 시각 기제를 상세하게 이해하는 만큼이나 힘들게 이루어진다. 수백 년에 걸쳐 연구자들은 날카로운 이론과 실험을 통해 우리가 색, 형태, 움직임을 어떻게 그리고 왜 그렇게 경험하는지 비로소 알게 되었다. 인간들이 색, 형태, 움직임을 경험해 온 것은 그보다 훨씬 오래 전부터였음에도 말이다.

1960년대 언어학 분야의 폭발적인 성장을 시작으로, 언어학자들은 최근에서야 우리가 태양계나 단백질, 또는 거미줄을 아는 수준만큼 언어를 이해하게 되었다. 언어는 자신들의 내적 논리에 순종하는 잘 구조화된 객체로서, 복잡하고 정형화된 방식으로 무작위 변형들을 흡수한다. 그러나 그들의 자연 법칙은 **우리 안에 있는** 무언가에서 비롯된다. 우리들의 뇌에서, 그리고 우리가 서로 생각을 교환하려 애쓸 때 인간에게 엄습하는 스트레스와 제약에서 비롯된다. 우리를 둘러싼 세상의 물리적 현실을 추상적인 개념 체계로 기록하려는 수학자처럼, 언어학자들은 인간 언어의 구조를 묘사하는 데 필요한 이론적 시스템을 세우기 시작했다. 그리고 이들은 음악에서 반복되는 주제 멜로디처럼 세계의 언어들에서도 반복 발생하는 유형들을 발견했다. 이런 일반적인 구조는 특정 방법으로 정보를 구축하기 원하는 인간 마음의 간절함을 반영하는가? 신생아들은 어떤 종류의 유형보다 다른 유형을 더 쉽게 배우는 편향을 가지고 태어나는가? 작업 기억*에서 유지할 수 있는 정보량의 제한 때문에 특정 언어적 구조가 배제되는가? 어쩌면 언어 구조는 그것을 담고 있는 사회가 어떤 종류의 사회인가와 관련 있는 듯하다. 한 예로, 연구자들은 여러 개의 절clause, 節이 함께 들어가는 복잡한 문장 구조는 주로 표기 체계writing system를 갖춘 언어에서 발견된다고 주장했다. 글로 쓴 문장은 기억의 용량을 잡아먹거나 지금 뱉어내는 말의 흐름 안에서 구현될 필요가 없기 때문에 구어에게 강요되는 제약을 부수고 나갈 수 있다.[29] 일부 언어학자들은 켓어와 같은 언어에서 발견되는 과도한 복잡성과 불규칙성이 작고 고립된 커뮤니티 안에서 가장 잘 양성된다고 주장한다. 이런 사회에서 태어나 그 언어를 배우지 않는 한 학습할 수 없기 때문이다. 언어 발달의 전성기가 지난 뒤에도 배울 수 있는 언어들에는 이런 과도한 복잡성이 없다.[30]

또한, 아주 최근 개발된 일부 기술들은 뿌옇게 흐린 마음의 연못에 연구자들이 직접 뛰어들어 사람들이 의식하지 못하는 저편에 있는 언어에 닿을 수 있게 해준다. 어떤 연구자들은 반응 시간을 초 단위보다 작은 조각으로 측정하는 실험을 고안하여, 우리가 기억에서 단어를 어떻게 끄집어내는지 혹은 말하려는 문장 구조를 어떻게 머릿속에 그리는지에 대한 경쟁 이론들 사이를 비집고 들어간다. 적외선 카메라는 사람들이 언어를 듣거나 읽는 동안 안구 운동을 끊임없이 추적하여 언어에 들어 있는 모호성이 어떻게 해결되는지 보여준다. 예컨대, 다른 사람의 말을 듣고 그 의미를 이해할 때, 전체 문장이 끝나기 전 언제까지 그 문장에 대한 다양한 해석의 가능성을 열어두는지, 그리고 최적의 해석이라 마음을 굳히는 게 언제인지 등을 볼 수 있다. 뇌 영상을 보는 것은 마치 오케스트라를 자세히 들여다보는 것과 같다. 말을 하거나 이해할 때 우리 뇌의 어떤 악기가 작동되는지를 보는 것처럼 말이다. 무슨 언어로 말하는지 상관없이 동일한 기본 악기가 연주되는가? 아니면 어떤 언어로 말할 때 특정 악기군은 거의 놀고 있는데 또 다른 악기군은 거장의 수준으로 연주하는가? 각 언어가 다른 신경 회로에 의존한다면 이것은 각기 다른 언어를 사용하는 사람들이 수행하는 비언어적 과제에 어떤 영향을 미치는가? 예를 들어 성조 언어tonal languages, 즉 같은 자음과 모음의 나열이지만 음절 소리

---

* working memory. 감각기관을 통해 입력된 정보를 단기적으로 기억하고, 그것을 이해하고 조작하는 과정을 일컫는 심리학 용어.

의 높낮이에 따라 다른 의미를 지닌 단어가 되는 언어를 사용하는 사람들 중에 음악적 절대 음감이 더 흔하다는 증거도 있다.[31]

그렇지만 지금까지는 언어학에서의 이런 발전이 세계 언어의 아주 작은 부분의 연구에 한정되어 있다. 2009년에 언어학자인 플로리안 예이거와 엘리자베스 노어클리프는 '말하는 것'의 역학에 대해 우리가 가진 지식의 합은 세계 언어의 단 0.6퍼센트를 기반으로 한 것이며, 이들 언어 대부분조차 서로 밀접하게 연결되어 있고 많은 유사점을 공유한 것들이라고 지적했다.[32] 그리고 이와 같은 지적 이후 지금까지도 우리 지식의 토대는 그리 넓어지지 않았다.

이제 우리는 새로운 도구를 연마하고 이론을 튼튼하게 다지며 언어에 대한 질문들을 정교하게 다듬는 지점에 서 있다. 그리고 지금 존재하는 언어들이 사라지기 전에 질문에 대한 답을 얻고자 질주한다. 언어학자에게 이것은 지구상 대다수의 생명체가 몰살되는 재앙이 오기 하루 전에 지금 막 유전자 배열을 해독하는 법을 알아낸 것과 비슷하다.

세계를 품고 있는 단어

언어학자들이 어떻게 죽어가는 언어를 '구했는지'에 관한 뉴스 기사를 상당히 자주 만날 수 있다. 그런데 대부분의 경우 이 구세주들이 실제로 한 일은 그저 그 언어를 녹음하고, 마지막 언어 사용자가 죽기 전에 가능한 한 많이 그 언어의 특징을 기록한 것이다. 이들의 노동은 손에 잡히는 결과물을 만든다. 사전, 문법, 녹음된 이야기, 노래, 구전 역사의 한 토막들을 모은 아카이브가 그것이다. 이와 같은 성과는 가치가 있으며, 언어의 상실이 가져오는 학문적 손실을 부분적으로 피하게 해준다. 예를 들어 스토니 나코다어의 특이한 동사 활용에 대해 읽는 것은, 비록 그 언어를 사용하는 사람이 한 명도 남아 있지 않더라도, 인간 언어를 이해하는 데 도움이 된다. 또한 새로 프랑스어나 독일어를 배우려는 (주로 성인) 학습자들이 단어나 문법을 확인하기 위해 사전을 찾는 것과 같이, 사라지는 언어에 대한 이런 자료들은 그 언어를 보존하고 전파하는 데 열정을 가진 커뮤니티에 없어서는 안 될 아주 중요한 교육 도구가 될 수 있다.

그러나 이런 결과물들은 **언어**가 아니며, 그것만으로는 멸종으로부터 언어를 구할 수 없다. 흰색 코뿔소의 자료 화면과 상세한 해부학적 그림이 코뿔소 자체를 구할 수 없는 것과 마찬가지다. 생존하기 위해서는 언어가 바이러스처럼 한 사용자에서 다른 사용자로 또 다른 사용자로 계속해서 재생산되어야 한다. 한 언어가 공식적으로 멸종된 후에도 남아 있던 풍부한 기록물이 그 언어를 일종의 다른 버전으로 되돌릴 수 있는 것은 사실이다. 지금 실제로 에야크어에 그 일이 일어나고 있으며, 이는 마이클 크라우스가 반세기에 걸쳐 에야크어의 마지막 사용자들 사이에서 이룩한 작업이 토대가 되어 가능했다.[33] 하지만 종이에서 나온 언어는 본래 그 언어 안에서 자란 사람들이 세대를 거쳐 구전한 것과 필연적으로 다를 수밖에 없으며, 새로운 사용자들은 그들에게 남겨진 많은 구멍을 채워야만 한다.

언어학자들이 멸종 위기에 처한 언어에 대해, 그 언어를 사용하는 아주 소수의 사람들만이 아는 것을 전부 보존하기는 거의 불가능하다. 살아 있는 언어는 사용자조차도 의식하지 못하는 지식과 기능을 포함하고 있으며, 전통적인 사전이나 문법 책에서는 그 단편만 찾을 수 있다. 실제로 인류 역사상 가장 많이 연구되는 **영어**에도 아직 문서화되지 않은 미세한 부분들이 있다. 지금쯤이면 언어학자들이 영어에 대해서 알아야 할 것은 모두 안다고 생각하겠지만, 영어에 대한 논문이 아직도 매달 많이 발표된다. 이 논문들은 기존의 이론에 수용되어야 할 새로운 사실들에 주목하고, 이런저런 단어나 구절을 써야 하는 적절한 맥락에 대해 논의한다.

에릭 액턴이 최근에 발표한 28페이지짜리 논문을 한번 살펴보자. 액턴은 그가 관사 the의 '사회생활'이라 부르는 것을 해부하며 이렇게 말한다. "영어를 말할 때 the를 신중하게 써야 한다. 영어 표현 중 가장 흔하고 별로 드러나지 않는 이 기능어 사용이 사실 강력한 신호를 줄 수 있기 때문이다. 예를 들어 자신의 아내를 'the wife'라고 지칭하는 것과 'my wife'라고 말하는 것은 그 사람의 결혼에 대해 조금 다른 그림을 보여준다."[34] 이런 사례를 차곡차곡 쌓으면서 액턴은 이 작은 단어의 미묘한 쓰임을 정의하려고 노력한다. 아니 오히려 이것이 하나의 논문에서 다루기에는 너무 큰 주제여서 액턴은 'the baby boomers'처럼 the가 한 무리의 사람을 표현하는 복수 명사 앞에 쓰일 때 전하는 미묘한 의미들에 대해서만 논의하겠다고 주제의 범위를 제한한다. 'the wife'의 예에서 보듯이 관사 the의 존재는 말하거나 글을 쓰는 사람을 지금 얘기되고 있는 대상 밖에 위치시켜 거리를 두는 효과가 있다. 따라서 스위스 태생 사진작가 로버트 프랭크가 자신의 사진집 제목을 『미국인 *The Americans*』이라고 붙였을 때 한 논평가는 다음과 같은 반응을 보였다. "로버트 프랭크의 사진집에서 가장 눈에 거슬린 것은 … 무엇보다 책 제목이었다. 마치 사진집 안에 사람들은 외계인종이고 자신은 진화된 인류학자라고 부르는 것 같다."[35]

액턴은 미국 하원의 의사록을 조사하여 의회 발표자들이 자기 소속 정당에 대해 얘기할 때보다 다른 정당을 언급할 때 '그 민주당원들the Democrats' 혹은 '그 공화당원들the Republicans'이라고 관사 the를 더 많이 사용함을 발견했다. 하지만 다른 정당을 지칭하더라도 두 정당 사이의 협력을 강조할 때는 보통 거리를 두지 않고 the를 쓰지 않는다("이것이 바로 공화당이 민주당과 함께 일하고 싶어 하는 문제들입니다These are problems that Republicans are anxious to work with Democrats on.")[36] 그렇다고 해서 외부인에게만 the를 쓰는 것도 아니다. 액턴이 찾은 것 중에는 지금 언급되는 집단의 구성원이 the를 사용한 사례들도 있다(예를 들어, 민주당 의원 존 라슨은 "민주당원들은 이라크에 새로운 방향성이 필요하다는 생각으로 단합했다The Democrats are united on the need for a new direction in Iraq"라고 말했다). 액턴은 복수 집단 명사에 the를 붙일 때 중요한 것은, 그 집단이 구별되는 개인의 집합이 아닌 하나의 거대한 개체라는 느낌을 주는 것이라 결론짓는다. 또한 이 단일감이 가끔 다른 집단과의 거리두기 효과를 불러일으키지만, 때로는 자기 집단 안에서 결속력을 강조하기 위해 사용된다고도 말한다.

이런 얘기는 영어 기본 문법 책 어디에도 없다. 적어도 내가 도서관에서 찾아본 문법 책들에서는 찾지 못했다. 이 밖에 영어에서 많이 사용되는 또 다른 단어들이 가지고 있는 특이한 습관들도 문법 책에서는 찾지 못할 것이다.

그러나 여러분이 영어 원어민이라면 원어민이 아닌 사람이 이상하게 the를 붙이거나 생략하는 것을 금방 알아챌 수 있을 것이다. 비록 제대로 된 '규칙'이 무엇인지 설명할 수는 없지만 말이다. 나는 미래에 영어가 사라진다면 어떨지 자주 상상한다. 이 언어를 전혀 모르는 학생들이 교과서를 바탕으로 재구성된 영어를 접했을 때 어떤 인상을 받을지 궁금하다. 당연히 지금 우리 입에서 흘러나오는 실제 영어, 다시 말해서 우리가 본능적으로 사용하면서도 교과서에 적을 생각은커녕 의식하지도 못하는 온갖 미묘하고 근소한 차이들이 존재하는 영어보다 훨씬 조악할 것이 분명하다.

에릭 액턴의 연구처럼 미묘한 차이를 파고드는 언어학적 탐구는, 이미 충분히 많이 연구되고 기술된 언어만이 누릴 수 있는 사치다. 언어학자가 멸종 위기에 처한 언어를 처음부터 기록할 때는 일반적으로 내용어content words 목록부터 시작한다. 명사와 동사, 그리고 때에 따라 형용사와 부사가 여기에 포함된다. 이것은 합리적 접근이다. 식물을 가리키며 "이걸 뭐라고 불러요?"라고 묻는 것이 "당신 언어에서 쓰는 문장에는 수동태가 있나요? 있다면 그 문장은 어떤 구조이며 어떤 상황에서 그것을 쓰나요?"라고 묻는 것보다 훨씬 쉽다(영어가 모국어인 친구에게 수동태에 대한 질문을 하고, 과연 뭐라고 하는지 들어보라). 게다가 단어에는 상당히 많은 문화적 지식이 엮여 있기에 어휘는 매우 보존 가치가 높은 자료다. 언어학자 대니얼 네틀과 수전 로메인은 많은 원주민 언어가 '언어 식물학verbal botanies'임을 주목했다. 원주민들이 거주하는 환경에서는 발견되지만 영어나 스페인어에는 상응하는 이름이 없는 식물 종들을 이들 원주민 언어가 자세하게 분류하기 때문이다.[37] 예를 들어 호주 원주민 언어인 왕카정가어Wangkajunga는 푸른혀도마뱀을 세 개의 다른 말로 나누어 부르는데, 이는 이 동물을 서로 다른 동물학 분류로 인식한다는 뜻이다.[38]

음력의 특정 달이나 날짜에 고유의 이름을 붙임으로써, 시간을 표시하는 단어에 환경적 지식을 담기도 한다. 원주민들이 고기잡이로 생계를 유지하는 태평양 제도에서는 이런 이름들이 종종 물고기의 행동과 연관되어 있다. 키리바시* 사람들은 초승달이 뜬 다음날 밤을 '떼 지어 다니다'라는 의미의 이름으로 부르고, 추크어**에서는 보름달이 뜬 밤을 지칭하는 단어에 '산란하는 밤'이라는 의미가 있다.[39] 달력 자체가 언제 바다에 그물을 던지는지에 대한 지시 사항인 것이다. 이런 단어들은 세대를 거쳐 쌓인 깊은 전문성에 근거한 것이며, 이들 언어가 서식한 자연환경을 어떻게 이해할지에 대한 실마리를 외부인에게 제공한다. 만약 이들 언어가 기록과 문서에 아무 흔적을 남기지 않고 죽는다면 절대로 이해할 수 없는 것들이다(물론 기록을 남기는 사람이 그 지식을 보존하는 데 관심이 있어야 한다. 러시아 탐험가 니콜라이 페트로비치 레자노프가 만든 알래스카 에야크어의 초기 사전은 지역 동식물이나 원주민 문화에 대한 용어는 거의 포함하지 않지만 머스켓 총, 대포, 모루, 심지어 보드카와 같은 물건의 이름은 가득했다. 참고로 보드카는 에야크어로 대략 '끔찍하게 썩은 물' 정도로 번역할 수 있다).[40]

한 언어의 어휘는 또한 그 언어 사용자들이 어떤 생각을 하는지, 무엇에 가치를 두는지에 대해 통찰을 제공한다. 영어에서는 지능이나 상식이 부족한 사람을 dumb("멍청이")이라고 부르는데 이 말은 원래 언어 장애인을 낮잡아 부르는 '벙어리'란 뜻이었다. 반면 호주의 자루어Jaru는 바보를 '귀가 없는 사람'으로 표현한다.[41] 한 언어에서는 말을 잘하는 사람이 똑똑한 사람이고, 또 다른 언어에서는 남의 말을 잘 듣고 배우는 사람이 똑똑한 사람이다.

친척의 중요성도 언어의 친족 관계 용어에 새겨져 있다. 영어에서는 'brother' 'aunt' 'sister-in-law'와 같은 단어에 성별, 세대, 그리고 혈연관계인지 결혼에 의한 관계인지 등의 정보가 포함된다. 그러나 친척의 명칭이 확연히 다른 체계를 가진 언어들도 있다. 벵골어, 한국어, 헝가리어, 스토니 나코다어와 같은 언어는 가족들의 상대적 나이에 따라 명칭이 고정되어 있어, brother가 '형'과 '남동생'으로 구분된다. 또한 하와이어는 '어머니'란 단어가 '이모'나 '고모'까지 아우르며, '사촌'과 '형제자매'가 언어학적으로 같다. 한편 영어는 '사촌'이라는 말이면 충분하지만, 수단 아이들은 아버지 남자 형제의 아이

---

*　　　Kiribati. 태평양 중서부에 있는 공화국

**　　Trukese. 서태평양 오세아니아에 속하는 미크로네시아 연방의 국가인 추크
　　　Chuuk에서 쓰는 언어.

들과 아버지 여자 형제의 아이들을 부르는 말이 다르고, 어머니 남자 형제의 아이들과 어머니 여자 형제의 아이들을 부르는 명칭 또한 다르다. 한쪽으로 치우친 재미있는 친족 명칭 체계를 가진 언어들도 있다. 예를 들면 어머니 쪽은 특정 구분을 하지만 아버지 쪽에는 그런 구분을 두지 않는 식이다.

단어 목록을 보면 다양한 사람들의 내적인 삶과 심지어 신체적 감각을 어떻게 해석하는지도 알 수 있다. 의사이며 정신건강학자인 크리스토퍼 도릭은, 예를 들어 '우울'과 같은 흔한 단어에 상응하는 말을 찾을 수 없는 언어가 많다고 말한다. "그냥 '우울'과 같은 특정 단어가 없다는 단순한 문제가 아니다. 어떤 문화와 언어는 다른 방식으로 체계화되어서 '우울' 개념이 차지할 공간이 없으며 그것을 무의미하게 만든다."[42] 마거릿 록이 1993년에 폐경기에 대해 쓴 책『나이 듦과의 만남』을 준비하면서 일본 여성들을 인터뷰했을 때, 그녀는 이 여성들이 영어의 '안면 홍조hot flush'에 해당하는 단어를 사용하지 않는 것에 놀랐다. "그건 인류학자에게 커다란 신호였다." 그녀는 말했다. "이것은 모든 사람을 괴롭히는 증상이 아니었다. 만약 그랬다면 그것을 명확하게 표현하는, 모두가 사용하는 단어가 있었을 것이다."[43] 그리고 정말로 일본 의사들과 만나 폐경기 환자가 보고하는 증상들을 논할 때, 식은땀과 안면 홍조는 거의 나열되지 않았다. 서양 여성들이 가장 흔하게 호소하는 증상임에도 불구하고 말이다.

그렇다 해도 언어마다 다른 어휘의 차이에서 우리가 무엇을 유추할 수 있는지는 확실하지 않다. 영어에 독일어 단어 샤덴프로이데Schadenfreude(남의 불행에 대해서 갖는 쾌감)와 똑같은 단어가 없다는 것이, 영어를 쓰는 사람들은 타인의 불행에 고소함을 느낄 때가 전혀 없다는 의미는 아니다. 그리고 러시아어를 쓰지 않는 사람들에게 잘레트žalet라는 말이 낯설지 모르지만, '누군가를 사랑하는 마음에서 안타까워하는'이란 그 의미는 아마도 전 세계 많은 사람들이 몸으로 체험할 것이다. 어떤 언어에는 이런 감정들을 포착하는 구체적인 단어가 있고 다른 언어에는 없는 이유를 아직 모르지만, 이 사실 자체는 여전히 흥미롭다. 문화가 인간의 경험에 어떻게 관심을 조명하는지 그 미묘한 차이를 넌지시 보여주기 때문이다. 적어도 이런 언어들을 기록하는 일은, 세상과 그 세상 안에서 우리의 위치를 이해하는 데 다양하고 많은 방식이 있음을 다시금 깨닫게 해준다.

이런 기록들이 가치가 있긴 하지만, 언어가 아직 살아 있을 때 그것이 어떻게 숨 쉬고 움직이는지를 그대로 포착하여 기술하는 일은 쉽지 않다. 체코어에서 가까운 친구와 가족을 부를 때는 대명사 ty를 쓰며 낯선 사람, 상사, 동료를 부를 때는 대명사 vy를 쓴다는 것을 문법적으로 설명할 수 있다. 그러나 이런 단순한 규칙만으로는 대명사들이 오락가락하는 진짜 체코어의 복잡한 사회적 미로를 빠져나오기 힘들다. 아이는 할아버지를 ty로 부르는데 아이의 숙모(할아버지의 며느리)는 아이의 할아버지를 격식을 차린 vy라고 부른다면, 여기서 우리는 가족 관계에 대해 어떤 통찰을 얻을 수 있을까? 손님이 가게 주인을 ty라고 부르면 끔찍하게 무례한 행동인데도, 베트남계 사람의 식료품 가게에서는 주인을 ty라고 부르는 마을의 사회구조를 어떻게 분석할까?

우리가 아는 언어의 아주 많은 부분은, 흔히 언어 자체라고 생각하는 단어와 구조 그 이상이다. 우리는 흔히 문법을 언어를 말하는 사람에게서 분리될 수 있는 사물처럼 묘사한다. 마치 누군가 입으라고 침대 위에 펼쳐놓은 옷처럼 말이다. 그러나 원어민들은 그 언어를 **입었을 때** 그것이 어떻게 보이는지 안다. 언어가 어떻게 주름이 잡히고 흐르는지, 즉 운율에 따라 구절의 의미가 어떻게 변하고, 한 단어가 어떻게 특정 몸짓이나 고갯짓과 붙어 다니며, 문장 속 **거기**가 아닌 **여기**에서 말을 잠시 멈추면 어떻게 구절의 의미가 더 깊게 느껴지는지, 이 사람은 누군가를 특정 단어로 불러도 되는데 어떻게 저 사람은 안 되는지 등을 이해한다. 언어에 대한 공식 서술에서 이런 정보를 보는 것은 꽤 드문 일이고, 그래서 나는 이런 기록을 발견했을 때 깜짝 놀랐다. 도비드 카츠는 저서 『이디시어 문법』에서, 이디시어에서 형용사적 지소사adjective diminutive 라고 부르는 표식을 어떻게 사용하는지에 대해 이례적으로 감각을 동원해 설명한다. 지소사는 형용사에 붙어 직설적이고 모욕적일 수 있는 단어의 힘을 약화시킨다고 한다. 카츠는 이 접미사가 붙은 형용사는 "가성을 써서 천천히 발음한다. 머리와 한 손을 부드럽게 앞뒤로 흔드는 행동이 수반될 때가 많으며, 때로는 약간 미소 지으며 손과 손가락을 수평으로 가볍게 떠는

몸짓을 동반하기도 한다"라고 말한다.[44]

바로 여기에 문제가 있다. 언어의 매우 많은 부분이, 그 말을 쓰는 사람들의 실제 상호작용과 분리되어서는 제대로 이해되지 못한다는 점이다. 그리고 그 상호작용은 특정 시간과 장소, 문화의 독특한 요소들 안에 깊이 파묻혀 있다. 언어는 문화를 담고 있다기보다 문화와 뒤얽혀 있으며, 이런 뒤엉킴이 단어의 정확한 의미 파악이라는 단순한 과제조차 헷갈리게 만든다.

구글 번역기에 체코어 단어 lítost(리토스트)를 입력하면 이에 해당하는 영어 번역이 regret("유감")이라고 알려준다. 하지만 이에 대해 작가 밀란 쿤데라는 다음과 같이 말한다.

> lítost는 다른 어떤 언어로도 똑같이 번역될 수 없는 체코어 단어다. 이것은 펼쳐진 아코디언과 같이 무한한 감정을 칭한다. 비탄, 동정, 회한, 알 수 없는 갈망의 혼합물과 같은 감정이다. 길게 강조된 첫 음절은 버려진 강아지의 울음과 같은 소리다. 그러나 어떤 상황에서는 매우 좁은 의미로 사용되어, 잘 벼린 연장의 날처럼 확실하고 정확하며 날카롭다. 이런 의미로 쓰일 때도 이에 상응하는 단어를 다른 어떤 언어에서도 찾지 못했다. 이것 없이 어떻게 인간의 영혼을 이해할 수 있는지 모르겠지만 말이다.

lítost를 이해하려면 이 특유의 감정을 일으킬 수 있는 상황에 감정적으로 흠뻑 빠져야 한다고 쿤데라는 제안한다.

> 예를 하나 들겠다. 하루는 한 학생이 여자 친구와 수영을 하러 갔다. 여자 친구는 수영 실력이 뛰어났고 이 학생은 겨우 물에 뜰 정도였다. 학생은 물속에서 숨을 참지 못하기 때문에 머리가 수면 밖으로 오르락내리락하며 허우적거려야 앞으로 나갈 수 있었다. 남자 친구를 매우 좋아하는 여자는 눈치껏 속도를 맞춰

주었다. 그러나 수영이 끝날 무렵 그녀는 자신의 운동 본능을 마음껏 발휘하고 싶은 마음이 들었고 속도를 내어 다른 쪽 물가로 헤엄쳤다. 학생도 같이 속도를 내려고 애썼지만 물을 많이 먹었다. 그는 약골 같은 모습을 보여 창피했다. 그리고 lítost라고밖에 표현할 수 없는 특별한 슬픔의 응어리를 느꼈다. 그는 허약했던 자신의 어린 시절을, 운동할 기회가 없었고 친구도 없었으며 조심스럽게 지켜보는 어머니만 있을 뿐이었던 어린 시절을 떠올리며 자신을 감싸는 극심한 절망감 속으로 가라앉았다.

이번에는 lítost의 개인적인 예시를 들어보겠다.

나는 전반적인 체코 문화와 고립된 채로 집에서만 체코어를 쓰면서 자랐고, 그 결과 체코어로는 욕을 전혀 배우지 못했다. 부모님은 비속어에 있어서는 청정 지역과 같은 사람들이었다. 내가 제대로 들은 가장 나쁜 단어는 어머니가 가끔 무심결에 말하는 "Kurník šuplík!" 정도였다. 대략 "이런 망할!"이라는 외침과 비슷하다. 그리고 내게는 제대로 된 체코어 욕을 배울 만큼 가깝게 지낸 체코어 사용자가 별로 없었다.

사회라는 우주에서, 외국어를 아는 것이 선망의 대상이 될 수 있는 유일한 방법이 있었다. 친구들에게 새롭고 이국적인 외국어 욕을 가르쳐주는 것이다. 슬프게도 나는 친구들의 요구를 들어주지 못했고, 그들의 반응을 보고 처음으로 내가 모국의 금기어를 모르는 것은 뭔가 잘못된 게 아닌가 하는 의심이 들기 시작했다. 마치 어머니 이름을 모르는 것과 같았다. 사람들은 어머니가 **있기는** 하느냐고 의심하기 시작할 것이다. 어떤 친구들은 그것으로 내가 체코어를 안다는 것이 거짓말이라고 단언했고, 어떤 친구들은 내가 할 수 있는 언어나 나 자체에 대해 흥미를 잃었다(나보다 훨씬 꾀가 많은 여동생은 zmrz-lina가 체코어 전체 중 가장 더러운 단어라고 주장하며 이 운동장 사회의 관문을 통과했다. 이 단어가 영어 사용자들이 발음하기에 **불쾌할** 정도로 어렵기는 하지만, 체코어 뜻은 아주 순수하다. '아이스크림'이라는 의미다. 세월이 흐른 후 나는 샌프란시스코 지역에 동명의 펑크록 밴드가 있다는 것을 알았다. 그곳은 내 여동생이 그전에 몇 년간 살았던 곳이었기에 나는 체코어 욕설의 끈이 성인이 되도록 내 동생을 끊임없이 쫓아다니는 건 아닐까 의심했다).

커갈수록 내가 모국어의 가장 생생하고 강력한 단어를 모른다는 사실이 더 말도 안 되게 느껴졌다. 그리고 나는 퀘벡 프랑스어의 비속어들에 살짝 집착하게 되었는데, 이것들은 대부분 종교적 사물과 관련이 있다. 한번은 친구가 할머니 앞에서 tabernacle*이라는 단어를 내뱉는 것을 놀라서 쳐다본 적이 있다. 할머니 이마에 핏줄이 서고 결국 나는 곧장 그 집에서 나와 우리 집으로 돌아와야 했지만 말이다. 내가 가족들 앞에서 그런 극적인 장면을 만들 수 있는 단어를 모른다는 사실이 분했다.

40대가 되어 친척들이 사는 체코 마을을 방문했을 때, 나는 사촌에게 내가 체코어 욕설을 할 줄 모르는 게 유감이라고 털어놓았다. 그녀는 코웃음을 치면서, 인터넷에서 모든 욕설을 찾을 수 있을 거라 말하며 내게 가르쳐주길 거부했다. 물론 인터넷을 뒤졌고 번역하면 무슨 뜻인지도 알았다. 그러나 그 단어들로 놀라움이나 짜증, 또는 분노를 표현할 때 각각 다르게 발음하는 다양한 방법을 이해하는 데 인터넷 자료들은 도움이 되지 못했다. 또한 무엇이 진정으로 최악의 단어인지, 할머니를 충격에 빠뜨리고 '예의 바름'에서 영원히 멀어질 수 있는 단어는 무엇인지 알 수 없었다.

그러다가 체코 체류 중 버스 정류장에서 사춘기 소년들 무리에 둘러싸인 적이 있었다. 그들은 자기네끼리 서로 밀치고 티격태격하면서 내가 인터넷에서 봤던 단어들을 내뱉기 시작했다. 나는 전혀 이해할 수 없었다. 이 욕설들을 해석할 방법이 없었다. 이들이 내 앞에서 이런 말을 하는 것은 어떻게 해석될 수 있는가? 이 특정 단어들이 낯선 어른 앞에서 해도 될 만큼 약한 욕설인가? 아니면 나를 외국인, 자기들 비행의 깊이를 이해하기에는 너무 멍청한 외국인으로 못 박은 것일까? 내가 어떻게 반응해야 맞을까? 분노나 혐오? 수동적으로 그냥 있으면 나에 대한 무시에 기름을 붓는 격일까? 그들이 하는 말의

---

*   원래는 성상이나 성자상을 안치하는 벽감, 또는 이동식 예배소나 성막을 의미하지만, '빌어먹을'과 비슷한 뜻의 비속어로 쓰이기도 한다.

뜻은 알았지만, 그것을 내 앞에서 서로 주고받는 것이 무엇을 의미하는지는 전혀 알 수 없었다.

또한 욕설의 미묘함을 내게 가르쳐주겠다는 사람을 찾더라도 나는 이미 늦었음을 깨달았다. 어린 시절을 빼앗겼고, 그 단어들의 충격을 내 몸에 깊게 저장할 상호작용을 갖지 못했기 때문이다. 버스 정류장에서의 그 순간에 펼쳐진 사회적 상황을 머리로 이해할 수 있더라도, 소년들의 무례함에 화를 내야한다는 걸 알더라도, 절대로 맥박이 상승하고 핏줄이 터질 것 같은 몸 안의 분노를 경험하지 못할 것이다. 내 모국어에 대해 그렇게 관광객처럼 느낀 적이 없었다. 나는 litost가 피부로 스며들어 뼛속까지 사무치는 것을 느꼈다.

마치 아이가 죽는 기분

주위에 litost는 충분히 많다. 헝가리에서 태어났으나 부모님에 의해 철저하게 캐나다인으로 양육된 남성의 이메일 안에도 그것이 있다. 아버지가 우리에게 친할머니 생신 때 편지를 쓰라고 했는데 우리가 체코어로 쓸 줄 모른다고 했을 때 아버지가 느꼈을 그것이다. 어쩌면 litost는 죽음을 목전에 둔 언어를 기록하는 많은 언어학자들에게 익숙한 감정일지도 모른다.

자기가 자신의 언어와 끝없는 침묵 사이에 선 마지막 사람이란 것을 아는 이들이 느끼는 감정으로까지 litost의 뜻이 확장될 수 있을까? 잘 모르겠다. 아마 이 감정에 대한 단어를 가지고 있는 언어가 있을지도 모른다. 영어는 분명히 아니다.

에야크어의 마지막 사용자 마리 스미스 존스는 이것을 알았다. 2005년에 저널리스트인 엘리자베스 콜버트는 죽어가는 언어에 대한 기사를 『뉴요커』에 싣기 위해 스미스 존스와 인터뷰를 하려고 알래스카로 갔다. 자기 말의 마지막 사용자가 된 기분이 어떠냐고 묻자 스미스 존스는 이렇게 답했다. "당신의 아기가 죽는다면 기분이 어떨 것 같아요? 어떤 사람이 당신에게 '죽은 아이가 요람에 있는 것을 보는 기분이 어때요?'라고 묻는다면요? 그러니까 그런 질문을 하기 전에는 생각을 좀 하세요."[45]

이중언어의 가능성

사람들이 작은 집단으로 모여 자급자족하는 세상, 외부인과의 접촉이 한정되어 있고 언어에 대한 압력도 아주 적은 그런 세계로 시계를 되돌릴 수는 없다. 그러나 작은 언어의 대변자들은 오늘날 세상이 아무리 연결되어 있더라도 언어 상실을 피할 수 없는 것은 아니라고 주장한다. 언어가 구원될 수 있는 희망은 이제 세상과의 고립이 아닌 다언어주의에 있다. 단순히 필요에 의해 세계 거대 언어들을 사용할 필요가 있는 사람들이 점점 더 많아질 것은 분명하다. 그러나 한 종에 속할 수밖에 없는 흰코뿔소나 코끼리거북과 달리 인간은 동시에 두세 개의 언어에 속할 수 있다. 예를 들면, 언어학적 소수자들이 자신들 사회의 지배적인 언어를 사용하면서 조상들의 작은 언어 또한 사용할 수 있는 것이다.

대니얼 네틀과 수전 로메인은 그들의 책 『사라지는 목소리들』에서 다언어주의는 자연스러운 인간의 상태이며, 언어 다양성의 온상이었던 식민지 시대 이전의 파푸아뉴기니에도 다언어주의가 존재했다고 주장한다.[46] 지역마다 모인 무리들이 대부분 자급자족으로 일상의 필요와 생필품 획득을 해결했지만, 그들도 서로 교역을 했고 물품을 교환하는 축제나 의식에서 언어 장벽을 넘어 상호작용했다. 그들은 동맹을 맺었고 이웃 집단에서 배우자를 찾았다. 이런 상호작용은 작은 언어 집단에서 특히 활발했는데, 이들은 다른 집단과 끊임없이 맞붙어 교류했다. 언어적으로 밀집된 지역 안에 위치한 가펀 Gapun 마을 저지대에서는 40세가 넘은 남성들이 보통 5개 언어를 이해했다. 다른 언어를 말할 줄 아는 것이 일상적일 뿐 아니라 선망의 대상이어서 소년들을 이웃 마을에 보내 그들의 언어를 배우게 했다. 이것은 중재자나 웅변가로서의 소중한 기술을 배우게 하려는 목적이었는데, 마치 19세기 유럽 엘리트층이 영향력과 기회 확장을 위해 자녀를 해외로 보내 외국어를 배우게 하던 것과 같다.

네틀과 로메인은 이 시나리오를 '언어적 평등주의linguistic egalitarianism'의 하나라고 묘사한다. 즉, 각 집단이 자신의 지역 언어에 기반을 두어 응집력 있는 커뮤니티로서 경계를 정하지만, 다른 커뮤니티 구성원들과의 상호작용을 위해 다른 언어들도 사용했다. 사람들은 자신의 지역 집단에 강한 애착을 가지고 있었기 때문에, 다른 유용한 언어에 대한 지식이 자기 커뮤니티 언어를 말하고자 하는 욕구를 대신하지 못했다.

하지만 현대 사회의 언어 역학은 전통적 평등주의, 즉 각 집단이 서로 간의 원활한 상호작용을 위해 그 구성원들이 다른 언어 몇 개를 배우는 시스템에서 한참 벗어났다. 지금은 세계적으로 6천 개에서 7천 개 사이의 언어들이 200개 나라에 밀집되어 있으며, 이 중 많은 나라들은 하나의 공식적 혹은 지배적 언어를 중심에 놓는다. 이는 언어들 사이에 커다란 세력 불균형의 가능성을 조성하며, 거대 국제적 언어의 등장은 그 심각성을 확대시킨다. 국제 경제에 참여하기 위해 영어를 배울 필요를 느끼는 사람이 세계적으로 증가하고 있지만, 영어를 사용하는 나라의 주민들은 다른 나라 언어를 배워 이에 화답할 필요성을 거의 느끼지 않는다.

언어 다양성의 가장 큰 위협은 아마도 영어와 같은 언어학적 거인이 지닌 단순한 유용성이 아니라, 그런 언어를 선망하는 정서일 것이다. 내 어린 시절에 영어는 편리한 방편 이상의 것이었다. 그것은 내 친구, 선생님, 그리고 많은 롤 모델들에게 생기를 불어넣는 언어였다. 내가 사랑하는 책과 흠뻑 빠진 TV 프로그램의 심장박동이었으며 내가 되고 싶은 꿈과 뗄 수 없는 것이었다. 영어를 **말할** 줄 아는 걸로는 부족했다. 그것과 완전히 하나가 되어 태어날 때부터 그 언어 안에서 자란 사람과 구분할 수 없을 정도가 되어야만 했다.

약해진 모국어는 이런 생태계 속에서 흉포한 경쟁자를 마주한다. 다수가 사용하는 언어는 심장 부위를 잠식하며 단순한 언어 능력이 아닌 사랑을 요구한다. 지배적 언어는 사회적 애착, 동일화, 자신보다 큰 문화를 향한 충성심을 갈망하는 인간의 탐욕을 채우기 시작한다.

세계에서 제일 작고 멸종 위험이 가장 높은 언어들의 생태계가 점점 더 이렇게 되어 간다. 기회나 필요성을 이유로 작은 언어 사용자들은 여러 커뮤니티의 일원임을 선언한다. 스토니 나코다 부족에서 자란 청년이 대학 진학을 위해 원주민 보호지역을 떠나 자신을 캐나다 사람이라고 칭하는 사람들과 친밀한 관계로 발전하고, 그 결과 스스로를 이중문화자bicultural라고 생각할 수 있다. 카탈루냐어 사용을 자랑스럽게 여기는 여성이 동시에 자신을 스페인 사람이라고 생각할 수 있고, 스페인어밖에 하지 못하는 누군가와 사랑에 빠져 아이를 낳을 수도 있다. 스토니 나코다어나 카탈루냐어 사용자 중 충분히 많은 수가 이 언어가 자신의 정체성에 더 이상 중요하지 않다고 느끼거나, 혹은 이 언어를 유지하고 다음 세대까지 물려줄 가치가 더 이상 없다고 느끼는 시점이 올까?

인간 마음속에서 하나가 다른 것을 지배하지 않고 두 개 이상의 언어가 공존하는 것이 가능할까? 한 사람이 머리뿐 아니라 가슴으로도 둘 이상의 언어에 충성할 수 있을까? 경쟁 언어들이 균형을 유지하기 위해서는 어떤 종류의 생태계가 필요할까? 그리고 그런 생태계가 현대 사회에서 가능할까?

수천 개에 이르는 세계 언어의 생존은 결국 다음과 같이 요약될 수 있다. 우리의 머리, 가슴, 커뮤니티가 충분히 넓어서 두 개 이상의 언어를 내 것이라 선포하고 그것을 동시에 사랑할 수 있는가.

2장

*

꿈

나(오른쪽에서 두 번째)와 어머니, 오빠, 언니, 동생이 캐나다 몬트리올로 가는 비행기 를 기다리고 있다.

성공은 영어로 말한다

성공은 영어로 말한다. 이 말은 우리 가족이 북아메리카에 도착한 이후 내가 계속 그 안에서 헤엄치던 물이었다. 이 단호한 자기주장은 종종 입 밖으로 말하지 않아도 전해졌다. 내 주위를 맴도는 부재와 고요, 즉 역사책과 위인전에서 체코인 영웅을 찾을 수 없고 공공생활 어디에서도 들을 수 없는 체코어의 침묵에서 나는 이 말의 권위를 공기처럼 빨아들였다.

간혹 은근히 전달되기도 했다. 어머니가 나를 학교에 등록시킬 때 내 영어가 부족하다고 말한 교장 선생님의 우려, 날로 유창해지는 내 영어 실력을 향한 선생님의 칭찬이 그러했다. 또한 부모님이 영어로 말할 때 저지르는 문법적 오류와 어색한 발음에서 오는 창피함, 그리고 우리 성 Sedivy을 잘못 발음하는 외국인들에게 아무 말도 하지 않는 묵인도 있었다. 영어 사용자들은 보통 두 번째 음절에 악센트를 넣어 'Suh-DEE-vee'라고 발음한다. 그것은 우리 이름이 아닐 뿐더러 존재하지 **않는** 체코 성이다(모든 체코어 단어는 첫 번째 음절에 악센트를 넣어야 한다. 'SEH-dih-vee'처럼).

성공은 영어로 말한다. 때론 이 주장이 공개적이고 강압적으로 전해졌다. 영어는 나와 형제들 미래의 청사진이었다. 좋은 직업을 가지려면 교육을 받아야 하고, 그러려면 숙달된 영어가 필수다. 영어를 아주 잘하지 않으면 기회와 번영이 제한된다. 부모님의 앞날에 먹구름처럼 맴도는 오를 수 없는 천장을 보면 이것을 뼈저리게 알 수 있었다.

성공은 영어로 말한다. 가끔 이 주장은 단지 역사·지리적 운명이 아닌, 언어와 문화에 대한 존재론적 선언 같은 힘을 지닌다. 극단적인 경우에는 성공을 조성하는 문화적 가치와 영어를 동일시한다. 영어를 사용하는 나라에서 성공하려면 영어를 잘해야 되는 것이 아니라, 성공의 동력이 영어권 문화와 **본질적으로** 묶여 있다는 것이다. 지금은 고인이 된 정치학자 새뮤얼 헌팅턴은 2004년 자신의 책『미국, 우리는 누구인가?』에서 이런 주장을 펼쳤다. 그는 미국의 라틴계 사람들이 자신들의 규범을 유지할 만큼 세력이 커지면 라틴아메리카 이민자 물결이 미국 사회에 문화 균열을 가져올 것이라고 걱정했다. 즉, 그는 스페인어를 사용하는 이민자들의 수가 많아지면 그들이 개인주의, 야망, 일이라는 미국적 가치의 방향을 반드시 바꿀 것이라 경고했다. 미국 문화와 영어의 일대일 결합에 대한 그의 믿음은 그의 책에 있는 다음과 같은 문장에 새겨져 있으며, 이 도발적 문장은 널리 인용되고 있다. "아메리칸 드림이란 것은 없다. 앵글로-아메리칸* 사회가 창조한 아메리칸 드림만 존재할 뿐이다. 멕시칸계 미국인은 영어로 꿈을 꾸어야만 그 꿈을 나눌 수 있다."[1]

이 말을 그렇게 대담하게 공개적으로 말하는 사람은 드물지만 내게는 헌팅턴의 주장이 매우 익숙하다. 이 믿음이 이미 내 심리적 혈관에 깊이 흡수되었기 때문이다. 내가 기억하는 한 나는 모든 계획과 야망, 목표를 영어로 꿈꿨다. 다른 언어로 꿈을 꾸는 것은 한 번도 생각해 보지 않았다.

헌팅턴이 내놓은 주장의 메아리, 어쩌면 그 결과를 나는 리처드 로드리게스의 자서전『기억의 굶주림』에서 듣는다. 로드리게스는 멕시코 노동자 계층 이민자의 아들로, 그의 이야기는 두 언어 사이의 깊은 간극에 관한 혹독하고 뼈아픈 이야기다. 그에게 스페인어는 가족의 친밀함이 가득한 다정한 언

---

* Anglo-American. 여기서는 모국어가 영어이고 북아메리카에 살고 있으며, 특히 문화나 민족적 배경이 유럽 민족인 사람을 말한다.

어지만, 한편 "공적인 소외감"의 언어다. 나처럼 그도, 집에서 쓰는 말이 집 밖 다른 사람들 앞에서는 쓰지 않는 말이라는 걸 깊이 자각하며 자랐다. 이 인식은 집에서 쓰는 언어를 은은한 친밀함으로 물들였다. 로드리게스는 부모님이 그에게 스페인어로 말할 때 어떻게 느꼈는지를 회상한다. "그 소리는, '너한테 쓰는 말은 미국놈들이랑은 절대 쓰지 않는 말이야. 너를 특별하고 아주 가깝게 여기기 때문이지. 넌 저 밖에 있는 녀석들과는 달라. 너는 우리에게 속해 있고 가족이야'라고 말하고 있었다."[2] 그러나 어린 시절 언어에 대한 로드리게스의 기억에는 단순한 향수보다 어두운 색채가 가미되어 있다. "그런 소리를 자주 듣는 것이 분명히 정신건강에 좋지 않다. 그렇게 쉽게 공적인 말과 사적인 말을 구분하는 게 좋은 일은 아니다. 나는 소리의 수도원에 틀어박혀 사람들 앞에서는 소심하고 부끄럼을 타면서, 가정의 소리에 지나치게 의존했다."[3] 그의 이야기는 언어가 가족과 그 나머지 세계를 분리하면 모국어에 대한 애착이 강해지고, 궁극적으로 그것이 꿈을 제한한다고 주장한다.

결국 로드리게스는 이중언어 교육에 논란을 일으키는 반대자가 되었다. 그는 언어적 소수자 아이들은 학령기 초반부터 부모나 선생님이 영어를 사용하도록 밀어주지 않으면 사회적으로 불리하다고 주장한다. 그가 학교에서 배웠어야 했던 것은 "'미국놈들' 언어를 다른 사람 앞에서 말할 권리와 의무가 있다"라는 사실이라고 그는 분명히 말한다.[4] 집에서 스페인어를 쓰는 멕시코계 미국 아이로서 그는 처음에 자신이 오직 사적인 언어만을 써야 한다고, 더 큰 앵글로-아메리칸 세계의 참여는 자신에게 닫혀 있는 문이라고 느꼈다. 분명히 이렇게 생각하지 않았을 선생님은 그의 영어 실력이 더디게 느는 것을 염려하여 부모님을 찾아와 아이를 위해 집에서 영어만 사용할 것을 권했다. 그의 부모님은 말없이 동의했고, 그것이 친밀한 가족 언어의 결말이었다. 이로부터 얼마 지나지 않아 어린 로드리게스가 부모님 방으로 불쑥 들어갔을 때 서로 스페인어로 대화하던 부모님이 갑자기 영어로 대화를 이어나갔다. 그 순간 그는 관계가 멀어지는 것 같은 충격을 받았다. "그들의 입에서 나오는 영어 소리에 나는 움찔했고 그 소리가 나를 밀쳐냈다. 사소한 오해와 깊은 통찰이 있었던 그 순간에, 소리 없는 슬픔으로 내 목구멍이 뒤틀리는 것 같았다.

나는 황급히 돌아서서 방을 나왔다. 하지만 스페인어를 하기 위해 도망갈 곳이 없었다. 집 저쪽 편에서는 형과 누나가 영어로 얘기를 나누고 있었다."[5]

자녀들의 영어 능력이 부모를 추월하면서 세대 간 의사소통은 더 이상 매끄럽지 않고 덜거덕거렸다. 부모들이 아이들에게 천천히 말하라고, 또는 다시 말하라고 부탁했지만 그래도 종종 잘못 이해하곤 했다. 부모와 자식들 사이에 점점 더 대화가 줄어들었고, 이런 상황에 그의 어머니는 불안에 빠졌다. 아버지는 체념하고 점점 입을 닫았다. 하지만 친척들과 스페인어로 얘기하는 것을 보면 로드리게스는 아버지가 수줍음을 타는 사람이 아니라는 것을 알 수 있었다. 그가 스페인어로 말할 때는, "과장되게 감정을 표현했다. 특히 다른 남자들과 얘기를 나눌 때 목소리에 불꽃이 튀고 몸을 썰룩거리며 소리에 생동감이 넘쳤다. 그리고 영어로는 거의 드러내지 않는 아이디어와 감정을 스페인어로 표현했다. 확고한 목소리로 자신감과 권위가 전해졌다. 영어로는 절대 할 수 없는 일이었다."[6]

영어를 사용하는 세상과 관계를 맺기 위해 포근하고 친밀했던 가족 언어를 잃는 것이 로드리게스에게는 아프지만 피할 수 없는 대가였다. 그는 자신을 안전한 스페인어로부터 억지로 떼어놓은 선생님들이 옳았다고 말한다. 그가 가족 언어의 안락함에 더 오래 머물렀다면 학교에서의 성취, 그리고 궁극적으로 인생의 성공이 위태로웠을 것이기 때문이다. 그럼에도 불구하고 그는 영어가 편해지면서 느낄 수밖에 없었던, 자기가 가족을 배신하고 유대감을 무너뜨리고 있다는 죄책감을 서술한다.

이것이 무한히 반복되는 이민의 공식이다. 공공의 영역에 들어가기 위해 사적인 언어를 희생한다. 그것은 사회적 수용과 가족의 배신을 맞바꾼 것이다.

제2언어 학습을 중점적으로 연구하는 언어학자인 릴리 웡 필모어는 이 공식이 이민자 가족에게 너무 무거운 대가를 요구한다고 말한다. 1991년에 발표한 논문에서 그녀는 좋은 의도로 실시되는 이민자와 미국 원주민 아이들의 영어 서브머전* 교육이 너무 어린 나이의 아이들에게 실행된다고 지적했다.[7] 그녀는 미국에서 소수 언어를 쓰는 약 천 개의 가족을 자세하게 인터뷰한 뒤 그 결과를 요약하면서, 영어를 쓰는 유아원을 다닌 아이들은 자신의 전통 언어를 말하는 능력을 신속하게 잃는다고 강조했다. 영어 환경에 일찍 파묻히는 것이 상대적으로 더 취약한 소수 언어의 발달을 방해한다는 것이다. 그리고 이 몰입의 결과는 가족에게까지 확산되었다. 유아기 아이가 영어를 쓰는 학교에 들어가면 그 가족들이 자기 전통의 언어에서 멀어지면서 대신 영어를 쓰는 비율이 다섯 배가 높았다. 그 부모들 대다수가 거의 영어를 하지 못하는데도 말이다. 웡 필모어는 어린 나이부터 영어 학교에 다니는 것은 이민자 자녀들이 자신의 언어 유산에서 벗어나 지배적 언어에 동화되는 속도를 높여준다고 주장했다. 이런 결과가 바람직해 보일지 모르지만, 가족 안에서 완전히 이중언어를 할 수 있는 세대, 즉 노인과 젊은이 세대의 가교 역할을 하는 세대를 잃는 것은 가족 내 역학 관계에 심각한 결과를 가져올 수 있다고 그녀는 경고했다.

리처드 로드리게스의 가정처럼 가족 언어로부터 갑자기 돌아서면 부모와 자녀 사이 의사소통에 파열이 생기며, 세대들이 서로 이해할 수 없어진다. 웡 필모어는 학교 선생님이 아이의 몸에서 멍을 발견해서 아동보호소로 데려간 한국 가족의 경험을 들려준다. 그 가족은 부모가 영어를 거의 하지 못하는데도 아이들이 집에서 한국어를 더 이상 쓰지 않았다. 그러다 한국에서 할아버지가 방문하면서 일이 터졌다. 할아버지는 영어를 전혀 모르기 때문에 아이들은 할아버지에게 한국말로 말하라는 지시를 받았다. 아이들이 최선을 다했지만, 모국어가 완전히 자리 잡기 전에 그 사용을 멈춘 사람들이 자주 그렇듯, 아이들은 한국어의 미묘한 차이들을 표현하는 데 애를 먹었다. 특히 윗사람에 대한 예의와 존경이 문법 속에 들어 있는 복잡한 한국어 존댓말을 할 줄 몰랐다. 한국어에는 어떤 사람이 자기보다 사회적 지위가 높거나 약간만 나이가 많아도 일상 말투에서조차 꼭 써야 하는 특정 문법 형태가 있다. 이런 존댓말 표식은 문장의 여러 구성 요소들과 함께 뒤얽혀 있어, 대명사-명사-동사

---

*　　English submersion. 영어가 모국어인 아이들이 교육받는 교실에 영어가 모국어가 아닌 소수 집단의 아이들을 투입하는 영어 교육 방법.

의 형태에 영향을 미친다. 특정 존대 접미사는 문장의 주어나 목적어에 붙여야 하지만, 어떤 존대 접미사는 문장 끝에 붙여야 한다. 아이들이 한국말을 할때 이 복잡한 체계가 확연히 무너지기 시작했다. 마치 사용하지 않아 녹슬어버린 내 체코어의 복잡 미묘한 활용처럼 말이다. 그러나 아이들이 저지르는이런 문법 오류가 한국 할아버지에게는 단순히 언어 방치에 따른 증상이 아니었다. 그것은 대단한 무례함이며 아이들을 잘못 키웠다는 증거였다. 웡 필모어는 "그는 그 상황에서 당연히 할 일을 했다. 자식을 제대로 훈육하지 못했다고 자신의 아들[아이들의 아버지]을 꾸짖었다. 그러자 아버지는 그 상황에서해야 할 일을 했다. 아이들의 버릇없음과 무례에 대해 회초리로 체벌했다."[8]

영어의 조기 숙달로 부모와 자녀 관계가 가닥가닥 흐트러질 때 아이들이학교 교육 과정에서는 성공할지 모르지만, 그 성공은 웡 필모어가 말하는 '가정 교육 과정'을 그 대가로 치른다. 부모와 자녀가 한 집에 살지만 서로 편한공통의 언어가 없으면, 부모는 인생의 교훈을 전하거나 위로를 건넬 수 없고심지어 자녀의 문제와 어려움을 세심하게 이해할 수 없다. 부모의 말투가 부자연스럽고 지나치게 격식을 갖춰 딱딱하게 말하면 아이들은 부모를 존경의대상이나 권위를 인정하는 유능한 어른, 심지어 복잡한 사고와 감정을 지닌사람으로 보기 힘들다. 언어의 장벽이 세워졌는데 어떻게 그들이 자기 자식의 부모가 될 수 있겠는가?

내 어머니와 아버지를 포함한 많은 이민자들은 자신들을 위해서가 아닌,자식들의 더 나은 미래를 꿈꾸며 새로운 곳으로의 이주를 결심했다. 하지만그 미래에 닿기 위해 (어쩌면 그 결과를 미리 보지 못하고) 종종 악마와의 거래를한다. 그 꿈을 얻기 위해 자식을 잃는 것이다. 극단적 상황에 맞닥뜨린 부모중에는 자식들을 보트에 태워 영원히 떠나보낼 수밖에 없는 이들도 있다. 그리고 같이 살 수 있게 된 가족들도 또 다른 형태의 현실적이고 영구적인 헤어짐을 마주한다. 그들은 꿈을 잡기 위해 자식들을 영어의 바다로 띄워 보낸다.제이미 포드가 쓴 소설 『달콤 쌉싸름한 거리의 모서리 호텔』에 있는 다음 구절은 이를 애절하게 표현한다.

어린 헨리 리는 열두 살 때부터 부모님에게 말을 하지 않았다. 치기 어린 투정이 아니라, 부모님이 그러라고 했다. 어쨌든 그는 그렇게 느꼈다. 부모님은 헨리에게 모국어인 중국어를 그만 쓰라고 부탁, 아니 지시했다. 그때는 1942년이었고, 부모님은 아들이 영어를 배우기를 절실하게 원했다.

"더는 안 돼. 네 미국만 해." 아버지는 칭글리쉬*로 말했다.

"무슨 말인지 모르겠어요." 헨리가 영어로 말했다.

"어?" 아버지가 물었다.

헨리가 광둥어**로 물을 수 없고 부모님은 영어를 거의 하지 못했기 때문에 헨리는 포기했다. 그는 도시락과 책가방을 낚아챈 뒤 계단을 내려가, 시애틀 차이나타운의 짜고 비린내 나는 공기로 나섰다.[9]

어린아이였을 때 나 또한 로드리게스가 인식했던 공적인 언어와 사적인 언어 사이의 분열을 경험했지만, 나 같은 경우에는 영어를 내 것으로 만들라고 누가 옆에서 찔러줄 필요가 없었다. 영어 문장을 만들 수 있는 순간부터 나는 내가 다른 사람과 똑같이 이 공적인 언어를 내 것이라 주장할 권리가 있다고 느꼈다. 아마도 이전에 네 개의 언어에 노출되었던 경험 덕택에, 내게는 **모든** 언어가 내 것이라는 오만한 믿음이 있었던 것 같다.

나는 또한 영어 사용자로서 꿈의 바다에서 헤엄치고 싶은 열망이 너무 커서 가족 언어의 상실을 금방 느끼지 못했다. 자식의 언어 상실을 부추기고 도왔던 리처드 로드리게스 혹은 헨리 리 부모님과 달리 우리 부모님, 특히 아버지는 우리의 언어적 동화를 저지하려고 애썼다. 그러나 영어라는 물살은 거슬러 헤엄치기에는 너무 강했다. 실제로 이민자 가정 안에서 언어 유산의 수

---

*   Chinglish. 차이니즈Chinese와 잉글리쉬English의 합성어. 중국어가 모국어인 사람들이 쓰는 영어로, 영어에 중국어 단어나 구조가 섞여 있어 보통 문법적으로 맞지 않는다.

**   Cantonese. 홍콩을 포함하여 중국 남서부에서 사용되는 중국어.

명은 집마다 약간 차이가 있을 뿐, 이민자들이 마주하는 언어 상실은 거의 이길 수 없는 힘이다.

새뮤얼 헌팅턴은 현대 미국은 그렇지 않다고 주장했다. 이전 이민자 세대와 달리 지금 미국에 밀려들어와 정착하는 라틴아메리카 사람들은 주류에 녹아드는 데 저항한다고 말이다. 즉, 그들은 자기들끼리 분리된 지역에서 살고 외부인과의 결혼이 적으며, 자기 언어를 계속 유지한다는 것이다. 그 결과 미국의 문화·언어적 통합이 위태로우며, 나라를 앞으로 끌어주던 동력과 포부가 위기에 처했다고 헌팅턴은 우려했다.

그러나 좋게 얘기하더라도, 미국의 언어 정체성에 대한 불안이 항상 현실을 반영하지는 않는다. 1751년으로 거슬러 올라가서 벤저민 프랭클린은 펜실베이니아주 독일인 이민자들이 "수가 곧 너무 많아져 우리가 그들을 미국화시키는 것이 아니라 그들이 우리를 독일화시킬 것이고, 그들 피부색이 우리처럼 될 수 없는 것처럼 절대로 우리 언어와 관습을 받아들이지 않을 것이다"라고 초조해했다.[10] 하지만 프랭클린 시대에 미국에 정착한 독일계 이민자들은 분명히 언어, 풍습, 피부색 등 모든 면에서 완전히 미국적 배경에 섞였다.

그러나 최근 미국에서 일어나는 이민 패턴의 변화가 언어적 유산을 영구적으로 남길 수 있을지를 묻는 건 유의미하다. 미국에서는 1965년에 '이민 및 국적에 관한 법률Immigration and Nationality Act'이 통과된 후 이민에 대한 제약이 많이 없어졌고, 그 결과 미국에 사는 사람 중 외국에서 태어난 사람의 비율이 증가하여 1965년에는 5퍼센트였던 것이 2015년에는 14퍼센트에 이르렀다.[11] 그리고 완전히 새로운 민족 구성 지도가 그려졌다. 아시아계 그리고 특히 라틴아메리카 사람들이 인구에서 차지하는 몫이 이전보다 훨씬 커졌다. 미국에 살면서 스페인어를 쓰는 사람의 수가 캐나다 전체 인구를 능가한다.

그렇지만 이런 인구 구성의 변화에도 불구하고, 헌팅턴의 걱정과 달리 구체적인 숫자들은 영어화*의 번성을 보여준다. 언어적 동화의 강력한 힘을 드러내는 연구들이 잇따라 발표되었고, 2007년에는 루벤 럼바우트가 영어로의 통합을 보여주는 매우 강력한 증거를 요약하여 미국 하원 소위원회에 제출했다. 그 보고서는 미국 인구조사에서 얻은 데이터뿐 아니라 캘리포니아 남부와 플로리다 남부에 사는 이민 가정 출신의 청년 수천 명을 설문조사한 두 개의 연구에서 얻은 결과를 기반으로 했다. 이곳들은 스페인어를 사용하는 이민자들이 가장 밀집되어 있는 곳으로 알려져 있다.[12]

미국에 사는 사람 중, 집에서 영어 이외의 언어를 쓴다고(아마도 영어에 더해서 추가적으로) 보고하는 사람이 과거에 비해 많은 것은 분명하다. 미국 인구조사에 의하면 이 숫자는 1980년의 11퍼센트에서 2010년에는 20퍼센트로 증가했다.[13] 따라서 이것은 영어로만 말하지 않는 소수집단이 상당히 많고 그 수 또한 증가하고 있다는 증거가 된다. 또한 스페인어 사용자들이 다른 비영어 사용자들보다 수적으로 훨씬 많은 것도 사실이다. 2010년에 가정에서 외국어를 쓴다고 한 5천 9백만 명 중 거의 3천 7백만 명이 스페인어를 사용했고, 나머지 2천 2백만 명이 다른 모든 언어에 분포되어 있었다. 두 번째로 가장 많이 사용되는 언어는 중국어로, 몇 가지로 구분되는 중국어를 함께 아울러 하나의 범주로 취급했지만 총 사용자 수가 3백만 명보다 적었으며 두 번째로 가장 많이 사용되는 언어였다. 스페인어 사용자들은 멕시코 국경 주변의 특정 지역 혹은 시카고, 마이애미, 뉴욕과 같은 대도시에 무리를 이루고 있다. 그래서 대다수 미국 지역에서는 압도적으로 단일언어가 사용되고 대다수가 집에서 영어만 쓰지만, 일부 지역은 이중언어 사용자가 넘쳐난다. 플로리다의 마이애미, 텍사스의 엘패소, 뉴욕 허드슨강 건너에 있는 뉴저지의 엘리자베스에는 인구의 3분의 2가 이중언어자이다.

이 지역에서 스페인어를 쓰는 가정의 아이들은 나와 리처드 로드리게스가 자라면서 경험했던 사적인 언어와 공적인 언어 사이의 냉혹한 괴리감을 느끼지 않는다. 예를 들어 로스앤젤레스나 마이애미에서 스페인어는 집에서만 쓰는 말이 아니다. 스페인어는 거리로 흘러나와 영어와 섞이고 함께 사용된다. 텔레비전에서 들을 수 있고 간판에서 볼 수 있으며 많은 업무에 사용되

---

*   anglification. 사람, 장소, 또는 언어가 영미 문화나 영어의 영향을 받아 변화하는 과정. 특히 언어적으로 영어에 동화되는 현상에 가장 많이 사용되는 용어다.

기도 한다. 작은 상점뿐 아니라 은행이나 고층 빌딩 사무실에서 사용되며 커뮤니티의 성공한 구성원들이 스페인어로 말한다. 바로 이런 스페인어의 공적 언어로서의 모습이 영어만을 사용하는 사람들의 불안감을 자극한다. 자신들이 이중언어 사용자와 비교해서 가끔 불이익을 당한다고 느끼기 때문이다. 마이애미 같은 곳에서는, 영어가 더 이상 필요치 않으며 언어적 소외감을 느낀 유럽 출신의 백인들이 이 도시를 떠난다고 주장하는 신문 기사가 자주 보도된다.[14] 일찍이 1983년에 토머스 B. 모건은 『에스콰이어』 잡지에 「미국의 라틴화」라는 기사를 썼다. '위기에 처한 미국 이야기'라는 주제의 특별 호에서 그는 독자들에게 "자기 나라의 거리를 걸으면서 말을 하나도 알아듣지 못한다면 그게 무엇을 의미하는가?"라고 물었다. 이것은 나라의 주인이 누구인지, 그리고 진정한 주인들이 모르는 언어들에 대해 답을 이미 정해놓았던 질문이다.[15]

모국어가 강하게 집중되어 있는 지역에서는 이민자들이 세대에 걸쳐 자신들의 언어를 고수할 것이라고 생각할 수도 있다. 그러나 놀랍게도 럼바우트의 2007년 보고서에는 이에 대한 증거가 거의 없다. 이민자 언어는 두 세대 안에 쇠퇴하고 사라지며 이 현상은 그 언어를 사용하는 사람이 많은 지역에서도 마찬가지다. 미국 땅에서 태어났다는 것이 사실상 영어에 대한 충성을 보장한다. 이민자 후손이면서 미국에서 태어난 사람의 9퍼센트만이 집에서 영어 이외의 말을 한다. 그리고 스페인어 사용자들, 특히 멕시코 출신의 이민자들의 모국어 상실이 약간 느리긴 하지만, 스페인어 언어 유산조차도 3세대에 이르기 전에 그 빛이 깜박거리다 소멸된다. 럼바우트는 헌팅턴이 우려한 바와 같이 소집단으로 고립되어 사는, 이중언어 성향이 아주 강한 환경에 살더라도 이 모국어 상실을 막지 못함을 발견했다. 미국에서 스페인어 사용자가 가장 많은 도시 중 하나인 샌디에이고와 로스앤젤레스 두 도시에 사는 이민자들 사이에서도 스페인어는 살아남지 못했다. 멕시코 이민자들이 평균적으로 두 세대가 지나면 집에서 스페인어를 쓰지 않으며, 3세대에 이르러서는 스페인어가 더 이상 능숙하지 않다고 럼바우트는 보고했다. (필리핀에서 온 이민자들이 가장 빨리 모국어를 상실하며, 한 세대 반 안에 조상의 언어인 타갈로그어

Tagalog 사용 능력을 잃는다.) 럼바우트는 다음과 같이 결론짓는다.

> 달리 말하면, 멕시코 이민자의 증손자가 스페인어를 못할 확률
> 이 97퍼센트이다. 멕시코 출신 이민자로 3세대가 지난 뒤에는
> 100명 중 단지 3명만 스페인어를 사용한다는 것은 그들에게 이
> 언어가 죽지는 않았을지 몰라도 확실히 산소 호흡기를 단 상태
> 처럼 위험하다는 의미다. 남부 캘리포니아 멕시코계 사람들의
> 절대 다수가 3세대 이후 스페인어 실력을 유지하지 못하고 집
> 에서 잘 쓰지 않는다면, 미국 다른 곳에서 스페인어의 장래도
> 똑같이 어두울 것이다. 헌팅턴의 주장과 반대로, 역사적으로 멕
> 시코 영토였고 스페인어 사용자가 가장 많이 모여 거주하는 국
> 경지역에서조차 그 의도나 목적과 상관없이 스페인어가 미국
> 거주 3세대 만에 조용히 자연사의 길목에 서 있는 듯 보인다.[16]

헌팅턴이 스페인 이민자들이 영어를 배우지 못하는 것보다 그들의 언어 유산을 **간직하는** 것을 더 걱정한다는 사실이 흥미롭다. 마치 스페인어를 유지하면 영어를 습득하지 못한다고 생각하는 것 같다. 그러나 이민 첫 세대만 지나면 이민자들의 영어가 부족하다고 믿을 이유가 전혀 없다고 럼바우트는 밝혔다. 나처럼 6세 이전에 새로운 나라에 도착한 사람들 중 97퍼센트는 자기가 태어난 곳의 언어보다 영어를 선호했다. 3대째가 되면 라틴아메리카 이민자의 1퍼센트만이 영어보다 스페인어 사용을 선호했다.

결국 로드리게스의 선생님들이나 부모님은 그가 학교에서 영어로 말하지 않는 걸 걱정할 필요가 없었다. 모든 아이들은 서로 다르며, 어쩌면 어린 로드리게스는 유별나게 말이 없는 아이였을 수 있다. 하지만 집에서 사용하는 언어에 상관없이 그가 영어 사용을 오래 피할 수 있었을 것 같지는 않다. 일단 학교에 들어가면, 보통 이민자 아이들은 가정에서 쓰는 말보다 영어로 재빠르게 돌아선다. 그리고 스페인어보다 영어가 더 편해지기까지 오래 걸리지 않는다.[17]

그럼에도 이민자 자녀들은 실제로 학교에서 여러 어려움에 부딪친다. 주류의 언어를 곧 포용한다 해도 이민자 가정의 아이들이 영어만을 쓰는 친구들을 따라잡는 데는 4~6년이 걸리며, 미묘한 차이들을 극복하는 데는 더 걸릴 수 있다.[18] 어린 시절 학업의 어려움은 배움에 대한 열의를 손상하여 성취의 길에 영구적인 장벽을 세울지도 모른다. 그렇다고 가족의 언어를 다 버리라는 것은 이민자 자녀가 영어 세계에서 성공하기 위한 처방으로 적절치 않다. 이민자 아이들의 영어 능력이 어릴 때 영어 환경이 얼마나 풍요로웠느냐에 의존하는 것은 사실이지만, 몇몇 연구들은 그들의 **부모가** 영어를 썼느냐가 아이들의 영어 숙달에 거의 또는 전혀 영향을 미치지 않는다는 결과를 보여준다. 주로 그 부모들이 쓰는 영어의 수준이 그다지 높지 않기 때문이다.[19] 영어를 배우기 위해서는 아이들 자신의 것보다 더 다양하고 복잡한 영어와 시간을 보내야 한다. 대부분 이민자 가정들이 집에서는 자신들의 언어를 쓰고, 자녀들을 방과 후 연극반이나 영어가 충만한 다른 활동으로 보내는 것이 더 나을 수 있다. 자신은 도서관 책을 산더미처럼 빌려와 방에서 탐독하던 책벌레였다고 시인하는 리처드 로드리게스가, 열심이지만 절뚝거리는 영어로 말하던 부모님이 줄 수 있는 것보다 훨씬 풍부한 영어를 배울 수밖에 없었던 이유다.

요컨대, 주류 언어에 밀려 사라지는 것은 대부분 이민자들의 언어다. 가정에서 자신들 언어의 소리를 없애는 게 자녀의 주류 언어 능력에 거의 영향을 주지 않지만, 그들의 언어 유산을 아사시키는 것은 분명하다. 2013년에 한 언어 연구자 팀은 부모들에게 집에서 모국어를 계속 사용하라고 권고하는 보고서를 발표했고, 미국소아과학회가 이를 지지했다. 이는 리처드 로드리게스 선생님들이 좋은 의도로 부모님에게 건넨 조언과 정확히 반대되는 것이다. 언어적 유산을 간직하기 위해서 아이는 가능한 한 많이 그 언어에 노출되어야 더 넓은 세상에서 부딪치는 비주류 언어의 불리함을 극복할 수 있다. 그리고 주류와 비주류 언어가 동등하게 대화에 사용되는 가정에서 자란 아이들이 오히려 주류 언어의 표현에도 더 능숙하다. 몇몇 연구자들은 자녀가 조상의 언어에 숙달되기를 정말 원하는 부모라면 그렇게 만들기 위해 뚝심을 가지고 헌신해야 한다고 말한다. 형제자매들과 함께 부모 모두가 집에서 그 언어를 사용해야 하며, 그 언어로 된 책과 미디어가 풍부해야 한다. 어쩌면 자녀의 비주류 언어 문해력을 돕기 위해 시간제 교사 역할까지 해야 할 필요가 있을지도 모른다.[20] 이는 우리 집처럼, 매일매일의 생존과 적응에 허덕이는 가정이 아니더라도 그 어떤 이민자 가족에게든 힘든 주문이다.

가슴 아프지만, 로드리게스 가족이 급작스럽게 영어로 선회하며 대신 가족 간의 친밀함을 잃은 것이 성공의 제단에 바칠 필요가 없는 희생이었다고 결론지을 수밖에 없다. 국가적 단결도 마찬가지다. 특정 지역에 스페인어 사용자 집중을 보여주는 통계는 이민자들이 고집스럽게 영어에 저항하기 때문이 아니라, 새로운 스페인어 사용 이민자들이 이 지역으로 계속 유입되기 때문이다. 최근 몇 십 년 동안 볼 수 있는 인구 통계학적 변화로 인해 스페인어 사용 이민자들의 가족 언어가 더 쉽게 보존되었다면(빠르게 흡수하는 영어와 함께), 이것은 한 세대 남짓한 기간 동안 가족 언어의 수명이 연장된 것일 수 있다. 다른 이민자 집단과 마찬가지로 멕시코계 이민자들도 "아메리카노* 드림은 없다"라는 교훈을 충분히 받아들인 듯 보인다.

다른 서양 국가들에서도 전통 언어의 탄력성이 크지 않다. 이민자의 90퍼센트가 프랑스어 이외의 말을 하는 프랑스에서는 두 세대 만에 완전한 언어적 전환이 일어난다. 프랑스 영토에서 태어난 이민자 자녀 중 프랑스어 이외의 말을 하는 아이들은 절반이 되지 않으며, 물려받은 언어를 할 줄 알아도 부모나 나이 든 친척과의 대화에만 제한되어 입지가 매우 좁다. 사적 공간인 집에서도 프랑스어가 우세하여, 이민자 2세대의 80퍼센트가 집에서 파트너와 프랑스어로 대화하고 아주 적은 5퍼센트만이 프랑스어보다 자신의 전통 언어로 말하기를 선호한다.[21]

캐나다는 다중언어와 다중문화를 법적으로 승인하며, 이민자 비율이 대략 미국의 두 배에 이른다. 하지만 그곳에서도 일반적으로 3세대 만에 언어

---

*   Americano. 스페인어로 '아메리카의(북미 남미 모두 합쳐서)' '아메리카 태생의' '아메리카 사람'을 뜻한다.

유산이 상실된다. 실제로 이것은 둘 또는 더 적은 수의 언어로 압축된다. 10세 이전에 캐나다에 도착한 이민자 아이들은 자신의 모국어를 버리고 영어나 프 랑스어를 선택하여 캐나다 출생 친구들과 거의 비슷해진다. 2015년에 발표 된 한 연구는 비주류 언어를 공적 공간에서 널리 사용하게 하는 제도적 강화 없이는 이 언어들의 예후가 암울하다고 결론지었다. 사적인 영역에 한정된 언어는 한두 세대를 넘어 생존할 수 없다.[22]

모국어를 잃고 얻는 것

왜 이민자 가정에서 언어 유산이 오래 간직되지 못하는지를 이 해하기 위한 한 방법은, 야망과 상실이 뒤얽힌 아메리카노 드림을 볼 수 있는 리처드 로드리게스의 가슴 저린 회고록을 읽는 것이다. 다른 방법도 있다. 경 제학자에게 이민자의 언어 양상을 예측해 달라고 하면, 질문이 끝나기도 전 에 **인센티브**라는 말을 듣게 될 것이다. "우울한 학문"*이라는 별명이 붙은 학 문에 종사하는 경제학자들에게 인간 행동의 많은 부분은, 명료한 손익계산을 통해 설명과 예측, 조정이 가능하다. 이것은 인간이 대체로 주어진 가능성 중 최선의 선택을 하는 이성적 존재라는 가정에 근거한 것이다. 우울하든 아니 든, 경제학자 배리 치즈윅과 폴 밀러는 '이민자들이 정착한 나라에서 지배적 으로 쓰이는 언어를 배울 가치가 있는가?'라는 질문에 답하기 위해 많은 나라 의 데이터를 샅샅이 뒤졌다. 그들은 그렇다고 결론을 내렸다. 온전히 경제적 혜택만을 본다면 말이다(그러나 금전적 이익은 인센티브의 매우 투박한 지표 중 하 나일 뿐이다). 미국에서 영어에 능숙한 이민자는 그렇지 못한 이민자보다 약 15퍼센트 정도 더 많은 소득을 올린다고 추정된다. 호주, 캐나다, 독일, 이스 라엘, 스페인, 영국을 포함한 다른 나라들에서도 그 나라의 지배적 언어의 숙

---

* the dismal science. 경제학을 경멸적으로 부르는 말. 스코틀랜드 철학자이자 작가인 토머스 칼라일이 1849년에 처음 사용했다.

달 정도와 소득이 연관되어 있다(능숙한 언어의 혜택은 스페인에서 가장 적고 캐나다에서 가장 컸다). 경제학자 특유의 미사여구 없는 건조한 문장으로 치즈윅과 밀러는 다음과 같이 적는다.

> 정착지 언어를 숙달하기 위해 투자하는 것이 이민자들에게 이득인가? 노동시장에서의 효과만을 고려했을 때 '능숙하지 않다'에서 '능숙하다' 사이에 매년 15퍼센트의 소득 차이가 있다. 만약 해당 언어 공부만을 전적으로 한 것이 반년이면 이 소득 증가는 투자 대비 30퍼센트 수익이고, 언어 훈련이 1년이었다면 15퍼센트, 2년 꼬박이었다면 7.5퍼센트의 수익을 얻는다. 2년이 걸리더라도 이것은 고수익 투자다. 그러나 이 계산은 소비, 사회적 혹은 공공 혜택, 인적자원에 대한 다른 투자에 드는 비용 절감 등을 고려하지 않는다. 따라서 정착 지역의 언어를 숙달하는 데 소요되는 투자는 이민자와 사회 모두에게 이득이 되는 투자다.[23]

다시 말해서, 성공은 영어로 말한다. 아니, 새로 정착한 나라의 주류 언어가 무엇이든 그 언어로 말한다.

투자 대비 수익이 아무리 많더라도 2년 아니 단 6개월이라도 모든 것을 멈추고 월급을 포기하면서 낮이나 밤이나 언어 학원에 갈 수 있는 이민자는 당연히 거의 없다. 비용과 기회도 같이 계산되어야 한다. 이민자들이 새로운 말에 얼마큼 숙달되느냐에 대한 예측에 현실성을 주입하기 위해 치즈윅과 밀러는 우세한 언어에 능숙해질 가능성을 결정하는 일반적 변인 세 가지를 넣은 모델을 개발했다. 첫째, 이민자들이 얼마나 쉽게 지배적 언어를 접할 수 있느냐, 즉 언어 노출의 양이다. 두 번째는 그들이 **효율성**이라 부르는 변수로, 우세 언어에 대한 노출을 실제 숙달도 향상으로 '변환'하기 쉬운 정도를 의미한다. 예를 들어, 아이들은 매우 쉽게 새로운 언어를 흡수하여 성인보다 훨씬 높은 효율성을 갖는다. 세 번째는 언어를 배움으로써 얻는 인센티브의 정도다.

치즈윅과 밀러는 이 단순한 모델이 얼마간 정확하게 예측한다고 밝혔다. 한 예로, 자기 나라에서 온 사람들끼리 밀집해 모여 사는 이민자들이, 지배적 언어만을 사용하며 주변 지역에 섞이는 이민자들보다 정착한 나라의 언어에 덜 능숙한 게 당연하다. 이것은 그들의 모델이 예측한 바다. 분리된 이민자 동네에서는 지배적 언어에 대한 노출이 적고 새로운 언어를 배울 인센티브도 적다. 지배적 언어를 잘 못하거나 전혀 하지 못하는 사람들도 이 커뮤니티에서 일을 할 수 있고 따라서 생존을 위해 언어를 새로 배울 필요가 줄어든다.

교육받을 때와 이주할 때의 연령은 효율성 변인, 즉 자기 환경에서 언어적 지식을 얼마나 쉽게 들이마실 수 있는지에 영향을 미치며, 치즈윅과 밀러가 수집한 데이터에서 확인할 수 있듯이 이것은 정착지 언어를 쓰는 능력과 분명하게 관련된다. 그러나 효율성에 작용하는 또 다른 차원은 정착지 언어가 이민자 모국어와 얼마나 비슷하느냐에 달려 있다. 이민자의 모국어와 많이 다른 언어를 배우려면 일반적으로 더 시간이 걸린다. 노르웨이어가 모국어인 이민자가 폴란드어를 쓰는 이민자보다 영어를 더 쉽게 배우지만, 폴란드어 사용자는 한국어를 사용하는 사람보다는 영어 배우기가 쉽다. 치즈윅과 밀러는 모국어와 정착지 언어 사이의 차이가 클수록 1세대 이민자가 획득하는 언어 숙련도는 낮음을 발견했다. 또한 새로운 나라에 오래 거주하려는 사람들이 짧게 있다가 고향으로 가려는 사람들보다 정착지 언어에 더 능숙해짐을 발견했다. 아마도 언어 학습이라는 투자에 대해 장기적으로 더 많은 수익을 기대하기 때문인 듯하며, 이는 언어 학습에 인센티브가 차지하는 역할을 다시 한번 강조하는 결과다.

이와 같은 틀은 1세대와 2세대 사이에 극적으로 일어나는 언어 전환을 살펴보는 사고의 틀을 제공한다. 정착지 언어에 능숙하지 않은 성인 이민자들은 종종 그 언어를 연습할 기회가 없고 사람들과의 상호작용이 적은, 상대적으로 사소한 일을 할 수밖에 없다. 내 아버지 첫 직업이 빵집 트럭 운전사였고, 나중에는 가정에 문과 창문을 달아주는 고독한 일을 했던 것이 생각난다. 집에서 살림을 하며 여섯 아이를 키운 어머니도 아버지와 마찬가지로 영어에 대한 노출이 적었다. 하지만 그 자녀인 우리들은 학교에 들어가자마자 영어에 완전히 젖어 살았다. 뿐만 아니라 우리의 어린 두뇌는 이 풍족한 노출을 쉽게 언어 능력으로 변환할 수 있었다. 인센티브라면, 하루하루 벌어먹기 위해 우리 부모님이 겪는 노고와, 영어를 쓰는 선생님과 친구의 부모님들이 수확하는 기회와 재정적 보상 사이의 엄청난 차이를 보는 것보다 더 분명한 메시지가 있을까?

리처드 로드리게스도 이 언어의 간극을 확실하게 보았다. 그는 육체노동에서 오는 아버지의 누적된 피로에 대해서, 그리고 캘리포니아 주정부에서 타자수로 일하던 어머니가 워싱턴의 각료에게 보내는 편지에 끔찍한 실수를 하여 어떻게 해고당했는지에 대해서 썼다. 받아 적던 편지에 "도시의 게릴라" 대신 "고릴라"라고 표기한 것이다. 나와 내 형제들처럼 리처드도 열정적인 학생이 되었다. 그는 학교를 다니면서 영어가 유창하고 고등교육을 받은 선생님들을 단순히 **모방하는** 것이 아니라 그들이 **되고** 싶었다고 고백한다.

이민자 자녀들은 주류 집단으로 태어난 아이들보다 언어에 대해, 그리고 그것이 여닫는 다양한 기회의 문에 대해 훨씬 잘 알고 있으며, 이 인식이 성공의 언어를 통달하려는 강한 야망에 불을 붙일 수 있다. 이런 아동들은 언어 능력이 곧 교육의 기회와 직결될 때, 그로 인해 얻을 수 있는 보상이 얼마나 풍부한지를 얼마든지 직접 목격할 수 있다. 2004년 연구에서 호이트 블리클리와 에이미 친은 17세 이전에 미국에 도착한 이민자들을 대상으로 영어 숙련도, 교육, 소득 사이의 관계를 분석했다. 그들은 이주할 때 나이가 가장 어린 사람들이 커서 이주한 사람들보다 더 많은 영어를 흡수할 것이고, 그들의 수입이 이것을 반영할 것이라 예측했다. 정말로 미국에 10세 이후에 도착한 이민자들은 도착 나이가 1년이 많을수록 영어 숙련도도 저하되었다. 이는 사춘기 이후에 새 언어를 배우려는 사람들 앞날에 놓인 장애물의 또 다른 증거다. 커서 이주한 이들은 또한 수입이 훨씬 적었다. 자기 영어가 '형편없다'고 말하는 참여자들은 자기가 영어를 '잘한다'고 한 사람보다 수입이 33퍼센트 낮았고, 영어를 '아주 잘한다'고 스스로 말하는 사람들보다는 67퍼센트 낮았다. 이 마지막 집단의 사람들을 보면, 언어는 확실히 높은 교육과 그에 따른 부유함으로 가는 문을 여는 열쇠임이 확실했다. 거의 모든 수입의 차이가 이민자들이 받은 교육 수준의 결과라고 볼 수 있으며, 어린 나이에 정착한 아이들이 청소년 때 정착한 이민자들보다 더 높은 교육 수준까지 날아올랐다.[24] 이와 같은 데이터는, 이민 1세대들이 지배적 언어를 유창하게 하지 못하고 따라서 성공의 열매를 쟁취하지 못하는 이유가 인센티브가 부족해서, 혹은 야망이나 욕구가 적어서가 아님을 보여준다. 그것은 생물학적 요인이 우리에게 부과하는 값이다.

스탠퍼드대학교에서 학부를 졸업하고 컬럼비아대학교에서 석사를 마친 뒤 영문학 박사를 취득한 로드리게스는 영어 습득의 긴급성을 이해하지 못하는 사람들을 차분히 기다려주지 않는다. 그는 이중언어 교육을 지지하는 사람들에 대해 격분한다. 그의 관점에서 이중언어 교육은 이민자 자녀들에게 자신들의 차이점을 상기시키고, 이전과 똑같은 사회에서 편안하게 머무는 것을 당연하게 만들기 때문이다. 그는 신랄한 야유에 펜을 적셔 다음과 같이 적는다. "내가 보기에 사회와의 동화를 조롱하는 저 중산층 소수민족 출신자들은 넓은 세상에서의 공공 생활이 주는 부담감에 사로잡혀 썩어빠진 자기 연민에 빠져 있다. 위험하게도 그들은 나머지 세상과의 분리를 낭만적으로 포장하고 사회에서 겪는 불이익의 어려움을 폄하한다."[25]

그러나 멸종 위기의 언어들과 언어 상실에 대해 많은 저술을 남긴 언어학자 낸시 도리언은 "저 중산층 소수민족 출신자들"을 약간 덜 경멸한다. 그녀는 조상의 언어와 연결되고 이를 보존하려는 욕구를 표현하는 사람들은 종종 3세대 이민자들이며, 이들의 경험이 1세대나 2세대와 많이 다르다는 것을 인정한다. 2세대 이민자들, 특히 20세기 후반에 로드리게스와 비슷한 상황에서 자란 사람들은 자기들의 모국어를 더럽히는 치욕을 매우 가까이서 보고 느꼈다. 그들은 오염된 언어를 버려야만, 그리고 사회의 다른 일원들과 구분될 수 없게 되어야만 얻을 수 있다고 믿은 '더 나은 삶'을 위해 부지런히 쑥석거렸다. 하지만 3세대 구성원들은 역사적으로 처음으로 사회적 위치가 안정된 사람들이다. 입에서 단내가 나는 가난과 목뒤에 꽂히는 소외감을 느껴보지 못한 채, 이들은 잃어버린 유산을 동경한다. 이들은 사회에 동화하기 위해 부모들이 느꼈던 압박을 느끼지 않는 게 사실이다. 그렇지만 부모와 조부모가 쓰던 언어를 상실함으로써 슬퍼할 만한 뭔가를 잃은 것 또한 사실이다. 이 애도가 "너무 널리 퍼지고 계속 반복되어 조상의 언어 상실에 대한 반응이 이민자 후손들 사이에서는 뭔가 상투적인 것이 되었다"라고 도리안은 말한다.[26]

나는 자신이 스페인어를 유지했더라면 성공적인 삶에 방해가 되었을 것이라는 로드리게스의 결론에 의문을 제기한다. 그러나 동시에 영어를 향한 긴박하고 가슴 뛰는 욕구의 기억을 그와 공유한다. 그 결과, 나와 로드리게스가 2세대 이민자에 대한 고정관념을 그대로 보여주는 것처럼 내 아이들도 3세대들의 상투적 모습에 딱 들어맞는다. 아이들은 중산층 삶과 전문직 부모 이외에는 기억하는 게 없다. 그들은 부모가 정신이 멍할 정도의 피로에 절고, 슈퍼마켓 계산대 앞에 서서 허둥지둥 계산하는 모습을 목격할 필요가 없었다. 그리고 성인이 되어 체코어를 할 줄 모른다고 아쉬워한다. 우리가 함께 체코공화국을 방문했을 때 그들에게 슬라브족 유산은 조상이 수세대 전에 북아메리카에 정착한 여느 영미 계통 아이들과 똑같이 접근하기 어려웠다. 체코어 소리에 대한 반향도 경험하지 못하고, 체코 노래와 이야기를 들은 기억도 없으며, 고향에 온 것 같은 묘한 감정 또한 전혀 느끼지 못한다. 이럴 때 나는, 이전에 부모에게서 느꼈던 것과 같은 문화적 단절을 내 아이들에게서 느낀다.

언어의 빈부격차

내가 얼떨떨한 네 살배기 아이로 비행기에서 내려 새로운 북아메리카 생활로 발을 내디뎠을 때, 세상에는 변화의 바람이 거세게 몰아치고 있었다. 갈수록 거대해지는 세계화의 위력이 이민자들의 이야기를 다시 썼고, 그것이 20세기 대부분을 지배했다. 새로운 이주자들은 새 고향에 준비된 빛나는 기회를 위해 자신들의 언어와 정체성을 거래했다. 경제학자들이 말하는 인센티브가 실제로 존재했지만, 그것은 큰 붓 자국으로 거칠게 칠한 그림

같아서 새로 정착한 이주민들이 현실에서 마주하는 세세한 부분이 뭉개져 보인다. 요즘에는 이민 공식이 더 이상 불변하는 자연 법칙으로 보이지 않으며, 이민자들과 조상의 언어와의 관계도 이전보다 더 복잡하고 다양하다.

헌팅턴에 따르면, 이민 이야기가 이렇게 변한 이유는 대량 이주로 이민자들, 특히 라틴아메리카에서 온 이민자들이 앵글로-아메리카의 방식에 적응하고 주류에 녹아들기보다는 자신의 문화와 언어를 가지고 들어올 수 있었기 때문이다. 그러나 진실은 이보다 훨씬 더 미묘하고 복잡하다. 이민 공식이 흐트러지기 시작했다면, 그것은 단지 최근 거세지는 이민 물결 때문에 혹은 조상의 언어와 문화와의 접촉을 쉽게 유지할 수 있기 때문이 아니다. 새로운 이민자들과 그들이 선택한 새로운 고향 사이의 암묵적 약속이 점점 더 갈가리 찢어지고 있기 때문이기도 하다.

1970년대에 우리 아버지는 영어 실력이 부족하고 캐나다에서 정규 교육을 받지 못했었지만 사회·경제적 사다리 위에 흔들림 없는 발판을 마련하면서 자식들에게 안정성을 줄 수 있었다. 우리 가족은 마침내 조용한 동네에 소박한 집을 살 수 있었고, 절약과 장학금의 합작으로 심지어 사립 고등학교에 다니며(항상 행복하지는 않았지만) 우리보다 여유 있는 친구들과 어울릴 수 있었다. 하지만 그 후 서양 국가들, 특히 미국의 경제가 극적으로 변했다. 예전에는 가운데 부분 중산층이 충분히 탄탄하고 광범위한 언어 능력과 직업 기술을 가진 이민자들을 환영할 만큼 개방적이었지만, 제조업 분야가 쇠퇴하거나 다른 곳으로 이전하면서 많은 국가들이 모래시계 모양 같은 경제 구조로 변했다. 정규 교육이 거의 필요 없는 노동집약적 저임금 일자리와, 수년간의 정규 교육을 요구하는 지식집약적 고임금 직업 사이의 간극이 커지고 있다.[27] (경제가 매우 높은 또는 매우 낮은 수준에 집중되는 이런 직업 양극화 추세는 특히 미국에서 눈에 띄지만, 지역적 불균형이 심한 유럽에도 분명히 존재한다.)[28] 경제의 가장 낮은 층에 흡수된 이민자 가정은 그들이 얼마나 잘 또는 빨리 사회에 동화하는지에 상관없이 그곳에 갇힌다. 실제로 그들의 자녀는 사회에 동화되지만, 많은 경우 이들이 위험하고 불안정한 동네, 열악한 학교에 정착할 수밖에 없음을 생각하면, 그들이 동화되는 곳은 중산층이 있는 위쪽으로가 아닌 여러 세대에 걸쳐 권리가 박탈당하고 사기가 떨어진 낮은 사회 계층으로의 동화다.

한편 일부 이민자들은 경제의 상위 계층으로 곧장 편입된다. 많은 나라의 대학, 병원, 첨단기술 회사에는 교육 수준이 더 높은 외국인 직원들이 요즘 그 어느 때보다 많다. 이들은 고유한 억양이 묻어나는 정착 지역 언어를 자유롭게 구사한다. (영어가 대학이나 일부 회사의 주요 언어로 사용되는 유럽 나라들에서는 정착지 언어를 전혀 쓰지 않기도 한다.) 이들의 자녀는 즉시 엄청난 기회에 접근할 수 있고, 부모의 언어는 더는 가능한 한 빨리 털어내야 하는 장애물이 아니다.

주류 언어의 학습이 더 이상 성공을 보장하지 않는 경제, 또한 이민자들이 얼마나 빨리 적응하느냐가 아닌 새로운 터전에 정착할 때 어느 정도 수준에서 시작했는지에 따라 사회적 이동이 발생하는 곳에서, 사회에 동화하려는 인센티브는 골고루 분포되지 않는다. 사회학자인 민 저우와 칼 뱅크스턴은 어떤 상황에서는 이민자들이 동화에 **저항**하는 것이, 즉 언어 유산을 간직하고 같은 민족 동포들과 끈끈한 연계를 유지하는 것이 오히려 가장 유리하다고 주장한다.[29] 이는 사회·경제적 스펙트럼의 양쪽 끝에 모두 적용될 수 있다. 품위 있는 일자리로 진출하기 어려운 사람들에게(법적 지위가 부실하다면 더욱 더) 민족 공동체는 유사시 일과 사회·경제적 지원을 제공하는 생명선일 수 있다. 게다가 뚜렷한 민족 정체성은 이민자 아이들이 자신을 둘러싼 소외된 청소년 문화의 유혹에 저항하도록 돕는다. 따라서 헌팅턴이 멕시코 이민자들이 미국의 규범에 적응하려는 마음이 없다고 본 것이 실제로는 억압적 경제를 직면한 사람들이 택하는 이성적 생존 전략일 수 있다. 사회적인 하향 이동을 경험하고 주류 사회로부터 '소외된 세대'가 되는 것은 정확히 이들의 자녀다.[30]

반면에 아주 근사한 일자리를 얻어 높은 성취를 이룬 이민자의 자녀들은 정착지에서 태어난 일반 국민보다 자기 민족 사람들이 더 많은 수입과 좋은 교육을 받는 사회 환경 안에서 살 수 있다. 이것은 특히 중국계 미국인이나 인도계 미국인일 경우 그렇다. 이들 부모는 고등교육을 받은 전문가들로, 현지 회사나 학교가 마련해 준 비자를 받고 미국에서 일한다. 저우와 뱅크스턴은 아시아 출신 2세대 이민자들이 특히 자신과 같은 민족에게서 롤 모델을 찾을 가능성이 큰 점에 주목한다. 그리고 그럴 만한 이유가 충분하다. 그들에게 성공은 종종 영어와 함께 표준 중국어나 광둥어, 혹은 우르두어로 말한다.

헌팅턴이 세계를 보는 관점에서는 이민자들이 잘사는 정도는 그들이 물려받은 문화가 정착지 주류 문화와 양립될 수 있느냐에 달렸다. 왜 한 국가 안에서 어떤 민족은 잘살고 어떤 민족은 못사는지를 이 공식으로 설명하고 싶은 유혹이 있을 수 있다. 그러나 이 관점은 그런 차이를 유발하는 정착지 나라의 역할, 혹은 자기에게 주어진 상황이 무엇이든 그 안에서 삶을 꾸리는 이민자들의 문화적 유연성을 간과한다. 그리고 이민자들이 깔때기처럼 빨려 들어가는 단 하나의 주된 흐름이 점점 사라지고 있다. 대신에 여러 가지로 뻗은 다수의 물줄기가 있고, 많은 이민자들은 주로 어디로 들어갔는지에 따라 그중 한 물줄기를 따라간다.

연구자들은 같은 민족 출신의 이민자들이 어디에 정착하는지에 따라 종종 매우 다른 결과를 보이는 것에 주목했다. 예를 들어, 모리스 크럴은 스톡홀름에 정착한 1세대와 2세대 터키 이민자들과, 베를린에 정착한 이민자들 사이에서 놀랄 만한 차이를 발견했다. 스톡홀름에 새롭게 정착한 사람들은 1세대와 2세대 사이에 수입과 교육 수준이 많이 향상되어 분명한 사회적 상승을 이루었지만, 베를린에 정착한 비슷한 사람들의 소득과 교육 수준은 정체되었거나 오히려 나빠졌다.[31] 크럴은 이 격차를 주로 교육 기회의 차이로 돌렸다. 베를린에서는 이민자 자녀 대부분이 직업교육으로 빠졌지만, 스웨덴에 정착한 이민자 자녀 대부분은 고등교육을 받을 수 있는 교육 과정을 따랐다. 스웨덴 학교에서는 학생들에게 더 나은 지원을 해주었고, 이것은 아이들의 학업 성취가 숙제를 도와줄 수 있는 부모의 제한된 능력에 덜 의존한다는 걸 의미했다. 게다가 베를린과 다르게 스톡홀름에서는 무상으로 다닐 수 있는 유아원이 많았는데, 이는 이민자 자녀들이 유아원에 갈 수 있다는 사실뿐 아니라 엄마들 자신이 학교에 다니거나 직장을 얻을 확률이 훨씬 높음을 의미한다.

민 저우와 칼 뱅크스턴이 말했던 것처럼, 역사적으로 '성공과 동화의 맞교환'이라는 오래된 내러티브는 많은 보수적인 미국인들이 이민자들에게서 느끼는 불편함을 극복하게 해주었다. 이 이야기가 20세기 이민자 궤적에 대한 묘사로는 대체로 정확했다. 당시 이민자들은 실제로 동화되었고, 대부분 성공했다. 그러나 이 옛날이야기는 미국이 특별한 기회의 땅이라는, 즉 누구든지 자신의 문화적 방해물을 던져버리고 미국의 규범과 이상을 포용하면 성공할 수 있다는 비전을 부추긴다. 이것은 이민의 현실을 앞서간 비전이다. 그리고 이 내러티브가 오늘날 현실을 더 이상 기술하지 못한다면, 정착지 국가들이 자신들을 진정으로 기회의 땅이라고 부를 수 있는지 자문해야 한다.

천진한 차별

언어를 온전히 경제적 렌즈를 통해 바라보는 것이 유용할 수도 있으나, 이것만으로는 이민자 자녀들이 연소득처럼 수량화하기 어려운 또 다른 화폐를 사용한다는 것을, 그래서 영어의 힘에 더욱 자석처럼 이끌리는 열성적인 상인이 된다는 사실을 간과한다. 부모와 선생님이 보호하는 영역 밖 학교 운동장 구석에서 아이들은 '내 편' '네 편'이라는 아이들만의 사회적 관습을 마주해야 한다. 사회적 전리품은 절대로 영어가 어눌하거나 더듬거리는 아이들 또는 고약한 억양이 깃든 영어를 하는 아이들에게는 주어지지 않는다.

우리는 아이들이 사회적 위계에 대해서 해맑게 순수하며, 무지한 부모나 다른 어른들에게서 편견을 배운다고 생각하고 싶어 한다. 나는 SNS에서 '사회적 다름'을 전혀 인식하지 못하는 아이들의 귀여운 영상을 자주 접한다. 예를 들면 다섯 살짜리 백인 꼬마가 흑인 친구처럼 곱슬머리로 만들어달라고, 그래서 사람들이 자기 둘을 구별하지 못하게 해달라고 떼쓰는 식이다. 그러나 이런 주장은 대개 오해의 소지가 있다. 아이들이 타인을 어떻게 대해야 하는지를 성인 롤 모델에게서 많이 배우기는 하지만, 아주 어린 나이부터 사회 범주로 사람들을 나누는 본능을 보이는 것 또한 사실이다. 우리 인간이 한 개인의 성공이 자신이 속한 집단의 성공과 분리될 수 없는 고도로 사회화된 종임을 감안하면 이 사실이 별로 놀랍지 않다. 어른 세계에서 중요하다고 생각하는 사회적 구분을 깨닫지 못하거나 어떤 집단에도 속하지 못하는 아이들은 평생 제한된 삶을 살 수밖에 없다. 아이들은 인간으로서 헤쳐 나가야 하는 사회적 미로에서 길을 찾을 준비를 하고 이 세상에 태어난 것처럼 보인다. 심리학자들은 아이들이 고정된 사회적 편견을 가지고 태어나지는 않지만, 자신의 사회가 어떻게 구성되어 있고 계층화되어 있는지 배우려는 열성을 아주 어린 나이부터 보인다고 말한다. 그들은 자기와 비슷한 사람들에게 끌린다. 그들은 사회가 어떤 언어, 인종, 젠더, 계급 등의 특징을 사회적으로 적합한 것으로 높게 쳐주는지 배울 준비가 되어 있다. 그리고 사람들이 다양한 집단에 대해 지닌 믿음을 받아들일 준비가 놀라울 정도로 잘 되어 있다.

하나의 예로 인종을 생각하면, 아주 어린 아기들도 피부색을 구분할 수 있다. 연구자들은 겨우 3개월짜리 흑인과 백인 아기 모두가, 자기와 같은 인종의 얼굴을 볼 때 더 좋아한다는 사실을 발견했다. 다시 말해서, 에티오피아 아기들은 아프리카 사람들의 얼굴을, 이스라엘 백인 아기들은 백인의 얼굴을 더 오래 응시했다. 그러나 이스라엘에서 소수 인종에 속하는 흑인 이스라엘 아기들은 두 종류 얼굴에 동일하게 관심을 보였다. 이는 곧 이렇게 어린 나이라도 인종 차이에 대한 느낌은 아기들의 경험에 달려 있으며, 이 작은 인간들도 수적으로 많은 집단의 얼굴에 세심한 주의를 기울여야 한다는 것을 인지함을 암시한다.[32] 한쪽으로 치우친 주의 분산의 결과로 3개월짜리 아기조차도 다른 인종 사람들 얼굴을 구분하는 데 애를 먹는데, 이것은 '나와 다른 사람들'을 시각적으로 모호하게 뭉뚱그리는 어른들의 성향과 무서울 정도로 닮았다.[33]

처음으로 단어를 알아들을 수 있게 발음하는 약 한 살 정도에는 이 차이에 대한 지각적 인식이 개인적 선택으로 굳어지기 시작한다. 인종과 젠더에 대한 태도를 연구하는 발달심리학자 필리스 카츠는 보통 한 살짜리 유아가 자기와 같은 인종적 특성을 가진 인형을 선호하며 다른 인종으로 보이는 것은 거부한다고 보고한다. 또한 세 살 무렵에는 이전에 본 적이 없는 사람들의 사진을 보여주면 자기와 같은 인종의 사람을 친구 후보자로 고른다. (그러나 역시 소수민족에 속하는 아이들은 이 선호 경향이 약하거나 없다.) 그리고 이 나이 때 많은 아동들이 다른 인종에 대한 부정적 태도와 고정관념을 표현한다. 카츠는 3세 백인 여자아이에게 여러 상황에 있는 백인 아이와 흑인 아이 사진을 보여주고 사진들을 해석해 보게 한 실험을 기술한다. 바닥에 쓰레기가 어지럽게 널려 있는 사진을 보고 아이는 흑인 아이가 쓰레기를 버렸으며 선생님에게 야단을 맞을 것이라고 말했다. 또 다른 사진에 대해서는 흑인 아이가 체커 게임에서 질 것이라고 주장했다. 왜 그렇게 생각하느냐고 묻자 여자아이는 간단하게, "쟤가 흑인이니까요"라고 답했다. 스스로 진보주의자라고 말하는 아이 엄마가 이 대답에 경악했다.[34] 카츠에 의하면 그녀가 연구했던 아이들의 약 절반이 다섯 살 이전에 다른 인종에 대해 부정적인 태도를 말로 드러냈다고 한다. 캐나다에서 수행된 다른 연구는 연구에 참여한, 역시 순진하고 정직한 다섯 살 백인 아동의 **85퍼센트**가 흑인에 반감을 가진 편견을 보였다고 보고했다.[35] SNS에서 본 사랑스러운 영상은 이것으로 끝인 듯싶다.

아이들은 인종에 신경을 쓰는 것보다 언어에 관심을 더 기울이는 것처럼 보인다. 심리학자 캐서린 킨즐러와 동료들은 5~6개월 된 아기들이 외국어를 말하는 사람보다 자기 모국어를 말하는 사람을 더 오래 쳐다본다고 밝혔다. 이 편향은 억양에까지 확대된다. 아기들은 자신의 모국어를 외국인 억양으로 말하는 사람보다 원어민처럼 말하는 사람에게 더 많은 관심을 보였다. 10개월이 되면 외국어로 말하는 사람보다 자기 말을 하는 사람이 주는 장난감을 더 많이 선택했고, 이 편향은 외국어 억양이 있는 사람보다 원어민 억양으로 말하는 사람을 더 좋아하는 데까지 연장되었다. 그리고 5세 미국 아동들에게 사진과 녹음된 목소리로 미래의 친구를 고르라고 요청하자 어린 참여자들은 외국어로 말하거나 외국인 억양으로 말하는 아이보다 원어민 영어를 하는 아이들을 더 많이 선택했다.[36] 실제로 아이들의 언어 편향이 인종에 대한 편향보다 더 강했다. 영어를 사용하는 5세 미국 아동이, 같은 인종이지만 외국 억양이 있는 아이보다 다른 인종이지만 원어민처럼 말하는 아이를 더 좋아했다.[37]

많은 어린이들에게 언어는 인종보다 더 엄격한 사회적 기준이다. 어린 아이들은 인종보다 언어가 사람의 어떤 본질적 부분, 즉 변하지 않고 영구적인 방식으로 그 사람을 정의하는 무언가라고 인식하는 듯하다. 한 연구는 다섯 살짜리 아이들이, 입양아들이 그들을 키워준 부모가 아닌 생물학적 부모가 사용하는 말을 할 것이라 믿는다고 밝혔다.[38] 또 다른 연구에서 아이들은 언어가 인종보다 더 변하기 어렵다고 여겼다.[39] 연구에 참여한 어린이들은 한 아이의 사진을 본 뒤 목소리를 들었다. 그런 뒤, 어른 목소리와 함께 제시되는 두 명의 어른 사진을 보여주고 아까 그 아이가 커서 두 어른 중 누가 될 것 같은지 물었다. 한 조건에서 어른은 처음 제시된 아이와 다른 인종으로 묘사되었고, 또 다른 조건에서는 다른 언어를 사용하는 것으로 묘사되었다. 따라서 연구 참가자들은, 예를 들어 영어를 쓰는 백인 소년이 자라서 영어를 쓰는 흑인이 될지 프랑스어를 쓰는 백인이 될지를 결정해야 했다. 대부분 5~6세 백인 미국인이었던 참가자들은 어떤 사람이 자라서 다른 인종이 되는 것을 다른 언어를 사용하는 사람으로 자라는 것보다 더 쉽게 믿었다. 9~10세가 되면 아이들의 반응은 성인의 것을 닮아간다. 즉, 연구에서 제시된 가상의 아이가 성인이 되어 인종이 바뀌기보다는 언어가 바뀔 것으로 생각한다. 당연한 결과다. 언어와 인종에 대한 아이들의 경험은, 이러한 사회적 범주를 더 현실적으로 이해하도록 촉진한다. 예를 들어 5~6세 흑인 아이들을 검사하면, 더 나이를 먹은 백인 아동들처럼, 이들은 언어보다 인종이 더 변하지 않는 개인적 특질임을 인지하고 있다. 또 다른 실험은 5~6세인 이중언어 사용 아동들이 자라면서 다른 인종의 사람이 되기보다 다른 언어를 쓰는 사람이 될 수 있음을 이해한다고 밝혔다. (이 아이들이 사용하는 그 두 언어로 검사를 진행했을 때만 그렇다.)[40]

일부 연구자들은 언어가 특정 집단의 구성원임을 표시하는 강력한 단서라고 주장했다. 유사 이래로 실제로 언어는 곧 누군가가 자기 집단에 속하는지 아닌지를 말해주는 가장 믿을 만한 방법이었기 때문이다. 농업이나 산업이 대두되기 이전에 사람들은 작은 집단으로 모여 살며, 오늘날 우리가 보는 것보다 더 많은 언어가 좁은 지역들을 차지했다. 사람들은 자신이 속한 커뮤니티에서 멀리 떨어져 나오지 않는 한 평생 자신과 다른 피부색이나 눈에 띄게 다른 얼굴 특징을 가진 사람을 만나지 못했을 것이다. 그러나 자기와 다른 언어를 사용하는 집단의 사람은 분명히 만났을 것이다. 그리고 성인은 물론 청소년조차도 두 번째 언어를 배우고 원어민처럼 말하기가 얼마나 어려운지를 생각하면, 특정 커뮤니티의 언어를 쓰지만 어렸을 때부터 그곳에서 자라지 않은 사람을 구별해 내기는 쉬웠을 것이다. 언어는 집단의 소속을 단계적 차이로 드러내는, 신뢰할 만한 신분증이었다.

역사적으로 언어는 종족 학살의 희생자들을 겨냥하는 데 자주 쓰였다. 성경 사사기에 등장하는(그리고 대략 기원전 550년 전부터 글로 기록된) 길르앗과 에브라임의 전쟁 이야기는 히브리어의 방언을 잘못 발음했을 때 겪는 치명적 결과를 생생하게 증언한다.

> 길르앗 사람들이 에브라임 건너편 요단강 나루터를 장악했다. 에브라임 도망자 누구든 "내가 강을 건너게 하라"라고 말하면, 길르앗 사람이 그에게 "너는 에브라임 사람이냐?"라고 물었다. 만약 그가 "아니다"라고 하면, 그에게 "지금 '쉽볼렛Shibboleth'이라고 말해보라"라고 했다. 그러나 에브라임 사람은 그것을 제대로 말하지 못하기 때문에 '십볼렛Sibboleth'이라 발음했다. 그러자 길르앗 사람들은 그를 잡아 요단강 나루터에서 죽였다. 그때 4만 2천 명의 에브라임 사람이 죽었다.[41]

당시에는 다르게 말하는 사람에 대한 경계심을 본능적으로 가져야 하는, 확고한 진화적 이유가 있었는지 모른다. 아이들이 어떻게 사회적 범주를 형성하는지 연구하면서 연구자들이 실험실에서 관찰한 행동들은 '우리'와 '그들'을 구분하는, 매우 오래된 방식의 메아리일지도 모른다.

그러나 이런 실험실 연구를 읽으면, 나는 대체로 그것이 학교 운동장 정치의 축소판과 같다고 느낀다. 아마도 리처드 로드리게스가 학교에서 과묵함을 지킨 이유는 영어가 자기 것이 아니라고 믿었을 뿐 아니라 그의 영어에 섞인 억양이 사회적으로 위험함을 감지했기 때문일 수 있다. 로드리게스는 선생님으로부터 스페인어 억양이 완전히 사라졌다고 칭찬받았을 때, 가족들에게 그 소식을 전하며 얼마나 자랑스러웠는지 회상한다. 나도 어릴 때 비슷한 칭찬을 받았으면 분명히 자랑스러웠을 것이다. 어쩌면 나와 형제들이 그렇게 서둘러 영어를 집으로 끌어들인 이유가, 학교 친구들의 비판적 시선 없이 우리끼리 영어를 연습하고 싶어서였는지도 모른다. 그리고 단지 다른 언어를 안다는 사실이 우리가 다른 아이와 다르다는 표식임이 너무나 명백했다. 우리가 집에서 영어로 말하기 이전에도 우리는 학교에서 서로 체코어를 하면 안 된다는 것을 알았다. 나는 방과 후에 친구들과 있는 오빠를 보고 체코어로 오빠를 부르며 뛰어갔을 때 깨달았다. 오빠 친구들은 내가 한 말이 뭐냐고 물었고, 나에 대한 오빠 반응은 그보다 더 차가울 수 없는, 서릿발 도는 영어였다. 나는 깊이 상처를 받았고 이전에 혼자 가본 적 없던 길을 걸어 홀로 집으로 왔다.

이와 비슷한 실험이 있다. 친구 선택에 관한 연구 중 하나에서 단일언어를 쓰는 아동들은, 자신과 공통의 언어가 있긴 하지만 자기가 모르는 말도 아는 이중언어 친구보다 자기와 같은 단일언어를 구사하는 친구를 선택하는 경향을 보였다. 이것은 실험 참가자가 사람들 대부분이 한 가지 언어만 하는 미국 아칸소의 도시 페이엣빌에 살든, 아니면 하나 이상의 언어를 말할 줄 아는 사람을 만나는 것이 흔한 일인 캐나다 몬트리올에 살든 마찬가지였다.[42]

지배적 언어 안에서 태어난 아이들은 언어가 변할 수 없는 자신의 일부라고 믿으며 자기 언어에 확고하게 닻을 내린다. 이 사실은, 소수 언어를 사용하는 아이들이 얼마나 쉽게 집에서 쓰는 언어와의 유대를 풀고 자기 말을 고치려고 노력하는지를 더 도드라지게 만든다. 자녀에게 영어로 말하는 이민자 부모는 보통 나의 부모나 리처드 로드리게스의 부모처럼 눈에 띄는 억양을 가지고 있다. 그것이 아이가 듣는 가장 첫 언어의 형태이더라도, 아이들은 외국인 억양을 가지고 자라지 않는다. 아이들은 아주 어렸을 때부터 자기 문화 안 언어의 표준 유형을 알아차리고, 집에서 듣는 소리와 멀어져 그 표준어를 구사한다. 미국 심리학자들이 한국어를 사용하는 가정에서 자라는 5세와 7세

아동들의 사회적 선호도를 검사했더니, 아이들은 한국어 억양이 있는 영어로 말하는 친구보다 미국인 영어로 말하는 친구를 더 좋아했다. 한국식 영어가 자기 집과 같은 친숙함을 주는데도 말이다.[43] 그러므로 이민자 자녀의 말투가 곧 자신이 선망하는 친구의 말을 닮아가기 시작하는 게 하나도 이상하지 않다.

내가 쓰는 모국어에 대해 예의상 중립적 태도를 취했던 선생님들보다 친구들 때문에 나는 체코어 지식을 숨기게 되었다. 이런 어릴 적 교훈이 내가 누구인지, 내가 속한 곳은 어디인지, 친구를 고른다면 우정을 나눌 만한 아이는 누구인지에 대한 생각을 형성했다. 토요일 아침마다 부모님은 큰 자녀 셋(오빠, 언니, 나)을 체코 예수교 신부가 운영하는 교회 지하의 체코어 학교에 보냈다. 내 기억으론 자원봉사 선생님이 친절했고, 체코 시를 배워 암송하고 색색의 전통의상을 입고 민속춤을 추는 것도 재미있었다. 그러나 그 체코어 학교에 같이 다니던, 대충 20여 명이었던 다른 체코 아이들은 거의 기억나지 않는다. 나는 그 아이들에게 관심이 없었다. 그 아이들과 나는 공통점이 별로 없다고 생각했던 게 기억난다.

언어적 편견, 사회를 구분짓다

한 언어 속에서 태어난 아이가 또 다른 언어를 위해 처음 것을 저버리는, 이 엄청난 자기 변형self-transformation의 원동력은 무엇인가? 본능적으로 자신과 같은 사회 집단을 친구로 삼는 아이들이 긋는 '포함'과 '배제' 사이의 선이 전부는 아닐 것이다. 미래의 소득이라는 형태인, 먼 훗날의 보상에 대한 약속도 아니다. 언어가 한 사람의 본질에 그렇게 가깝다면, 무엇이 아이로 하여금 자기 본성의 기본 구조를 그렇게 극적으로 바꾸게 만드는가?

아이들에겐 언어란 곧 사회 집단을 나누는 한 방법이라고 생각하는 경향이 있지만, 이 경향은 분명히 사회의 권력 구조를 뒷받침하는 언어의 역할에 의해 강화된다. 프랑스 사회학자 피에르 부르디외는 언어가 단지 의사소통 수단일 뿐 아니라, 특정 행동을 한 대가로 상징적 혜택을 나누는 시스템이라고 주장했다.[44] 인류가 형성하는 어떤 집단에서건 한 종류의 언어가 독점적 위치, 즉 더 합법적이고 권위적이며 더 소중한 언어로 인식되기를 원한다. 예를 들어, 과학 분야의 연구자가 되고 싶으면 과학 글쓰기라는 특정한 스타일 — 단어의 축약형, '나'라는 대명사, 감성적 언어, 개인적 일화 등을 피할 것 — 을 배워야 한다. 이 스타일을 익히지 못하면 과학 학술지 편집자들이 논문을 실어주지 않고, 동료들이 연구자로 진지하게 대하지 않을 수 있다. 한편 애팔래치아* 시골 커뮤니티에 대한 다큐멘터리를 찍고 싶으면, 그 지방 방언을 하는 것이 유리하다. 사람들에게 카메라 앞에서 그들의 삶을 얘기해 달라고 요청할 수 있는 사회적·도덕적 권위가 생기기 때문이며, 심지어 그들의 저녁 식사에 초대받을 수도 있다.

국가라는 커다란 집단에서는 하나의 '표준' 언어 또는 방언을 다른 것보다 우위에 세우려고 어마어마한 양의 사회적 활동과 노력을 쏟는다. 특정 언어 형태들이 공적인 사용에 '옳다' 혹은 '적절하다'고 인정받고, 다른 것들은 검열을 당한다. 미국에서는 누가 봐도 영어가 공용어지만, 모든 영어가 그런 것은 아니다. 언어학자들이 흑인토착영어African American Vernacular English, AAVE라고 부르는 영어의 흑인 방언은 종종 결함이 있는 영어라고 낙인찍혀 전국에 방영되는 뉴스 앵커나 고등학교 선생님의 입에서 나오기에는 부적절하다고 여겨진다. 애팔래치아 지역 영어나 하와이의 크리올** 영어도 마찬가지다. 지방 사투리가 강하게 섞인 영어로 말하는 미국인들, 그래서 브루클린, 보스턴, 피츠버그 혹은 테네시 사람임이 금방 눈에 띄는 미국인들조차 단순히 말투 때문에 공직에서 배제되는 경우도 있다.

언어의 특정 형태를 '적법'하다고 정하는 것은 우연도 아니고, 그것이 다른 방언보다 본질적으로 더 옳거나 논리적이거나 아름답기 때문도 아니다.

---

*   Appalachia. 미국 뉴욕 남부부터 앨라배마와 조지아 북부까지 이어지는, 미국 동부의 높은 산맥으로 형성된 지역이다.

**   Creole. 원래는 서인도제도나 남미 초기 정착민의 후예를 가리키는 말이었으나, 요즘은 유럽계 백인과 현지인의 혼혈을 부르는 말로 쓰인다.

그것은 사회에서 가장 영향력 있는 사람들이 사용하는 언어이기 때문이다. 부르디외가 지적했듯이, 프랑스대혁명 이후 프랑스어의 표준화가 국가적 관심이 되었을 때 프로방스 지방의 소작농들이 아닌, 파리에 사는 엘리트들의 말이 곧 모든 사람의 말을 측정하는 표준이 된 것은 우연이 아니었다. 언어를 권력의 전제조건으로 세운다면, 영향력 있는 사람들이 왜 자기가 쉽게 통과할 수 있는 언어가 아닌 다른 것으로 장벽을 세우겠는가?

부르디외의 관점에서 보면, 소수 언어를 사용하는 아이들뿐 아니라 우리 모두는 사회적 인정, 지위, 명망 등 자신이 속한 환경이 제공하는 상징적 이익을 얻기 위해 끊임없이 말을 다듬는다. 때로는 이 상징적 이득이 고소득 직업이나 그런 직업으로 이끌어 주는 교육에의 접근과 같이 구체적인 형태로 거래될 수 있다. 캘리포니아 영어를 쓰는 중산층 부모에게서 태어난 아이들처럼 운이 좋은 사람들은 평생 이런 적응을 해야 할 필요가 별로 없을 것이다. 그러나 이민자 자녀와 토착 언어나 비표준 방언을 쓰는 사람들이 표준어가 적법성을 독점하는 영역에 참여하고자 한다면, 굉장한 자기 변형이 필요하다.

어떤 종류의 언어가 적법하다고 여겨지는지 그 신호는 사회를 맴도는 주변 환경의 일부분이 되며, 온갖 형태로 전달된다. 선생님이 특정 문법 사용이 틀리다고 채점할 수 있고, 친구가 사투리 표현을 심술궂게 지적하기도 한다. 지명되기 원하는 후보자에게 사투리를 없애는 훈련을 받으라고 제안하는 정치인도 있으며, 외국인 억양이 있거나 없는 TV 캐릭터들의 노출도 불균등하다. 한 라디오 방송국은 요즘 젊은이들에게 흔한 '보컬 프라이'*로 말한다는 이유로 한 젊은 여성을 고용하지 않았다. 대통령이 핵을 뉴클리어nuclear 대신 뉴큘러nucular 라고 발음했다고 조롱한 신문기자, 버스에서 가족들끼리 모국어로 얘기하는 것을 보고 "저 사람들은 왜 영어로 말하지 않지?"라는 말을 내뱉는 승객도 있다. 학식과 언변을 겸비한 남성이 특정 사투리가 귀에 거슬린다고 대놓고 말하기도 한다.

---

*   vocal fry. 깊고 거친 저음의 목소리.

상호작용하는 사람이 누구든 상관없이, 우리는 어떤 언어나 스타일의 발언이 그 사람에게 어떻게 받아들여지는지 본능적으로 안다. 따라서 능력이 되는 한 자신의 언어를 이에 맞추어 조정한다.

언어의 한 형태가 이전에 금지되었던 영역으로 갑자기 들어왔다면, 그것은 기저에 깔린 권력이 이동했다는 징후다. 기존의 표준 언어를 사용하던 사람들이 위협을 느끼는 이유고, 이전에는 적합하지 않다고 취급되었던 언어를 쓰는 사람들이 승리감을 느끼는 이유이기도 하다. 스페인에서는 프랑코 정권의 오랜 세월 동안(1936~1975) 바스크어가 억압을 받았고, 바스크어로 진행되는 라디오와 TV 방송은 1982년에서야 다시 시작되었다. 이때는 바스크 지방이 자신들의 의회를 세우고 법률을 제정하며 경찰을 만들고 문화와 교육에 대해 독자적인 결정을 내릴 수 있는 권리를 획득한 지 3년 후였다. 이전부터 바스크어에 목말랐던 사람들은 열렬하게 이 언어를 찾았다. 솔직히 바스크어를 잘 알아듣지 못한다고 시인하는 사람들조차 바스크어로 된 TV 프로그램을 많이 시청했다.[45] 단지 TV에서 바스크어 소리를 듣는 것만으로도 해방감을 느꼈으리라.

이 해방감은 1968년, 많은 프랑스계 퀘벡 사람이 미셸 트랑블레의 연극 〈시누이올케들〉 초연을 관람했을 때 느꼈던 것과 같을 것이다. 이 연극은 엄청난 경품에 당첨된 노동자 계층의 여성을 다룬 희비극으로, 퀘벡에서 처음으로 당시 노동자 계층이 주로 쓰던 퀘벡 프랑스어를 무대에 올린 것으로 유명하다. 다시 말해서, 평범한 캐릭터들이 보통 집에서 말하는 것을 감히 그대로 묘사한 작품이다. 1960년대까지 퀘벡은 제약이 많고 계층화된 사회였다. 교육과 의료 서비스가 가톨릭교회의 통제 아래 있었으며, 경제·정치적 생활의 대부분을 영어 사용자와 소수의 프랑스어 사용 엘리트들이 지배하고 있었다. 이 엘리트들은 그들이 '표준' 또는 '국제적'이라고 부르는 프랑스어, 즉 동료 퀘벡 사람들의 입에서 나오는 프랑스어보다 유럽에 있는 프랑스의 것에 더 가까운 프랑스어를 구사하면서 자신들과 짓밟힌 대중을 차별화했다. 더 널리 사용되던 퀘벡 프랑스어 방언은 당시에 '주알joual'이라고 불렸는데, 이는 '말horse'이라는 뜻의 '셰블cheval'을 퀘벡 사투리에서 편하게 발음하는 것을 경멸적으로 흉내 낸 것이었다. 그리고 이 방언은 연극이나 대학처럼 문화적으로 순수한 공간에서 사용되기에는 너무 저속하다고 여겨졌다. 하지만 미셸 트랑블레가 이 연극을 쓴 1965년은 퀘벡에서 조용한 혁명Quiet Revolution 이 한창인 때였다. 조용한 혁명이란 엘리트와 가톨릭교회로부터 통제권을 빼앗고, 그 지역에 있는 수백만 명의 '주알' 사용자들의 미래를 유망하게 해주는, 퀘벡주 안에서 권력 구조를 극적으로 개편하는 대변동이었다. 많은 사람이 이 방언을 극장에서 듣는 것만으로도 힘을 얻은 만큼, 당연히 어떤 이들은 이것을 충격적으로 부적절하게 느꼈다. 그 시대 엘리트들은 이 연극이 언어·도덕적인 수준 저하라고 맹렬히 공격했다. 그래도 상관없었다. 혁명은 계속되었고, 곧 퀘벡 프랑스어가 라디오, 학교, 텔레비전 등 어디서나 들렸다. 심지어 골초이며 주알을 입에 달고 사는 퀘벡 독립주의 지도자 르네 레베스크가 주지사 연단에서 이 언어로 연설을 했다. 트랑블레의 연극은 비평가들에게 억눌리기는커녕 스코트어*, 독일어, 이탈리아어, 이디시어, 영어를 포함한 전세계 많은 언어로 공연되었지만, 절대로 '표준' 프랑스어로는 공연되지 않았다. 트랑블레가 단호하게 금지했기 때문이다.[46]

1960년대에 가톨릭교회의 권위에 대항한 것은 퀘벡만이 아니었다. 1964년에 교회는 전 세계의 가톨릭 성도들이 대부분 말하거나 이해할 수 없는 라틴어 대신 자기네 나라 말로 미사를 드릴 수 있다고 결정함으로써 거세지는 압력에 대응했다. 이 결정은 제2차 바티칸 공의회가 도입한 일련의 엄청난 개혁의 일부분이었고, 교구 사제와 신도 사이의 관계를 다시 정립하는 신호탄이었다.

어느 일요일에 성당에 걸어 들어가 장엄한 공간을 채우는 모국어를 처음들었을 때 기분이 어땠을까, 나는 종종 궁금하다. 아마도 내가 태어난 도시인프라하를 성인이 되어 다시 처음으로 방문했을 당시, 기차역 플랫폼에 서서스피커에서 나오는 체코어 안내 방송을 들었을 때의 느낌과 조금 비슷하지

---

*   Scots. 스코틀랜드 남부(저지대 스코틀랜드)와 얼스터에서 쓰이는 앵글어파의 언어.

않을까 상상한다. 처음 느낌은 이 언어가 '잘못된' 장소에서 들린다는 부조화의 어색함이었다. 그리고 곧 내가 지금 체코어가 '맞는' 곳에 있다는 깨달음에서 오는 경이감과 흥분을 느꼈다.

언어의 우열: 퀘벡 프랑스어

언어의 가치에 대한 저평가는 그 언어 사용자에 대한 가치 판단이 녹아 있기에 그만큼 강력하다. 계속해서 꾸준히 똑똑 떨어지는 낙숫물처럼 그런 판단과 태도는 엘리트 언어를 구사하는 사람뿐 아니라 저평가된 언어를 사용하는 사람들의 마음도 채운다. 이런 해로운 영향력을 보여주는 과학적 연구 결과들은 쉽게 찾을 수 있고, 그중 많은 것이 지금은 고전이 된 연구로 거슬러 올라간다. 이 연구는 사람들이 다양한 언어 집단에 대해 가지고 있는 고정관념에 근거하여 오로지 어떤 사람이 쓰는 말로 그 사람의 첫인상을 잘못 판단할 수 있음을 보여주었다. 우리 가족이 몬트리올에 도착하기 11년 전인 1960년대에, 캐나다 맥길대학교에 있던 심리학자 윌리스 램버트와 동료들은 퀘벡에서 프랑스어가 얼마나 '가난한 친척' 같은 느낌을 부여하는지 그 심도를 보여주는 실험 결과를 발표했다.[47] 그들은 영어와 프랑스어를 모두 완벽하게 구사하는 이중언어 사용자 다섯 명을 찾아서, 같은 내용의 짧은 단락을 각각의 언어로 읽게 하고 그것을 녹음했다. 실험에서는 영어 혹은 프랑스어를 사용하는 대학생들에게 (다섯 명이 영어와 프랑스어로 각각 낭독한 사실을 숨긴 채) 열 명의 목소리를 들려줄 것이라고 안내한 뒤 그 녹음을 들려주었다. 그리고 방금 들은 목소리를 근거로 말하는 사람의 성격 특질을 상상해 보라고 지시했다. **같은 사람**이 **같은 내용**을 말하는 것을 들었음에도 참가자들은 영어와 프랑스어 샘플을 매우 다르게 평가했다. 말하는 사람이 속한 '집단'이 달랐을 뿐인데도 말이다.

당연하게도 영어를 쓰는 학생들은 영어 목소리에 호의를 보였다. 그들은 영어 목소리의 주인공이 프랑스어로 읽은 사람보다 더 키가 크고 잘생겼으며, 야심 있고 친절하고 신뢰할 수 있는 사람이라고 상상했다. 당시에는 영어 사용자들 사이에서 프랑스어 사용자에 대한 편견이 만연했기에, 연구자들은 이 결과에 별로 놀라지 않았다. 그러나 그들이 놀란 이유는, 프랑스어를 쓰는 학생들도 프랑스어보다 영어 목소리에 더 바람직한 특징들이 가득 담겨 있다고 판단했기 때문이다. 실제로 청취 참가자 중 영어 사용자보다 프랑스어 사용자들이 동료 프랑스어 사용자들의 외모, 유머감각, 사회성을 더 격하시켜 상상했으며 리더십, 지능, 자신감 면에서 영어 목소리를 더 후하게, 프랑스어 목소리는 더 낮게 평가했다. 프랑스어를 쓰는 학생들이 동료 프랑스어 사용자 학생들과 어울리는 것을 선호한다고 응답한 점을 생각하면, 이런 혹독한 평가는 더욱 놀라웠다.

연구자들은 녹음된 프랑스어 목소리 중 하나에는 파리 억양이 있었고 나머지 목소리는 분명한 퀘벡 프랑스어였다는 것을 언급했다. 전자, 즉 1960년 대에 무대와 뉴스 방송에서 사용될 수 있었던 파리 억양의 프랑스어는 다른 프랑스어 녹음들보다 영어를 말하는 참가자와 프랑스어를 사용하는 참가자 모두에게서 더 긍정적인 평가를 받았다. 이러한 결과를 보면 트랑블레의 연극 〈시누이올케들〉 공연이 촉발한 반응의 기저에 있던 언어적 편견이 떠오른다.

이 논문은 다른 많은 논문의 본보기가 되었다. 이후 수십 개의 비슷한 연구가 특정 언어를 밟아 뭉개던 고정관념과 왜곡된 인상을 발가벗겼다. 실험 방법들은 모두 일반적으로 같은 양식을 따른다. 참가자들은 주류 언어 또는 주류 방언을 쓰는 사람들의 목소리를 듣거나 영상을 보고, 마찬가지로 비표준 언어 또는 비표준 방언으로 말하는 목소리를 듣거나 영상을 본다. 어떤 연구에서는 퀘벡 연구처럼 같은 사람이 두 가지 언어나 방언을 한다. 그러나 또 다른 연구에서는 다른 사람들이 각각 두 언어를 말하지만 낭독자들의 나이, 젠더, 인종 등이 같도록 배치하고, 영상이라면 외모도 비슷한 사람을 선택한다. 실험에 참여하는 청취 참여자들도 종종 여러 언어 집단에서 모집되며, 그들은 목소리 주인공의 여러 특징에 대한 인상을 평가한다.

이런 연구들은, 다른 언어나 방언을 말하는 사람과 비교했을 때 표준 언어 사용자가 사회적으로 얻게 되는 풍성한 혜택을 보여준다.[48] 때로는 세세한 면에서 결과들이 조금 다르기도 하다. 몇몇 경우에, 저평가된 언어 사용자들이 주류 집단보다 편견을 적게 보이기도 하지만 자신이 사용하는 비표준언어에 대한 편견 중 일부는 보통 굳건하게 자리를 지킨다. 지능, 자신감 등과 같이 직업적 성공과 결부된 특질은 거의 항상 주류 언어 사용자의 목소리에서 들을 수 있고, 비표준 언어 사용자는 가끔, 특히 같은 말을 하는 사람들로부터 따뜻함, 친절 등 친구나 동료일 때 좋은 특질에서 높은 점수를 받는다. 그리고 엘리트 언어와 그렇지 못한 언어를 보는 시각 사이의 간극이 다른 곳보다 더 큰 나라들도 있다. 미국에서 수행된 연구에서는 사투리든 외국어든 비표준 억양을 가진 사람들이 다른 나라의 연구에서보다 더 쌀쌀맞은 평가를 받았다. 주목할 만한 비교 중에는 보통 억양에 민감하다고 알려진 영국에서보다 미국에서 비표준 영어를 쓰는 사람에 대한 편견 차이가 두 배 정도 높다는 결과가 있다. 하지만 몇 번이고 되풀이되는 것은 힘이 있는 사람들이 사용하는 언어가 아닌 목소리는 열등한 인간에 속한다고 추정된다는 사실이다. 그리고 이 결과는 전 세계 다양한 지리적 위치와 여러 많은 언어 집단에서 모두 발견된다. 정교하게 실험을 계획하여, 무시당하는 언어를 말하는 사람이 실제로는 주류 언어를 사용하는 사람이었더라도 결과는 마찬가지였다.

사람들이 가진 이런 선입견은 은밀하게 숨겨져 있지 않다. 오히려 개인적 상호작용, 고용 결정, 수행 평가에 스며들고 우리가 즐기려고 보는 스크린에 실제보다 더 크고 화려한 색상으로 투영된다. TV와 영화에서 이상적인 표준언어를 말하지 못하는 캐릭터들은 종종 지능이나 도덕적인 면에서도 결점이 있으며, 그들의 '결함 있는' 언어는 그 사람의 단점이 음성으로 체화된 것이다. 주요 시간대 TV 프로그램을 분석한 연구자들은 외국어 억양이나 사투리를 가진 캐릭터의 등장이 극도로 적다고 말한다. 등장한다 해도 이들은 미국 또는 영국식 표준 영어를 말하는 사람보다 멍청하고 게으르며 못생기게 묘사된다.[49] 보통 기저귀를 막 뗀 관객들로 상영관을 채우는 디즈니 영화조차도 언어적 고정관념으로 흠뻑 젖어 있다. 한 콘텐츠 분석가는 외국어 억양으로 말하는 디즈니 캐릭터들이 착한 사람으로 그려지기보다는 자주 사악하거나 바람직하지 않은 모습으로 묘사된다는 사실을 밝혔다. 이와 반대로, 미국식 영어를 하는 캐릭터 중에는 좋은 사람이 악당보다 수적으로 네 배 더 많았다. 윤리적으로 결함이 없으면서 외국어 억양을 가진 캐릭터는, 주로 제한된 시야를 가지고 소소한 삶을 꾸리는 경우가 많다. 이들은 싹싹한 하인, 가게 주인, 보조 직원일 뿐 기회의 고삐를 움켜쥐고 영광스러운 운명으로 돌진해 나가는 일이 거의 없는 인물들이다.[50] 현실에서와 마찬가지로 은막에서도 성공은, 그리고 아름다움과 선함은, (표준) 영어로 말한다.

하와이 크리올어와 흑인토착영어

주류 언어로 말하는 아이들에게 학교는 가족 울타리의 확장, 즉 가정 문화의 확장이다. 익숙한 노래, 이야기, 격언 등 집에서 들었던 소리들을 학교에서도 들을 수 있다. 그것들이 그저 더 잦아지고 여러 색이 입혀지며 확대될 뿐이다. 이 아이들은 자신의 언어가 중요한 책에서 그리고 유명한 사람들의 입에서 살아 있음을 배운다.

하지만 다른 언어나 사투리를 쓰다가 교실에 들어온 아이들에게 학교는 '다시 만들어지는' 공장이다. 이들은 학교란 자기가 이미 구사하는 말을 쓰면 안 되는 곳임을 배운다. 이 활기차고 격식을 갖춘 건물에서 아이들은 집에서 쓰는 목소리를 숨기고 새로운 외지의 목소리를 만드는 방법을 배운다.

지배적 언어가 개인적인 것이 아닌 공공의 언어이기 때문에, 학교의 사명은 학생들이 공적인 사용을 위해 그 언어를 어떻게 갈고닦는지, 최고의 효과를 위해 어떻게 그것을 휘두를지를 가르치는 것이다. 리처드 로드리게스는 다음과 같이 적는다.

나는 교실의 언어와 집에서 쓰는 말의 차이를 쉽게 알아차렸다. 학교에서는, 예를 들어 "여러분Boys and girls"과 같이, 일반 청중을 향해 말하며 의미가 있는 지시를 내렸다. 그리고 말을 하는 목적은 그저 자기표현을 넘어서 많은 사람이 자신을 이해하도록 만드는 것이었다. 선생님이 문제를 던졌다. "여러분, 이 문장에서 왜 이 단어를 쓸까요? 거기에 들어갈 더 좋은 단어는 또 뭐가 있을까요? 단어가 다르게 배열되면 문장의 뜻이 달라질까요? 그리고 거의 비슷한 의미를 전달하는 더 좋은 방법이 있을까요?"[51]

집에서 쓰는 말에는 종교 의식과도 같은 그런 관심이 주어지지 않았다. 내 경우에는 토요일 아침 교회 지하실에서 배우던, 좋은 의도를 지녔으나 제대로 훈련을 받지 않고 약간 지쳐 있는 학부형이 가르치던 체코어 수업으로는 역부족이었다. 모음이 들어가지 않은 체코어 단어(예를 들어 vlk, krk, prst)를 생각해 낼 때마다 5센트씩 받던 기억이 나지만, 체코어 문장을 어떻게 힘 있거나 아름답게 만들 수 있는지를 배운 기억은 없다. 체코어로 다른 사람을 설득하는 에세이나 사무적인 편지를 쓰는 법을 배운 적도 없다. 대부분 이미 고인이 된 체코 작가들이 쓴 시를 배워 암송하기는 했지만, 나 자신이 체코어로 시를 쓸 수 있다든지 그런 시를 들어줄 사람이 있을지도 모른다는 걸 알려준 사람이 아무도 없었다.

그리하여 학교는 언어의 상대적 가치가 아이의 마음에 뚜렷이 새겨지는 곳이다. 사회에서 높은 곳에 이를 수 있는 기회를 얻는 출입구이기 때문에 그것을 통과하려면 권력을 가진 이들의 언어를 통달해야만 한다. 학생들이 대체로 세상에서 성공하도록 준비시키는 것이 학교의 중심 사명인 덕분에 학교는 또한 **어떤 언어**가 가장 강력한지, 사회가 이미 가지고 있는 그 정의를 영구화하는 곳이 된다.

때로 이 사명은 공공연하게 폭력적인 싸움의 형태를 띠기도 한다. 북아메리카와 호주의 원주민 자녀들을 기숙학교에 넣고 강압적으로 그들의 정신과 언어를 개조했던 사례나, 응구기 와 시옹오가 케냐 학교에서 목격했던 기쿠유어의 사용에 대한 집요한 피투성이 체벌이 그랬다. 가끔은 특정 언어의 우수성을 합리화하는 말로 그 합법성을 법과 정책에 새겨 넣기도 한다. 2012년

TV 인터뷰에서 터키 부수상 뷜렌트 아른츠는, 터키 학교들에서 쿠르드어를 하급 위치로 격하시킨 법률을 흔하게 통용되는 편견을 이용하여 옹호했다. 그는 말했다. "쿠르드어로 교육하는 것이 터키어로 교육하는 것만큼 효과적일까요? 터키어는 문명의 언어지만 쿠르드어를 문명의 언어라고 할 수 있나요? 쿠르드어가 선택 과목이 될 순 있지만 초등학교부터 대학교까지 교육의 언어가 될 수는 없습니다."[52]

합법성 싸움은 다른 언어가 지배적 언어의 발뒤꿈치를 끈질기게 따라온다고 여겨질 때 최고조에 이른다. 한 예로, 하와이에서 언어를 두고 재미있는 싸움이 벌어졌다. 하와이는 130개가 넘는 언어가 존재하는 언어의 뷔페이며, 인구의 25퍼센트가 집에서 영어 이외의 언어로 생활하는, 아주 풍성한 다중 언어 지역이다.[53] 그럼에도 1987년에 하와이 교육위원회는 이 언어 중 단 **하나**를 골라서 배제의 꼬리표를 붙였다. 교육위원회는 학교 교실, 식당, 체육관, 혹은 쉬는 시간의 운동장 등 학교의 모든 곳에서 하와이 크리올어Hawai'i Creole 사용을 금지할 것을 제안했다. 하와이 크리올어는 매우 다양한 언어를 구사하는 하와이 인구의 약 절반이 사용하는 방언이다. 이것은 역사적으로 영어의 요소와 원주민의 올렐로 하와이어'Olelo Hawai'i, 그리고 다양한 환태평양 언어들과 아시아 언어들이 뒤섞인, 독특한 발음과 문장 구조로 이루어진 공용어 역할을 한다. (하와이 크리올어는 때로는 피진어*라고 불리기도 하지만, 이것은 실제로 단순화된 방언이 아닌 제대로 된 언어다.) 그럼에도 불구하고, 아니면 정확히 그렇기 때문에, 하와이 크리올어는 표준 미국 영어와 골치 아픈 관계가 되었다. 마치 퀘벡 프랑스어와, 소위 표준 혹은 국제적 프랑스어 사이의 관계와 같다. 1960년대 퀘벡 프랑스어처럼 하와이 크리올어도 저소득 계층과 노동자들이 집중적으로 사용했으며 점잖은 공간에서는 무시당하는 역사를 거쳤다.

---

*   pidgin. 공통의 언어가 없는 사람들이 의사소통을 위해 문법적으로 단순화시켜 사용하는 언어. 주로 식민지 점령국 언어와 토착 언어가 결합되어 만들어지며 어휘가 제한되어 있고 격 변화 따위의 복잡한 문법 규칙이 없다.

하와이 크리올어 금지 제안은 받아들여지지 않았지만, 이것은 일부 사람들이 얼마나 이 언어를 경멸하는지 그 심각성을 드러낸다. 호놀룰루 신문에서 수행한 설문조사에 따르면, 금지를 찬성하는 사람들은 하와이 크리올어가 '언어의 게으른 형태'이고 '사고의 퇴화'를 부추겨 문맹을 촉진한다고 주장했다.[54] 이 언어로 된 문학과 문헌이 엄연히 존재하는데도 말이다.

하와이 크리올어가 공식적으로 학교에서 금지된 적은 없지만, 아이들은 그것의 낮은 지위를 손쉽게 간파했다. 이 언어와 표준 미국 영어에 대한 아이들의 태도를 알아보기 위해 호놀룰루의 학교를 방문했던 리처드 데이는, 실제로 학교에 다니면 하와이 크리올어에 대한 편견이 더 강해지는 경향이 있다고 주장했다. 1980년에 발표한 자신의 연구에서 데이는 어른들이 전문직을 가지고 있는 부유한 동네 출신의 아이들은 유치원에 들어올 때 이미 하와이 크리올어에 대해 부정적인 생각을 가지고 있음을 발견했다. 이 아이들이 꽤 자주 그리고 능숙하게 친구들과 이 언어로 의사소통을 해도 마찬가지였으며, 이들은 하와이 크리올어가 표준 미국 영어만큼 듣기에 좋지 않다고 확고하게 말했다. 노동자 계층 동네의 상황은 약간 달랐다. 여기서 유치원 아이들은 하와이 크리올어에 대해 편견을 보이지 않았다. 그러나 같은 학교의 1학년들은 편견을 보였다. 학교생활 1년 동안, 표준 영어보다 자기에게 훨씬 더 편한 하와이 크리올어가 열등한 언어 형식이라고 배운 것이다.[55]

많은 학교 체제 안에서 비표준 방언에 대한 태도가 서서히 변하고 있다. 지금은 이런 방언이 결함이 있거나 잘못된 것이라기보다, 사회 엘리트 계층이 아닌 집단에서 사용하는 또 하나의 언어라고 인식된다. 지금은 친구들 사이에서, 집에서, 또는 운동장에서 그런 방언을 쓰는 것이 잘못된 것이 아니라고 선생님들이 아이들을 안심시키는 경우가 많다. 그러나 학생들이 다른 방식의 말하기와 쓰기를 배워야 한다는 것도 강조한다. 교실에서, 어른들과 얘기할 때, 또는 직장을 구할 때는 다르게 말해야 한다. 그리고 이때 '제대로' 혹은 '바르게'와 같은 단어들이 자주 슬쩍 끼어든다.

사회에서 표준이 되는 언어를 가르치고자 애쓰는 선생님들을 탓할 수는 절대로 없다. 이 언어를 숙달하지 못한 아이들의 삶은 그런 제약이 정당한지도덕적인지 상관없이 필연적으로 운신의 폭이 좁을 수밖에 없기 때문이다. 그렇지만 내 생각에는 조금 다른 영어로 말하는 **모든** 아이들이 새롭게 말하는 방식을 배울 필요는 없다. 아마도 영국 런던이나 호주 시드니에서 뉴욕으로 온 아이들에게 선생님은 인생에서 성공하려면 말하는 방식을 바꿔야 한다는 조언을 하지 않을 것이다. 오히려 어른들은 이 아이들의 말투가 부적절하기보다 귀엽다고 여길 수 있다. **이들의** 언어를 약간 형제처럼, 다르지만 동등한 지위로 인정한다. 여기서 아이들은 자기 변형을 하지 않아도 된다.

　열등하다고 인식되는 방언을 사용하는 부모들은 종종 고통스러운 딜레마에 빠진다. 이들은 자녀를 성공의 길로 보내기 위해서는 아이들 자신이나 부모, 조부모와 닮지 않은 다른 어른들을 따라할 것을 권장해야 한다고 느낄 수 있다. 이것은 부모로서 매우 부자연스러운 일이다. 자녀를 낳아 양육하는 바로 그 과정에 내재된 영속성과 연결성이라는 본능에 정면으로 위배되기 때문이다.

　얼마 전에 나는 미국의 흑인들이 표준 영어와 흑인토착영어AAVE의 지위 차이에 어떻게 부딪치고 해결하는지에 초점을 맞춘 다큐멘터리 영화 〈코드 스위칭〉을 보고 감동을 받았다. 이 영화에서 한 흑인 남성은 버지니아주 리치먼드의 가난한 동네에서 AAVE를 말하며 자랐고 지금은 변호사가 되었다. 그는 어릴 때 학교에서 본질적으로 다른 언어라 할 수 있는 것을 배워야 한다는 사실을 점점 깨달았을 때의 느낌을 설명한다. 그는 표준 영어와 함께 아직도 AAVE를 편하게 말할 수 있지만, 자녀들은 표준 영어만을 쓰도록 키웠다. 그는 네 명의 자녀들이 세련된 최고급 표준 영어를 배울 수 있게 사립학교에 보내는 데 매년 6만 달러를 쓴다고 고백한다. 아이들이 아버지의 영어에서 AAVE를 발견하면 고쳐주는데, 그 남성은 그게 "귀엽다"라고 생각한다. 그가 농담처럼 말한다. "약간 이런 느낌이에요. 너희가 나를 **당연히** 고쳐줘야지. 내가 돈을 그렇게 많이 들이는데, 네가 4학년밖에 안 되었지만 나를 고쳐줘야지." 그러나 곧 표정이 바뀐다. 자신이 태어나면서부터 구사한 말을 하지 못하며 그들이 함께 무엇을 잃는가를 생각하면 눈가에서 웃음기가 사라진다. 그가 생각에 잠겨 혼잣말을 하자 그의 말투가 점점 더 AAVE에 가깝게 바뀐다.

"아이들은 이중언어의 혜택을 얻지 못하고 있어요. 왜냐하면 교육적으로 고립되어 있어서, 그래서 그 좋은 혜택을, 나는 그렇게 불러요, 왜냐하면 친구들, 형제들과 어울리며 다 내려놓는 것만큼 편하고 재미있는 게 없으니까. 그건 그냥 일종의 문화예요. 잠깐은 흑인으로 굴어도 될 것 같은 느낌이랄까. 그게 뭐 잘못은 아니니깐."* 그러고는 약간 방어적으로 계속 말을 잇는다. "그리고 흑인으로 군다는 게 진짜 **있어요**. 내가 거의 매 주말마다 그러니깐."**56**

내 학교 경험은 AAVE나 하와이 크리올어 또는 나쁜 고정관념의 무게를 가진 다른 외국어를 사용하다 학교에 들어온 아이들과는 매우 달랐다. 낯선 언어에 대한 친구들의 반응 이외에 나는 내 모국어에 어떤 낙인이 찍혔다고 느끼지 못했다. 선생님들은 체코어가 내 영어를 오염시킨다고 보지 않았다. 선생님들 관점에서는 마치 내가 아무 말도 할 줄 모르고 입학한 것처럼 체코어는 아예 보이지 않는 언어였다. 그리고 학년이 올라가면서 내가 체코어 사용의 중요성을 스스로에게 확인하는 빈도가 점점 줄어들었다.

언어의 권력은 이양되는가

우리 가족은 1971년에 몬트리올에 자리를 잡았는데, 당시 퀘벡이 천지개벽하는 권력의 대변혁 중이라는 사실을 모른 채였다. (다행히도 우리가 도망쳐 나온 체코슬로바키아보다는 평화로운 변혁이었다.) 그러나 오래지 않아 몬트리올에서 영어를 사용하는 사람들과 프랑스어를 사용하는 사람들 사이의 갈등과 논쟁이 우리 생활에 스며들기 시작했다. 오빠는 도착하자마자 아직 영어를 할 줄 모르는 채로 영어 사용 학교에서 1학년을 시작했다. 학교에서는 다른 아이들이 오빠가 프랑스어를 한다고 생각해서 '프랑스 개구리'라고 놀렸고, 동네 프랑스어 사용 아이들은 오빠가 영어 학교에 다닌다고 왕따

---

* AAVE는 몇 개의 자음과 모음을 표준 영어와 다르게 발음하고 음절에 리듬감이 강하며 발음을 입 안에서 굴리는 경향이 있다.

를 시켰다.

오빠를 프랑스어가 아닌 영어 사용 학교로 보낸 부모님의 결정에는 분명한 이유가 있었다. 아버지가 캐나다 어느 지역에서 직장을 구할지 확실하지 않았고, 캐나다 나머지 지역에서 주로 쓰는 언어가 영어였기 때문이다. 게다가 당시에는 퀘벡에서 영어를 쓰는 삶이 매끄러워 보였다. 영어를 사용하는 훌륭한 학교와 대학이 있었고, 관청이나 의료 서비스를 영어로 이용하는 게 더 쉬웠다. 그리고 적어도 몬트리올에서는 은행과 상점에서 영어가 광범위하게 사용되며 때로는 프랑스어가 배제되기도 했다. 영어 사용자가 프랑스어 사용자보다 수입이 평균 35퍼센트 많았고 고용주의 80퍼센트가 영어를 사용했다.[57] '캐네디언 드림'은 남쪽에 있는 아메리칸 드림처럼 영어 사용자를 위한 것이었고 퀘벡에 있는 인구 수에 상관없이 프랑스어로 말하는 사람이 그 꿈을 좇고 싶으면 영어를 배워야만 했다. 프랑스어가 아닌 영어로 방향을 틀면서 우리는 그저 잘 닦인 길을 따라갈 뿐이었다.

몇 년 뒤에 도착했더라면 우리 가족 언어의 궤적은 꽤 달라졌을 수도 있다. 영어가 당기는 중력과 같은 힘을 약화시키기를 바라며, 퀘벡 정부는 1977년에 새로운 이민자 자녀들이 영어 학교에 다니는 것을 금지하는 법안을 통과시켰다. 그때는 오빠, 언니와 내가 이미 영어 학교에 다니고 있었기 때문에 그 법이 우리에게는 적용되지 않았다. 내 동생들은 우리 뒤를 따르도록 허락되었는데, 하나의 이민 가족 안에서 두 개의 언어로 학습하는 게 말이 되지 않는다는 자비로운 논리 덕분이었다. 1976년에 르네 레베스크가 이끄는 민족주의 퀘벡당Parti Québécois, PQ이 선거에서 압승을 거두고 제일 먼저 채택한 법안으로서 '101호 법Bill 101'이라 불리는 일련의 언어 법들이 1977년에 시행되었다. 이 법들은 프랑스어가 퀘벡 지방의 정부와 법정의 유일한 공식 언어라고 선언하고, 또한 매일 사용하는 공공 생활의 언어로서의 위치를 확고히 했다. 프랑스어 사용자들은 프랑스어로 광범위한 서비스를 받을 권리를 보장받았고(영어는 그런 보장이 없었다), 직장에서 프랑스어로 말할 수 있는 권리를 얻었으며, 프랑스어만 한다고 해고되거나 강등될 수 없었다(영어만 하는 사람에게는 이런 조항이 없었다). 손님들은 프랑스어로 안내를 받는 것이 당연하고 모든 옥외 표지판이 프랑스어로 표기되도록 했다. 이 마지막 조항은 나중에 수정되었는데, 간판에 다른 언어를 써도 되지만 글자 크기가 프랑스어 글자의 절반 이하여야 했다.

하룻밤 사이에 프랑스어가 퀘벡 사람들의 꿈으로 밀치고 들어왔다. 단단한 프랑스어 실력이 없이는 더 이상 매끄러운 생활이 불가능했다. 101호 법의 결과로 영어를 사용하던 수만 명의 사람들과 많은 사업체, 그리고 자녀를 영어로 교육시키고 싶었던 많은 이민자들이 퀘벡을 떠나 캐나다의 다른 지역으로 갔고, 캐나다의 경제적 무게중심이 몬트리올에서 토론토로 기울었다. 퀘벡 안팎의 영자 신문들이 언어 표기를 놓고 상점 주인들과 퀘벡의 '언어 정책'이 벌이는 충돌을 기사화했다.

그럼에도, 많은 언어 정책 전문가들은 101호 법을 칭찬한다. 그들은 이런 개혁이 없었다면 퀘벡은 레베스크의 민족주의 정당의 추진력에 의해 캐나다 다른 지역으로부터 분리되었거나, 결국 프랑스어 유산이 영어라는 물살에 집어 삼켜진 캐나다 버전의 미국 루이지애나가 되었을 것이라고 주장한다. 전문가들은 언어적인 풍경을 이루는 광고와 간판도 경쟁 언어들에 대한 사람들의 태도와 선택에 영향을 미친다고 말한다. 그것들은 절대로 있으나 마나 하는 제스처가 아니며, 경쟁 언어들의 지위를 눈에 보이게 체화하여 각 언어가 누리는 상징적 이득을 만천하에 알리는 역할을 한다.

1997년에 캐나다 여러 지방의 프랑스어 사용 고등학교를 대상으로 설문 조사를 했다. 그 결과 프랑스어로 된 거리 표지판, 홍보 전단지, 정부 안내문 등의 노출 정도가, 학생들을 둘러싼 환경에서 프랑스어가 어떤 지위를 차지하는지에 대한 인식에 극적인 영향을 미친다는 사실을 밝혔다. 이것은 또한 자기가 얼마나 자주 프랑스어를 사용하는지에 대한 답변에 미묘하지만 주목할 만한 영향을 미쳤다.[58] 다른 곳에서도 비슷한 현상이 관찰되었다. 미국 캘리포니아에 있는 스페인어 사용 학교를 대상으로 한 2005년 연구에서 참가자들은 녹음된 목소리를 듣고 목소리와 연결되는 성격을 상상하는 고전적 실험에 참여했다. 이 연구 결과는 학생들이 미디어와 물리적 환경에서 스페인어를 많이 접할수록 표준 영어를 스페인어 억양의 언어보다 긍정적으로 평가

하는 경향이 더 적음을 보여주었다.[59]

쿼벡의 인구조사를 보면, 101호 법이 쿼벡 지방의 영어 쏠림을 멈추고 방향을 역전시켰음이 확연히 드러난다.[60] 1972년과 2011년 사이에 영어를 모국어로 쓰는 사람의 수는 전체 쿼벡 주민의 13퍼센트에서 8퍼센트로 줄었다. 프랑스어가 모국어인 사람의 비율은 80퍼센트에서 79퍼센트로 약간 떨어지면서 거의 같은 수준을 유지했는데, 이는 다른 언어를 쓰는 이민자들이 더 많이 유입되었기 때문이다. 하지만 가장 극적인 사실은, 모국어가 프랑스어가 아닌 쿼벡 주민의 언어 선택이다. 우리 가족이 정착하고 오빠가 학교를 다니기 시작한 지 1년 후인 1972년에는 알로폰*으로 불리는 아이들의 85퍼센트가 우리가 그랬던 것처럼 영어 학교에 다녔다. 그러나 2012년에는 알로폰 학생의 81퍼센트 이상이 **프랑스어** 학교를 다녔고, 나머지 영어 학교를 다닐 자격이 되는 학생들은 부모 중 한 명, 또는 부모 모두가 영어로 교육을 받은 이들이었다. 아이들을 영어 학교로 보낼 수 있는 많은 앙글로폰** 가족들도 프랑스어를 모를 때 수반되는 경제·사회적 불이익을 알기 때문에 자녀를 위해 프랑스어 학교를 선택한다. 그런 앙글로폰이 1972년에는 9퍼센트에 불과했는데, 2012년에는 26퍼센트가 되었다. 그리고 자녀를 영어 학교에 보내더라도 앙글로폰 부모들 대부분이 학교에서 영어 수업과 함께 진행되는 프랑스어 이머전 수업에 아이들을 참여시킨다. 몇 십 년 전만 해도 적은 인구 수에도 불구하고 편안하게 영어 단일언어 사용자로 남을 수 있었던 앙글로폰이 이제는 압도적으로 이중언어 사용자가 되었으며, 이전에 프랑코폰***보다 높았던 소득의 혜택도 사라졌다. 영어만을 사용하는 적은 수의 사람들(전체 인구의 5퍼센트 미만)은 지역에 남아 있는 나이 든 앙글로폰들과 아직 프랑스어를 배울 기회가 없었던 새로 온 사람들뿐이다.

이런 통계들은 마치 쿼벡에서 언어의 권력이 완전히 이양되었다는 인상

---

*   Allophone. 모국어가 영어도 프랑스어도 아닌 사람.

**   Anglophone. 캐나다에서 영어가 모국어인 사람.

***   Francophone. 캐나다에서 프랑스어가 모국어인 사람.

을 준다. 그러나 자세히 들여다보면, 극적이고 때로는 상처가 되는 언어 정책 개헌을 마주하면서도 영어는 자신의 상징적 힘을 그렇게 쉽게 포기하지 않는다. 프랑코폰들은 아직도 영어에 끌리며, 어쩌면 그 끌림이 어느 때보다 강하다. 프랑스어만을 사용하는 프랑코폰 대부분이 몬트리올 밖에 거주하면서, 그들의 영어 능숙도는 1991년 42퍼센트에서 2011년에는 48퍼센트로 수준이 올랐다. 특히 젊은 프랑코폰들이 영어에 이끌린다. 영어로 공부하는 초등학교와 중·고등학교를 다니는 것이 금지되었음에도 프랑스어가 모국어인 학생들의 약 3분의 1이 영어 사용 대학으로의 진학을 선택한다. 그리고 앙글로폰은 거의 모두가 영어 사용 대학을 선택한다. 압도적으로 많은 이민자 가족들이 자녀를 프랑스어 사용 학교에 보내기는 하지만, 그들은 프랑스어에 더해서 영어도 충분히 배울 만한 가치가 있다고 여겨 영어를 자신들의 **제3외국어**로 만든다. 그 결과 몬트리올은 북아메리카에서 3개 국어를 하는 사람이 가장 많은 도시가 되었다.

아마도 가장 놀라운 것은, 선망받는 언어를 단상에서 몰아내기가 얼마나 어려운지 그리고 권력 관계가 변한 뒤에도 언어에 대한 태도가 얼마나 끈질긴지를 보여준 연구 결과다. 이 연구는 같은 사람이 영어와 프랑스어를 각각 녹음하게 했던 고전적인 램버트의 1960년 실험을 2007년에 재연하여, 이 언어들에 대한 사람들의 태도를 다시 살펴보았다. 그 결과 모든 언어 집단, 즉 앙글로폰, 프랑코폰, 또는 알로폰에 속하는 몬트리올 학생들이 10개의 평가 항목에서 아직도 영어 목소리를 더 좋게 평가했다.[61] 101호 법이 발효된 지 30년이 지났고 프랑스어가 관청과 사업체에 굳건하게 자리 잡았음에도 이 학생들은 여전히 영어 목소리 사용자가 더 지적이고 포부가 크며, 교육을 더 받았고, 더 나은 지도자이자 신뢰할 수 있는 사람이며, 친절하고 따뜻하며 호감이 가고 사회성이 좋을 것이라고 평가했다. 게다가 같은 사람이 프랑스어로 말했던 목소리보다도 영어로 말하는 목소리의 유머 감각을 더 높게 평가했다.

퀘벡에서 영어와 프랑스어 사이에 존재하는 상징적 힘의 불균형을 떨쳐버리기가 이렇게 어렵다면, 미국에서 스페인어가 영어를 대신하는 것이 어떻게 가능하겠는가? 또한 퀘벡에서 프랑스어처럼 강력한 언어를 지탱하고, 프랑스어가 북아메리카 영어의 바다에 수장되지 않도록 이렇게 많은 법률, 사회 기반, 노력이 요구된다면 나바호족Navajo의 말이나 틀링기트Tlingit 말, 혹은 스토니 나코다 말처럼 더 작고 힘없는 언어들에게 무슨 희망이 있겠는가? 그들을 둘러싼 세상에서의 성공이 영어로만 말할 때 이런 언어들이, 다른 것은 고사하고, 생존이나마 꿈꾸려면 어떻게 해야 할까?

서로 다른 이야기를 지니는 이민자들

나는 인생에서의 우연성을 민감하게 인식하고 있으며, 삶이 어떻게 펼쳐지는지에 대해서는 아무것도 장담할 수 없다고 생각한다. 많은 이민자들이 그랬듯이, 격동의 역사가 어떻게 삶을 송두리째 흔들 수 있는지 직접 보았기 때문이다. 삶은 개인적 선택과 외적인 구속 사이의 셈이며, 얼마든지 다양한 방식으로 변화할 수 있다. 나는 종종 살아본 적 없는 평행세계의 삶을 그려본다. 우리 부모님이 조국에서 도망치지 않고 정치적 탄압 아래 무릎을 꿇었다면, 혹은 대서양을 건너지 않고 빈이나 이탈리아에 정착했다면 어땠을까. 또한, 혼잡한 이중언어 도시 몬트리올 대신 아버지가 토지 측량사 직장을 제안받았던 래브라도 지방의 외딴 곳에서 부모님이 어린 가족들을 양육했다면 내 인생이 어땠을까. 그리고 나는 어떤 사람이 **되었을까**도 상상한다. 혹은 우리가 몬트리올에 몇 년 더 늦게 도착했더라면.

그런데, 요즘은 이민자 자녀들의 평행세계 속 삶도 급격히 확장되고 있다. 과거에는 이민자를 보기 힘들었던 곳까지 점점 더 많은 나라 사람들이 들어와서, 뉴욕이나 런던, 몬트리올과 같은 대도시뿐 아니라 많은 서구 국가들의 도시 근교나 지방 도시에 정착한다. 그리고 평행세계 속 삶의 여러 갈래 중 몇 개를 서로 교차시키거나 심지어 함께 꼬아 엮는 사람들도 많다. 전쟁이나 경제적 제약, 법적인 서류 문제로 고국에 돌아가지 못하는 사람도 많이 있지만, 많은 사람들이 내가 어렸을 때는 상상하지 못했던 빈도로 고향을 왕래한다.

그리고 이민자들은 정착한 나라를 자기가 '선택한 고향'이 아닌 일시적인 거주지로 보면서 그곳에서 끝까지 살겠다는 생각을 하지 않는 경우가 점점 늘고 있다. 이런 현상은 국경을 넘어 사는 것이 다른 곳보다 비교적 쉬운 유럽에서 더 많이 발견된다. 물리적으로 고국을 방문하지 않더라도 뉴스, 미디어, 온라인 커뮤니티 등 현대 기술을 통해 이민자들은 삶의 많은 측면에서 한 번에 하나 이상의 나라에 사는 것이 가능해졌다.

이런 발전은 많은 서구 사회 안에서 언어들 간의 역학을 다시 정립한다. 이민자들이 점점 서로 다른 이야기를 가지게 되는 것이다. 리처드 로드리게스와 내가 만약 지금 자라나는 이민자 자녀들이었다면, 우리는 공통점이 더 적었을 것이며, 스웨덴 대학 도시인 룬드에 잠시 머물며 강의하는 체코 학자의 아이와 나는 공통점이 더더구나 없었을 것이다. 한때 국가의 영혼이라 여겼던 공용어는 매우 다양한 언어들과 공간을 공유한다. 유럽은 새로운 다중언어 현실을 포용하여 아이들이 학교에서 모국어 이외에 하나가 아닌 두 개의 언어를 배울 것을 기대한다. 또한 유럽 언어들은 점점 더 지식 경제의 공용어가 되고 있는 영어에 귀중한 지적 영토를 내어주어야만 했다. 그리고 유럽과 여타 지역의 많은 도시에서 소위 주류 언어의 원어민들이 오히려 소수가 되고, 뚜렷한 주류를 이루는 하나의 민족이나 언어 집단이 없는 경우가 많아지고 있다.

이런 조건들은 한 사회 안에 섞여 있는 다양한 언어 사이의 균형에 극적인 변화가 무르익었음을 보여준다. 주류가 아닌 언어로 사람들을 끌어당기는 사회·경제적 인센티브도 달라지고 있다. 미래의 이민자 2세대, 3세대가 어느 언어로 말할지 혹은 말하지 않을지 확신을 가지고 예측하기는 아직 이르지만, 하나의 비주류 언어가 탄력을 받고 있는 도시에서 일어나는 일을 관찰하는 것은 특히 흥미로울 것이다. 밴쿠버가 바로 이런 경우다. 중국어의 국제적 중요성과 위상이 높아지는 시기에 밴쿠버 현재 인구의 약 5분의 1이 중국계이다.

그러나 한 세대 이전에 살았던 사람들이 알아보지 못할 만큼 오늘날 도시의 모습과 소리가 달라졌더라도, 주류 언어에는 수적 우위 이상으로 지속되는 집요함이 있다고 주장하는 연구자들이 있다. 퀘벡에서 영어의 지위가 여전히 유지되고 있는 것을 보면 일리가 있는 주장이다. 사회언어학자 아이 미즈타는 밴쿠버에서 중국어가 부상한다는 호들갑 저변에는 영어를 유일한 주류 언어로 승격시키려는 굳건한 믿음이 자리하고 있다고 말한다. 미즈타는 2011년에 밴쿠버 교육위원회가 표준 중국어-영어 이중언어 프로그램을 시작했지만, 이중언어 프로그램에 들어가면 아이들이 영어를 충분히 습득하지 못할 수 있다는 논리 아래 영어가 제1언어인 아이들에게만 이 프로그램 입학을 허락한 결정을 예로 든다. 이것은 영어를 필수 언어로 암시할 뿐 아니라, 최근에 캐나다로 이주한 뒤 아이들에게 계속 중국어로 말하는 부모의 자녀들, **특히** 개인적으로나 문화적으로 자식의 중국어 능력 유지에 특별히 관심을 쏟는 사람들의 자녀를 압박하는 결과를 초래했다. 그녀 자신이 일본계인 미즈타는 굳건하게 자기 모국어를 사용하며 딸들을 키웠지만, 공공장소에서 아이들에게 일본어로 말하는 것을 꺼리게 만드는 미묘한 압력에 대해 이야기한다. "내가 다르다는 것뿐 아니라, 나의 다름이 주위 캐나다 태생 사람들에게 어떻게 보일지를 의식하게 된다. 사람들이 우리가 영어를 전혀 모르는 이민자라고 생각하지 않기를 바란다"라고 그녀는 적는다. 일본어, 한국어 또는 중국어로 말하는 외국 학생 무리가 있는 상점에 가면 특히 영어 사용을 의식한다. "더 큰 소리로 영어를 하며 나는 '저들'과 다르다는 것을 보여준다. 마침 재활용 장바구니를 들고 있다면 금상첨화다. 내 아이들에게 영어로 말할 뿐 아니라 밴쿠버 시민다운 환경 의식도 갖추었음을 보여줄 수 있기 때문이다."[62] 또한, 그녀의 딸이 모두가 갈망하고 전 세계에서 학생들이 모여드는 밴쿠버에서 가장 좋은 학교 중 하나에 입학할 때, 우아하고 현대적인 건물 입구에는 '이 학교에서는 영어를 사용합니다'라는 문구가 그녀를 반겼다.[63]

　미국에서는 마이애미만큼 영어의 패권에 도전할 수 있는 도시가 없다. 스페인어 사용자들이 많은 도시들도 있지만, 마이애미의 상업이나 미디어 공간에서 스페인어의 존재감은 남다르다. 이곳은 1960년대 초반 수많은 쿠바인이 카스트로 정권으로부터 도망쳐 나왔을 때, 스페인어 사용자를 많이 받았던 첫 번째 도시였다. 미국의 다른 지역에서는 보통 스페인어 사용 이민자들이 교육이나 재정적 측면에서 적은 자원을 가지고 정착하는 것과 달리, 이곳 이민자 물결은 사회·경제적 범위 전체를 아울렀다. 카스트로의 통치가 오래가지 않을 것이라 믿은 이들은 고향으로 돌아갈 수 있을 때까지 미국에서의 생활을 유지하겠다는 생각으로 재빨리 학교, 사교클럽, 은행, 무역 조합을 갖춘 스페인어 커뮤니티를 만들었다. 이 커뮤니티들은 나중에 스페인어 사용 이민자의 물결을 위한 굳건한 토대가 되었다.[64]

1987년에 이르러서는 작가 조앤 디디온이 마이애미의 독특한 성격을 다음과 같이 관찰했다.

> 마이애미의 스페인어가 특이한 점은 그것이 자주 사용되어서가 아니라, 그것이 자주 들린다는 것이다. 예컨대, 로스앤젤레스에서 스페인어는 백인들에게는 잘 인식되지 않는 주변 소음의 일부분이며 세차장 잡부, 나무를 다듬는 일꾼, 음식점에서 탁자를 닦는 점원들이 쓰는 말이다. 마이애미에서는 스페인어가 자동차와 나무를 소유하는 사람들이 쓰는 말이며, 이는 사회청각socioauditory 측면에서 커다란 차이를 만든다. 뉴욕이나 로스앤젤레스에서 언어 때문에 고립감을 느끼거나 사회적 지위가 낮아졌다고 느끼는 사람들도 마이애미에서는 번창한다. 영어를 전혀 못 하는 사업가도 마이애미에서는 여전히 물건을 사고, 팔고, 협상하고, 대출하고, 채권을 발행할 수 있다. 그리고 원한다면 턱시도를 입고 일주일에 두 번 사교 행사에 참여할 수도 있다.[65]

2010년 인구조사에서 마이애미-데이드 카운티의 거의 3분의 2가 자신을 '히스패닉 또는 라티노'라고 밝혔고, 마이애미의 일부 지역에서는 이 비율이 95퍼센트에 이르렀다. 이 거주자들 대다수는 미국에서 태어나지 않은 사람들이었다.[66] 오늘날 마이애미는 국제적인 스페인어 중심지로 여겨지고, 이곳의 은행 구역은 '라틴아메리카의 월스트리트'라고 불리며 아르헨티나, 컬럼비아,

베네수엘라의 투자자들을 끌어들이고 있다. 또한 미국 최대 스페인어 TV 네트워크인 유니비전Univision과 텔레문도Telemundo, 다수의 다국적 미디어 회사들의 본거지로서 '라틴아메리카의 할리우드'라는 명성도 얻고 있다.[67]

라틴아메리카 부모에게서 태어난 이민 2세대들은, 북아메리카에서 그 어떤 자녀들보다 자신들의 언어 유산을 유지할 가능성이 높은 것 같다. 그렇지만 현재 마이애미에서 자라는 젊은이들이 자신들의 스페인어 유산을 자손들에게 적극적으로 물려줄지는 분명하지 않다. 2006년에 발표된 한 연구에서 연구자들은 많은 스페인어 사용 가정이 자녀를 스페인어로 키우겠다는 의지를 보였지만, 현실적으로 집에서 쓰는 스페인어 양은 그들이 의도한 만큼 충분하지 못했음을 발견했다. 더군다나 최근에 미국에 정착한 사람들까지 포함한 젊은 이중언어 사용자들 사이에서의 대화는 종종 영어 한 가지만으로 방향을 틀었다.[68]

표면적으로는 다양성이 자주 눈에 띄지만, 잘 보이지 않는 곳에서는 아직도 언어와 문화를 지배적 집단으로 끌어당기는 물결이 있다. 어느 날 저녁, 내가 지인들과 함께 캘거리 시내 카페에서 친구의 밴드 연주를 구경하던 때가 생각난다. 친구의 연주가 끝난 뒤 새 밴드가 무대에 오르고 카페의 청중들이 젊은 층으로 바뀌었지만, 우리는 계속 앉아 이야기를 나누었다. 우리는 대화에 집중하느라(그날 미국 트럼프 대통령이 일부 외국인의 입국을 막는 여행 금지를 발표한 것에 대한 우려가 주제였다) 시간이 조금 흐른 뒤에야 주위를 둘러보고 새로 들어온 손님들을 살펴보았다. 그때 우리 중 한 명이 우리가 그곳에서 유일한 백인 손님이라고 말했고, 또 다른 친구는 그 사실을 깨닫는 데 시간이 걸렸다는 것은 이제는 모든 인종 사람들과 섞여 있는 게 너무 정상으로 느껴져서 알아채지 못할 정도가 되었음을 암시한다고 덧붙였다. 하지만 거기 앉아 또 다른 사실, 더 자연스럽게 느껴지는 사실을 알아채기까지는 더 오랜 시간이 걸렸다. 분명히 세계 모든 대륙의 후손일 이 시끄럽고 행복한 군중들 사이에서 들리는 언어는 오직 영어뿐이었다.

3장

*

이중성

꽁꽁 싸맨 산책길. 나(오른쪽에서 두 번째)와 어머니, 형제자매들은 아리지만 아름다운 몬트리올의 겨울을 사랑하게 되었다.

자아 분리 클럽

내가 두 개의 시각을 가지고 있다는 것, 다시 말해 내가 체코와 캐나다 문화 사이에서 관점을 바꿀 수 있음을 처음으로 인식했던 때를 기억한다. 그때 나는 아홉 살이었고 부활절 기간이었다. 체코에는 기원을 알 수 없는 아주 특이한 부활절 전통이 있다. 어른 남자와 소년들이 버드나무 가지를 꼬아 채찍을 만들어서 부활절 주간 월요일에 만나는 모든 어른 여자와 소녀들을 (보통은 가볍게!) 채찍질하는 것이다. 그 답례로 여자아이들은 색칠한 달걀을 남자아이들에게 준다. 만약 채찍을 휘두르는 남성에게 특별하게 호감이 있는 여성은 그의 채찍 끝을 리본으로 장식해 준다. 일부 마을에서는 남성들이 양동이 가득 찬물을 담아 그것을 여자들에게 붓기도 한다. 이런 대우가 여성의 젊음과 아름다움을 보존한다고 여겨진다.

외부인이 보기에 이 전통에는 남성 지배와 여성 복종의 상징성이 적나라하게 드러나 있다. **어떻게** 그것이 안 보일 수 있겠는가? 그러나 인간이 스스로의 맥박을 느끼지 못하는 것처럼, 나와 가족들에게 이 전통은 너무 익숙해서 그것의 상징이 보이지 않았다. 그것은 단순히 생활 리듬의 일부분으로, 식사를 준비하거나 채소를 수확하는 것과 비슷했다. 하지만 내가 아홉 살이 되었을 때, 아버지가 평소처럼 버드나무 채찍을 만든 뒤 어떻게 세 딸의 강력한 거부에 부딪혔는지가 또렷하게 기억난다. "아빠, 우리는 그거 더 이상 하지 않을래요." 그 전통 뒤에 숨은 의미를 보는 시각의 변화를 말로 표현하기에는 그때 나는 너무 어렸다. 다만 캐나다에서 몇 년을 살고 난 뒤 나와 여자 형제들은 정상적 남녀 관계의 본질에 대해 서서히 다른 느낌을 갖기 시작했다. 우리가 아는 것은, 이전에는 크리스마스에 선물을 여는 것만큼 자연스럽게 느꼈던 부활절 전통이 이제는 매우 이상하게 느껴진다는 사실이었다. 움츠러든 아버지는 채찍을 치워버렸다.

많은 세월이 흐른 뒤, 아버지가 돌아가시고 내가 고향 친척들을 방문했을 때가 마침 부활절 기간이었다. 그때 나는 다른 관점에 부딪혔다. 채찍질 의례를 보고서 여자 사촌에게 이 관습에 대한 나의 성인다운 분석을 들려주자, 그녀는 미간을 찌푸리고 이해할 수 없다는 듯 반응했다. 그리고 내가 프로이트를 너무 많이 읽는 거 아니냐며 웃었다. 그렇다면 이 전통을 설명해 보라고 하자 그녀는 대답했다. "설명할 게 뭐 있어? 그냥 재미있는 관습이야." 그녀는 덧붙여, 실제로 옛날에는 도가 지나친 남자아이들이 있어서, 나이 든 여자 중에는 어렸을 때 부활절에 허벅지나 종아리에 빨갛게 회초리 자국이 났던 걸 기억하는 사람이 있다고 했다. 그러나 요즘에는 여성을 존중하고 조심스러운 태도로 관습을 행한다며, 재미있는 관습이라고 다시 강조했다. 나는 이 사촌이 자기 집에서 손님을 맞을 때, 현관에서 뒤돌아서서 남자 손님들이 버드나무 채찍으로 자신의 엉덩이를 가볍게 치도록 하는 것을 목격했다. 그날 오후 다른 사촌 집을 방문했을 때 나는 이전에 한 번도 만난 적 없던 그녀의 십대 아들 세 명 모두에게서 비슷하게 부드러운 회초리질을 당했다. 그런데 그 아이들은 '채찍질' 전과 후에 모두 나를 ty가 아닌 vy로 부르며 공손함을 표현했다.

아직도 내게는 이 관습이 이상하게 느껴진다. 하지만 이것이 — 아마 체코인이 아니면 이해하기 힘들 수 있지만 — 약간의 축제 분위기를 만드는 것 같고, 괴상하면 할수록 더욱 그렇다. 아버지 고향을 방문하는 동안 나는 이런 오락가락하는 관점의 흔들림이 어떻게 내 인생을 규정해 왔는지, 그리고 보이지 않고 의식되지 않던 것이 다른 각도에서 보면 어떻게 이상하고, 심지어 정도를 벗어나 보일 수 있는지를 끊임없이 생각해야 했다. 평범한 무언가가 어떻게 갑자기 눈에 들어오고 그것에 대한 설명을 요구하는지도. 나는 체코 사람에서 북아메리카 사람으로, 그리고 다시 체코 사람으로 돌아가는 관점의 변화를 인식하게 되었다. 그리고 얼마 뒤에는 내 의지로 관점을 뒤집는 게 가능해졌다.

나만 그런 것이 절대 아니다. 한 세상에서 태어났으나 지금은 다른 세상 기슭에 발을 디디고 사는 우리 같은 이들에게 종종 섬광처럼 지나가는 인식이 있다. 각자의 의식에서 교차되는 세상이 무엇이든 상관없이, '양다리를 걸친 상태' 혹은 '분할된 관점'보다 우리를 더 잘 정의하는 것이 있을까? 이런 사람들, 다시 말해서 이민자, 소수자, 그 밖에 부적응자들이 속한 '클럽'의 한 사람으로서 나는 비엣 타인 응우옌의 소설 『동조자』에 등장하는 베트남계 미국인 주인공이 우리 중 하나라는 사실을 소설 첫 문장부터 알아보았다.

나는 스파이, 고정간첩, CIA 비밀 요원, 두 얼굴의 남자입니다. 아마 그리 놀랄 일도 아니겠지만, 두 마음의 남자이기도 합니다. 만화책이나 공포 영화에 흔히 나오는, 편견에 시달리는 돌연변이 괴물은 아닙니다. 어떤 이들은 나를 그런 존재로 취급하기도 했지만 말입니다. 나는 그저 모든 문제를 양면의 관점에서 생각해 볼 수 있을 따름입니다. 이것이 일종의 재능이라고 자부하기도 합니다. 대수롭지 않은 특징이라는 점은 인정합니다만, 이거야말로 내가 내세울 수 있는 유일한 재능일 테니까요. 그러다 가끔 왜 내가 세상을 이런 식으로밖에 볼 수 없는지 곰곰이 생각할 때면, 이걸 과연 재능이라고 부를 만한가 자문해 보기도 합니다. 어쨌든, 재능이란 사람이 사용하는 어떤 특성이지, 사람을 사용하는 기술은 아니니 말입니다.[1]

응우옌은 이 이중성을 중심으로 소설 전체를 구성한다. 양분된 성질이 곧 주인공의 영혼이다. 응우옌은 주인공을 베트남 여성과 프랑스 신부가 결합한 결과라고 상정한다. 그는 베트남에서 자랐지만 미국에 있는 대학에 간다. 그는 남베트남에 숨어 들어간 북베트남 스파이가 되지만 자기가 염탐하는 장군과 군인들에 대해 깊은 애정을 품는다. 사이공이 함락되기 직전 그는 베트남을 탈출하여 로스앤젤레스에 살면서 베트남전쟁에 대한 할리우드 영화 제작에 베트남 사람의 관점을 제공하는 컨설턴트가 된다. 소설의 클라이맥스도, 주인공이 마침내 모호한 문장의 숨은 의미를 파악하는 이중의 관점에 의해 좌우된다.

응우옌과 그가 만든 두 얼굴의 주인공과 함께 또 다른 '자아 분리 클럽' 회원으로는, 폴란드를 떠난 망명자이며 『번역이 잃어버린』이라는 회고록을 쓴 에바 호프만이 있다. 호프만이 살아온 궤적은 으스스할 만큼 나와 비슷하다. 호프만은 청소년기에 가족과 함께 고향인 동유럽에서 캐나다로 도망쳤다. 나처럼 그녀도 미국에서 공부를 마쳤고 커리어를 시작했다. 이주 과정의 세세한 부분만큼 내게 익숙한 것은 회고록 전반에서 그녀가 풀어내는 만성적인 복시* 현상이다. 다음 구절에서 그녀는 폴란드 자아와 북아메리카 자아가 그녀 인생의 중요한 결정에 영향을 미치려고 서로 다투는 모습을 묘사한다.

> 그와 결혼해야 할까? 영어로 질문한다.
> 응.
> 그와 결혼해야 할까? 질문이 폴란드어로 메아리친다.
> 아니.
> 하지만, 나는 그를 사랑해. 그와 사랑에 빠졌다고.
> 정말? 정말?[2]

---

* double vision, 複視. 의학적으로는 한 개의 물체가 둘로 보이거나 그림자가 생겨 이중으로 보이는 현상. 여기서는 어떤 현상이나 사건을 두 개 이상의 다른 관점에서 접근하는 특징을 말한다.

이와 같이, 그녀의 두 자아 사이에 실랑이가 이어진다. 북아메리카 목소리는 남자친구가 지닌 남편으로서의 적합한 특징을 곱씹고, 폴란드 목소리는 그녀가 그에게 "생물체로서의 따뜻함"을 느끼지 못한다고 주장하며, 반대 감정의 공존은 성숙함의 징표가 아니고 사랑에 곧 불만을 느낄 조짐이라고 경고한다. 뒤에서도, 이 대화 전체는 반복된다.

전문 피아노 연주자가 되어야 할까? 영어로 질문한다.
아니, 그러면 안 돼. 너는 할 수 없어.
전문 피아노 연주자가 되어야 할까? 질문이 폴란드어로 메아리친다.
응, 그래야 돼. 무슨 일이 있어도.
돈이 너무 많이 들 거야.
돈은 문제가 되지 않아. 음악이 네가 갈 길이야.
너무 극적으로 굴지 마. 그냥 나를 위해서, 즐기며 칠 수 있어.[3]

이런 대화는 수없이 이어진다.

언어에 따라 성격이 바뀐다고?

자신이 나뉘는 것을 경험하는 사람들은 에바 호프만처럼 분리된 자아가 서로 다른 언어에 닻을 내리고 있는 경우가 많다. 하나 이상의 언어로 말하는 사람 중 많은 이들은, 각각의 언어에서 자신이 약간 다른 사람이 되는 것 같다고 느낀다. 실제로 연구자들이 천 명이 넘는 이중언어 혹은 다중언어 사용자에게 이렇게 느끼냐고 물었더니, 3분의 2가 그렇다고 답했다.[4]

이 **느낌**이 흔하다고 해도, 눈에 보이는 무언가로 나타날 수 있을까? 이중언어 사용자들이 정말로 각각의 언어를 말할 때 다르게 행동하거나 반응하고, 다른 사람들에게도 그들이 어떤 말로 말하느냐에 따라 다르게 보일까? 만약 그렇다면, 쪼개진 자아의 중심에는 무엇이 도사리고 있을까?

많은 이중언어 사용자는 언어를 또 다른 존재로 들어가는 통로라고 생각한다. 그들은 각각의 언어가 서로 다른 가치, 행동, 정서 체계 안에 깊게 파묻혀 있다고 느끼는데, 이 체계들은 자아보다 논리적이고 크지만 어느 정도 내면화가 되어 있다. 이것이 사실이라면, 많은 질문이 생긴다. 언어에 내재하는 무언가가 그 사용자들을 차이 나는 세계관으로 은근히 유도하여 그들의 성격이나 의견 형성에 영향을 주는가? 아니면, 언어가 단순히 그것을 말하는 사람들에게 전해 내려온 모든 교훈과 태도를 담는 그릇일 뿐인가? 또는, 언어와 사람의 존재 방식 사이의 연관성은 약간의 허상이고, 사람들이 다른 말을 할 때 다르게 행동하는 이유는 그저 두 언어 집단의 관습과 사회 규범에 차이가 있기 때문이 아닐까? 그럴 경우, 언어와 자의식의 관계는 거의 우연이라 할 수 있다. 결국 사용하는 언어에 상관없이 우리는 자기 주변 사람들의 규범과 기대를 따라하고 반영하는 게 당연하기 때문이다. 단일언어 사용자도 자신의 사회적 환경에 따라 매우 다른 자신을 발견할 수 있다. 어떤 사람이 직장에서는 고집이 센 냉랭한 동료이지만, 가족 모임에서는 애정을 아낌없이 표현하는 사람일 수 있다.

이중언어 사용자들이 겪는 이런 수수께끼 같은 경험을 탐색하는 첫 걸음은 언어와 삶의 방식이 실제로 유의미하고 필연적인 관련이 있는지를 확실히 하는 일이다. 이런 질문에 관심 있는 심리학자들에게는, 이중언어 사용자들을 사회적 환경에서 떼어내어 조금 더 중립적인 배경에 놓고, 각각의 언어를 말할 때 행동 자체가 변하는지를 보는 것이 중요하다. 수전 어빈-트립은 1954년에 그런 실험을 최초로 수행한 심리학자다. 이중언어 피험자들이 각각의 언어에서 다른 모습을 보이는지가 궁금했던 그녀는, 사람들이 정신분석가 진료실에서 만날 법한 종류의 검사를 피험자에게 제시했다. 일본어-영어 이중언어 사용자에게 주제통각검사Thematic Apperception Test, TAT를 실시한 것이다. TAT는 모호한 상황에 처한 사람들이 그려진 카드를 참가자에게 보여주고, 이 장면에 있는 사람들에게 무슨 일이 일어나고 있는지 이야기를 만들어 보라고 요청하는 검사다. 잘 알려진 투영 검사법인 로르샤흐 검사Rorschach inkblot test처럼 TAT는 내담자의 내적 감정과 생각을 향한 창문을 열어준다. 참가자들이 일본어로 말할 때 만들어낸 이야기는 멜로드라마였다. 사람들은 미치도록 슬퍼하거나 잃어버린 사랑에 흐느꼈다. 같은 이미지를 보고 영어로 지어낸 이야기는 사기꾼 같은 최면술사 혹은 소녀가 바느질 작품을 완성하려는 노력 등처럼 덜 감정적이었다. 일본어와 관련된 이야기들은 가족, 연인 관계, 사랑, 배신, 상실이라는 주제에 머무는 경향이 있었다. 그러나 더 냉철한 영어 이야기들에 인간관계가 등장한다면 그것들은 덜 친밀한 관계였다. 프랑스어-영어 이중언어 사용자에게 실행한 비슷한 검사도 참가자들이 무슨 언어로 응답했느냐에 따라 이야기 주제가 달랐다. 프랑스어로 만든 이야기 속 인물들은 서로에게 공격적으로 말하거나 의견 불일치 뒤에는 누군가로부터 도망을 쳤다.[5]

　이런 초기 연구 이후에 일부 심리학자들은, 각 언어를 사용할 때 자기 성격이 다르다는 이중언어 사용자들의 반복되는 주장을 그대로 받아들여 그들에게 표준적 성격검사를 실시했다. 이중언어자들이 검사를 할 때의 언어에 따라 다른 성격 특질을 보인다면 그것은 굉장히 주목할 만한 결과일 터였다. 왜냐하면 심리학자들은 성격이란, 적어도 이런 표준 검사로 측정되는 성격은 상당히 안정적이어서 맥락에 따라 변화가 크지 않을 것으로 대부분 생각하기 때문이다. 그러나 다양한 검사를 사용한 몇몇 연구의 결과를 보면, 우리는 이중언어 사용자들의 주장, 즉 언어에 따라 성격이 변한다는 주장을 받아들여야 할지도 모른다.

　그런 연구의 하나에서 연구자들은 성격5요인 검사Big Five Inventory라는, 지금은 성격 특질 측정에 널리 사용되는 검사를 선택했다. 이 검사는 우호성Agreeableness, 외향성Extraversion, 성실성Conscientiousness, 신경성Neuroticism, 개방성Openness to Experience이라고 부르는 5개 차원으로 항목들을 나눈다.[6] 이 검사의 장점은 서로 다른 문화를 아울러 안정된 성격 특질을 측정하는 데 적합하다는 점이다. 이 논문에서 저자들은 단순히 스페인어와 영어의 이중언어 사용자들이 분리된 자아를 가지고 있는지, 즉 어떤 언어로 검사를 하느냐에 따라 다르게 반응하는지를 규정하는 것 이상을 밝히기를 원했다. 이들은 그 분리된 자아들이 멕시코에 살고 있는 스페인어 단일 사용자의 성격과 닮았는지, 미국에 거주하며 영어만을 말하는 사람의 성격과 닮았는지를 알고 싶었다. 이중언어 사용자가 스페인어로 자신을 묘사하는 방식이 평균적인 멕시코 사람이 자신을 묘사하는 방식과 같은가? 마찬가지로 그들의 영어 사용 성격이 전형적인 미국인 모습과 가깝게 겹쳐지는가?

텍사스, 샌프란시스코, 멕시코에 사는 각기 다른 세 개의 스페인어-영어 이중언어 사용자 집단을 대상으로 진행한 연구는, 언어가 이들을 서로 다른 문화 쪽으로 끌어당김을 확인했다. 단일언어 사용 멕시코인은 단일언어 사용 미국인보다 우호성(친화성), 외향성, 성실성 차원에서 낮은 점수를 보이고 신경성 차원에서는 점수가 높았다. 이 양상이 이중언어 사용자의 답변에서도 그대로 반영되었다. 영어로 검사를 했을 때보다 스페인어로 검사했을 때 역시 우호성, 외향성, 성실성에서 낮은 점수를, 신경성에서 높은 점수를 보였다.

하지만 멕시코 사람들이(그리고 스페인어로 응답한 이중언어 사용자들이) 외향성과 우호성 특질에서 미국인(그리고 영어로 응답한 이중언어 사용자들)보다 낮은 점수를 보였다는 것은 우리가 가진 문화적 기대에 어긋나지 않는가? 멕시코 사람들은 대개 따뜻함, 사회성, 느긋한 본성으로 유명하지 않은가? 이중언어 사용자들이 각각의 언어에서 보이는 반응과, 단일언어를 말하는 멕시코인 또는 미국인의 반응이 비슷하다는 점은 이 연구를 통해 다시 확인되었지만, 두 집단의 문화적 차이에 대한 일반적인 생각과 전체적으로 배치되는 결과에 연구자들은 당황했다. 자세히 살펴보면, 외향성과 관계된 결과는 약간 이해할 만하다. 우리는 흔히 외향성을 혼자 있는 것보다 사회적 상호작용을 선호하는 것이라고 이해하는데, 이 검사에서 외향성 범주로 묶인 항목들은 주로 자기주장성과 활발한 사회 표현에 초점이 맞추어져 있기 때문이다. 그러나 우호성(친화성) 차원의 점수들은 설명하기 힘들다. 우호성 검사 항목들은 친절, 협동, 갈등 회피, 공손함 등을 탐색하며, 이것은 실제로 라틴아메리카에서 말하는 공감simpatía의 의미와 잘 맞는다.

이어진 연구에서 논문 저자들은 이 퍼즐의 답이 역설에 숨겨져 있다고 말했다. 라틴아메리카에서 공감의 중심 가치는 겸손함이다. 자기의 우호적 성향을 스스로 자랑하지 않아야 한다.[7] 실제로 공감이 문화적으로 매우 소중하기 때문에 자기가 친화적이고 같이 있기 편안한 사람이라고 **말하는** 것이 잘난 척으로 보일 수 있다. 그리고 정말로, 진실로 우호적인 사람에게 잘난 척은 절대로 있을 수 없는 특성이다. 따라서 '당신은 얼마나 친절한지 혹은 공손한지'를 물어 사람들이 직접 응답하게 만드는 시도는 이런 특질의 문화적 정의와 이것들이 라틴아메리카 사회에서 지니는 높은 가치 때문에 좌절될 수밖에 없다. 스페인어 사용자들이 영어 사용자들보다 우호성이 높은지를 파악하려면 실제로 이들이 타인과 상호작용하는 모습, 다시 말해서 그들이 친절하고 유쾌하며 협동적이고 공손한지를 보아야 하고, 더 나아가 양쪽 언어를 모두 하는 이중언어 사용자들이 각각의 언어에서 다르게 행동하는지를 보아야 한다고 저자들은 주장한다.

이것을 검증하기 위해 저자들은 텍사스에 살고 있는 스페인어-영어 이중언어 사용자들을 모집하여 두 개의 간단한 인터뷰(하나는 영어로, 다른 하나는 스페인어로) 상황을 녹화했다. 오직 언어 때문에 행동의 차이를 보이는지를 확인하고 싶어서 연구자들은 실험에 영향을 미칠 수 있는 가능한 한 모든 요소를 제거하려 노력했고, 따라서 실험이 약간 무균실에서의 사회적 상호작용처럼 되어버렸다. 실험 참가자들은 같은 방에 있는 살아 있는 사람과 인터뷰를 하는 게 아니라 영어나 스페인어로 미리 녹화된 영상 속 진행자의 질문에 답을 해야 했는데, 이 진행자들은 참가자들에게 선입견을 줄 수 있는 우발적 차이를 피하고자 가능한 한 중성적이고 감정 없이 말하도록 훈련을 받은 사람들이었다. 참가자들의 반응도 녹화되어, 각각 멕시코 사람과 텍사스 사람으로 구성된 두 집단의 판정관이 참가자들의 성격을 성격5요인 검사의 '우호성'에 해당하는 항목을 사용하여 평가했다. 특정 언어나 방언에 따라 사람들이 그 말을 하는 사람의 성격을 다르게 평가한다고 알려져 있기 때문에 참가자 영상은 묵음으로 제시되었고, 판정단들은 비언어적 단서만으로 참가자의 성격을 가늠해야 했다.

말하는 사람의 성격에 대해 결론을 내리기에는 판정단이 가진 정보에 분명히 한계가 있었다. 그러나 판정단들 아무도 영상 속 참가자의 말이 두 종류였음을 알아채지 못했기 때문에, 실험에서 언어와 관련된 편견을 제거하는 전략에는 성공한 듯 보인다. 인터뷰가 스페인어로 진행된 것도, 영어로 진행된 것도 있다고 들은 뒤에도 판정단들은 영상만으로는 그 둘을 구별하지 못했다. 실험적 절차에 부과된 온갖 제약에도 불구하고 판정단들은 상당히 일관성을 보이며 실제로 인터뷰가 진행되었던 언어에 따른 행동의 차이를 찾아냈다. 영어로 된 성격5요인 검사를 할 때보다 스페인어로 할 때 자신의 우호성을 낮게 평가했던 이중언어 사용자들이 스페인어로 인터뷰를 하는 영상에서는 더 우호적이라고 평가받은 것이다.

어떤 사람의 태도에서 친화적 성격을 감지할 수 있다는 발상이 그렇게 황당한 것만은 아니다. 최근에 여러 대륙에 흩어져 사는 내 친척들이 모인 적이 있었다. 거기서 체코에 사는 사촌 하나가 자신은 친척들을 보기만 해도 즉시 캐나다에서 온 사람을 구별할 수 있다고 주장했다. 그에 따르면 캐나다 사람들은 더 다정한 얼굴이라고 했다. 나는 그를 믿는다. 체코 공무원이나 상점 직원과 소통한 적이 있는 사람이라면, 그들과 한마디 말을 나누기도 전에 체코에서는 우호성이 높이 평가되는 특질이 아님을 이미 눈치챘을 것이다. 하지만 캐나다에서는 우호성을 소중하게 생각한다.

그럼에도, 편견을 박박 긁어낸 실험 절차가 이중언어 생활의 풍성하고 미묘한 현실을 대변하기에는 부족하다는 반론이 있을 수 있다. 인간의 상호작용을 탐구하는 연구자들은 항상 대립되는 과학적 가치 사이에서 고민한다. 어떤 행동의 원인을 떼어내기 위해서는 그들이 고안하는 실험이 인위적이고 맥락이 없어야 한다. 중요한 변수를 통제하기 때문에 그들이 얻은 결과에는 자연스러움이 없고, 실험은 자신들이 궁극적으로 설명하려는 상호작용과 거의 닮지 않게 된다. 따라서 스페인어-영어 이중언어 사용자 검사와 같이 잘 통제된 실험에서 생성된 결과가, 덜 멸균되었더라도 상호작용이 가능한 연구에서 반복되고 더 정교해진다면 도움이 될 것이다. 그런 사례 중 하나로, 미셸 코벤은 멕시코인-미국인 사이의 우호성을 측정한 연구와는 거의 극과 극인 실험을 고안했다. 이전 연구가 사회적 성질을 거의 벗겨버린 상호작용을 사용했다면, 코벤은 의도적으로 자신의 연구를 최대한 자연스럽고 사회적으로 풍부한 맥락으로 만들었다. 낯선 사람이 전혀 개인적이지 않은 질문을 영상에서 던지는 인터뷰 대신, 코벤은 프랑스어-포르투갈어를 사용하는 이중언어자가, 역시 이중언어 사용자인 동료들에게 개인적인 이야기를 처음에는 한 언어로, 그리고 다시 다른 언어로 말하게 했다. 그러고는 표준 성격검사에 의존하는 대신 각 언어를 사용할 때의 언어적 선택을 자세하게 분석했고, 참가자들을 모르는 이중언어 사용 판정단들이 포르투갈어와 프랑스어 장면을 보고 말하는 사람의 성격적 윤곽을 잡아보라고 했다. 이 방법은 이전의 연구보다 편견에 오염될 여지가 많고 결과에 대해 여러 가지 설명도 가능하겠지만, 이중언어 사람들이 각각의 언어로 자신을 어떻게 표현하는지에 대해서는 더 사실에 가깝고 미묘한 차이까지 담고 있다.

코벤은 참가자들이 같은 이야기를 어떻게 프랑스어와 포르투갈어로 말하는지 그 사이에서 극명한 차이를 포착했다. 예를 들면, 한 젊은 여성은 포르투갈 공무원과 겪었던 불만스러운 경험에 대해 이야기했다. 그녀가 포트투갈어로 말할 때는 이 직원을 상당히 중립적인 단어로 묘사하고, 직원의 말을 그대로 반복하기보다 간접적으로 그 사람이 무슨 말을 했는지 전했다. 그러나 프랑스어로는 같은 사람에 대한 멸시를 표현하는 데 주저함이 없고, 과장된 목소리와 애니메이션 같은 태도로 직원의 말을 그대로 흉내 내며 그 사람을 터무니없이 몰상식한 사람으로 그렸다. 판정단들은 이 두 이야기가 매우 다르다고 여겼고, 같은 사람의 이야기란 것이 믿기 힘들다고 논평했다. 판정단들은 참가자가 포르투갈어로 말할 때는 그녀를 융통성 없고 비협조적인 행정 직원을 상대해야 했던, 공손하고 차분하며 상대방을 존중하는 사람으로 보았다. 하지만 프랑스어로 말할 때는 그녀를 화가 많고 공격적이며 저속하고 감정이 불안정한 사람으로, 그러나 동시에 더 역동적이고 재미있는 사람으로 보았다. 또 다른 참가자는 피부색이 어두운 소년이 억지로 키스하려는 것을 피하던 이야기를 했는데, 그녀가 포르투갈어로 말할 때는 약간 인종차별적이며 여자다움이라는 전통 가치에 사로잡힌 것으로 평가되었다. 하지만 프랑스어로 말할 때 그녀는 성적 합의라는 현대적 개념을 고수하고 격앙된 상황에서 자신을 명확하게 표현할 줄 아는, 생각이 열리고 자기주장이 확실한 여성으로 묘사되었다. 참가자들은 분명히 각각의 언어에서 매우 다른 성격을 드러낸 것이다.

그 순간에 쓰는 언어에 따라 사람들의 행동과 선택이 다른 방향으로 틀어짐을 보여주는 실험들은 특별히 흥미롭다. 그런 재미있는 연구 중 하나는 네덜란드에서 이중언어 사용자들에게 수행한, 변형된 형태의 '죄수의 딜레마 게임'이다.[8] 잘 알려진 대로 이 게임 참가자들은 협동과 배반 사이에서 행동을 선택해야 하는데, 이때 자신의 행동에 따른 결과 예측은 파트너가 협동 전략과 이기적이고 경쟁적인 전략 중 어느 것을 쓸 것으로 믿느냐에 달렸다. 이 게임의 원래 버전은, 참가자에게 자신이 파트너와 함께 범죄를 저질렀을 때 다음과 같은 제안을 받았다고 상상해 보라고 요청한다. 참가자와 파트너가 서로의 선택을 모른 채 모두 자백을 하면 둘 다, 예를 들어 2년 형량을 선고받는다. 그러나 파트너가 자백을 하고 참가자가 범행을 부인하면 참가자는 풀려나지만 파트너가 5년 형량을 받는다. 반대로 참가자가 자백하고 파트너가 부인하면 참가자만 5년 형량을 받는다. 네덜란드 연구의 저자들은 경제경영학 교수들이었는데, 그들은 언어가 의사결정에 미치는 영향에 주로 관심을 가지고 그에 맞게 게임을 수정했다. 그들의 게임은 경영 상황이었다. 참가자와 파트너가 상품 가격을 높게 유지하는 협동 전략을 채택하면 가장 큰 이윤을 얻을 수 있지만, 참가자는 협력했으나 파트너가 싼 가격에 팔면 참가자의 이윤은 최저가 되는 구조다. 참가자의 절반은 영어로, 나머지 절반은 네덜란드어로 게임을 진행했다. 그 결과 영어가 참가자들을 조금 더 경쟁적인 전략 쪽으로 몰았음이, 즉 언어가 의사결정에 영향을 미쳤음이 드러났다. 다만 영어 사용 참가자들이 영어를 쓰는 나라에 적어도 3개월 이상 살았을 경우에만 그러했다. 이 점은 뒤에서 다시 논의하겠다. 참가자 중 네덜란드어로 게임을 한 사람들의 51퍼센트가 협동 전략을 구사한 반면, 영어로 게임한 사람들은 37퍼센트만이 협동심을 발휘하고 그보다 많은 참가자가 파트너를 배신했다.

이런 연구들은 언어가 자아를 둘로 나눈다는 느낌에 실체를 더해주기 때문에, 단지 환상이나 우연으로 일축하기 어려워진다. 그리고 이에 함축된 의미가 폭포처럼 뒤따른다. 그런 분리의 근원은 무엇인가? 사람이 어떻게 분리된 자아로 사는가? 새로운 문화를 흡수하기를 간절히 바라며 유년기의 언어를 버린 사람은 어떻게 될까? 그런 사람은 불완전한 삶, 심리적 절단의 삶을 살 수밖에 없을까?

언어에도 영혼이 있을까

언어는 한 민족의 영혼이라는 아름다운 관념이 있다. 언어에는 문화의 본질이 스며 있고, 한 민족의 언어를 배우면 어떤 식으로든 그 영혼에 참여하거나 그것과 어우러지거나 그것을 섭취하여 내 것으로 만들 수 있다는 의미다. 체코 속담 중에 이런 게 있다는데, 역설적이게도 나는 영어로만 이 속담을 들어보았다. "새로운 언어를 배운다는 것은 새 영혼을 얻는 것이다." 사람들은 언어적 영혼이 다양한 정취를 가지고 있다고 많이들 믿는다. 이탈리아어가 정신이 아득할 정도로 로맨틱한 언어라든지, 프랑스어가 논리적 사고를 고취하는 언어라는 말을 들어보았을 것이다. 또한 어떤 언어는 섬세하지만 어떤 언어는 거칠다, 혹은 어떤 언어들은 다른 것들보다 더 정돈이 잘 되어 있거나 정확하거나 깊은 뉘앙스를 가지고 있다고 말하기도 하다. 그리고 이런 특질은 이 언어들을 말하는 사람에게까지 옮겨진다고 여긴다. 어쩌면 이 말을 새로 배우는 사람에게까지도. 이중언어 사용자들의 시각이 왔다 갔다 한다거나, 사용하는 언어에 따라 자신의 어떤 측면의 모습이 바뀐다는 증거를 보면 그런 속성을 언어 자체에 돌리고 싶은 유혹이 생긴다. 어쩌면 언어들에는, 저마다 그것을 말하는 사람들이 세상을 보는 방식을 미묘하게 채색하는 본질적인 무언가가 있는지도 모른다. 마치 다른 색이 들어간 선글라스를 낀 것처럼 말이다.

만일 여러분이 이런 생각을 언어학자 앞에서 소리 내어 말한다면, 언어에 대한 어떤 주장이라도 분석하는 것이 직업인 이 사람들은 애석한 듯 한숨을 내쉬고 입꼬리를 치켜들며 특정 언어의 **무엇이** 정확하게 그런 특질을 보이는지 정의하라고 다그칠 확률이 아주 높다. 예컨대, 무엇이 이탈리아어를 로맨틱하게 만드는가? 소리를 결합하는 규칙에 낭만성이 들어 있는지, 아니면 동사 시제를 표시하는 체계가 그런 건지, 혹은 탁자와 숟가락 같은 움직이지 않는 사물도 문법적으로 성별을 구분한다는 사실이 이탈리아어를 로맨틱한 언어로 만드는가? 그리고 프랑스어에서 **정확하게** 무엇이 그것을 비이성에 휘둘리지 않게 만드는가? 여러분은 프랑스어 동사 활용에 예외가 없다거나, 프랑스어에는 역설적 표현이 존재하지 않는다고는 말하지 못할 것이다. 한 예로, 프랑스어 숙어 'sans doute'는 글자 그대로는 '의심 없이'라는 의미인데, 실제로는 의심이 존재하여 확신할 수 없을 때 '아마도'라는 뜻으로 보통 사용된다.

여러분이 용감하게 다음과 같은 근거를 제시한다고 상상해 보자. 예를 들면 이탈리아어의 소리, 그리고 자음과 모음이 교차하는 방식이 이탈리아어를 기분 좋고 음악적으로 들리게 만든다, 혹은 이탈리아어는 운율을 맞추기 쉬운 동사 활용 체계를 가지고 있어 시 창작이 번성했다고 말하는 식이다. 그러면 언어학자는 다시 미소를 지으며 이상한 실험을 제안할 것이다. 그녀는 단어 속 자음과 모음의 비율이 이탈리아어와 비슷하고 각운의 빈도도 같은 새로운 언어를 우리가 만들고 그것을 '블리키시'라고 부르자고 할 것이다. 그리고 모집된 참가자들을 실험실에 불러 이 새 언어를 배우게 한다. 이어서, 사람들이 이런 속성을 가지고 있지 않은 또 다른 창작 언어 '게블리안'과 비교하여 블리키시를 더 로맨틱하게 느끼는지, 이 언어로 더 시를 짓고 싶은지를 확인할 것이다. 물론, 이것은 언어와 그것의 영혼을 생각하기에는 매우 잘못된 방식이며, 핵심을 놓치고 있는 듯 보인다. 실험실에서 탄생한 언어에는 분명히 영혼이 없기 때문이다.

언어학자들은 정말로 언어에 대해 이런 방식으로 생각하며, 문화 차이에 대한 주장을 언어의 음성 체계, 문법 혹은 어휘의 **구체적** 측면과 연결시키려 강박적으로 노력한다. 이러한 노력은 언어적 영혼의 본질에 대한 가설들을 선명하게 벼리는 데, 나아가 그것들을 더 세밀하게 탐구하고픈 사람들에게 도움이 되었다.

때로는 언어 안에서 그 사회의 중요한 관습을 거울처럼 보여주는 요소들을 발견할 수 있다. 한국어에는 위계와 공손함에 대한 집착이 정말로 언어의 뼛속까지 자리 잡은 듯 보인다. 한국어로 말하는 사람은 연장자나 사회적 직위가 높은 사람에게 무수히 많은 방법으로 존대를 해야 한다. 그들을 부를 때 특정 대명사를 선택하고, 어떤 명사와 동사에는 존댓말이 존재하며(예컨대, house의 보통 형태는 '집'인데, 연장자에게는 '댁'이라고 해야 한다), 일부 동사와 명사의 끝에 존댓말 어미를 붙이고*, 오로지 상대를 높이는 목적으로 문장 끝부분에 음절이나 소리를 발음한다.** 더 정확하게 말하자면, 한국어에는 여섯 가지 공손함 표현***이 있기 때문에 미묘하게 다른 변이들을 구분하기 위해서 문장 끝을 다르게 말한다.⁹ 그 말을 쓰는 사람들이 사회적 구분에 관심이 없는데 언어가 그렇게까지 세분화된다는 것은 있을 수 없는 일이다.

한국어 존댓말과 같은 방식으로 언어 전체를 흠뻑 적시지는 않더라도, 다른 언어들도 문화적으로 중요한 특색들을 포함한다. 예를 들면, 친족에 대한 어휘 수가 너무 많아 전형적인 영어 사용자를 어리둥절하게 만들기도 한다. 3개 언어를 할 줄 아는 인도-피지 혈통의 역사학자 브리즈 랄은 친척을 부르는 수많은 힌디어 단어들에는 미묘하게 다른 의미들이 가득하다고 말한다. 그는 다음과 같이 적는다. "내게 영어는 일할 때 쓰는 언어다. 그러나 커뮤니티에 필요한 사회적 관계의 섬세한 결을 잡아내어 내 안의 감정을 표현하는 말로는 적절하지 않다." 영어의 문제는 가족들에게 부여된 특정 역할을 표시하는 미묘한 힌두어 방식이 결여되어 있다는 점이다. 영어에서 uncle이라는 단어는 그 사람이 어머니나 아버지보다 나이가 많은지 적은지 혈연으로 맺어진 것인지 결혼에 의한 것인지 관계없이 어머니나 아버지의 남자 형제 전체를 망라한다. 랄에 의하면, 이러면 정말 큰일이다. 힌디어에서는 아버지의 남동생은 카카Kaka, 아버지의 형은 다다Dada, 어머니의 남자 형제는 마마Mama, 고모부는 푸파Phuffa다. 이 어휘들이 그저 보기 좋으라고 있는 게 아니다. "힌

---

*   '~십니다' '~세요'
**   '~요'
***   '가다'라는 동사의 의문문을 '가십니까?' '가오?' '가나?' '가니?' '가요?' '가?'의 여섯 가지로 말할 수 있다. 앞의 네 개는 격식체, 뒤의 두 개는 비격식체이다.

디어에서 이 말들은 각각 고유의 위치, 구별되는 의무를 가지고 있다. 카카와는 편하게 지내며 농담을 주고받을 수 있지만, 다다는 조금 어렵고 거리감이 느껴진다. 다다는 권위와 영향력을 가지고 아버지에게 따끔하게 조언도 할 수 있지만, 카카는 자신의 서열을 알기 때문에 적어도 정상적인 상황에서는 그렇게 할 수 없다."[10]

우리가 쓰는 언어의 관점에서 다른 말을 훑어보면, 이가 빠진 것처럼 있어야 할 단어가 **빠진** 것처럼 보일 때가 자주 있다. 그럴 때 이런 공백에 의미를 부여하고 어떤 개념에 해당하는 단어의 부재가 그 언어 사용자들의 정신세계의 심오한 무언가를 보여준다고 주장하고 싶은 유혹이 생긴다. 실제로 그럴 때도 있지만, 아닌 경우가 더 많다. 예컨대 『뉴욕 타임스』에 이탈리아 전 총리 실비오 베를루스코니의 성적 편력에 관한 기사를 쓰면서 레이철 도나디오는 "이탈리아와 미국의 성 감수성을 말로 옮기는 일은 항상 쉽지 않다. 영어에는 이탈리아어의 veline에 해당하는 적절한 단어가 없다. 이것은 노출이 심한 옷을 입고 TV에서 미소 띤 얼굴로 사뿐사뿐 걸어 다니는, 때로는 토크쇼 중간에 춤까지 선보이는, 예를 들어 미국의 바나 화이트* 같은 쇼걸을 말한다. 또한 이탈리아어에는 영어의 accountability에 해당하는 단어가 없다.** 가장 유사한 단어가 '책임responsibility'을 뜻하는 responsibilità인데, 여기에는 '행동에는 결과가 따른다'는 개념이 빠져 있다.[11] 이탈리아어의 responsibilità는 영어가 책임responsibility, accountability, 죄책감guilt, 책무liability와 같이 각기 다른 단어로 쪼개 놓은 의미를 뭉뚱그려 하나로 묶는다. 도나디오는 베를루스코니의 적절치 못한 언행이 이탈리아어의 어휘와 관계가 있음을 넌지시 비치고 있다. 그러나 다른 평론가들은 이와 비슷한 연관성을 훨씬 적나라하게 표현했다. 경제학자 프레더릭 소테는 뉴질랜드 재정 개혁의 중요한 시기였던 1986년부터 1993년까지 뉴질랜드 재무부장관을 지낸 그레이엄 스콧의 강연을 블

---

*   Vanna White. 미국 연예인. 미국의 장수 퀴즈 프로그램인 〈휠 오브 포춘〉에 1980년부터 보조 진행자로 출연했다.

**   한국어에도 영어 accountability에 정확하게 해당하는 말이 없는 듯하다.

로그에 소개했다. 스콧은 accountability가 프랑스어, 스페인어를 비롯한 많은 언어로 직역되지 못한다고 지적하며, 그것을 대신해서 사용되는 단어들은 "덜 엄밀하다"라고 말했다. 소테는 이렇게 썼다. "스콧의 관점에서는 account-ability라는 개념이 뉴질랜드 공공 관리의 핵심이다. 그러나 많은 언어들에 이 개념이 없기 때문에 다른 곳에서 비슷한 개혁을 채택하는 데 한계가 있을 수 있고(어쩌면 이미 제한을 받고 있을 수도 있으며), 또한 그 결과의 질이 낮아질 수 있다. 이것은 제도를 형성하는 데 미치는 언어의 힘을 보여준다."[12]

과학적 관점에서 보면 그런 가벼운 관찰은 살얼음판 위 스케이트처럼 불안하다. 첫째, 언어에는 단어 외에도 개념을 표현하는 도구가 많기 때문에, 어떤 언어가 그 임무를 하나의 독립된 단어에 부여하지 않는 것에 그렇게 큰 의미를 두어서는 안 된다. A라는 언어가 하나의 단어로 표현하려는 것을 B라는 언어는 접미사, 표현 방식, 심지어 모음의 톤을 통해서 이룰 수 있다. 자기가 사용하는 언어와 낯선 언어가 서로 같지 않은 점을 발견하고 그 언어 사용자들의 문화에 대한 얄팍한 이해를 바탕으로 어떤 설명을 하려는 것은 너무 성급하다. 이런 설명들은 엉성한 문화적 편견뿐 아니라 언어가 실제로 어떻게 운용되는지에 대한 무지를 바탕으로 하는 경우가 너무 많다.

작가 에이미 탄은 재치 넘치는 에세이에서, 어떤 기사에서 발견한 '○○에 해당하는 단어 없음' 추론을 재미있게 조롱한다. 이 기사의 저자는 중국어에 '예' 또는 '아니요'라는 단어가 없다는 사실에 놀라며, 이것은 중국인들이 매우 신중하고 겸손해서 자기 의견을 단호하게 주장한 뒤 혹시 체면을 잃는 일이 생길까 걱정하기 때문이라고 조심스럽게 말했다. 짧은 에세이에서 탄은 온순한 동양인이라는 고정관념, 중국어에 대한 오해, 어휘와 문화 간 연결성의 단순화를 유쾌하게 해체한다. 그녀는 비웃듯 말한다. "가장 간단한 반대말이자 짧은 두 단어 '예'와 '아니요'를 진화시키지 못함으로써 잃게 된 기회를 한번 생각해 보자. 칭기즈칸이 몽고로 물러갔을 수 있고, 마약 전쟁을 방지할 수도, 문화혁명을 피할 수 있었을지 모른다."[13] 이미 알고 있듯이 중국어로 거절하고 거부하며 부정할 방법은 무수히 많다. 단지 이런 행동이 영어와 다르게 이루어질 뿐이다. 영어에서 '아니요'란 단어는 질문의 전반적 영역 위에 맴도는 뿌연 구름 같아서, 부정하는 것이 정확히 무엇인지 모호함이 남는다. (예컨대, "당신이 더 이상 아내를 때리지 않겠다고 해서 아내가 돌아왔나요?"라는 질문에 누군가가 "아니요"라고 답했다면 그것의 의미는 무엇인가?) 대신에 중국어에서는 답하는 사람의 주장과 부정이 질문이 들어간 구절과 함께 얽혀 있다. 이로 인해 중국어 사용자들은 정확하게 무엇을 인정 또는 부인하는지 더 엄밀하게 전달할 수 있다.

> 중국인에게 밥 먹었냐고 물으면, 그 사람은 'chrle(이미 먹었다)' 혹은 'meiyou(아직 먹지 않았다)'라고 답할 수 있다.
> "그래서 사고가 났을 때 보험이 있었어요?"라고 물으면 답변은 'dwei(맞아요)' 혹은 'meiyou(없었어요)'일 수 있다.
> "더 이상 아내를 때리지 않나요?"라고 물으면 대답은 긍정 혹은 부정되는 명제를 직접적으로 언급한다. 즉, '더 이상 안 해요' '때린 적 없어요' '아내가 없어요.'
> 어떤 것이 더 명확한가?[14]

어떤 언어에 특정 개념을 표현하는 기계적 형식이 전혀 없다는 것이, 그 언어 사용자가 그것을 경험하지 않거나 이해하지 못한다는 의미는 아니다. 독일인이 아니어도 schadenfreude를 느끼고 체코 사람이 아니어도 lítost에 마음이 움직일 수 있다. 인간의 현실은 인간의 어휘나 문법으로 표현할 수 있는 것보다 훨씬 더 풍부하고 다채로운 질감을 가지고 있으며, 경험과 언어를 일대일 직선으로 그을 수 **없다**는 사실 때문에 아마도 언어를 이용하여 우회적으로 경험에 이르게 해주는 시와 소설이 있는 것 같다. 언어가 취하는 형식에 놀라울 정도로 자의적인 면이 있어서 우리는 비유, 상상, 내러티브, 암시, 그리고 모든 창의적 장치를 통해 특정 언어의 제약에서 벗어나고자 끊임없이 노력한다.

언어가 인식을 바꿀 수 있을까

언어의 차이가 세상을 다른 방식으로 경험하게 만든다는 생각은 오랫동안 언어학자들과 인류학자들을 사로잡아왔다. 에드워드 사피어와 그의 제자였던 벤저민 리 워프는 이 생각을 발전시켜 지금의 '사피어-워프 가설Sapir-Whorf hypothesis'을 만들었다. 이들이 북아메리카 원주민 연구에 깊이 빠져 있었음을 생각하면 어쩌면 이것이 두 학자에게는 자연스러운 질문이었을지 모른다. 북아메리카 원주민들의 언어와 유럽인들이 말하는 언어는 이 두 집단이 세상을 바라보는 방식의 차이만큼이나 완전히 달랐기 때문이다.

사피어-워프 가설에서 영감을 받은 많은 연구들은, 언어 그리고 언어가 우리의 생각과 지각 방식에 미치는 영향 사이의 구조적 차이를 탐색함으로써 언어와 사고가 얽혀 있는(또는 얽혀 있지 않은) 방식을 보다 깊게 이해하도록 해주었다. 그러나 이런 탐구 중 일부는 막다른 길에 다다랐다. 예를 들어, 표준 중국어 등 일부 언어에는 실제 세계에서는 사실이 아닌 가상 상황을 전달할 도구가 없다. 영어로는 "그가 거기 있었다면 울었을 거예요"라고 말할 수 있지만 중국어로는 이 개념과 "그가 거기 있다면, 울 거예요"를 언어학적으로 구분해서 표현할 방법이 없다. 초기 연구들은 중국어 사용자들이 영어 사용자들보다 가상 상황에 대한 추론을 힘들어한다는 의견을 내놓았다.[15] 그러나 곧이어 원래 연구의 결함을 지적하고 보완했을 때 영어와 중국어 사용자 간 가상 상황에 대한 추론 능력에 차이가 없음을 발견한 일련의 반론들이 뒤따랐다. 그리고 결국 이 가설은 폐기되었다.[16] 어떤 경우에는 문법이 정신에 새기는 각인이 뜨거운 논쟁거리로 남아 있다. 예를 들면, 문법적으로 현재와 미래 시제를 구분하는 언어들이 장기적으로는 자멸적인 행동, 예컨대 폭식이나 낭비와 같은 행동에 어떤 식으로든 관련이 있다는 도발적인 주장이 그렇다.[17]

하지만 언어의 구체적 요소와, 그것을 말하는 사람의 사고방식이나 세상을 보는 관점 사이의 연관성에 대해 믿을 만한 논리를 내놓은 연구들도 다수 있다. 단지 이런 통찰들이 언어의 본질이나 그것을 말하는 사람의 영혼을 정의하는 경우가 드물며, 이중언어 사용자의 성격 전환이나 선택 변경과 같은 결과를 설명할 가능성도 거의 없다. 그럼에도 불구하고 매우 흥미로운 통찰들이다.

상당히 많은 학문적 에너지가 언어의 한 작은 부분, 바로 색에 대한 어휘에 쏟아졌다. 세계 언어 중에는(대부분은 적어도 최근까지 산업화되지 않은 사회의 언어들) 색을 표현하는 단어의 수가 빈약하고, 심지어 세 단어밖에 없는 언어도 있다. 영어에서는 서로 다른 단어로 불리는 색들이 거기서는 아무 문제 없이 하나로 합체된다. 알래스카 유픽Yupik 언어는 초록과 파랑이 하나의 단어로 통하고, 아프리카 차드의 렐레Lele 부족어에서 노랑, 초록, 파랑을 부르는 이름이 하나다. 카메론의 구누Gunu 부족어는 빨강과 노랑을 같은 단어로 부른다.

이런 언어를 쓰는 사람들이, 예를 들면 빨강과 노랑의 차이를 지각하지 못한다고 말하는 건 너무 쉽다.[18] 이 말이 얼마나 황당무개한지 알고 싶다면 영어에서 냄새를 표현하는 제한적 어휘를 떠올려 보면 된다. 퀴퀴하다dank, 매캐하다acrid, 고릿하다putrid, 향긋하다fragrant 등과 같은 몇몇 모호한 단어 이외에는 그 냄새를 뿜어내는 물건에서 분리된 관념으로서의 냄새를 포착하는 단어가 거의 없다. 그렇지만 많은 사람들이 팝콘, 운동 후 양말, 생강과자 등에서 나는 특정 냄새를 놀랍도록 정확하게 알아맞힐 수 있다. 그리고 단어가 없다고 이 냄새들에 대해 이야기를 하지 못하는 것도 아니다. "이 치즈는 한 달 동안 사물함에 처박혀 있던 운동용 양말 냄새가 나요"라고 말할 수 있잖은가. 그리고 **관념**으로서 색을 표현하는 단어가 거의 없는 언어를 쓰는 사람들이 바로 이 전략을 사용한다. 구누 부족어를 쓰는 사람이 "이 셔츠는 잘 익은 레몬 색이네요"라고 분명하게 말할지 모른다.

그렇다면 색상에 대한 풍부한 어휘가 색상을 세밀하게 구별하는 데 도움이 될까? 마치 소믈리에가 버터리buttery, 크리스프crisp, 토스티toasty 같은 포도주의 풍미에 대한 용어를 습득한 뒤 그 맛들을 더 잘 지각하는 것과 같은 방식으로 말이다. 몇몇 현대의 연구들이 그 증거를 찾아냈다. 그중 가장 설득력 있는 것은 사피어와 워프가 언어와 사고의 상호작용을 헤아릴 때는 존재하지 않았던 기술에 의존한다. 예를 들면, 한 연구에서는 영어 사용자와 러시아어 사용자가 미묘하게 다른 파란색의 유사성 판단을 얼마나 빠르게 하는지 그 반응 속도를 1천 분의 1초까지 기록했다. 러시아어에서는 울새의 알과 같은 열은 파랑goluboy과 잘 익은 블루베리와 같은 짙은 파랑siniy에 다른 단어를 사용하여 **구분해야 한다**. 두 물체가 확실히 다르게 경험됨에도 불구하고, 영어는 뭉뚱그려 둘 다 파랑이라는 한 개의 단어로 묘사한다. 실험 참가자들은 러시아인들이 각각 goluboy와 siniy라고 부를, 매우 비슷한 농도의 파란 네모 도형 두 개를 본 뒤, 세 번째 파란 네모(영어에서 말하는 파랑과 초록의 경계쯤의 색이라고 상상하면 된다)가 주어졌을 때 앞에서 보았던 두 개 중 어느 것과 같은지 판단해야 했다. 그 결과 같은 색 네모를 결정하는 데 러시아어 사용자들이 영어 사용자들보다 약 10분의 1초 빨랐다. 러시아인들이 siniy라는 한 단어로 부르지만 음영이 약간 다른 진한 파랑 두 개를 구별할 때는 러시아어 사용자들이 영어 사용자들보다 빠르지 않았다. 이것은 러시아어 사용자들의 우월한 색상 변별력은 자기 언어에서 더 세밀하게 이름 붙여진 색상에만 해당됨을 보여준다.[19] 그리스어 역시 언어적으로 열은 파랑ghalazio과 짙은 파랑ble을 구분한다. 연구자들이 그리스어 사용자와 영어 사용자 두뇌의 전기적 활동을 비교하기 위해 뇌파를 측정하는 EEG 기계를 사용했을 때, 시각적으로 배열된 일련의 열고 진한 파란색들에 그리스어 사용자들과 영어 사용자들의 두뇌가 다르게 반응했다. 하지만 그리스어와 영어 모두 열은 초록과 진한 초록을 구분하는 단어를 가지고 있지 않으며, 음영이 다른 초록을 보여주었을 때 그리스어 사용자와 영어 사용자의 두뇌 활동은 같았다.[20]

현대 언어과학자가 이용할 수 있는 민감한 도구들을 사용하여 언어의 단편들이 인간의 지각과 사고에 흔적을 남기는 그 미묘한 방식들을 발견한 연구들도 꽤 많다. 한 예로, 영어로 움직임을 표현할 때는 동작의 정확한 방식을 묘사하는 다양한 종류의 동사들 중 하나를 선택할 수 있다. 즉 한 소년이 '걸을' 수 있지만, 그가 '거닐' 수도, '어슬렁거릴' 수도, '종종걸음 칠' 수도, '터덜거릴' 수도, '직직댈' 수도, '깡충댈' 수도, '활보할' 수도, '행진할' 수도 있다. 하지만 어떤 사람이나 사물이 어디로 향하고 있는지를 표현하려면 보통 '계단 위로' 혹은 '길 아래로' 같은 추가적 어구가 붙어야 한다. 스페인어와 그리스어 같은 언어에서는 동작의 방향이 동사에 녹아 있고, 동작은 옆에 매달린다. 영어로 '그가 집으로 걸어들어 갔다He walked into the house'라는 문장을 스페인어로 번역하면 'El entró en la casa caminando'인데, 이것을 문자 그대로 옮기면, '그가 들어갔다 집으로 걸어서'가 된다. 이 언어들 모두 문장에서 동사는 필수지만 옆에 붙은 부사는 선택이기 때문에(부사가 전달하는 정보가 중요할 때만 넣어준다), 영어를 말할 때는 항상 동작의 방식에 주의를 기울여야 하고 동작의 방향에는 가끔 신경을 쓴다. 반대로 스페인어와 그리스어 사용자들은 동작의 방향에 항상 주의를 기울이고 동작의 방식은 가끔 중요하다. 연구자들은 그리스어 사용자와 영어 사용자가 움직이는 사물과 사람이 포함된 영상을 설명하려 할 때, 서로 다른 요소에 집중한다는 것을 발견했다. 그리스인들은 동작의 마지막 부분을 지켜보는 데 시간을 더 많이 보냈고, 영어 사용자들은 동작의 방식을 확인할 수 있는 시각적 세부 사항을 보는 시간이 더 길었다. 한 영상은 남자아이가 스케이트보드를 타고 축구 골대로 들어가는 장면이 나왔는데, 그리스어 사용자들은 골대를 더 길게 응시했고 영어 사용자들은 스케이트보드에 집중했다.[21]

이런 놀라운 연구들은 단어들이 어떻게 색상환에서 자기 영역을 주장하는지 혹은 어떻게 언어가 부사와 동사에 집중력을 배분하는지 등과 같은 언어의 구체적 측면들이 인간 지각을 미세하게 조율함을 보여준다. 언어과학자들에게는 언어가 어떻게 교묘하게 주의나 지각을 파고드는지 그 디테일을 아는 것이 두뇌의 여러 시스템 간의 상호작용을 이해하는 데 중요하다. 그러나 이런 결과들이 실험실 벽을 넘어 사람들의 주관적 경험에 유의미한 영향을 미치는지를 알기는 어렵다. 이런 많은 연구가 시선 추적 장치, EEG 기계, 반응 속도를 1천 분의 1초까지 기록하는 컴퓨터와 같이 매우 정교하며 즉 인간이 알아채지 못하는 정신 활동에 다가가는 도구에 의존한다는 사실은 시사하는 바는 크다. 러시아어를 쓰는 사람들은 자신이 초록보다 파랑 음영에 더 민감하다는 것을 과연 인식하고 있을까? 파랑과 초록이 한 단어인 렐레어 사용자들은 모네의 그림 〈수련〉을 영어 사용자보다 아주 조금 덜 생생하게 경험할까? 만약 그 사람이 렐레어와 영어를 둘 다 쓴다면, 렐레어보다 영어로 그림을 묘사하며 감상할 때 조금이라도 더 색을 풍부하게 즐길 것인가? 그 사람이 "나는 영어를 쓸 때 더 예술적으로 느껴져"라고 말할 때가 있을까? 오로지 영어가 더 많은 색상 어휘를 가지고 있기 때문에?

언어학자 존 맥워터는 다음과 같이 주장한다. "만약 이런 연구들이 삶에 대한 다른 렌즈들을 조금이라도 보여준다면, 렌즈들 간의 차이는 우리가 안경을 맞추러 가서 어느 것이 더 잘 보이는지 비슷한 도수의 렌즈를 이것저것 바꿔볼 때와 비슷할 것이다. 왜냐하면 실제로는 두 렌즈를 통해 검사한 시력이 동일하기 때문이다."[22] 어쩌면 측정 가능한 차이가 있을 수 있다. 하지만 둘 중 어느 안경을 쓰는지가 인생에 큰 차이를 만들지는 않는다.

잃어버린 모국어를 찾아서

그럼에도 불구하고, 이중언어 사용자들에게는 각각의 언어가 진정으로 다른 현실을 소환하는 것 같은 확고한 느낌, 끈질긴 자아 분리의 느낌이 있다. 많은 이중언어 사용자들에게 모국어는 향미, 풍미, 감각, 이미지가 넘쳐나는 언어지만 나중에 배운 언어에는 이것들이 결핍되어 있다. 이탈리아에서 자란 미국 소설가 M. J. 피츠제럴드는 이렇게 적는다. "영어로 candy라는 단어는 내 미뢰에 아무 감흥도 불러일으키지 않지만 이탈리아어 caramella는 단단한 표면을 깨무는 달콤한 아작거림과 되도록 오래 입 안에서 빨아 부드러워진 녹녹함을 단숨에 소환한다." 그녀는 색상조차도 이탈리아어로는 영어와 다른 질감을 가진다고 말한다. "바다 파랑의 강렬함은 오직 이탈리아 단어 azzurro에만 담길 수 있다. 영어로 말하는 밋밋한 blue는 내 어릴 적 바다를 실어 나르지 못하지만 azzurro는 그것을 맹렬하게 상기시켜 매번 명치를 한 대 얻어맞는 느낌이다."[23]

azzurro와 blue에 대한 피츠제럴드의 경험은 분명히 어휘와 상관없다. 이탈리아어와 영어 둘 다 색에 대해 비슷한 어휘 목록을 가지고 있기 때문이다. 이탈리아어 단어의 zz와 rr을 통해 퍼지는 에너지가 있는 듯하지만, 그렇다고 단어의 소리와 관련 있어 보이지도 않다. 내게 영어의 blue는 전혀 밋밋하지 않으며 침울함, 적막함, 깊고 슬픈 푸름을 azzurro보다 훨씬 더 적절히 포착한다는 느낌이다. 오히려 이탈리아 단어는 그 소리의 현란함에도 불구하고 내게는 그저 하나의 단어일 뿐이다. 피츠제럴드와 나는 이 두 언어에서 색상을 다르게 경험하는 듯 보이지만, 그것은 우리가 각각 이탈리아어와 영어와 맺은 관계, 파랑이라는 색에 대한 개인적 경험과 관련이 있을 뿐 언어 자체에 들어 있는 그 무엇과도 상관없다.

언어를 배울 때, 우리가 말하는 단어들은 그 언어로 사는 삶과 얽힌다. 마르셀 프루스트의 소설 『잃어버린 시간을 찾아서』에서 홍차에 녹아든 마들렌 조각의 맛이 주인공의 어린 시절 기억을 작동시키는 것처럼, 언어는 인생에서 그것과 결부된 기억을 휘저을 수 있다. 그리고 때로는 생활의 단편이 언어를 휘저어 살아 움직이게도 한다. 나만의 프루스트적 순간은, 내가 대학생이었을 때 캐나다의 슈퍼마켓에서 처음으로 판매되는 감을 사서 그 낯선 과일을 깨물던 때였다. 비단같이 매끄러운 과육을 입에 물자마자 나는 빈의 작은 부엌으로 소환되어 kaki라는 이상한 단어를 갑자기 떠올렸다. 이미지와 단어가 무서울 만큼 생생하고 과일의 맛과도 연결되어 나는 곧 어머니에게 전화를 걸어 kaki라는 이름의 과일을 아느냐고 물었다. 어머니는 "그럼! 빈에서 처음 먹어본 게 기억나는구나"라고 말했다. 알고 보니 오스트리아 사람들은 감을 그렇게 부른다. 그 지식의 자투리가 내 안에 남아 있다가 그 과일을 맛보는 순간 떠오른 것이다. (어머니와 내가 그 기억을 그렇게 오래 갖고 있었던 것이 보기보다 터무니없는 일은 아니다. 소련권 나라에서 자란 사람이라면 과일과 결부된 선명한 기억 몇 개를 가지고 있을 것이다. 이 나라들에서는 수입 과일이라는 게 거의 없었기 때문이다. 나는 아직도 생전 처음으로 맛본 바나나의 부드러운 달콤함을 기억한다.)

에바 호프만이 언어과학자는 아니지만, 그녀는 새로운 언어를 배우는 경험에 대해 내가 읽은 것 중 가장 명쾌한 견해를 제공한, 놀랍도록 예리한 언어 관찰자다. 그녀는 모국어인 폴란드어 단어들과 훨씬 건조한 영어 번역 단어들을 비교했을 때 감성적 질감에 극명한 차이가 있음을 인식했다. 그녀는 영어의 단조로움을 자신이 북아메리카에서 새 삶을 시작했을 때의 기억이 빈약하기 때문이라고 탓하는데, 나는 그녀가 옳다고 생각한다. "폴란드어로 '강'은 강을 강으로 만드는 본질, 나의 강, 강에 풍덩 빠졌던 구체적 경험으로 힘을 얻은 생동감 넘치는 소리다. 영어로 '강'은 차갑다. 아우라가 없는 단어다. 내게 영어 '강'은 축적된 연상이 없고 함축된 의미를 아련하게 뿜어내지 못한다. 감정과 기억을 환기시키지 않는다."[24]

그의 생각은 언어와 기억 사이의 유대를 보여주는 과학적 연구들과 공명한다. 심리학자인 폴 콜러스는 이중언어 사용자일 경우 한 언어의 단어가 불러내는 연상이 다른 언어로 번역된 똑같은 단어의 연상과 어떻게 다른지, 즉 이 도플갱어 단어들이 다른 삶을 이끌고 다른 친구들과 어울렸다는 증거를 기록했다.[25] 몇몇 연구자들은 이중언어 사용자들이 기억을 이야기할 때, 그 기억이 만들어질 때의 언어와 같은 언어로 묘사하면 기억의 디테일과 감정적 색채가 더 풍부함을 발견했다.[26]

특별히 정밀하게 설계된 한 연구에서는 러시아어와 영어 이중언어자들을 영어와 러시아어로 따로 인터뷰하며, 예를 들면 '생일'이나 '피'와 같은 특정 단어를 주었을 때 머리에 떠오르는 개인적인 기억을 묘사하라고 요청했다. 러시아어로 인터뷰를 한 사람들은 러시아어 환경에서 생긴 기억을 주로 이야기하고, 비슷하게 진행된 영어 인터뷰 때는 영어 환경에서의 기억을 이야기하는 경향이 있었다. 이후 연구자들은 언어와 기억의 관련성을 더 정확하게 이해하고 싶었다. 특정 기억이 그 기억 자체에 내장된 구체적 단어를 들음으로써 회상되는 것일까, 아니면 언급된 구체적 단어에 상관없이 단순히 기억과 결부된 언어를 들음으로써 기억이 표면으로 떠오르는 것일까? 달리 말하자면, 에바 호프만의 폴란드어 '강'이 가진 감각 기억을 풀어주려면 폴란드어로 '강'이란 말을 들어야 할까, 혹은 그냥 폴란드어로 대화를 나누면서 영어 단어 river를 듣는 것으로 충분할까? 이것을 알기 위해 연구자들은 이전의 실험을 되풀이하였는데, 이번에는 인터뷰 전체를 한 언어로 진행하면서 단어 하나만 다른 언어로 제시하는 상황도 포함시켰다. 이들은 전체 인터뷰 언어와 구체적 제시어의 언어가 각각 해당 언어에서 만들어진 기억을 떠올리는 데 한몫을 한다는 것을 발견했다. 러시아어 환경에서 만들어진 기억은 러시아어 인터뷰에서 러시아어 제시어가 주어졌을 때 가장 떠올리기 쉬웠지만, 설령 구체적 제시어가 영어로 언급되더라도 단지 인터뷰를 러시아어로 하는 것만으로도 참여자는 러시아 장소와 사건, 그곳의 사람들에게 가까이 다가섰다.[27]

이런 연구들은, 나중에 다른 언어를 완전히 통달하더라도 어릴 때 기억이 어떻게 모국어와 단단하게 묶여 있는지를 설명한다. 또한 작가 리처드 로드리게스의 가족 간 친밀성이 왜 영어로는 쉽게 복제될 수 없었는지, 그리고 왜 스페인어로는 가족과 독립적 관계를 구축할 수 없었는지 설명하는 데 도움이 된다. 각각의 언어로 그렇게 다른 삶을 살 때, 언어는 사회 안에서 두 삶을 서로 거울처럼 비추고 각 언어에 분배하는 노력을 조정하여 자아의 다른 측면들을 서로 적당한 거리로 유지시킨다.

우크라이나계 미국인 언어학자 아네타 파블렌코는, 저서 『이중언어의 정신』에서 작가 블라디미르 나보코프의 글에서 발견되는 언어와 기억의 융합을 논의한다. 나보코프는 1919년 러시아혁명 때 스무 살 나이로 러시아를 도망쳐 영국에 정착했다. 그가 1951년에 자서전 『결정적 증거』를 썼을 때는 이미 그의 두 번째 언어인 영어로 수년간 글을 써온 뒤였다. 그렇지만 그는 내용 대부분이 러시아에서의 어린 시절과 청소년기에 집중된 특정 부분을 쓰는 데 애를 먹고 있으며, 그의 기억이 영어가 아닌 러시아어의 "음정"에 조율되어 있다고 불평했다. 이 책이 출간된 후 곧 그는 자서전을 모국어로 번역했다. 모국어 작업이 그의 의식을 자극한 듯, 그는 러시아 번역본에서는 새로운 디테일을 삽입했다. 늙고 인색한 가정부에 대한 단순한 일화에 커피 향과 썩은 냄새가 진동하게 되었고, 빨래 통 묘사는 삐걱거리는 소리를 얻었다. 그가 어릴 때 목욕을 했던 목욕통에 대해 쓸 때는 플라스틱 오리와 장난감 배의 시각적 디테일이 싹텄다. 이런 디테일 중 일부는 결국 그의 영어 자서전에 반영되었고, 개정판에는 『말하라, 기억이여』라는 적절한 제목을 붙였다. 기억이 말할 때는 때때로 특정 언어로 말하는 게 분명하다.[28]

언어가 기억에 너무 매여 있기 때문에, 언어에 의해 쪼개진 삶을 사는 이중언어 사용자들은 자신이 사용하는 언어들과 편파적인 관계로 발전할 수 있다. 그리고 그 관계는 각 언어가 무대 중앙을 장악한 인생의 시기를 반영한다. 에바 호프만이 폴란드에서 이민을 떠날 때 그녀는 십 대였는데, 떠나기 전 그녀는 처음으로 한 소년과 사랑에 빠졌었다. 나중에 그녀는 미국 남자에게 영어로 사랑을 표현하는 데 애를 먹었다. 그녀에게 영어는 추상적이고 잘 통제된 학교 언어였다. 그런 말로는 "애정 표현이 다른 말과 같이 형식적이고 각잡힌 채로 나왔다. 그런 중성적이고 거세된 대화에서는 단어가 남성적이지도 여성적이지도 않았다. 그것들은 성적인 실체에서 발생한 게 아니다. '달링'이나 '자기야' 같은 단어에 육체적 풍성함이 없고 나뭇가지와 다름없이 말라 비틀어졌는데 어떻게 그 말을 할 수 있겠는가?"[29]

첫 언어는 독일어였지만 아주 어릴 때 미국으로 이주한 토마스 라쿼는 별로 그렇지 않다. 그에게는 영어가 관능에 찬 언어이고 모국어는 그렇지 않았다. "무엇보다 내게 독일어는 오이디푸스 콤플렉스 이전의 연결고리다. 나는 독일어로 사랑을 나눠보지 못했다. 성적인 말은 하나도 모르고 아는 욕도 거의 없다. 성적으로 흥분된다는 말이 독일어로 어떤 의미인지 알지 못한다." 또한 실제로 그가 독일어를 쓰면서 얻은 경험의 폭이 너무 좁고 또 드물어서, 많은 단어들이 마치 유아기 기억의 호박琥珀에 갇힌 듯 특이한 감정과 기억에 묶여 있다고 언급한다. 예를 들면, "캐러웨이 씨앗이라는 단어 kümmel은 소금에 절인 쇠고기나 다진 간 요리를 얹어 먹는 빵의 한 종류, 즉 호밀 빵을 말한다. 그러나 내게는 그 단어가 어릴 적 나를 무섭게 했던, 얼굴에 마맛자국이 있고 이스탄불 우리 아파트 밖에 서 있던 거지 'der kümmel Mann(쿠멜 아저씨)'을 말한다. 일반 사람들이 자주 사용하는 원래 뜻으로 단어들을 기억하기에는 내가 독일어로 경험한 것이 너무 적었다."[30]

내게 체코어는 어린 시절 좋아하던 음식의 프루스트적 느낌을 모두 가지고 있고, 체코어를 들을 때의 즐거움은 대개 언어에 새겨진 기억으로부터 발생한다. 언어에 녹아든 이런 기억들 때문에 체코어는 내게 대체 불가능한 것이 되었다. 이것이 내가 체코어 상실을 곧 인생의 한 부분을 상실한 것처럼 느끼는 이유다. 음식 자체처럼, 체코어 단어와 구절은 이주의 압박을 간신히 견

더내던 부모님의 영웅적 노력을 증명하는 감각과 기억을 깨운다. 거의 항상 너무 많은 사람들로 비좁았지만 어머니의 요리 냄새와 따뜻함이 가득했던 아늑한 공간, 아버지의 목소리로 듣는 유창한 멜로디, 대가족의 일원이어서 느끼는 친화적이지만 정신없는 느낌, 그리고 문 밖에서 소용돌이치는 예측할 수 없고 압도적인 세상에 맞선 불안감이 체코어가 불러오는 감각과 기억이다. 영어도 내게 많고 많은 울림을 주지만 이런 특정한 것들은 결여되어 있다. 내 머릿속에서, 영어 구절 '양배추와 만두*를 곁들인 돼지고기'는 체코의 국민 요리를 가리키는 **개념**이다. 그러나 체코어 구절 'vepřo-knedlo-zelo'로 들으면 군침과 포만감이 절로 느껴진다. 오븐에서 굽는 고기 냄새. 김이 나는 커다란 냄비에서 꺼내 굵은 실로 자른, 베개같이 푹신한 만두. 그리고 매주 중요한 의례였던 일요일 만찬을 위해 상을 차릴 때 들리는, 고급 그릇들이 부딪치며 나는 딸그락 소리가 떠오른다.

이것이 언어의 영혼이라면, 그것은 언어와 함께하는 삶에서만 얻을 수 있다. 단어와 문법을 배우는 것으로 충분하지 않다. 누군가가 어릴 적 좋아했던 음식을 먹는다고 그들의 유년기 풍경으로 갈 수 없는 것처럼.

체코공화국을 처음 방문했을 때 나는 지도 교수와 함께 음식점에 갔다. 메뉴에 적힌 vepřo-knedlo-zelo를 보고 내가 기뻐하며 매주 일요일 어머니가 만들어주던 요리(특히, 소스나 고기국물 마지막 한 방울까지 쓱쓱 묻혀 먹는 푹신하고 구멍이 숭숭 뚫린 만두인 knedlíky! 이것은 체코 요리에서 없어서는 안 되는 것이며 다른 어느 곳에서도 흉내 낼 수 없다)를 열광적으로 묘사하자 교수님은 그것을 주문했다. 음식이 나오자 나는 잔뜩 기대에 부푼 채 교수님이 만두를 작게 잘라 포크로 찍어 입 안에서 씹는 모습을 지켜보았다. "음, 아주 맛있군." 그는 나를 안심시키기 위해 진심을 다해 말했지만 나는 알았다. 그에게 그것은 그저 삶은 빵이었다.

---

* 체코 만두는 한국식 만두와는 다르다. 밀가루, 우유, 달걀, 이스트, 소금 등을 반죽하여 원통형으로 익힌 후 썰어서 먹는, 우리가 생각하는 빵과 비슷하다.

제2언어와 하나가 될 수 있을까?

　　나중에 배운 언어는 삶은 빵과 비슷한 성질을 지닌다. 영양가 있고 실용적이지만 knedlíky에게 비교할 수 없는 질감을 선사하는 기억의 교향악은 존재하지 않는다. 자서전에서 에바 호프만은 이민 생활 초반에 느꼈던 적막함을 길게 서술하며, 부분적으로 그것은 이제 일상생활에서 써야 하는 단어들이 생기를 잃었기 때문이라고 했다. "이와 같이 단어가 사물에서 급격하게 분리되는 것은 건조 연금술과 같아서 세상에서 의미뿐 아니라 색, 무늬, 세밀한 차이를 빼내어 버린다. 그 존재 자체가 소실되는 것이다. 그것은 살아 있는 관계를 잃는 것이다."[31]

　　아네타 파블렌코와 언어학자 장-마크 드왈의 연구 중 다중언어 사용자들에게 자신이 말하는 언어 중 어느 것이 감정을 가장 많이 담고 있는지 묻자, 압도적으로 많은 사람들이 자신의 첫 번째 언어를 선택했다.[32] 많은 이들이 모국어를 쓸 때 사랑하는 사람에게 더 다정할 수 있다고, 또한 언쟁이 붙으면 머릿속에 자동적으로 모국어가 떠오른다고 했다. 나중에 배운 언어의 냉정함이 일부 사람들에게는 모국어로는 불가능한 자유를 제공하는 피난처가 되기도 한다. 이들은 차마 모국어로 분노를 표출하거나 욕을 하지 못하는데, 그 단어들이 너무 광폭하게 느껴지거나 엄격하게 금지되었기 때문이다. 아니면 상처를 가능한 한 줄이기 위해 가족끼리 다툴 때는 나중에 배운 언어를 더 많이 쓰기도 한다. 이 말을 사용함으로써 좀 더 차분하고 이성적인 모드로 들어갈 수 있다.

　　나보코프가 자서전을 러시아어로 번역하면서 모국어로의 재진입이 생산적이었던 것과 정반대로, 일부 작가들은 나중에 배운 언어에서 자유를 느끼기도 한다. 소설가 저지 코진스키는 폴란드에서 자랄 때 나치를 피해 도망다녔고, 구소련의 독재정권 밑에서 공부한 뒤 20대에 미국으로 건너왔다. 나보코프보다 훨씬 힘들었던 어린 시절을 보낸 그는 영어로 자신을 표현할 때 느끼는 자유에 대해 다음과 같이 말한다. "내 유아기와 청소년기의 언어였던 폴란드어와 러시아어는 일종의 정신적 억압을 전달한다. 내겐 새엄마 같은 영어는 모국어가 불러일으키는 불안과 반대되는 모든 느낌, 즉 표출, 성취, 자유분방 등을 제공한다."[33] 그는 성인이 되어 쓰는 언어로 비로소 모국어에 젖어 있던 원치 않는 연상에서 탈출할 수 있었다고 고백했다.

여러 언어를 구사하는 작가들의 서정적 회상과 이중언어 사용자들의 반복되는 증언과 함께, 다수의 과학적 논문이 나중에 배운 언어에 정서가 부족하다는 주장을 검증했다. 이런 논문 중 대다수가 매우 기술적이고 생물학적인 측정 수치를 제공한다. 아마도 정서라는 주제를 놓고 이성적인 방법으로 객관적인 연구를 할 수 있음을 동료 과학자들에게 확인시키기 위해서, 또는 몹시 개인적이고 종종 문학적 향취를 풍기는 체험담에 균형을 맞추기 위해서인지 모른다.

어느 언어에서든지 욕이나 금기시된 단어에는 가장 강력한 감정이 실려 있다. 사실 강한 감정을 표현하고 그런 감정을 유발하는 것이 욕이 존재하는 전적인 이유다. 그러나 많은 사람들이 두 번째 언어로 욕을 하면 그 맛이 살지 않는다고 말한다. 제3의 언어로 하면 더욱, 제4의 언어로 하면 더욱더 그렇다.[34] 모국어로는 욕을 할 수 없는 사람이 다른 말로는 거리낌 없이 할 수도 있다. [내 어릴 적 친구의 퀘벡 할머니는 C'est tout fucké("지랄 같다")라는 말을 아무렇지도 않게 쓰면서 우리에게는 자기 앞에서 tabernacle이라는 단어를 절대로 쓰지 못하게 했다. 내게는 '삶은 빵' 수준의 단어였는데 말이다.] 우리 부모님이 욕을 극도로 혐오했기 때문에 내가 체코어 욕을 얼마나 모르는지 깨달을 때마다 나는 언어적 결핍을 느낀다. 그리고 이것은 비속어라는 언어 형태가 갖는 순전한 원시적인 힘 때문이다. 단어에 대해 가질 수 있는 가장 친밀하고 육체적인 연결, 다른 언어의 금기어로는 대체할 수 없는 연결이 차단되었다고 느끼기 때문이다.

그것은 말 그대로 육체적 연결이다. 그렇다. 그런 단어들이 환기시키는 감정은 몸에서 발견되고 측정된다. 사람의 피부가 얼마나 쉽게 전기를 전하는지 감지하는 장치(거짓말 탐지기에서 감정의 고조를 감지하는 기술과 같다)를 사용하여, 연구자들은 보통 욕이나 감정적인 단어를 접하고 몇 초 후에 피부전도성이 올라간다는 사실을 발견했다. 그러나 이중언어 사용자의 두 번째 언어에서는 이 효과가 약화될 수 있다. 청소년기 혹은 성인기에 영어를 배운 터키어 원어민을 대상으로 한 연구에서 참가자들은 금기 단어나 어릴 적 들었을 법한 꾸중("너 방에 들어가 있어!")에 강한 정서적 반응을 보였다. 하지만 그 효과는 터키어일 때 더 강했다. 특히 영어로 하는 질책은 터키어와 비교하면 감정 전류가 새나간 듯 보였다. 많은 참가자들이 이런 구절을 터키어로 읽을 때 머리 속에서 메아리치는 어른들의 꾸짖는 목소리를 들을 수 있었다고 나중에 연구자에게 털어놓았다.[35] 스페인어-영어 이중언어 사용자와 함께한 비슷한 연구에서도 두 번째 언어에서는 둔화된 정서 반응이 발견되었는데, 성인이 된 후에 그 언어를 배웠을 때만 그랬다. 어려서 영어를 배운 사람들은 감정 섞인 영어 구절에 모국어인 스페인어에서만큼 강하게 반응했다.[36]

동공의 크기를 측정하는 것은 제1, 제2언어의 정서적 힘을 측정하는 데 사용되는 또 하나의 정교한 방법이다. 글래스고대학 연구팀은 우리가 감정적으로 흥분하거나 생각에 몰두할 때 동공이 커지는 현상을 실험에 활용했다. 그들은 이중언어를 사용하는 참가자들이 다양한 단어와 구절에 대한 반응으로서 동공 크기가 어떻게 변하는지 측정했는데, 제시된 단어 중 일부는 평범했고("민간 안내원") 일부는 부정적 반응을 일으켰다("적대적 테러리스트"). 공격적 구절이 정말로 참가자들의 동공을 확장시켰지만, 역시 참가자들의 첫 번째 언어인 핀란드어나 독일어였을 때와 비교해서 두 번째 언어인 영어에서는 그 반응이 누그러졌다.[37]

그러나 모든 연구가 두 번째 언어에서의 정서 둔화를 주장하지는 않았다. 일부 연구자들은 참가자들이 두 번째 언어와 맺은 역사가 다양하기 때문이라고 말한다. 언어와 결부된 정서적 무게는 많은 요인의 영향을 받는다. 몇 살에 그 언어를 배우기 시작했는지, 얼마나 유창하게 말하는지, 추억을 쌓을 만큼 오래 사용했는지, 정서적으로 풍부한 경험을 할 수 있는 사회적 환경에서 배웠는지 아니면 제한적인 교실에서 배웠는지 등이 모두 관련이 있다. 그 보편성과 기저에 깔린 원인에 대한 의견은 일치하지 않지만, 나중에 배운 언어보다 모국어에 — 적어도 많은 이중언어 사용자들에게는 — 더 풍성한 기억과 감정이 녹아 있다는 점에 대해서는 설득력 있고 객관적인 증거가 꽤 많다.

다른 연구자들은 이 생각을 더욱 발전시켜 두 번째 언어의 냉정함이 냉철한 사고로 이어지는지에 관심을 두었다. 심리학자인 알베르트 코스타의 연구팀은 지원자들에게 '트롤리 딜레마trolley problem'라고 알려진 윤리학 사고 실험 문제를 제시했다. 내용은 이렇다. 고장 난 전차가 선로 위에 서 있는 다섯 명의 사람들에게로 돌진하고 있다. 선로 위 사람들은 너무 놀라 움직이지 못한다. 여러분 옆에는 전차의 방향을 그 옆 선로로 바꿀 수 있는 스위치가 있고, 그 선로에는 한 사람이 서 있다. 여러분이 스위치를 당기면 다섯 사람의 목숨을 건질 수 있지만 옆 선로에 있는 한 사람을 죽이게 된다. 스위치를 당길 것인가?

대부분 사람은 스위치를 당긴다고 한다. 하지만 전차를 세울 수 있는 유일한 방법이, 보행자 다리에 서 있던 체격 좋은 낯선 사람을 선로로 밀어 떨어뜨려 전차를 막는 것이라면? 이제 사람들은 꺼림칙해하며 그렇게 하겠다는 사람이 거의 없다. 그러나 두 시나리오 모두 다섯 명을 살리기 위해 한 명이 희생한다는 점에서 똑같다. 철저하게 논리적인 관점에서 본다면 왜 첫 번째 상황에서의 희생은 윤리적인데 두 번째 상황에서는 그렇지 않은지 물을 수 있다. 스위치를 당기는 것과 달리 타인의 몸에 손을 대 다리에서 밀어내는 것이 그냥 **더** 폭력적으로 느껴지기 때문이다.

코스타와 동료들은 실험 참가자들이 성인이 되어 습득한 두 번째 언어로 이 딜레마를 들었을 때, 두 번째 시나리오의 폭력성에 덜 영향을 받음을 발견했다. 모국어로 질문을 받았을 때는 희생양을 다리에서 밀어내겠다고 응답한 참가자가 20퍼센트보다 적었는데, 두 번째 언어로는 절반이 넘는 수가 그렇게 하겠다고 답했다. (모국어가 스페인어이고 영어가 외국어인 사람들과, 영어를 모국어로 쓰면서 외국어로 스페인어를 하는 사람 모두가 실험에 참가했는데, 두 집단에서 같은 결과를 보였다. 이것은 이 효과가 두 번째 언어 사용과 관련된 것이고, 특정 언어에 속한 것이 아님을 보여준다. 다시 말해서, 물리적 폭력에 대해 무심함이 둘 중 어떤 언어의 영혼에도 자리하지 않은 듯 보인다.)[38]

또 다른 연구는 외국어를 사용할 때 사람들의 도덕적 판단이 바뀐다는 것을 알아냈다. 참가자들은 다른 누구에게도 피해를 주지 않지만 나중에 후회하는 행동을 묘사한 글을 읽었다. 예를 들어, 남매가 상호 동의 아래 몰래 안전한 섹스를 즐겼다든지, 자기 반려견이 자동차 사고로 죽은 뒤 그 고기를 먹었다는 이야기들이었다. 그런 이야기를 접했을 때 사람들은 종종 그런 행동이 **왜** 잘못인지를 설명하기는 힘들지만, 그것이 몹시 그리고 설명할 필요 없이 사악하다고 느낀다. 그런데 이중언어 사용자가 이 이야기들을 외국어(영어나 이탈리아어)로 읽으면, 그 이야기를 모국어로 읽었을 때보다 덜 비도덕적인 행동이라고 판정한다.[39] 두 번째 언어로는 모국어의 육체적 느낌이 부족해서 도덕적 판단이 더 '논리적'이 된다.

이 실험과 함께 많은 연구들이, 나중에 습득한 언어를 사용할 때는 사람들이 추론이나 의사결정에 스며들기 쉬운 여러 편견에서 다소 자유로움을 보여준다. 사람들이 모국어를 사용할 때는 논리적으로는 동일하나 육감적으로 다른 감정을 유발하는 두 개의 시나리오(예컨대, 어떤 행동의 결과로 20퍼센트의 사람이 죽는다는 시나리오와 80퍼센트가 산다는 시나리오)에 다르게 반응한다. 두 번째 언어로는 이런 표현의 차이가 주는 영향력이 약하다.[40] 이런 결과에 논란이 없지는 않다. 같은 결과를 얻지 못한 연구들도 있었고, 연구자들은 언어에 따라 다른 차이를 어떻게 설명할지에 대해 언쟁을 벌이기도 했다. 나중에 습득한 언어에는 정서적 부담이 덜 녹아 있다고 주장하는 학자가 있는 반면, 일부 다른 연구자들은 발견된 차이가 단순히 언어 유창성의 차이 또는 갑자기 언어를 전환시킨 데서 오는 효과 때문이라고 주장한다. 그럼에도, 이런 연구들은 많은 이중언어 사용자가 경험하는 이중성에 대한 관찰이라는 직물에 흥미로운 실 한 가닥을 보탠다.

언어가 인생의 향기를 흡수한다면, 어릴 때 쓰던 언어에는 수치심, 애정, 행복, 분노 혹은 두려움이 자연스레 배어 있을 것이다. 어린 시절에 말을 배울 때 우리는 우리의 전부 — 육체, 감정, 얽히고설킨 가족관계, 사회적 책무와 그 밖에 모든 것 — 를 언어 학습이라는 과업에 던져 넣는다. 나중에 배우는 언어에는 유아기의 변화무쌍한 감정이 들이치지 않으며, 그것을 안전한 교실에서 훈련받은 전문가의 지도 아래 계획된 학습 과정에 따라 배운다면 더욱 그렇다. 나중에 배운 언어로는 쓰디쓴 치욕을 맛보거나 배신의 상처를 받을 일이 없을 수도 있다. 아무도 그 말로 여러분을 분노로 들끓게 만들거나 머리를 쓰다듬으며 사랑의 단어를 속삭이지 않을 수도 있다.

어린아이들은 언어 학습에 분석적 기술을 이용할 줄 모른다. 그러나 청소년이나 성인은 언어 안에 그냥 거주하는 것, 즉 이미 익숙해진 분석 절차를 거치지 않고 존재하기가 어렵다. 아이들이 저지르면 귀여워 보이는 부적절하거나 우스운 말실수를 성인인 우리는 피하려고 안간힘을 쓴다. 아마도 우리는 아이들처럼 그렇게 쉽게 용서받지 못할 것을 알기에 그럴 것이다. 이것 또한 언어의 감정적 거리감, 뼈와 살을 담고 있는 피부가 아닌 빌려온 옷을 입은 것 같은 느낌을 부추기고 있는지 모른다. 번역가이자 기자인 아이린 울먼은 러시아에서 태어났으나 12세에 호주로 이민을 갔다. 그녀는 호주 영어로 일상적이거나 관용적인 구절을 내뱉을 때 종종 자신이 사기꾼이 된 듯한 느낌을 받는다고 말한다. "가짜처럼 보이거나 들리지 않기 위해 일부러 인위적인 목소리를 만들거나 과장된 호주 억양을 사용한 적이 있다. 다른 사람의 말을 따라하거나 다른 사람의 목소리를 사용하는 것처럼 말이다. 그것은 마치 무언가를 내 것으로 만들 결심을 하기 전에 먼저 그것을 빌려 써보는 것과 같다. 내 것이냐 빌린 것이냐의 얘기를 하자면, 내가 자주 쓰는 구절이나 표현이 정확히 어디서 온 것인지 나는 안다. 때로는 무언가를 말할 때, 원래 그 말을 했던 사람의 모습이 눈앞에 떠오르기도 한다."[41] 그런 자의식 때문에 그녀는 대화 중 마치 시차가 있는 것처럼 자기 자신에게 거리감을 느끼고, 육체와 영혼이 분리되는 느낌을 받았다고 서술한다.

시간이 지나고 현실에 몰입해 살다 보면 나중에 배운 언어라도 경험의 즉시성에 익숙해지고, 점진적으로 제2의 피부처럼 느껴질 수 있다. 그리고 그 말을 할 때 서서히 원어민을 닮아간다. 네덜란드 사람들이 모국어보다 영어로 말할 때 '죄수의 딜레마 게임'에서 덜 협동적이었던 연구를 기억해 보자. 논문 저자들은 이것이 참가자들이 영어권 문화와 긴밀한 접촉을 한 경험 때문이지, 언어 자체의 특성이나 참가자들이 덜 익숙한 언어를 사용해야 했기 때문이 아니라고 주장한다. 즉, 영어권 나라에서 살았던 사람들만이 두 언어에서 다르게 행동했다. 네덜란드 밖에서 살아보지 않은 사람들의 영어는, 그

들의 영어가 얼마나 유창한지에 상관없이, 영어권 나라들의 개인주의적 규범에 물들지 않았다.[42]

그리고 아마도 시간이 흐르면, 한 발자국 떨어져 분석적으로 관찰하는 자의식도 누그러지고 언어와 그 사용자가 합쳐진다. 13세에 미국에 정착했던 에바 호프만은 그녀가 대학원에서 문학을 공부하고 대학에서 가르치기 시작한 후에야 자신과 영어 사이의 마지막 장벽을 뚫었다고 느꼈다. 그녀는 오랫동안 영문학을 사랑해 왔지만, 그것은 감성보다는 지성에서 솟아난 사랑이었다. 그러나 어느 날 T. S. 엘리엇의 시 「J. 앨프리드 프루프록의 연가」를 읽으면서 그녀는 마침내 영어가 이미 자신의 몸 안으로 야금야금 파고 들어와 있음을 알게 되었다.

> 나는 수년 동안 이 시구에 대해 너무 많은 해석을 읽어서, 이제는 대여섯 가지 독창적인 방법으로 이 시를 분석할 수 있을 정도였다. 그런데 지금 갑자기 이해할 수 없는 마음의 청력을 통해 나는 그 시구들의 내적 감각에 조율되었다. 후렴구의 절제된 구슬픔, 감정의 부푼 언덕을 당겨 누르는 세련된 운율의 구속, 선율의 쓸쓸한 체념... 이런 것들이 내게 들렸다. 혀끝의 소리를 음미하며, 혀와 마음 사이 어딘가의 구절들을 들으며 나는 읽었다. 바로 이거다. 특별한 것. 기능과 비평 그 너머, 그 위에 있는 언어의 성질이라고 생각한다. 나는 언어라는 음악 안으로 돌아왔고 엘리엇의 가사가 일종의 은혜처럼 내게 내려앉았다. 어릴 적 그랬던 것처럼, 낱말들이 아름다워졌다.[43]

언어가 어떻게, 그리고 왜 단층선처럼 자아에 자리 잡는지를 설명하기 위해 뇌를 찍는 기계가 계속 돌아가고, 동공의 지름이 수없이 측정되며, 심리학자들은 뇌의 사고 영역과 감정 영역을 다른 정도로 작동시키기 위해 끊임없이 실험 시나리오를 고안한다. 그런데 그러는 동안, 사람들이 자신의 고통에 목소리를 부여하는 조용한 방에서 다른 무언가가 일어나고 있었다. 심리치료사들은 근사한 기구를 쓰거나 잘 짜인 대본을 사용하지 않고 대신에 몸짓, 목소리, 표정, 말 등에 묻어 있는 감정의 날씨 속 미세한 변화에 집중한다. 이중 언어를 할 줄 아는 내담자들을 진료하면서 이들은 오래전부터, 거의 심리 치료가 존재하기 시작했을 때부터, 언어가 바뀌면 환자의 무언가가 바뀐다는 점에 주목했다. 정신분석학자인 에디트 북스바움은, 1949년 논문에서 내담자들이 언어를 방어적으로 이용한다는 의혹을 제기했다. 어린 시절에 쓰던 말을 사용하면서 억압된 기억이 더 쉽게 표면에 떠오를 수 있기 때문에, 내담자들이 모국어가 아닌 말로 도피한다는 것이다.[44] 그녀의 의혹은 또 다른 정신분석학자인 랠프 그린슨이 1950년 논문 「모국어와 어머니」에서 묘사한 어떤 내담자의 사례로써 직접 증명된다. 독일어 원어민인 그린슨의 내담자는 상담 중에 영어로 다음과 같이 인정한다. "독일어로 말하면 잊고 싶은 것을 기억해야 할 것 같은 느낌이 들어요."[45] 북스바움과 그린슨은 어린 시절로부터 시작된 내적 갈등을 해결하기 위해서는 이 환자들이 자신의 모국어로 정식분석을 받을 필요가 있다고 믿었다.

그리고 정말로, 또 다른 연구자들은 내담자의 모국어를 치료에 도입했을 때 찾은 돌파구에 대해 보고했다. 로즈마리 페레즈 포스터는 '애나'라는 내담자와의 치료 작업에 대해 다음과 같이 적는다. 애나는 뉴욕에서 무용을 공부하는 칠레인 학생으로, 체중 감소와 우울증 때문에 포스터와 만나게 되었다. 그녀는 치료사가 자신의 모국어인 스페인어를 할 줄 아는 것을 알면서도, 자기 영어 실력을 향상시킨다는 명목으로 영어로 상담해 달라고 요청했다. 마음에 걸렸지만 포스터는 일단 애나의 요청을 따랐고, 한 달 반의 치료 이후에도 그녀는 자신의 내적 삶에 대해 거의 아무것도 드러내지 않았다. 하루는 애나가 상담실을 떠나려고 준비하면서 지갑을 떨어뜨려 동전이 사방으로 흩어졌다. 포스터가 순간적으로 "저런, 동전이 떨어졌네요!"라고 스페인어로 말하자 애나는 귀신을 본 듯 치료사를 잠시 바라보더니 상담실을 박차고 나갔다. 그러고는 아프다는 핑계로 이후 상담을 두 번이나 취소했다. 다시 상담실로 왔을 때 애나는 치료사가 자신의 영어 실력 향상을 돕지 않는다고 비난했다. 어쩌면 치료사가 자기가 **정말** 이 나라에서 성공하는 걸 바라지 않는 것 같다고도 조심스럽게 말했다. 그런데 그녀 안에서 뭔가가 무너졌다. 애나가 감정을 터뜨리기 시작했고, 처음으로 상담 시간에 울면서 집이 그립다고 털어놓았다. 그녀는 뉴욕에서 성공할 수 있는 유일한 길은 스페인어를 절대로 쓰지 않고 'duro como un gringo', 즉 '미국인들처럼 뻔뻔해지는 것'이라고 단언했다. 그녀는 어머니에 대해서도 입을 열기 시작했는데, 어머니는 애나에게 칠레를 떠나지 말라고 사정하면서 자기를 버리면 죽어버릴 거라고 은근히 위협했다고 한다. 애나의 모국어가 수문을 비집어 열은 뒤 그녀는 진심으로 치료를 시작할 수 있었다.[46]

이외에도 아주 많은 연구들이 두 번째 언어가 가진 거리두기 효과를 뒷받침한다. 그중에는 182명의 다중언어 내담자들에게 치료에서 어떤 경험을 했는지 질문한 연구도 있다. 한 내담자는 치료사가 어린 시절 기억을 캐묻는 것이 처음에는 '무관한' 질문으로 보였는데, 대답에 모국어가 섞이면서 갑자기 이 경험들이 현재의 끝자락과 직접적으로 그리고 적절하게 맞닿게 되었다고 언급했다. 응답자의 많은 수가 정서적 경험, 특히 정신적 상처나 수치심에 채색된 경험들은 모국어가 아닌 다른 언어로 말할 때 덜 강렬하게 느껴진다는 데 동의했다.[47]

또 다른 연구에서는 유아기에 심리적 상처를 받았던 이중언어 사용자들에게 심리적 외상 후 스트레스 장애PTSD 증상을 검사하자, 그들이 어떤 언어로 설문지에 응답했는지에 따라 심리적 상처가 다른 정도로 드러났다. 환자들은 모국어인 스페인어를 사용했을 때 자신의 증상을 더 심하게 평가했으며, 충격적인 기억을 더 생생하게, 바로 앞에 있는 것처럼 묘사했다. 나중에 유아기 때의 괴로운 기억에 대해 인터뷰를 했을 때, 많은 사람들이 영어로는 이 일을 마치 다른 사람 일인 양 차분하게 이야기했다. 그러나 스페인어로 다시 설명해 보라고 하자 눈물을 흘리거나 몸을 떨며 조금 더 선명한 디테일까지 묘사했다. 한 여성은 영어 인터뷰 동안에는 충격을 받았던 어린 시절 기억을 생각해 내지 못하다가 뒤늦게 가족과 함께 겪었던 심각한 교통사고를 기억했다. 그런데 그 경험을 스페인어로 이야기하기 시작하자, 피투성이 아버지와 함께 구급차에 탔던 장면, 아버지가 죽을까 봐 겁났던 두려움까지 기억의 세세한 부분이 홍수처럼 밀려왔다. 그녀는 감정이 복받쳐서 한동안 말을 잇지 못했다. 감정을 추스른 후 그녀는 이렇게 덧붙였다. "내가 지금 보고 있는 것 같았어요. 바로 내 앞에서요. 사고를요. 영어로 말할 때는 그렇지 않았거든요."[48]

언어의 다중성은 치료를 복잡하게 만든다. 그것은 환자를 치료자 또는 자기 자신의 중요한 측면과 분리시키는 경계를 만들 수 있다. 그것은 내담자와 치료자 사이의 언어가 맞지 않아 발생하는, 원치 않는 장벽일 수 있다. 노력이 들어가는 언어로 치료에 참여할 수밖에 없는 내담자들은 치료자와 이야기할 때 항상 한발 늦는 자기 안의 통역관을 거쳐서 대화하는 것처럼 느낄지 모른다. 내담자가 치료자의 언어를 유창하게 구사하더라도 자신의 일부분이 상담에 쉽게 참여하지 못한다는 느낌이 들기도 한다. 아니면, 두 번째 언어의 장막 뒤에 숨어서 무의식적으로 진정한 자아를 보기 어렵게 하고 치료의 진전을 더디게 만들기도 한다.

그렇지만 다중언어는 치료 시간 중에 자유롭게 언어를 바꿀 수 있는 내담자와 치료자에게는 좋은 기회를 제공한다. 일부 환자들에게 두 번째 언어는 심리적 상처가 주는 영향력을 바꿀 수 있는 기회를 만들어준다. 내담자가 모국어로 상처를 마주할 수 있을 때까지 두 번째 언어는 기억의 정서적 충격을 완화하는 샛길이 될 수 있기 때문이다. 모국어와 결부된 문화적 규범 때문에 섹스에 대해 말하거나 연장자에게 분노를 표현하는 것이 불가능한 이들도 있다. 이렇게 감정이 갇혔을 때 사용 언어를 바꿈으로써 내담자들은 대안이 되는 관점을 탐색하여 마치 밖에서 보는 것처럼 상황을 새롭게 이해할 수 있다. 그리고 페레즈 포스터의 환자 애나가 치료자가 실수로 스페인어를 하는 것을 듣고 갑자기 어머니와의 관계를 복기했을 때처럼, 모국어로의 전환이 치료적 관계를 재정비할 수도 있다. 그 후에 환자는 자아의 다른 측면에서 말하기 시작한다. 포스터는 "이 현상이 일어나고 있다는 것을 새로운 언어의 말소리로만 감지하는 게 아니다. 그 환자 앞에서 바뀌는 내 모습에서 흔히 느낀다. 왜 그런지 모르지만, 언어를 바꾸는 순간 그 환자는 나를 다른 형상으로 빚어 놓는다"라고 적는다.[49]

많은 다중언어 환자들이, 자기와 똑같은 언어가 아니더라도, 여러 언어를 구사하는 치료자를 만나고 싶다고 말한다. 이것은 치료가 이들의 조각나고 복잡하며 분리된 자아 전체를 포함할 필요가 있음을 가장 잘 드러내는 진술이다.[50] 어쩌면 이 내담자들은 자신과 치료자 사이에서 번쩍하는 섬광 같은 동질감을 느낄지도 모른다. 그들은 '자아 분리 클럽'의 동료 회원들이다.

틈새와 하이픈의 유혹

다중언어가 영혼을 분리시키는 조건이라고 말하면 사람들에게 오해를 불러일으킬 수 있다. 아니, 오해할 수 있는 점은, 단일언어 사용자들은 대안적 언어가 없기 때문에 통일된 자아를 가질 것이라는 가정이다. 현실에서 통일된 자아를 가진 사람은 없다. 심리학의 창시자 중 하나인 윌리엄 제임스는 일관되고 통일된 자아는 허구라고 일축했다. 그는 1890년 작 『심리학의 원리』에서, 사람의 자아는 타인과의 상호작용에서 발생하기 때문에 어떤 한 사람은 그에 대해 의견을 말할 수 있는 개인의 수만큼이나 많은 사회적 자아를 가지고 있다고 썼다. 이런 개인들이 비슷한 집단으로 뭉쳐 있는 경향이 있으므로 — 선생님과 멘토, 동성 친구, 이성 친구, 운동 파트너, 조류 관찰 동료, 같은 언어를 쓰는 사람 — 사람들이 각 집단에서 자신의 다른 면을 보여주는 것은 자연스럽다. 선생님 앞에서는 얌전하고 공부벌레인 소년이 친구들과는 욕을 하고 거드럭거릴 수도 있다. 제임스는 이것이 필연적으로 한 개인을 여러 개의 자아로 분할하며, 그 분열이 "불협화음 같은 갈라짐… 혹은 완벽한 노동 분업일 수 있다"라고 주장한다.[51]

그렇다면 언어는 자아를 분리시키는 원인이라기보다 그것에 따라붙는 꼬리표 정도라고 볼 수 있다. 공존하는 작은 자아들이 서로 이해하지 못하는 문장으로 자기 생각을 뱉어낸다면, 통일된 자아라는 허구를 유지하기는 더욱 힘들다. 아마도 언어는 이런 성격들에 뚜렷한 언어적 제복을 입힘으로써 그들을 더욱 눈에 띄게 분리하고, 강화한다. 그러나 무엇보다도, 언어는 도처에서 문화적 변화가 가속화됨에 따라 더욱 피할 수 없게 되는 인간 본성의 기본 조건을 드러낸다.

자서전에서 에바 호프만은, 이민권 운동가였던 메리 앤틴의 자신감 가득한 자서전 『약속된 땅』과 비교하여, 심리적 균열이 지속되는 자신의 이민 이야기를 되돌아본다. 메리 앤틴은 러시아계 유대인으로, 14세에 보스턴에 정착했다. 누추한 빈민가의 어린 숙녀에서부터 보스턴 상류층의 문학적 총아가 되기까지, 그녀의 이야기는 '이민자 성공 스토리'라는 익숙한 프레임 안에서 쓰였다. 절대로 뒤돌아보지 말고, 새로운 나라의 문화를 양팔 벌려 받아들이고 다가오는 모든 기회를 잡으라는 이야기였다. 호프만이 몹시 놀란 것은, 앤틴의 자서전에는 양면성이 전혀 없다는 점이었다. 자서전 머리글에서만 이주의 아픔과 두 세계 사이에서의 애매함을 살짝 암시했지만, 차라리 과거를 온전히 잊겠다는 저자의 변함없는 확신에 그 아픔은 재빨리 쓸려나갔다. 이 책은 자아 전체가 간단하게 다른 자아로 교환되는 성공적 동화의 사례로 읽을 수 있으며, 그것이 유리한 거래임을 전혀 의심하지 않는다.

그러나 호프만은 1959년에 북아메리카에 도착하여 1960~70년대에 성년으로 자랐다. 북아메리카 사람들의 문화적 기반이 바뀌던 시대다. 그녀는 북아메리카 문화에 동화되는 것이 그녀에게 무슨 의미인지 자문한다. 그녀가 경험하는 심리적 균열이 미국인 친구들의 균열과 많이 다른지 말이다. 그녀는 결혼, 이혼, 이주, 불안정한 커리어, 사랑과 직업과 삶 사이의 갈등 등, 친구들이 겪는 인생의 혼란과 양면적 감정을 언급하며, 그들도 끊임없이 역류 속에서 헤엄치고 있고 대립되는 가치와 관점 사이에서 끊임없이 줄다리기를 하고 있다고 결론을 내린다. "백 년 전이었다면 굳건하고 확실한 자아, 앞으로 나가는 확고한 에너지와 위대한 국가 목적에 고취된 흥분이 내게 이로웠을지 모른다. 그러나 나는 다른 미국에 왔고, 중심이 되는 정신 대신에 다양성의 축복과 두려움이 주어졌다"라고 그녀는 곱씹는다. 그렇다면 균열된 사회에서는 무엇에 동화되어야 할까? 다양성 자체에? 어쩌면 이민자 성공 스토리는 더 이상 완전한 변형이 아닌, 파괴적이지 않은 균열 중 하나일 수도 있다. 그녀는 결론짓는다. 결국, "성공한 이민자는 그곳 사람의 부풀려진 모습"일지도 모른

다고.[52]

이민이라는 사건에 의해 깔끔하게 나눠진 자아와 그에 따른 언어적 단층선이라는 이야기가 내게는 너무 단순하다. 모든 내적 갈등을 이전 세계와 새로운 세계 사이의 파열 탓으로 돌리기는 쉽다. 그런 갈등이 없다는 말이 아니다. 돌아가신 아버지의 고향에 조금 오래 머물던 때, 나는 삼촌네 집 식탁에 같이 앉아 이야기를 나누게 되었다. 그런데 그의 첫 질문 중 하나가, "왜 어머니를 버렸니?"였다. 나는 아연했고, 시간이 좀 걸린 후 삼촌이 말하는 것이 북아메리카에서는 '어머니를 버리는 것'이 아니라 '자식들의 성공 과정'으로 표현되는 일련의 사건임을 깨달았다. 다른 도시에 있는 대학에 다니기 위해 집을 떠나고, 내 분야에서 아주 좋은 대학의 박사과정에 합격하여 미국으로 가고, 마침내 어머니 집에서 차로 하루가 걸리는 데 있는 아이비리그 대학의 교수직을 얻은 것이 '어머니를 버린 것'이었다. 삼촌의 질문은 나와 아버지 사이의 관계를 물들였던 긴장을 떠오르게 했다. 북아메리카 삶에의 동화가 종종 아버지의 가치관을 배반하는 듯한 느낌, 야망과 가족 연대 사이의 끈질긴 줄다리기 같았다.

체코의 친척들과 더 많은 시간을 보내면서 나는 내 자주적이고 유목민 같은 삶이, 가족들과 가까이 살며 지속되는 그들 삶의 연속성과 비교하여 얼마나 이상하게 보일지를 깨달았다. 그들은 이사라는 것이 너무 생소해서, 내가 언니가 최근에 집을 팔고 같은 도시에 있는 다른 집으로 이사했다고 하자, 집을 팔 때 안에 있는 가구도 같이 주는 거냐고 물었다. 삼촌은 아직도 세디비 집안이 몇 백 년 동안 살았던 가족 주거 단지에서 살고 있다. 삼촌의 아들은 자신의 가족들과 함께 삼촌의 집 바로 위에서 살고, 딸 중 하나는 몇 골목 떨어진 곳에서, 또 다른 딸은 말 그대로 삼촌 집 뒷마당에서 살고 있다. 그 딸이 결혼할 때 가족의 땅 한 편에 집을 짓도록 허락했기 때문이다. 사위 중 한 명은 같은 마을에 자기의 어린 딸들을 위해 집을 지으라 바빴다. 그가 자기 딸들이 가정을 이루면 살 곳을 내게 자랑스럽게 보여주기에, 나는 머리를 저으며 말했다. "캐나다에서는 절대 있을 수 없는 일이에요. 내가 아이들을 위해 집을 지을 수는 있겠지만, 아이들이 거기서 살겠다고 할 확률은 매우 적어요."

그러나 균열은 고향까지 뚫고 들어갔다. 세계화 물결이 해안을 넘어 우리 가족 마을에까지 이른 것이다. 사랑스럽게 지어진 그 집들 중 하나는 원래 주인을 잃어버렸다. 그 딸은 지금 치과의사로 NGO에서 일하며 아프리카에 살고 있다. 그녀 사촌 중 한 명은 수년 동안 미국에서 여행하고 일하다가 지금은 호주에 있다. 그 세대의 많은 후손들은 좋은 직장을 찾을 수 있는 유럽 전역에 흩어져 있다. 그들은 자기가 아기 때부터 발을 담근 세상과 다른 세계에서 온 사람들을 만나 사랑에 빠진다. 그들은 내 성장 시절을 들쑤셨던 것과 같은 갈등과 결정에 부딪친다. 마을에 남아 있는 사람들도 영향을 받는다. 유서 깊은 고향의 전통과 구조 밖에 늘 존재하는 다른 종류의 삶이 그들에게 손짓한다.

여러 문화에 다리를 걸치고 사는 삶의 가장 큰 유산은 자아의 균열 자체가 아니라고 생각한다. 그것은 호프만이 지적한 대로 현대적 삶을 특징짓는 상태가 되었다. 오히려 이민자들과 소수민족들이 폭넓게 공유하는, 균열이 자신의 중요한 부분이며 이중성이 단지 삶의 상태가 아니라 자신이 누구인지를 말해주는 바로 그 특질이라는 의식이 가장 큰 유산이다. 에바 호프만이 그랬고, 비엣 타인 응우옌의 소설 『동조자』에서 모든 이슈를 두 관점에서 볼 수 있는 것이 유일한 재주인 주인공이 그랬으며, 나 또한 그랬다. 내가 인생과 일에서 내린 결정들을 되돌아보면, 나는 틈새에 끼어 있는 공간과 상호작용, 하이픈(—), 항상 양면이 존재하는 상황들에 마치 전구로 달려드는 나방처럼 이끌렸다.

언어심리학 박사과정에 지원할 때, 나는 학생들이 언어학과 심리학 모두를 통합하여 공부할 수 있는 프로그램에 가장 많은 관심을 두었다. 복합어인 이름에도 불구하고 그 당시 언어심리학 분야는 두 학문이 대부분 분리되어 그 둘 모두를 공부한 사람이 거의 없었다. 두 분야는 서로 다른 방법론, 가정, 사회 체제를 가지고 있었다. 그러나 인간 정신 안에서 언어가 어떻게 작동하는지를 이해하는 가장 좋은 방법은 두 관점의 뒤집기 놀이를 하는 것, 즉 하나의 관점으로 다른 것을 조명하고 또 반대의 경우도 시도하는 것이 가장 합당해 보였다. 내게는 두 명의 지도교수—한 분은 심리학자, 다른 한 분은 언어학자—가 있었고 연구실도 두 과에 각각 있었다. 그리고 내가 속한 프로그램이 다른 대부분 박사과정보다는 분야 통합을 추구했지만, 나는 여전히 다른 언어 사이를 왔다 갔다 하듯 어떤 날은 심리학자, 또 다른 날은 언어학자인 듯 느꼈다. 서로 다른 언어와 문화가 그렇듯이 두 학문 분야의 마찰은 내가 특정 사고의 버릇과 패턴에 주의를 기울이는지에 대해 궁금하게 만들었다. 한 분야에서 당연하게 여기는 관행이 다른 분야의 관점에서는 약간 이상하게 보였다. 학계에서 직장을 얻기 위해 인터뷰를 할 때 제일 많이 듣는 질문이 "당신을 언어학자라고 생각하나요, 아니면 심리학자라고 생각하나요?"였다. 운이 좋게도 나는 두 분야가 교수를 나눠 가져야 하는 대학에서 자리를 찾았다. 우리 과의 심리학자들과 언어학자들이 서로 자기 분야의 사람을 원했지만 학교에서 한 명을 뽑아야 한다고 했기 때문이다. 그 후 12년 동안 그곳에서의 내 일 대부분은 심리학자와 언어학자 사이를 통역하는 것이었고, 그 경험이 내 연구에 매우 유익한 영향을 주었다.

최근에는 문학 작품과 과학의 결합에 관심이 쏠린다. 둘 사이의 생산적 마찰, 한 분야의 객관적 태도와 다른 하나의 주관적 태도 사이의 팽팽함, 대립되는 미적 감각, 그리고 언어의 충돌이 다시 한번 나를 유혹한다. 개인적인 시간에 나는 동네에서 정치 토론 모임을 주관한다. 거기서 우리는 보수와 진보 진영의 책을 함께 읽고 서로의 관점의 이상한 점들을 탐구한다. 웅우옌의『동조자』처럼, 나는 삶의 모든 순간에서 이중성을 발견한다. 분명히 나도 모든 이슈를 양면에서 바라보는 능력에 이용당하고 있다. 어떻게 그렇지 않을 수 있는가? 결국 단일한 자아는, 그 자체만으로는 충분해 보이지 않는다.

4장

갈등

핼러윈에 어머니와 내가 체코 전통의상을 차려 입었다. 당시 체코에는 핼러윈이 없었기에 이것은 우리에게 문화 충격이었다. 체코 전통에서 한 걸음 더 나아가 나는 남자옷을 입었고, 아버지는 우주 외계인으로 분장하고 우리와 함께 다녔다.

왜 저 사람들은 영어를 쓰지 않는 거야?

나는 캘거리 중앙도서관의 전망 좋은 꼭대기 층에서 자주 일한다. 그곳 회전의자에 자리를 잡은 뒤 노트북을 켜고, 도서관 창밖에 펼쳐지는 우뚝 솟은 오피스 건물에 반사되는 대초원의 햇살을 만끽한다. 주위에서 들리는 대화의 속삭임은 글을 쓸 때 느끼는 외로움을 적절하게 막아주는 해독제이다. 여기서 절대 정숙이 강요되지 않는다는 사실이 감사하다. 하지만, 오늘은 어떤 남자의 컴퓨터에서 음악이 너무 크게 흘러나와 도서관 직원이 다가가 소리를 줄여달라고 요청한다. 그가 화를 낸다. "왜 **내가** 소리를 줄여야 하죠? **나는** 여기 이 **사람들**이 온갖 나라 **말**로 지껄여대는 소리를 듣지 않으려고 음악을 트는 것뿐이에요. 저 사람들한테 가서 그들의 **언어**를 줄여달라고 하지 그래요?"

사실 도서관 안에서는 여러 언어들을 많이 들을 수 있다. 펀자브어Punjabi, 표준 중국어, 러시아어, 아랍어, 스페인어, 광둥어, 타갈로그어, 힌디어, 프랑스어, 페르시아어, 벵골어, 터키어, 한국어, 우르두어, 베트남어, 이탈리아어, 혹은 특정 지역의 모국어라고 주장되는 140개 언어 중 어떤 것이 들릴지 모른다. 캘거리는 노동 공급을 받쳐주는 이민자들에게 의존하여 성장하는 도시이며, 도서관은 새로운 사람들이 마음껏 먹을 수 있는 뷔페 서비스를 제공한다. 어떤 언어를 계속 바깥에서 파고들어야 했던 사람으로서 나는 알지 못하는 언어에 파묻히는 것이 익숙하며, 심지어는 그 언어들에게 위로를 받는다. 노트북 키보드로 쳐 내려가는 글에서 정신적 휴식이 필요할 때 나는 주위의 언어가 무엇인지 맞히는 놀이를 한다. 때로는 특정 언어 자체는 모르고 어족語族만 알아채기도 한다. 러시아어, 폴란드어, 슬로바키아어, 그리고 당연히 체코어는 확실하게 구별할 수 있지만 불가리아어, 슬로베니아어, 크로아티아어 등 내 경험 밖에 있는 슬라브족 언어들은 구별하지 못한다. 프랑스어나 스페인어처럼 내가 아는 언어라면, 그것이 어느 지역 혹은 어느 나라 방언인지 분류하려 애를 쓴다. 내게 근처에 있는 언어를 자세히 들여다보고 싶은 본능은, 겨울밤 깜깜한 거리에서 환히 밝힌 방 안 사람들이 음식을 나누는 모습을 들여다보고 싶은 유혹만큼 강렬하다.

그러나 이 남성의 반응은 모든 사람이 나와 같지 않음을 상기시켰다. 대신 많은 사람들이 듣는 것은 외국어 안에 도사리고 있는 위협적 저의다. 비록 이 남성이 일반 캐나다인들보다 자제력이 부족한 것이 사실이지만, 다문화 도시인 캘거리 같은 곳에서조차 다른 나라 말 소리에 고개를 휙 돌려보는 불편함을 자주 목격한다. "그들은 항상 화나 있는 거 같아요." 특정한 언어를 쓰는 사람들에게 이렇게 말하는 사람이 있을지도, 또는 "우리가 못 알아듣는 걸 알기 때문에 우리 흉을 보고 있을지 몰라요"라고 말하는 사람이 있을지도 모른다. 다른 나라 말을 하는 사람들이 자기들 모국어로 비밀스럽게 바로 앞에 있는 타인에 대해 안 좋은 이야기를 나누는 것 같다는 의심을 표현하는 사람이 얼마나 많은지 나는 종종 놀란다. 모르는 사람들이 나누는 개인적 이야기에 상관할 바가 전혀 없는데도 말이다. 실제로 이런 의혹이 너무 많이 퍼져 있어서 거의 본능적인 반응으로 보인다. 곧 멸종될 위기에 처한 쇼쇼니족 언어 사용자들은 이런 예민함을 인정하는 예의의 규범이 있다. 이들은 한 사람이라도 쇼쇼니어를 모르면, 그가 자기 얘기를 몰래 하고들 있다고 느낄까 봐 그 앞에서는 자기네 말을 사용하지 않는다.[1] 대화를 할 때 쇼쇼니어 사용자들은 언어적으로 무장 해제를 한 채로 낯선 사람에게 다가간다. 그들은 손바닥을 펴서

위로 펼쳐 보이는데, 그것은 다음과 같은 뜻을 전달한다. **봐요, 음모도 없고 가십도 없으며 숨겨진 무기도 없어요.**

도서관 남성을 보며 어릴 적 나와 형제들이 체코어를 하면 반 친구들의 어깨가 뻣뻣하게 긴장되던 모습이 떠올랐다. 또한 아이들이 다른 언어를 하는 사람으로부터 반사적으로 거리를 둔다는 것을 밝힌 많은 실험실 연구가 생각났다. 언어가 영구적이고 변화될 수 없는 사람의 구성물이라고 믿는 아이처럼, 이 남성에게 낯선 언어는 그 말을 하는 사람이 다른 **종류**임을 시사한다. 그것은 적어도 그 남성에게, "당신과 나는 다른 인생 경험과 교훈을 가지고 있다. 당신이 내 대화의 내용을 이해하지 못하는 것만큼 당신은 내 가치관, 동기, 충성심, 증오를 모른다"라고 말하고 있는 셈이다. 같은 언어를 사용하는 두 사람이 서로가 외계인처럼 보일 만큼 너무나 다른 삶을 살아왔을 수도 있다. 그렇지만 외국어는 입을 열어 내는 첫 소리에서부터 이 다름을 만천하에 드러낸다.

"왜 저 사람들은 영어를 쓰지 않는 거야?"는 공공장소에서 외국어 소리가 들릴 때 자주 들을 수 있는 또 하나의 발언이다. 실제로 그 질문에서 언급되는 사람이 영어를 잘 알 수도, 억양은 있더라도 직장에서 영어를 사용할 만큼 영어 실력이 괜찮을 수도, 매일 만나는 사람 대부분과 영어로 대화를 잘 나눌 수도 있다. 하지만 그들은 자기 가족이나 친구들과는, 떠나온 고향 냄새가 나는 언어, 농담을 더 재미있게 할 수 있는 언어, 그들을 서로 더 가깝게 묶어주는 언어로 말하고 싶어 한다.

피할 수 없는 사실은, 언어가 사람들을 묶어주기도 하고 배척하기도 한다는 것이다. 어떤 언어를 모르는 사람에게는 그것이 자기가 속하지 않은 커뮤니티를 둘러싼 담장이나 다름없다. 언어가 '다름'을 보여주는 그토록 강력한 표식이기 때문에 영어로의 재빠른 동화, 그리고 세계 언어 대부분의 멸종조차 발전으로 여기는 사람들이 있다. 아마도 인류가 자기 부족 언어에 대한 충성심에서 벗어나 하나가 되고 있음을 보여준다고 믿는 듯하다. 심지어 그들은 이것을 성경 속 바벨탑 저주에 대한 반격이라고 여길 수 있다. 성경에 의하면, 단일언어를 사용하는 인간들이 너무 잘 협동하자 위협을 느낀 하느님이 인류가 공유하는 언어를 쪼개 셀 수 없이 많은 조각으로 나누었다. 그중 많은 수를 오늘날 캘거리 공공도서관에서 들을 수 있다. 결국 그로 인한 언어적 대혼란이 인류의 원대한 야심에 종지부를 찍었다고 성경은 말한다. 아마도 한 줌의 공통 언어로 수렴하는 것이 인류가 품었던 공동 염원을 회복하는 데 도움이 될지 모른다.

그러나 나는 바벨의 대혼란과 그전에 있었다던 균일성 신화에 대한 대안을 끝까지 주장하고 싶다. 나는 로버트 브링허스트, 지금은 캐나다 서해안 지역에서 몇 명 되지 않는 사람만이 사용하는 하이다* 언어로 쓰인 장편 시를 번역한 학자인 그의 글에서 나와 똑같은 충동을 발견한다. 브링허스트는 다수의 언어와 문화가 서로 섞여 공존하는 사회의 비전을 설명한다. 마치 바흐의 푸가나 조스캥의 모테토에서 들을 수 있는 다성음악 속 소리와 같은 것이다.

다성음악에서는 두세 개 혹은 그 이상의 멜로디가 서로 독립적이지만 조화를 이루며 동시에 같은 공간으로 들어간다. 때로는 서로를 반박하고 때로는 함께 춤추며, 그러나 절대로 자신의 독립을 포기하지 않고, 동조하여 구호를 외치거나 거리를 행진하지 않는다. 두 존재가 정말로 같은 공간을 같은 시간에 차지할 수 있는 고대 하이다 조각의 비非아리스토텔레스적 물리학은 다성음악의 공간과 매우 비슷하다. 두 예술 모두 부조화를 지니고 있다. 서로 부딪치는 것들이 있다. 하지만 부조화가 받아들여질 수 있고, 받아들여지기 때문에 부조화는 전체의 맵시와 완전함에 이바지한다. 하이다 조각상들과 다성음악이 풍성한 세상에서는 자살폭탄 같은 것이 어떻게 가능한지 이해하기 힘들다. 자살폭탄만큼 해롭지 않더라도 학문적으로 그리고 저널리즘적으로 똑같이 한심한 것들도 이해할 수 없다.[2]

---

* Haida. 캐나다, 알래스카 서해의 섬에 사는 북아메리카 원주민들.

다성음악 애호가로서 나는 브링허스트의 비전에 황홀해진다. 중세에 이 당황스러운 새로운 음악을 접한 사람들이 어떻게 느꼈을까를 상상해 본다. 비교해 보면, 모든 목소리가 제창으로 진행되었던 이전의 그레고리오 성가는 약간 심심하게 들렸을 것이다. 하나의 언어만을 쓰는 도시가 내게는 심심하게 보이는 것처럼 말이다. 그러나 이 음악의 복합성과 천상의 아름다움은 그것을 성취하기 위해 필요한 특별한 작곡 기술을 연상시킨다. 단순히 노래하는 사람들을 모아서 동시에 소리를 내게 한다고 멋진 다성음악이 되는 것은 아니다. 그것은 작곡가의 천재성, 예를 들면 음색 대비와 균형의 감각, 우리 귀가 감내할 만한 딱 그 정도의 적당한 불협화음의 인식 등을 갖추어야 몇 개의 선율이 같은 공간에서 동시에 흐르게 만들 수 있다. 능숙하지 못한 작곡가의 손에서는 같은 목소리들이 곧 바흐의 숭고한 소리가 아닌 바벨의 불협화음으로 전락하며, 그레고리오 성가의 단성 선율로 돌아가고픈 향수를 강하게 불러일으킬 위험이 있다. 나는 점점 더 복잡해지고 다문화적 모습을 갖추는 현대 사회가 그 일을 해내는 데 필요한 기술을 가질 수 있는지 의문이다. 진정한 다성多聲, polyphonic 사회를 이루기 위해 무엇이 필요할까?

여러 음이 공존하는 마음

대니얼 에이브럼스와 스티븐 스트로가츠는 현실 세계의 잡다한 질문들에 자신들의 전문성으로 대답한 수학자들이다. 귀뚜라미는 왜 한 소리로 울어댈까? 런던의 밀레니엄 다리가 개통하는 날, 왜 군중들은 다리가 흔들릴 정도로 자기도 모르게 서로 발을 맞추어 움직이게 될까? 수적으로 월등히 많은 오른손잡이들에게 계속 압도당해 온 왼손잡이들이 왜 진화 과정에서 제거되지 않았을까? 2003년에 에이브럼스와 스트로가츠는 전 세계에서 일어나는 언어 멸종을 수학적으로 설명하고자 했다. 그들은 하나의 언어 사용자 집단 안에서 두 언어가 경쟁할 때의 결과를 모델로 만들었다.[3] 어떤 언어를 충분히 많은 사람들이 사용하고 그것이 충분한 지위(아마도 경제적 가치의 형태로)를 보장할 때 사람들이 그 언어를 배우려고 한다는 전제하에, 두 수학자는 다음과 같은 결론을 내렸다. 동일한 정신과 마음을 사로잡기 위해 두 언어가 경쟁할 때, 시간이 지나면 필연적으로 하나의 언어가 다른 하나를 멸종 지경까지 밀어붙인다. 다만 소수 언어의 지위를 높이는 조치를 취하면 이 과정의 속도가 늦춰질 수 있다고 이들은 말하며, 북아메리카에서 영어를 쓰는 대중 안에서 퀘벡 프랑스어가 가진 회복성을 그 예로 들었다. 에이브럼스와 스트로가츠의 모델은, 사람들이 하나의 언어밖에 하지 못하고 모든 사람이 그 집단의 다른 모든 구성원과 똑같은 정도로 상호작용을 한다는 단순화된 가정 위에 세워진 장난감처럼 현실 세계를 모방한 것이었다. 그러나 그 논문을 토대로 실제 세계의 언어 집단을 좀 더 세세하고 현실적으로 반영하게끔 추가·수정된 모델은 영감을 주었다. 사람들이 이중언어자가 되도록 하면 어떨까? 언어 사용자들의 사회적 습관이 다양화될 수 있는 모델을 구축하면 어떨까? 한 세대에서 다음 세대로 소수 언어를 쉽게 물려주도록(예를 들어 학교에서 소수 언어를 가르치도록) 하면 어떨까? 다른 언어 때문에 발생하는 한 언어의 죽음을 미리 어느 정도는 방지할 수 있을까?

이 모든 모델의 기저가 되는 전제, 즉 언어들이 각 개인의 마음을 차지하기 위해 경쟁한다는 명제는 명쾌하지만 동시에 우리를 불안하게 만든다. 몇 개의 슈퍼 언어super-languages가 지배하는 얽히고설킨 세계에서 작은 언어들의 생존은, 하나의 마음에 여러 개의 언어가 공존할 수 있는 가능성에 의존하기 때문이다. 우세 언어를 사용하지 않을 때 따르는 대가가 너무 크면, 작고 지엽적인 언어는 사람들의 마음을 쟁취하여 그것의 유일한 점유자가 될 기회를 잃는다. 이중언어 상용이 이들의 마지막 희망이다. 이것은 다수의 언어가 공존하는 다성 사회의 건설이, 아니면 그런 사회를 만들 수 있는지 또는 만들어야 하는지라는 **질문**에 대한 응답조차 '여러 음이 공존하는 마음'을 이해하는 데서부터 출발해야 함을 의미한다. 그리고 원래 에이브럼스와 스트로가츠의 모델이 제시한 언어-마음이라는 절대적인 일대일 대응을 위한 투쟁이 아니더라도, 개인의 마음에서 언어들이 서로 우위를 점하기 위해 싸운다는 생각에는 깊은 심리적 진실이 담겨 있다. 하나의 마음 안에서 언어들이 공존할 수 있지만, 그것들은 형제자매가 그렇듯 정신적 자원을 얻고 주목을 받기 위해 몸싸움을 벌인다. 새로운 아기가 태어난 가정처럼, 우리의 마음도 기존에 그곳에 살고 있는 언어들에게 영향을 미치지 않으면서 새로운 언어를 받아들일 수는 없다.

언어 과학자들은 이제 사람이 새로운 언어를 배우면서 새것과 옛것을 완전히 격리하는 것이 불가능하다고 믿는다. 첫 번째 언어를 매일 쓰더라도 새로운 언어가 압력을 행사한다. 모국어로 단어를 말하려 할 때 새로운 언어가 기존의 점유자를 팔꿈치로 밀치며 들어오려 한다. 어떤 언어로든 뭔가를 말하는 것이, 그 순간에 사용하지 않으려는 언어의 "나를 뽑아주세요!"라는 외침을 무시하는 훈련인 셈이다. 한 실험실 연구가 생생하게 보여주듯이, 다른 사람이 어떤 언어로 말하는 것을 조용히 들을 때조차도 또 다른 언어의 소리를 완전히 죽이기는 힘들다. 한 연구에서 러시아어-영어 이중언어 사용자들은 러시아어로 주어지는 지시를 따랐고, 이때 이들의 안구 운동을 추적했다.[4] 참가자들은 익숙한 물건들을 러시아어 지시에 따라 책상 위에서 옮겨야 했다. 예를 들어 우표(러시아어로 '마르쿠marku')를 옮기라고 했을 때 그들의 눈동자가 자주 매직펜(영어로 '마커marker') 쪽을 스쳤다. 영어로 비슷한 이름을 정신적으로 완전히 억누르지 못한 것이다. 안구 운동 기록은 참가자들이 러시아어만 사용할 때조차 영어가 주목을 받기 위해 애쓰는 방식을 보여주었다.

새로운 언어가 추가되면, 모국어는 이전에 누렸던 전적인 관심을 즐기지 못한다. 그 언어를 일상적으로 사용하는 데 있어서 효율성이 꽤 크게 떨어진다. 모국어를 말할 때도 이중언어 사용자들은 단일언어 사용자들과 비교하여 기억에서 단어를 끄집어내는 데 살짝 느리다. 대립하는 언어들 사이에 혼선이 있기 때문이다.[5] 젊은이들 경우에는 교환학생으로 한 학기만 공부하고 온 후에도 모국어 속도가 둔화되는 것처럼 보이기도 한다.[6] 외국어 몰입 프로그램을 3년간 경험한 후에는 그 새로운 언어의 단어가 태어날 때부터 썼던 언어의 단어보다 더 빨리 떠오를 수 있고, 이것은 새 언어가 아직 전혀 유창하지 않은 사람들조차 그렇다.[7] 그리고 이중언어 사용자들은 단일언어 사용자들보다 단어가 혀끝에서 맴도는 미칠 것 같은 상태, 단어나 이름을 아는데 의식의

끝자락 바로 너머에서 겉돌기만 할 뿐 붙잡지 못하는 현상에 더 자주 괴로워한다.[8]

다중언어 사용자 내면의 여러 언어를, 다성음악인 모테토를 이루는 여러 목소리 — 즉 모두가 같은 시간에 같은 공간에서 동시에 소리를 내는 것 — 로 생각하는 것은 꽤 적절해 보인다. 이것은 마음의 한 부분이 항상 지휘자 역할을 하며 한 언어는 더 강하게 노래하라고 북돋고 다른 것은 자제시켜야 한다는 것을 의미한다. 완벽한 균형이 이루어지는 적은 드물다. 한 언어가 종종 상황에 적절한 정도보다 더 크게 노래하겠다고 주장한다. 피곤, 스트레스, 음주 등으로 마음의 지휘자가 완벽하게 통제하지 못하면 가장 시끄러운 언어를 조용히 시키는 것은 불가능하다. 마음속에 떠오른 어떤 언어의 단어가 원래 의도했던 단어를 잘못 대신하기도 한다. 그리고 처리하는 데 조금 더 시간과 노력이 필요한 언어의 소리를 우세 언어가 막을 수도 있다. 이 경험은 영어를 쓰는 캐나다인으로서, 성인이 되어 프랑스로 이주했으나 영어를 우세 언어로 유지한 소설가 낸시 휴스턴이 생생하게 기술한다.

> 내게 이것은 거의 두뇌 안에서 일어나는 물리적 전쟁과 다름없다. 그리고 좋든 싫든 거의 항상 모국어가 우위를 점한다. 몇 달 전, 나는 몬트리올 생로랑대로에 있는 유명한 유대인 델리인 슈와르츠에서 프랑코폰 친구와 점심을 함께했다. 그녀는 낮은 목소리로 자신의 첫 번째 결혼의 문제에 대해 털어놓고 있었다. 그런데 반쯤 식사를 했을 때 그 집의 단골인 듯한 건장한 중년 남자 네 명이 들어왔다. 그들은 우리 옆 테이블에 앉아 영어로 크게 이야기를 나누기 시작했다. 소중하고 연약한 친구가 떨면서 머뭇머뭇 퀘벡 프랑스어로 전하는 눈물어린 결혼 생활 이야기에 집중하려는 내 강렬한 욕구에도 불구하고, 이제 내게 들리는 것은 시시껄렁한 앙글로폰뿐이었다. "이봐요! 여기 빵 껍질 좀 가져다줄래요? 주방장에게 내가 달라고 한다고 말해요. 내가 그거 좋아하는 거 아니까. 껍질이 제일 맛있는데 말이야. 난

그것만 먹고 다른 부분은 먹지 않아." 식사가 끝날 때쯤 나는 친구 결혼 문제의 디테일을 영원히 모를 거라는 사실을 깨닫고 절망했다. 그것은 다시 한번 말해달라고 부탁할 수 있는 그런 종류의 이야기가 아니었다.[9]

아무리 최선을 다한다 해도, 마음의 지휘자가 목소리들의 상대적인 음량을 통제하는 데는 한계가 있다. 그렇다고 목소리들의 음량이 고정된 것은 절대 아니다. 어떤 언어의 시끄러움이나 조용함은 그 순간 언어적 환경에 따라 다르다. 단일언어 환경 속에서 시간을 보내면 그곳에서 쓰는 언어의 정신적 음량이 재빨리 커진다. 캘거리에서 프랑스 리옹으로 날아가는 것이 내 프랑스어 실력 향상에 가장 좋은 방법인 이유다. 그곳에서 며칠만 지내도 기적적인 발전이 있는 듯 보이는데, 그것은 어휘가 갑자기 늘었다기보다 프랑스어 밖에 안 들리는 환경에서 내 마음 속 영어가 상대적으로 조용해졌기 때문이다. 내가 지금 이야기를 나누려는 사람이 영어나 프랑스어 중 어느 것을 선호하는지 혹은 그 둘을 활기차게 섞는 것을 좋아하는지를 절대 알 수 없는 몬트리올에 있을 때, 나는 언어들의 치열한 전투를 가장 강하게 느낀다. 그리고 애석하게도 내가 일상생활을 하는 대부분 환경에서는 모국어인 체코어가 가장 목소리를 내기 어렵다. 영어를 단일언어로 쓰는 캘거리 같은 도시에서는 더욱 그렇다.

새로운 언어가 모국어를 지배하는 방식

교훈은 명확하다. 이미 쓰고 있는 언어를 바꿀 준비가 되어 있지 않으면, 새로운 언어를 배우지 마라. 어떤 변화는 새 언어가 학습자 마음에 처음으로 소개된 거의 직후 나타난다. 예를 들면, 이중언어 사용자는 단일언어 사용자와 미묘하게 다른 방식으로 모국어 소리를 발음하고 지각한다고 많은 연구자들이 보고한다. 두 번째 언어를 최근에 배우기 시작했어도 마찬가지다. 이 효과의 가장 극적인 증명의 하나는 '음성 표류phonetic drift'라고 알려진 것이다. 언어학자인 찰스 창은 지금 막 한국어를 배우기 시작한, 영어가 모국어인 성인들을 대상으로 연구했다.[10] 이 학습자들은 미국 대학 캠퍼스에서 6주 동안 주5일, 하루에 네 시간씩 한국어 집중 수업을 들었지만, 수업 이외 일상생활에서는 한국인과의 접촉이 없었다. 그들의 영어는 견고했고 그렇게 늦은 나이에 침입하는 언어에 영향을 받을 것이라고 아무도 생각하지 않았다. 그럼에도 창은 수업이 시작한 뒤 고작 2주 뒤에 학생들이 특정 영어 자음과 모음을 한국어와 가깝게 발음하는 것을 발견했다. 몇 십 년간 영어를 쓰며 살았고 한국어는 교실에서 하루 몇 시간씩 겨우 몇 주간 배웠을 뿐인데도 학생들은 아주 미묘하게 한국어 억양을 얻기 시작했다. 확실히 하자면, 그들의 억양이 너무 약해서 대부분 사람들에게는 들리지 않았지만 정밀한 음향 측정기에 감지될 만큼은 충분히 뚜렷했다.

위와 같은 연구는 어떤 언어도 마음 안에 마지막 형태로 자리 잡지 않으며, 심지어 그 언어가 성인이 되도록 마음 안의 유일한 점유자였어도 마찬가지임을 보여준다. 다른 언어들이 들어와 압력을 가하면, 기존의 언어는 이에 반응하여 윤곽을 바꾼다. 그리고 그 다른 언어가 후퇴하면 모국어가 원래 형태로 돌아가려 한다. 언어 환경이 왔다 갔다 하는 다중언어 사용자들에게 있어서, 주위의 언어가 지금 사용되는 말에 미치는 영향은 주기적인 리듬을 가질 수 있다. 미셸 상시에르와 캐럴 파울러는 미국에서 대학원을 다니고 있는 브라질 학생을 대상으로 이런 주기를 기록했다. 학생이 미국에서 4개월 산 뒤에 모국어인 브라질식 포르투갈어로 말하는 것을 녹음했고, 그 뒤 브라질에 2개월 반을 체류한 뒤에 다시 한번, 그리고 미국으로 돌아오고 4개월 뒤에 또 한 번 녹음했다.[11] 브라질식 포르투갈어가 모국어인 사람들에게 녹음을 들려주자 그들은 그녀가 미국에서 산 지 4개월이 지난 뒤 외국어 억양이 싹트고 있음을 구별해 냈다. 브라질에 잠시 머문 뒤의 녹음은 같은 동료 브라질 사람들이 자기네가 하는 말소리와 똑같다고 판단했다. 미국에 돌아온 지 다시 4개월이 지난 뒤의 녹음에서 그녀의 미국식 억양이 다시 들렸다.

새로운 언어는 모국어의 발음을 흐트러뜨릴 뿐만 아니라, 어휘 깊숙이까지 들어가 모국어 단어를 이해하는 데 바탕이 되는 개념을 재배치할 수 있다. 그리스어는 밝은 파랑ghalazio 과 어두운 파랑ble 을 다른 명칭으로 부르고 있어서 그리스어가 모국어인 사람들은 영어 사용자보다 약간 더 빨리 ghalazio와 ble 색깔을 시각적으로 구분한다. 그런데 영어 사용 국가에서 몇 년을 산 뒤에는 이러한 이점이 사라진다.[12] 파란색을 묘사하는 데 무신경한 영어가 마음에 들어오면서, 그리스어의 빠릿빠릿한 감각을 잃은 것이 분명하다.

모국어가 유일한 언어일 때의 순수한 모습을 보존하는 유일한 방법은 다른 언어 학습에 조금이라도 노출되지 않는 것이다. 한 놀라운 실험에서 심리학자 바버라 말트와 동료들은, 영어가 모국어인 사람들에게 단지 20분 동안 다양한 '음료 용기'를 러시아어로 어떻게 부르는지 가르쳤다. 그 결과 참가자들은 이 물건들의 영어 명칭도 다르게 말하기 시작했다.[13] 영어로는 대부분 음료가 glasses(유리잔), cups(컵), 혹은 mugs(머그잔)라 불리는 용기에 담기며, 모든 단어들이 그렇듯 이 범주 안에서 어디에 속하느냐는 약간 애매하다. (차를 마시기 위해 손잡이가 있으면서 유리로 만들어진 용기를 쓴다면 그것은 유리잔일까, 머그잔일까?) 영어로 유리잔-컵-머그잔 삼총사로 해결되는 다양한 물건들에 이름을 붙이는 데 반해 러시아어로는 열 개의 다른 단어로 부른다. 러시아어의 stakan이 대략 영어의 유리잔으로, 러시아어 chaska가 영어의 컵으로 번역되지만 그 짝짓기는 완벽함과는 거리가 멀다. 예를 들어, 종이나 스티로폼으로 만들어지고 손잡이가 없는 물건을 러시아어는 stakan이라고 하지만, 대부분의 영어 사용자는 그것을 유리잔이 아닌 컵이라고 여길 것이다. 참가자들은 언어 실험실에서 단 한 번의 세션 동안 러시아어 명칭을 어떻게 적용하는지를 배웠다. 그 뒤 영어 명칭을 물었을 때 그들은 이전에 컵이라고 했을 물건을 유리잔 범주로 흡수시켜, 영어 명칭이 러시아어 방향으로 흔들림을 보였다. 이 연구 참가자들이 실험실을 떠난 뒤에는 정상적인 단일언어 생활로 돌아갔기 때문에 이런 흔들림은 일시적인 영어 사용의 왜곡일 수 있다. 20분 동안 한 자리에 앉아서 몇 개 안되는 외국어 단어의 반복적 포격을 받았기 때문이다. 그러나 다른 연구 결과에 따르면, 러시아어가 모국어이며 미국에 정착한 이주민들에게서 더 영구적인 변화가 드러났다. 음료 용기에 대한 이들의 러시아어 명칭은 뚜렷하게 영어와 같은 모습을 보인다. 아마도 이 이민자들은 실험실에 갇혀 음료 용기 이름들을 반복 훈련한 것이 아니라 오랜 시간에 걸쳐 영어 원어민들과 음료를 마시면서 영어 이름들을 배웠을 것이다.[14]

　언어학자들은 언어가 약화될 수 있다는 사실을 잘 알고 있다. 특히 어렸을 때 한 언어 환경에서 다른 언어 환경으로 옮겨진 아이들이 더 심하게 약화된다. 그러나 성인까지 지켜온 모국어는 나중에 배운 언어의 갑작스런 등장에 저항한다고 언어학자들이 오랫동안 가정해 왔고, 특히 그 모국어가 계속 우세한 언어일 때 더욱 그렇다고 생각했다. 모국어가 새로운 언어와 두뇌를 공유할 때 얼마나 쉽게 변하는지를 보여주는 이런 결과들은, 이중언어 연구자 모니카 슈미트와 바버라 쾨프케의 연구를 이끌어냈다. 그들은 언어를 완전히 상실하기까지 이어지는 긴장감이 모든 이중언어 사용자의 마음에 어느 정도 깃들어 있다고 주장하며, 한 발 더 나아가 "모든 이중언어 사용자는 언어가 약화된 사람들이다"라고까지 주장했다.[15]

　이 발언은 동료 언어학자들의 소란스런 항의를 촉발했다.[16] 이들 동료들은 성인이 되어 언어를 새로 배우면, 설령 모국어가 몇 십 년 동안 방치되어 있었더라도, 그것이 모국어에 미치는 영향은 상당히 희박하다고 지적했다. 물론 수년간 쓰지 않았던 언어의 단어를 길어 올리는 데 시간이 더 걸리고, 사용하는 문장 구조가 단순해지는 경향이 있을지 모르지만, 그렇다고 모국어가 완전히 망가지지는 않는다. 대부분은 계속해서 문법적으로 옳은 문장을 구사한다. 게다가 새로운 언어 학습이 이전 언어에 분명히 흔적을 남기지만, 그 영향이 무분별하지는 않다. 이전 언어의 모든 측면이 변하는 것은 아니다. 미국에 계속 살면서 한국어 숙달을 원하는 미국 학생이 갑자기 r과 l 발음을 헷갈릴 리는 없다. 기껏해야 유창한 영어가 약간 채색되어, 아주 귀가 밝은 사람만이 그 학생의 원어민다운 영어에서 '특별한' 뭔가를 느낄 수 있을 것이다. 이 연구자들은, 모국어가 새로운 언어에게 마음의 자리를 조금 내주려 움직이는 것과 한 언어가 다른 것을 잡아먹는 것을 구분하는 게 중요하다고 주장한다. 이중언어 사용자들에게는 언어 대립이 평생 지속되는 현실임은 확실하다. 그러나 대립이 죽을 때까지의 싸움일 필요는 없다. 언어들이 마음의 유일한 점유자가 되기 위해 싸운다는, 대니얼 에이브럼스와 스티븐 스트로가츠가 세운 모델의 결과와 상관없이 말이다. 이중언어 사용자의 마음에서 한 언어가 다른 언어를 계속 잡아당기다 보면 특정 자음과 모음의 모양이 살짝 바뀔 수 있다. 그리고 그 결과로 기억에서 단어를 꺼내어 입 밖으로 내놓는 데 추가로 1초 미만의 시간이 더 걸리기도 한다. 하지만 이런 변화를 전면적인 언어 상실과 똑같다고 치부하는 것은 지나친 기우다. 그것은 이중언어 상용에 대해 불필요한 두려움을 덧댈 위험이 있다. 다시 말해, 마음에 단단히 박힌 언어가 위태롭다는 잘못된 인상을 줄 수 있다.

두 번째 언어가 모국어를 변형시킬 수 있다는 이야기가 새로운 연구들을 통해 대두되자 비평가들은 이중언어 상용의 이득이 — 대중들의 관점에서는 — 그 대가에 대한 부당한 두려움에 가려진다고 우려한다. 이들은 또한, 다른 언어에 대한 반사적인 불신이 빠르게 수면 위로 떠오르며 기존 언어에 대한 위협을 과하게 느끼게 된다고 지적한다. 그들이 하고 싶은 말은, 다른 언어 소리를 두려워하며 도서관에서 단선율을 갈망하는 남성의 불안을 자극하지 않게 조심하자는 말로 보인다.

언어의 탄력성

언어가 존재하기 시작하면서 아마도 다중언어 사용자 역시 존재해 왔을 것이고, 언어학자들은 지금 지구에 사는 사람들 중 절반 이상이 하나 이상의 말을 한다고 자주 말한다. 그러나 언어들이 어떻게 정신적 공간을 공유하는지에 대한 과학적 이해는 이제 간신히 시작되었다. 확고한 지식이 없다고 해서 다언어주의의 축복과 두려움에 대해 열정적으로 의견을 제시하거나 표현하지 못하는 것은 아니다. 언어는 문화와 정체성과 너무 얽혀 있기 때문에 중립적 입장을 견지하기가 어렵다.

이런 의견들이 언어 자체에 대한 과학적 연구에 솜씨 좋게 스며들어, 때로는 연구가 다언어주의에 대한 사회의 태도를 안내하기보다 오히려 그 태도를 반영하기도 한다. 20세기 전반기에, 적어도 영어권 세계에서는, 하나 이상의 언어를 익혀야 하는 운 없는 아이들을 위해 다언어주의의 해악에 대한 우려가 묻어나는 학술적인 글을 수없이 발표했다. 한 전문가는 "단일언어 아이들보다 이중언어 아이들이 더 높은 정도의 정신적 혼란을 보인다"라고 썼다.[17] 또 다른 이는 "집에서의 외국어 사용이 정신지체를 낳는 주요 요인 중 하나다"라는 의견을 내놓았다.[18] 그리도 또 다른 사람은 두 언어로 나뉘어 상충하는 자아는 "다중 인격으로 이어질 수 있으며, 최악의 경우 정신분열에 이를 수 있다"라는 의혹을 제기했다.[19]

그러다 1962년에 맥길대학교의 엘리자베스 필과 월리스 램버트의 획기적 연구로 인해 이중언어 상용의 심리적 영향에 대한 학계 의견의 방향이 바뀌기 시작했다.[20] (월리스 램버트는 2장에서 논의한 또 다른 획기적 연구의 저자이기도 하다. 그의 연구는 퀘벡 프랑스어에 붙은 오명을 드러냈다. 그는 자녀들을 프랑스어-영어 이중언어 사용자로 키웠다.) 필과 램버트의 논문은 이중언어 아동의 심각한 정신적 결함을 보여줄 목적으로 진행된 이전의 연구들을 맹렬하게 비판했다. 일부 연구에서는 가난한 이민자 아이들의 학업 성취를, 집이 부유하며 단일언어를 사용하는 아동들의 것과 비교하여 두 집단의 차이가 이중언어 때문인지 아니면 (더 타당한 원인으로 보이는) 빈곤의 결과인지 모호했다. 또 다른 연구에서는 나이가 다른 아이들을 검사한 뒤 그들의 성취를 비교했다. 그리고 영어를 거의 하지 못하는 아이들을 영어로 평가한 뒤에, 그들이 낮은 성취를 보이는 것이 검사를 진행하는 언어를 못 알아들어서가 아니라 이중언어를 쓰기 때문이라고 주장한 연구도 있었다. 필과 램버트가 이런 중요한 변인들을 통제하자 다양한 비언어적·언어적 지능검사에서 전반적으로 이중언어 사용 아동들이 단일언어 사용 아동들과 비슷한, 혹은 더 나은 수행 능력을 보였다.

되돌아보면, 소위 언어 전문가들이 한때 그런 절망적이고 왜곡된 신념을 가지고 있었다는 것을 믿기 어려울 수 있다. 특히 여러분이 램버트 가족처럼 저녁 식탁에서 하나 이상의 언어로 대화하는 중산층 전문직 가정에 속한다면 말이다. 그러나 그들이 논문을 쓸 시절에는 자신들의 결론이 상식처럼 보이고, 연구 결과는 단순히 당연한 것을 재확인한다고 생각했을 수 있다. 특히 북아메리카에서는 이중언어 아동 중 다수가 열악한 환경에서 사는 이민 가정 아이들이었다. 일반적으로 그 아이들의 부모는 교육을 받지 못했고, 아이들 자체의 학업도 잦은 이사나 가난 혹은 전쟁 때문에 이어지지 못한 경우가 많았다. 증거는 누가 봐도 명확했다. 영어 이외의 언어를 말하는 아이들은 영어만 하도록 키워진 아이들에 비해 잘하지 못했다. 이런 인구학적 현실에 더하여 기존의 북아메리카 정착민들 사이에는 자신들이 포위당하고 있다는 일반적 정서가 있었다. 20세기 초반 미국은, 1800년대 말과 1900년대 초반에 있었던 이민 물결에 대한 반발이 일던 시기였다. 두 차례 세계대전도 외국인에 대한 공포를 부추겨서, 이민자들의 충성심을 끊임없이 의심했다. 다른 언어 소리가 특별히 음험하게 들렸던 시절이었다. 역사적 맥락에서 살펴보면, 기존에 발표된 보고서와 자신들의 이중언어 경험이 상충한다는 것을 발견한 필과 램버트 같은 연구자의 눈에 띄기 전까지, 이중언어에 대한 초반의 엉성한 연구들이 면밀하게 검토되지 않았다는 사실이 그리 놀랍지는 않다.

현대의 국제적 사회에서는 (그리고 자녀를 이중언어 학교에 입학시키려고 아우성인 부유한 부모 사이에서는) 필과 램버트의 연구 결과가 상식에 더 부합하는 듯 보인다. 실제로 다언어주의는 종종 인지적 영양제로 홍보된다. 그러나 언어들의 끊임없는 대립에 대해 과학적으로 밝혀진 바를 생각하면, 열성적인 다언어주의들이 주장하듯이 아이들 두뇌에 여러 개의 언어를 성공적으로 구겨 넣는 것이 어떻게 가능한지 묻는 현실주의자의 의문 역시 정당해 보인다.

가장 기본적인 수준에서는 언어들이 서로 말해지는 시간과 기회를 놓고 경쟁한다. 하나의 언어를 제대로 배우려면 어마어마한 양의 접촉이 있어야 함을 이제 우리는 알고 있다. 어린 시절에 두 번째 언어를 사용하는 대화를 거의 접하지 못했던 단일언어 사용자 아이가 이중언어 프로그램에 들어가면, 충분한 노출이 있었던 동료 아동들과 비교하여 불리하다.[21] 두 개 혹은 그 이상의 언어에 시간을 배분해야 하는 아이는 분명히 각 언어를 연습할 시간이 부족하다고 느낄 것이다. 마치 바이올린과 피아노를 모두 배우는 아이는 두 악기 모두 하나의 악기에 집중하는 아이만큼 실력이 빠르게 늘지 않는 것과 같다.

이런 현상은 현실에서도 자주 볼 수 있다. 두 언어를 배우는 초등학생의 어휘 수는 하나의 말을 하는 아이와 비슷하지만, 이중언어 아동들의 어휘는 나뉘기 때문에 각각의 언어는 하나의 말을 하는 단일언어 아동보다 적은 어휘를 갖는다. 이론적으로는 이런 사실이 학업 성취에 엄청난 손상을 초래해야 마땅하다. 어휘 수가 학업 성취의 강력한 예측 요인이라는 명확한 증거가 있기 때문이다. 예컨대 가난한 가정의 아이가 평균보다 적은 어휘를 익히고 학교에 입학한다는 것은 많이 증명된 사실이다. 이 결점은 학업 성취도에 영향을 미치며 아이의 학년이 올라갈수록 그 간격은 점점 벌어진다.[22] 이와 비슷하게, 한 아이가 집에서 쓰는 말과 학교에서 쓰는 말이 다르다면 학교 언어의 숙달 부족이 학업에 바람직하지 않은 결과를 초래할 수 있다.

그런데 이는 사실이 아닌 듯하다. 빈곤의 효과를 제거하면(그리고 가족이 겪는 과정 때문에 많은 이중언어 아동들에게 가난은 피할 수 없는 현실이다), 두 개의 언어를 유지하는 것이 장기적인 학업 전망을 어둡게 만들지 않는다. 이중언어를 쓰는 아이들의 성취도 차이는 시간이 지남에 따라 좁혀진다.[23] 마찬가지로 두 가지 말로 수업을 받는 것이 장애가 되지 않는다. 북아메리카에 있는 이중언어 프로그램을 철저하게 조사해 보니, 언어가 유창해지기까지 충분한 시간을 준다면 두 개의 언어로 학습한 학생들이 하나의 언어로 배운 학생들만큼 학교에서 좋은 성과를 보인다는 결론에 도달했다.[24] 이중언어 교육이 언어 학습에 장애가 있는 아동들에게 더 불리하지도 않다. 이 아이들이 장애가 없는 아이들보다 학업을 더 어려워하지만, 두 개 언어를 알거나 공부한다는 이유로 어려움이 더 커지지는 않는다. 이런 아이들의 마음에도 하나 이상의 언어를 담을 공간이 있다.

그렇다면 전체적으로 영양이 부족한 식단과, 영양분을 두 언어로 나눈 식단 사이에는 엄연한 차이가 있는 듯 보인다. 언어적 결핍과 다르게, 언어의 '시간 분배'는 아이가 언어를 배우는 효율성을 떨어뜨리지 않는다. 오히려 언어들의 경쟁에서 비롯된 긴장을 상쇄하는 축적된 기술이 있다. 마치 두 종류의 운동을 번갈아 훈련하면 전체적인 근력과 체력에 유리하고, 이 유리한 점이 두 가지 매우 다른 동작을 훈련하느라 쪼개는 시간을 보상하는 것과 같다.

어떤 경우에는 한 언어에서 쉽게 배운 기술이 다른 언어 학습에서 비계로 쓰이기도 한다. 이는 읽기 학습에서 더 두드러진다.[25] 영어는 개개의 소리와 부호 사이의 연결이 느슨해서 어린 학생들이 가장 이해하기 힘든 알파벳 시스템을 사용한다. 어떻게 아이가 girl과 gin이란 단어에 들어간 알파벳 g뿐 아니라 cough와 dough에 포함된 g의 소리를 배울 수 있을까? 스페인어나 체코어처럼 좀 더 투명한 표기 시스템에 태어난 운 좋은 아이들은 더 어린 나이에 글씨를 읽을 줄 안다. 나도 그랬다. 누가 가르쳐준 기억이 없는데도, 영어가 아닌 체코어로 읽는 법을 먼저 익혔다. 틀림없이 체코어의 강박적인 정규 맞춤법 덕분에 종이에 적힌 특정한 표식과 특정한 소리를 연결하기 쉬웠을 것이다. 심지어 단어가 개별 소리로 구성되어 있고, 각각의 소리는 시각적인 문자로 인식될 수 있다는 깨달음까지 얻기 쉬웠을 것이다. 거기서부터 같은 알파벳을 영어 소리로 확대하는 것은 행복한 실험이었다. 수업 시간에 이것을 배웠던 학교 친구들보다 나는 훨씬 더 먼저 간단한 영어 단어를 읽을 수 있었다. 내 실력을 알아본 유치원 선생님이 나를 교사실로 데려가서 다른 선생님들에게 보여주었고, 아직도 영어로 말은 서투르게 하는 이 이민자 아이가 읽을 수는 있다는 사실에 그들도 놀라워했다. 선생님들은 내가 마치 천재인 것처럼 지나치게 주목해 주었고 나는 그것을 즐겼다. 그들은 내 모국어의 정돈된 맞춤법이 조숙한 읽기 능력의 비밀이었음을 알지 못했으리라.

다른 언어에 노출되는 경험이 언어 학습을 도와주는 일부 기술을 강화하기도 한다. 여러 언어에서 아이들이 듣는 소리와 구조의 범위를 확장하는 것만으로도 주의력을 예리하게 만들 수 있다. 상황에 따라 이중언어 사용자들이 단일언어 사용자들보다 새로운 단어를 더 빨리 학습한다.[26] 이들은 말소리의 미세한 특징에 더 민감할 수 있다.[27] (그리고 여러 언어를 수집할 생각이 있는 사람이라면, 이미 두 언어를 경험한 것이 낯선 세 번째 언어가 익숙해지는 것을 쉽게 만든다는 말에 용기를 얻을 것이다. 예를 들어, 한 연구는 영어-표준 중국어를 말하는 이중언어 사용자들이 영어만 말하는 단일언어 사용자들보다 짐바브웨에서 쓰이는 말인 은데벨레어Ndebele의 혀를 차는 듯한 소리를 더 쉽게 학습한다는 것을 보여주었다.)[28] 이중언어 사용자들은 두 가지 문법체계를 다뤄야 하는데, 단어와 문장을 어떻게 조립해야 하는지에 대해 두 체계가 종종 매우 다를 수 있기 때문에 이들은 언어 기저의 구조를 더 잘 파악한다.[29] 그렇다면 두 개의 말을 배우는 것은 하나 이상의 악기 연주를 배우는 사람들이 얻는 것과 비슷한 이점을 제공할지 모른다. 하나의 악기에서 잃는 기술적 능숙함 대신 음악이 어떻게 구성되고 각각의 악기가 전체적인 효과에 어떻게 이바지하는지를 이해하는, 더 깊은 음악성을 얻을 수 있다.

이 모든 것들은 이중언어 사용 아이들이 입학할 때 어휘력이 부족함에도 불구하고 생각보다 학교에서 큰 어려움을 겪지 않는 이유를 설명한다. 그러나 이 놀라운 탄력성 뒤에는 또 다른 무언가가 있다. 수업에 사용되는 언어에 대해 가지고 있는 어휘 수의 차이가, 반드시 그 언어와 보낸 시간이 적었음을 반영하는 것은 아니다. 그것은 아이들의 언어가 전문화, 즉 생활에서 예상 가능한 방식으로 노동 분화가 시작되었음을 반영한다. 이중언어를 사용하는 유치원생과 초등학생을 대상으로 연구를 진행한 심리학자 팀은, 아이들의 단어가 각기 다른 언어 상자로 분리되는 것을 발견했다.[30] 집에서 쓰는 언어로는 호박, 국자, 캠핑 등 가정에서 주로 쓰는 사물과 개념과 관련된 단어를 더많이 알았다. 학교에서 쓰는 영어로는 우주인, 펭귄, 사각형, 모음 등 학교에서 이야기되는 개념을 말하는 단어를 더 많이 알고 있었다. 사실 학교와 관련된 단어에 있어서는 이중언어를 쓰는 아이들이 단일언어 사용 아이들만큼 잘알고 있었고, 이것은 두 언어에 양다리를 걸치고 있는 아이들이 생각만큼 학업 성취에 불리하지 않은 이유를 설명하는 데 도움을 준다. 그들의 어휘에 어떤 부분이 부족한 이유는, 단순히 그것들이 영어를 쓰는 학교 환경과 크게 상관이 없기 때문이다. 그 결과, 이중언어가 학업 발전에 주요 위험 요인이 되지않는다.

다중언어를 사용하는 성인은 언어 간의 노동 분화를 잘 인식하고 있다. 다중언어 사용자 대부분은 어떤 언어에서도 완벽하지 않은데, 그 말들을 공간적으로 다른 대륙에서, 인생의 다른 시기에 각각 익혔다면 더욱 그렇다. 13세에 조국 폴란드를 떠난 에바 호프만은 그로 인해 생긴 모국어 구멍에 대해 썼다. "폴란드어로는 성인으로서 경험한 부분 전체가 없다. 폴란드 말로 '마이크로칩' '감정적 허위' 또는 '진지함의 중요성'*과 같은 단어를 모른다. 모국어로 혼잣말을 하면 영어 표현과 뒤섞여 더듬거리는 대화가 된다."[31]

대부분의 경우, 우리에게 이런 균열이 별 문제가 되지 않는다. 집에서 우리는 사랑, 요리, 싸움에 필요한 언어를 배운다. 그리고 사랑하고 요리하고 싸울 때 우리가 사용하는 말은 완벽하다. 직장에서는 직업에 맞는 언어를 배운다. 집에서 쓰는 모국어로 효과적인 발표나 부하 직원의 평가를 못한다고 뭐라 하는 사람은 없다. 때로는 이런 분리가 축복이 되어 우리 삶의 다른 방 사이에 커튼을 쳐주는 역할을 한다. 내가 대학원생일 때, 나처럼 퀘벡 프랑스어를 하는 학우와 가깝게 지냈다. 힘든 하루 일과를 마치고 우리는 가끔 같이 한잔하며 프랑스어로 이야기를 나누었다. 우리 모두에게 프랑스어는 길에서 배우고 친구들과 수다를 떠는 사교 언어였다. 즐길 수 있는 말이며, 노력할 필요가 없는 언어였다. 이 언어로 아주 추상적인 대화를 시도했다면 애를 먹었을 것이고, 그때 진행하던 실험 절차에 대한 세세한 부분을 논의하는 것은 불가능했을 것이다. 프랑스어로 말함으로써 긴장을 풀 수 있었고, 일이 우리의 휴식 시간을 침범할 수 없었다.

그러나 단일언어 렌즈로 보았을 때 그런 분리가 병적으로, 아니면 적어도 뭔가 부족해 보일 수 있다. 성취는 항상 단일언어의 기준으로 측정되지, 두 언어로 삶을 살아가는 이중언어 사용자의 기준으로 측정되지 않는다. (단일언어 사용자들의 어휘 숙달과 문법 스타일도 상당히 편차가 크다는 사실은 일단 제쳐두자.[32]) 두 언어를 유지함으로써 커서 자기 할머니와 대화를 할 수만 있다면—영어 주도적인 경제체제에서의 성공을 담보로 하고서라도—영어 단어를 생각하는 데 10분의 1초 더 시간이 걸린다든지 모음을 정확하게 발음하지 못한다든지 어떤 단어의 사용이 어색해서 원어민을 움찔하게 만든다든지 해도 뭐가 그리 문제겠는가?

그런데 영어를 사용하는 세상에서는 이렇게 말하지 않는다. 중요한 것은

---

*   오스카 와일드가 1985년에 쓴 희곡 〈*The Importance of Being Earnest*〉.

영어로 이루는 성공밖에 없어 보인다. 영어를 단일언어로 구사하는 사람들의 영어 실력과 어깨를 나란히 하는 게 이중언어 사용자에게 가치가 있는지 없는지와 상관없이 말이다. 바로 이것 때문에 이중언어의 효과를 연구하는 많은 연구자가 힘들어한다. 이중언어 사용자들이 단일언어 영어 사용자와 비교해서 이런 기능에서 혹은 저런 검사에서 같거나 약간 낫거나 못하다는 결론과 함께 많은 논문들이 애처롭게 한 가지 사실을 상기시킨다. 그럼에도 불구하고, 이중언어 참가자들은 **다른 언어도 말할 줄 안다**는 사실을 잊지 말자고.

아이가 두 번째 스포츠나 악기를 배우기 전에 우리는 그 아이의 목표와 비교해서 그에 따른 비용을 저울질한다. 그 스포츠로 국제대회를 나가고 싶어 하는가? 세계적 오케스트라와 협연하는 바이올린 연주자가 되기를 바라는가? 우리는 새로운 기술을 습득하려는 사람들 대부분이 이 수준까지 목표로 잡지는 않는다는 것과, 각종 운동을 즐기고 여러 악기를 연주할 수 있는 것만으로도 엄청난 가치가 있다는 것을 잘 안다. 다른 운동을 할 줄 알고 다른 악기를 연주할 수 있는 것에서 오는 혜택은 그 연습 과정에서 두드러진다. 그러나 이중언어에 대한 학술 자료에서조차 영어 통달과 다른 언어를 아는 것 사이에 있는 혜택의 맞바꿈보다는 영어 숙달 유지에 너무 자주 초점이 맞추어져 있다. 이것은 우리가 사는 단일언어 사회 안에 깊게 박힌 가정들에 대해 많은 것을 말해준다. 이중언어 상용은 그것이 영어에 영향을 미치지 않았을 때에만 쉽게 받아들여진다.

그래서, 이중언어에도 장점이 있는가

다중언어의 렌즈를 통해서는 다른 것들에도 초점이 맞춰진다. 하나 이상의 말을 하는 많은 사람들에게 언어 간 다툼은 피곤한 부작용이 아니라 **축복**이다. 다성음악이 그런 것처럼, 아름다움은 우리 마음이 멜로디가 동시에 흐르는 여러 목소리들로 나뉜다는 바로 그 사실에 있다. 불협화음, 선명한 충돌, 기분 좋은 불안의 순간들에도 또한 아름다움이 존재한다. (블루노트*가 없다면 그것을 재즈라고 할 수 있겠는가?) 모국어와 그 문화의 세세한 디테일은, 그것이 다른 언어와 문화에 부딪칠 때 가장 선명하게 드러난다.

내 안의 시인은 다른 언어에 습관적으로 밀고 들어오는 영어의 침입을 끊임없이 즐긴다. 내가 모음이 없는 체코어 단어 blb을 내뱉을 때는 그것이 동시에 '바보'라는 영어 뜻으로 번역된다. 어리바리한 자음 두 개가 비틀거리는 단순음을 사이에 잡아둔 이 체코어 단어가 음성학적으로 얼마나 완벽하게 '바보'를 표현하는지 알기 때문이다. 영어 idiot은 너무 우아해서 상대가 되지 않는다. blb함을 그 정도로 표현하지 못한다. 프랑스어가 모국어인 사람들에게 '한눈에 반한 사랑'을 묘사하는 데 쓰이는 un coup de foudre("번개의 일격")라는 구절이 식상하게 들릴지 모르지만, 나는 이 말을 들을 때마다 영어 번역(lightning strike, "번개를 맞은 듯한 충격")이 문자 그대로 떠올라 그 은유적 힘에 움칫한다. 그리고 영어의 falling in love("사랑에 빠지다")와 체코어의 se zamilovat(직역하면 "자기를 반하게 하다") 사이의 모순도 재미있다. 우연한 사랑과 스스로 원인이 되는 사랑 사이의 줄다리기에 나는 매료되고, 체코어 구절이 영어보다 훨씬 적절할 때가 있다는 사실을 문득 깨닫는다. 한 언어를 말할 때 옆에서 다른 언어가 끊임없이 한마디씩 거든다면, 그것을 일상에서 익숙해진 사물을 보듯 무관심하게 대하기가 힘들다.

많은 사람이 동의하듯이, 두 가지 말을 할 줄 아는 것의 가장 좋은 점 중 하나는 언어들이 마음속에서 서로 격리되어 있지 않다는 사실이다. 이중언어 사용자끼리 대화할 때 자주 언어를 섞어서 말하는데, 그것은 한 가지 언어로 잘 생각나지 않는 순간을 피하려는 것뿐 아니라 그것이 가장 큰 표현력을 짜내기 때문이다. 마음에서 일어나는 언어의 다성화음은 두 개의 멜로디 중 하나를 골라 선택하는 것을 가능하게 만든다. 한 여성이 "Je veux pas avoir des dishpan hands**(내 손이 집안일로 거칠어지는 게 싫어요)"라고 말한다면, 그것

---

*   blue notes. 재즈나 블루스에서 특유의 느낌이나 감정을 표현하기 위해 전형적인 화음이 아닌 음정을 사용하여 연주하는 독특한 음계.

**   dishpan hands를 직역하면 '설거지통 손'이란 뜻으로, 설거지나 세탁 등 진일로 거칠어진 손을 표현하는 관용구다.

은 설거지가 손에 미치는 영향을 프랑스어로 어떻게 표현해야 할지 모르기 때문이 아니다.[33] 프랑스어에는 이렇듯 손에 대해 이미 만들어진 표현이 없기 때문이다. 프랑스어에서는 '설거지통 손'이 영어에서처럼 **하나의 개념**이 아니며, 이 영어 구절을 프랑스어 문장에 넣음으로써 그것에 따른 모든 사회적 판단과 함의를 끌어오는 것이다.

번영을 위한 경쟁이 허락된 시장경제에서는 '선택'이 가능하며, 때로는 그 선택에 정신적 노동이 수반된다. 같은 방식으로, 여러 가지 언어 그리고 그와 함께 딸려 오는 여러 문화를 아는 것은 (장점과 단점이 분명한) 경쟁하는 구절, 경쟁하는 사회적 습관, 경쟁하는 가치 사이에서의 선택을 가능하게 만든다. 즉, 독점의 한계에서 벗어날 수 있다.

둘 이상의 언어를 쓰는 사람들은 내부에서 일어나는 언어 간 전투로 얻는 보상이 정신적 대가를 훨씬 넘어선다고 느끼며, 이 선택의 자유가 주는 효과를 오랫동안 얘기해 왔다. 최근에는 이중언어에 대한 학술 논문 안에서도 이런 정서적 반향을 느낄 수 있다. 짐작건대, 스스로가 둘 이상의 말을 할 줄 아는 연구자들이 쓴 논문일 것이다. 이 연구자들은 언어들이 주목받기 위해 어떻게 계속 씨름하는지에 대한 증거에 이끌려서, 언어 간 의도치 않은 간섭이라든지 혀끝에서 맴도는 단어들과 같은 경쟁도 가치가 있다는 의견을 내놓았다. 이들은 언어적 갈등이 마음을 훈련시켜, 어쩌면 언어뿐 아니라 충동들이 서로 부딪치는 다른 정신적 활동을 위해서도 마음을 강화한다고 주장했다.

캐나다 심리학자인 엘렌 비알리스토크는 특히 이 새로운 연구에 큰 영향을 미쳤다. 그녀는 '집행 기능executive function'이라고 알려진, 이중언어주의가 정신 역량에 맡긴 막중한 임무에 집중한다. 집행 기능은 마음에서 각 언어의 음량을 조절하고 순서대로 노래하도록 지시하는 지휘자라 할 수 있다. 그녀는 꾸준히 언어 지휘를 연습하다 보면 다른 인지 능력까지 그 영역이 확대된다고 주장한다. 이중언어 사용자들은 침입하는 언어에게 조용히 하라고 이르거나 언어 사이를 능숙하게 넘나들어야 하기 때문에, 당장 주어진 과제와 무관한 방해물을 밀어내는 걸 대체로 잘할 수밖에 없다.

2004년에 비알리스토크와 동료들은 참가자들의 집행 기능을 측정하는,

단순하지만 정신없는 테스트인 '사이먼 과제Simon task'를 이용한 연구를 진행했다.[34] 사이먼 과제에서는 참가자들이 스크린에 나타나는 사각형의 색상에 따라 두 개 중 하나의 단추를 눌러야 한다. 예를 들어 파랑이면 왼쪽, 빨강이면 오른쪽 단추를 눌러야 한다. 때로는 사각형 자체가 눌러야 하는 단추와 같은 쪽에 나타나는데, 이럴 경우 당연히 참가자들은 매우 빠르게 맞는 단추를 누른다. 하지만 사각형의 위치와 맞는 단추의 위치가 어긋나면, 예컨대 스크린 오른쪽에 나타나는 파란 사각형을 보고 왼쪽 단추를 눌러야 한다면 참가자들은 혼동하기 쉽고, 그 결과 잘못된 단추를 누르거나 옳은 단추를 누르는 데 시간이 더 걸린다. 이 게임은 이중언어 사용자 마음속에서 어떤 언어가 자기를 봐달라고 아우성치며 방해할 때, 그것에 대처하면서 동시에 다른 언어에서 단어를 끄집어내는 상황과 유사하다고 생각된다. 즉, 이 과제가 요구하는 기술과 두뇌 회로망이 이중언어 사용자가 두 언어 사이에서 갈등할 때 의지하는 그것이 같다는 주장이다.

집행 기능이 많이 필요한 다른 과제들처럼, 참가자들은 연령이 높을수록 충돌하는 자극에 맞는 단추를 누르는 걸 더 힘들어했다. 이 결과는 나이가 들면서 단어를 생각해 내거나 동시에 두 가지 일 — 예를 들면, 대화하면서 요리하기 — 에 집중하기가 어려워진다는 어르신들의 불평과 일맥상통한다. 그러나 비알리스토크와 동료들의 연구에서 이중언어 노인들은 단일언어 노인들보다 사이먼 과제를 더 잘 수행했다. 연구자들은 이 노인들이 평생 경쟁하는 언어를 다뤄왔기 때문에 노화로 인한 손상을 어느 정도 모면했을 것이라는 의견을 제시했다. 나중에 이 연구는 일반 성인과 아이들에게까지 확장되었고, 그중 일부는 무관한 정보를 억제해야 하는 다양한 과제에서 이중언어 사용자들이 비슷하게 더 좋은 결과를 보였음을 보고했다.[35]

물론 이런 결과가 사람들의 실제 생활과 밀접하고 유의미한 뭔가를 반영했을 때 연구는 흥미로워진다. 그러나 현실에서의 행동을 측정하는 것은 컴퓨터로 통제되고 시간을 잴 수 있는 인위적인 과제 수행을 측정하는 것보다 훨씬 더 어렵다. 예를 들어 두 가지 말을 할 줄 아는 사람이 대화를 하며 음식을 만드는 게 더 쉬울까를 측정한다면, 참가자들의 요리 실력 차이는 어떻게 통제하겠는가? 요리 고수는 음식을 준비할 때 대화하며 탭댄스까지 출 수 있을지 모른다. 알고 있는 언어의 수와 상관없이, 이 요리 고수와 최선의 조건에서도 제대로 된 음식을 만들지 못하는 사람을 공정하게 비교할 수 없다. 그리고 대화의 주제가 무엇인지, 그것이 얼마나 몰입을 요구하는지 등도 요리 수행에 영향을 미칠 텐데, 이것을 어떻게 측정할 수 있을까? 수행이 1백 분의 1초 단위로 측정되는 단순하고 획일적인 과제가 과학자들에게 더 깔끔한 결과를 제공하지만, 결국 훨씬 복잡한 일상생활 속에서 어떤 사람의 작용 능력을 예측할 수 있느냐에 따라 그 의미가 결정된다. 지금까지는 이에 대한 명확한 증거가 거의 없다.

그런데 이중언어가 사람들의 삶에 극적인 영향을 미칠 수 있다는 보고가 있다. 비알리스토크와 동료들은 기억력 문제로 진료를 받고 알츠하이머라고 진단받은 환자들의 의료 기록을 조사하면서 상당히 흥미로운 것을 발견했다.[36] 평생 두 가지 언어를 사용했던 환자들은 이 병을 진단받았을 때의 평균 연령이 한 가지 말만 쓴 사람들의 연령보다 네 살 더 많았다. 여기에는 엄청난 의미가 함축되어 있다. 알츠하이머 연구자들이 약물적 치료 방법을 계속 찾고 있지만, 어쩌면 임상 의사들이 줄 수 있는 가장 좋은 조언은 가능한 한 정신적 활동을 많이 하라는 것이다. 두 개 이상의 말을 할 줄 아는 게 정말 알츠하이머를 4년 지연시킬 수 있다면, 이것은 지금까지 알려진 것 중에서 가장 효과적인 예방책일 것이다.

이 연구 결과는 이중언어를 연구하는 커뮤니티에 빛을 밝혀 주었다. 미디어들은 열성적으로 이 발견을 보도했다. 그리고 두 개 이상의 말을 쓰는 사람들에게 이런 결과는 언어 간 줄다리기라는 경험에 부여했던 주관적 가치가 증명되고 인정을 받는 것이었다. 하지만, 축하는 아직 시기상조일 수 있다. 집행 기능을 측정하는 흔한 과제에서 이중언어 상용의 혜택을 발견하지 못한 연구들이 최근에 등장했다. 이렇게 상충되는 결과들은 이중언어의 인지적 혜택이 실재하는지, 아니면 그것이 잘못된 방법의 결과인지, 혹은 단일언어와 이중언어 간에 차이가 없다는 평범한 얘기보다 새롭고 신나는 결론을 선호하는 일반적인 편견의 결과인지에 대해 뜨거운 논쟁을 촉발시켰고, 지금도 진행 중이다.

이중언어의 혜택을 둘러싼 논란의 일부는 모든 이중언어 사용자를 하나의 범주로 밀어 넣는 문제와 관련이 있다. 현실에서 이중언어 사용자는 매우 다양하다. 똑같이 두 가지 말을 하는 사람도 그것을 사용하는 방법이 똑같지 않다. 일부는 시간과 공간이 명확하게 구분된 상태에서 언어를 경험한다. 이런 사람들은 어디에 있느냐에 따라 억양이 바뀌었던 브라질 대학원생처럼, 하나의 말은 지금 거주하는 나라에서, 다른 말은 고국에서 사용할 수 있다. 누군가는 집에서 쓰는 말과 직장에서 쓰는 말이 다를 수 있다. 또는 다른 이중언어 사용자들과 시간을 보내며 자연스럽게 두 언어를 오가고, 심지어 한 문장에 두 말을 섞어 쓸지도 모른다. 이 각각의 상황은 마음의 지휘자에게 매우 다른 것을 요구한다. 두 언어 모두 최대치 음량으로 작동할 때 가장 심하게 경쟁하지만, 두 언어 사이에 명확한 격리가 있으면 서로 강력하게 침략하지는 못할 것이다. 만약 시간이 지나면서 한 언어가 다른 것보다 강렬해지면, 약한 언어는 전혀 자기주장을 못 할 수도 있다. 이런 부드러운 형태의 갈등은 말하는 사람의 집행 기능을 별로 훈련시키지 않는다. 연구의 새로운 물결은 이미 이중언어 경험 안의 이러한 변주들을 분류하고 서로 다르게 인정하기 시작했다.

이런 복잡성에 더하여 많은 사회에서 이중언어 사용자들은 단일언어 사용자들과 다른 사회·경제적 현실에서 거주한다. 예를 들면, 미국 역사 대부분에서 이중언어 상용은 종종 안정적인 단일언어 커뮤니티보다 더 가난한 사람들이 많았던 이민자 커뮤니티에 국한되어 왔다. 다른 나라에서는, 특히 이민자 비율이 매우 낮은 곳에서는 상황이 매우 다를 수 있다. 그곳에서는 두 개 이상의 언어를 하는 거주자가 오히려 교육 수준이 높고 국제적인 활동을 하는 엘리트일 수 있다. 그리고 이런 거주지의 차이가 이중언어주의로 인한 차이를 과장하거나 잘 보이지 않게 만든다. 두 가지 언어 사용의 해악을 주장했던 초기 연구가 그랬던 것처럼, 지금 그것의 이점을 높이 평가하는 연구자들은 그것이 사회·경제적 지위나 교육에서의 차이를 반영하는 것은 아닌지 주의해야 한다.

이 논쟁이 종식되려면 수년 혹은 수십 년이 걸릴지 모르지만, 적어도 지금 이 책을 집필하는 시점에서 이중언어의 이점이 완전히 신기루인 것은 아니다. 적어도 어떤 조건 안에서 일부 이중언어 사용자들은 두 개 이상의 언어를 사용함으로써 특정 두뇌의 기능이 강화된다는 결과를 보여주는 연구가 충분히 많다. 다만, 이런 변화가 실생활에서도 느껴지는지, 혹은 두 언어를 안다는 것이 (오케스트라에서 악기를 연주하는 것과 같은) 다른 복잡한 정신 활동이 대체할 수 없는 특별한 혜택을 제공하는지는 알려지지 않았다.[37] 이 논쟁이 어떻게 끝날지에 상관없이, 이 분야에 쏟은 에너지와 자원만으로도 요즘 연구자들이 이중언어를 어떻게 생각하는지 그 중요한 변화가 드러난다. 이제는 언어들 사이의 마찰을 더 이상 부정적으로 보지 않는다. 언어 사이의 경쟁은 실재하지만, 초기 이중언어주의 연구자들이 생각하던 것과는 다른 방식이다. 꼭 그 경쟁이 방해가 되지는 않으며, 거의 모든 인간은 두 언어를 아는 데서 오는 내적 투쟁을 수용할 수 있다. 비록 한 언어가 다른 것에 군림하지 않기 위해서는 많은 보살핌과 지원이 필요하더라도 말이다. 더 중요하게는, 이중언어의 장점에 대한 논쟁은 새로운 아이디어를 불러일으킨다. 다른 언어를 아는 것이 이중언어에 따르는 피할 수 없는 긴장을 상쇄하느냐의 문제를 넘어서, 그런 **갈등 자체**가 가진 혜택의 가능성을 제기한다.

언어와 효용의 문제

어쩌면 이중언어 사용자의 충돌하는 마음에 대한 불안감은 항상 다른 종류의 두려움, 즉 다른 말을 하는 사람들 사이의 갈등에 대한 두려움이었을 수 있다. 그리고 현실에서는, 그것을 공개적으로 시인하든지 그러지 않든지 간에 이 두려움이 서구 국가들의 교육 정책의 많은 부분을 이끌어왔다.

서구 사회가 다언어주의를 육성하지 않은 것은 아니다. 모든 대학에 현대 언어 학과가 존재하고 공립학교들은 외국어 교습에 막대하게 투자한다. 많은 교육청이 학생들이 모국어 이외에 적어도 한 가지 이상의 외국어를 배울 것을 권장한다. 유럽에서는 모든 학생이 적어도 두 개의 외국어를 배우게 되어 있다. 유럽에서 전문직에 종사하는 사람들은 고국을 떠난 적이 없더라도 종종 필요에 의해 이중언어 사용자가 된다. 점점 더 많은 사업과 학술적 환경이 영어를 공통어로 여기기 때문이다. 여러 말을 아는 것이 자산이고 인생에서 선택지를 넓힐 수 있는 방법이라는 생각에 동의하지 않는 사람은 거의 없을 것이다. 그리고 일반적으로 이 생각은 특별히 위협적이지 않다.

그렇지만 언어는 단순한 유용성 이외의 가치를 가지며, 만약 그렇지 않다면 우리는 이 바벨탑 이후 시대에 모두 하나의 언어로 수렴될 것이다. 이 가치는, 거대한 영어 사용 지역 안에 파묻혀 프랑스어 사용 사회를 유지하는 것이 여러모로 비효율적임에도 불구하고 자신들의 언어를 보존하려고 싸우는 퀘벡의 프랑코폰에게서 확연하게 드러난다. 이들의 동기는 블로거인 스테판 라포르테가 몬트리올 신문 『라 프레세』에 쓴 열정적인 글에 잘 표현되어 있다. 원래 프랑스어로 쓴 글을 번역하면 아래와 같다.[38]

점점 많은 사람들이 언어를 하나의 코드로 여긴다. 교환할 수 있는 도구일 뿐이다. 영어를 하는 것이 더 실용적이면 영어를 쓰고, 중국어를 하는 것이 더 실용적이면 중국어를 쓴다.

언어는 그저 통화를 하거나 문자 메시지를 보내는 소리와 기호가 아니다. 언어는 그것을 쓰는 사람들의 심장에 새겨진 각인이다. 그것은 하나의 커뮤니티가 공유하는 사고, 감정, 경험, 꿈의 레퍼토리다. 우리 언어가 다른 언어보다 우수하지 않아도 그것은 우리 것이다. 우리가 살아온 경험이다. 그렇기에 그것은 말보다 더 많은 것을 말해준다. 우리의 웃음, 눈물, 그리고 희망에는 프랑스어 울림이 있다. 스스로가 자랑스럽다면 지금의 나를 있게 해준 그 언어도 자랑스럽다. 우리 현실에 이름을 붙여주는 것은 프랑스어다.

심장을 뛰게 하는 것은 이런 언어와 감정 그리고 개인적 정체성의 복잡한 얽힘이다. 차갑고 현실적인 언쟁은 언어를 부분적으로밖에 보여주지 못한다. 그것은 차오르는 충성심이나 소멸의 공포, 변화에 대한 완강한 저항, 또는 마음의 상처와 분노를 촉발하지 않는다. 이런 것들은 언어가 자아와 뜨겁게 결합되었을 때 따라오는 것이다.

이는 다언어주의가 차가운 언쟁으로 싸여 있다는 사실, 그리고 감정 영역을 너무 건드리지 않을 때만 서구 사회가 그것을 편하게 여긴다는 사실을 말해준다. 많은 북아메리카 언어학자들은, 아이들이 새로운 언어를 가장 잘 받아들이는 나이가 지난 후인 중학생이나 고등학생 때 처음으로 영어 이외의 언어를 접하는 것이 불만이다. 하지만 이런 학습의 지연은 효과적인 시기를 모르기 때문은 아닐 수 있다. 어쩌면 아동기 초기의 풍경, 즉 언어가 강력한 기억을 새길 수 있는 인생의 시기에서 다른 언어를 배제하는 하나의 방법일지도 모른다. 다른 언어들이 아이들의 마음으로 들어오게 허락하지만, 그것이 내가 누구인지를 근본적으로 변화시킬 만큼 신체와 정서 너무 깊숙이 자리 잡지는 않도록 말이다.

사회언어학자인 아이 미즈타가 밴쿠버에서 새로 시작하는 중국어-영어 이중언어 유치원을 살펴보았을 때, 그 프로그램이 집에서 부모가 아이에게 중국어로 말하는 아이들은 제외한 채 모국어가 영어인 아이들에게만 허락되었다는 사실에 주목했다. 자세한 인터뷰를 통해 미즈타는 그 프로그램에 들어갈 수 있는 아이들의 중국 부모들은, 집에서 중국어를 쓰기 때문에 아이를 그곳에 못 보내는 부모들과는 중국어를 가르치려는 목적이 달랐다. 아이를 보낼 수 있던 부모들은 앙글로폰 환경에 더 깊게 동화되어 있었고, 표준 중국어가 자기 아이들에게 **유용한** 것으로, 즉 중국의 국제적 영향력이 커지고 있는 세상에서 아이들의 앞날을 넓혀주는 하나의 방법으로 보았다. 그러나 유치원에 입학시키지 못한 부모들은 중국어를 곧 자신의 정체성을 지키고 표현하는 방법으로 여겼다. 입학 요강에 적힌 입학 자격에 상관없이, 그것은 표준 중국어를 정체성의 징표로 여기는 가족들은 제거하고 중국어를 실용적 도구로 생각하는 가족만을 받아들이는 결과를 낳았다.[39]

유럽에서는 영어를 강의 언어로 채택하는 대학이 점점 늘고 있다. 이것은 대학들이 전 세계에서 전문가를 채용하고 연구와 학문의 국제 커뮤니티에 자리를 잡기 위한 현실적인 해결 방법이다. 따라서 공립학교에서 영어를 접하는 것이 고등교육 과정 입학에 중요하며, 모두가 이를 인정한다. 하지만 아이들이 영어를 배우는 게 중요하기 때문에 그것을 주된 학습 언어로 만들자는 제안은 유럽 어느 국가에서든지 걷잡을 수 없는 격분을 불러일으킬 거라 생각한다. 지금까지 독일이나 프랑스 청소년들이 영어를 숙달한 후에 자기네 나라 말을 거추장스럽게 여긴다거나, 나중에 자식에게 모국어 대신 영어로 얘기하겠다고 결심했다는 증거는 확실히 거의 없다. 만약 그런 추세가 조금이라도 시작된다면 그것은 가장 긴급한 국가 위기를 일으킬 것이 틀림없다. 자유롭게 이동할 수 있고 범국가적인 유럽에서 성공하려면 국민들이 다른 나라 말을 알아야 한다고 주장하는 미사여구, 그리고 여러 나라 국민들을 연결하는 언어로써 영어에 대한 관용 속에서 공통의 **정체성**을 구축하기 위해 각각의 국가 언어를 버리자는 외침은 전혀 없다. 많은 유럽인들에게 자기가 말하는 다양한 언어들은 삶에서 매우 다른 역할을 한다. 영어가 아무리 유용하더라도 유럽인들 심장에 각인된, 그리고 각 국가의 문화와 엮인 언어를 절대 대신할 수 없다. 그들의 언어는 별개의 차원에서 작동하며, 그것은 이 장 앞에서 소개한 에이브럼스와 스트로가츠의 수학적 모델이 제시한 단일언어주의를 미연에 방지하는 다차원적 현실이다.

한 언어가 정체성을 근거로 하는 격렬한 반대에 부딪쳤을 때, 실용주의적 주장이 그 반대를 뚫고 길을 내주는 모습은 흥미롭다. 섬나라인 사이프러스는 1974년 무력 충돌* 이후 터키어를 쓰는 북쪽과 그리스어를 쓰는 남쪽으로 나뉘었다. 터키어가 사이프러스공화국의 공용어 중 하나임에도 불구하고, 터키어를 사용하는 것은 남쪽 그리스계 사이프러스에 대한 지독한 불충 행위로 여겨진다. 2003년에 터키어는 그리스계 사이프러스 고등학교들에서 외국어 선택과목 중 하나로 채택되었다. 처음에 정부는 공식 문서를 통해, 터키어

---

* 사이프러스는 1974년 터키군이 '터키계 주민 보호'라는 명분으로 침공한 이후로 분단되었다.

를 알아야 민족적 상흔 극복에 도움이 될 것이라며 터키어 교습을 권장했다. 4백 년 역사를 함께한 결과로 얻은 두 집단 간의 유대감을 강조하며, 이것은 사이프러스식 그리스어에 많은 터키어 흔적들을 보면 분명하다고 홍보했다. 그러나 터키어를 아직도 적진의 언어로 생각하는 많은 교사와 예비 학생들은 이런 정당화를 모욕으로 여겼다. 그러자 정부는 점진적으로 터키어를 유용한 '외국어'라는 프레임에 맞추기 시작했다. 그리고 터키어를 배우는 것이 정치적 화해의 행위가 아닌, 단순히 새로운 유럽에 부는 다언어주의 흐름의 일부분으로 묘사했다. 입장을 이렇게 바꿈으로써 이 이슈는 뜨거운 정체성 문제에서 냉철한 경제의 영역으로 옮겨가게 되었다.[40]

하지만 실용주의를 근거로 정당화할 수 없는 언어들은 어떻게 할까? 표준 중국어나 독일어, 터키어 등을 국제 경제에서 중요한 역할을 하는 경우로 얘기하기는 쉽다. 하지만 사용하는 사람이 적다거나, 큰 기관 혹은 상업적 네트워크가 받쳐주지 않는 세계 언어의 대다수에게 이것은 다른 이야기다. 그것을 배울 경제적 이유가 명확하지 않다면, 작은 언어의 가치는 그것을 말하는 사람들의 정체성과 소속감에 의존할 수밖에 없다. 그리고 그 언어가 다른 언어가 할 수 없는 존재의 방식을 허용하거나, 혹은 자신들을 지배적 문화와 구분하는 사람들의 커뮤니티를 포용할 수 있다면 정체성만으로도 충분히 설득력 있는 이유가 된다.

그리고 바로 거기에 갈등의 씨앗이 놓여 있다. 언어는 '구분'을 먹고 자라는 경향이 있다. 언어학자 살리코코 무프웨네는 미국에서 50만 명 미만의 인구가 사용하는 언어인 걸러어Gullah Geechee의 회복력을 관찰하며 이 점을 지적했다.[41] 걸러어는 미국 사우스캐롤라이나와 조지아주 해안에서 집중적으로 사용되며, 역사적으로 아프리카에서 온 미국 노예들이 쓰던 영어에서 파생되었다. 걸러어는 18세기에 농장 산업이 유럽계 백인들과 노예를 분리하고 두 집단의 상호작용이 거의 없을 때 영어에서 갈라져 나오기 시작했다. 그리고 걸러어를 구사하는 인구가 적음에도 불구하고, 멸종되거나 영어에 흡수되기를 거부하고 있다. 걸러어는 이 지역에 영어를 쓰는 새로운 사람들이 정착해도, 학교와 미디어에서 일상적으로 표준 영어를 접하는데도 살아남았다.

무프웨네는 1997년 논문에서, 걸러어가 보존될 수 있었던 이유는 걸러어를 쓰는 커뮤니티가 완전하게 분리되어 있었기 때문이라고 주장했다. 새로운 사람들은 걸러어 커뮤니티에 정착하지 않았다. 대신 그들은 고속도로나 미개척지와 같이 물리적으로 걸러어 커뮤니티와 분리된 이웃 지역으로 유입되었다. 걸러어 사용자들은 슈퍼마켓 등을 제외하고는 걸러어 사용자가 아닌 사람을 만날 기회가 거의 없었으며, 그곳에서도 어떤 유의미한 상호작용은 거의 일어나지 않았다. 걸러어 커뮤니티 아이들은 학교에서 표준 영어를 배우고, 대학을 가기 위해 커뮤니티를 떠나면 몇 년간 걸러어를 쓰지 않을 수도 있다. 그러나 고향에 돌아오면 금방 다시 예전으로 돌아가 가족, 친구, 이웃과 걸러어로 대화했다. 그렇게 하지 않으면 사회적인 위험이 따른다. 무프웨네는 가족과 이웃에게 영어로 말하면 잘난 척한다고 비난을 받을까 두렵고 걸러어를 하지 못하면 지역에서 친구를 만드는 데 장애가 있다고 말하는 걸러어 사용자가 몇 명 있었다고 보고했다. 걸러어를 사용하지 않는 것은 불충이고 자신의 뿌리와 커뮤니티를 거부하는 것으로 여겨지며, 걸러어 사용자들을 다른 지역 주민들과 구분하는 독특함을 부정하는 행위로 간주되었다. 걸러어가 보존될 수 있었던 것은 부분적으로 그것을 말하지 않는 사람이 온전한 내부인 자격을 얻지 못했기 때문이다. 많은 사람들에게 배척당하는 건 견디기 힘든 일이었다.

특히 지배적 문화로부터 업신여김을 받아온 커뮤니티에서 언어는 위로와 연대감을 제공할 수 있다. 자신들의 언어로 말하는 것은 사람들끼리 서로 이런 말을 건네는 하나의 방식이다. '여기 우리들 가운데 당신이 속해 있다. 여기서는 당신이 누구인지를 부정할 필요가 없다. 여기서 우리는 서로를 지킬 것이다. 당신의 참모습을 온전히 보지 못하는 외부 세계에 휘둘리도록 놔두지 않겠다. 여기서는 외부인들과 같아지려고 자신을 바꿀 필요가 없다.' 하지만, 종종 이 연대감의 이면에는 다음과 같은 메시지가 있다. '여기서 당신은 자기가 누구인지를 받아들여야 하며 외부 사람들과 다르다는 것에 동의해야 한다. 같은 언어를 사용함으로써 우리와 보조를 맞추어야 하고, 외부 사람들이 하는 것처럼 행동해서는 안 된다.' 커뮤니티의 따뜻한 포옹은 언어의 가치를 분명하게 말하지만 의절에 대한 위협 또한 암시한다.

이러한 분리를 언어 보존, 그리고 그에 따른 문화유산을 보존하는 대가로 기꺼이 받아들이는 사람들도 있다. 예를 들어, 하버드대학 연구원인 레이 카스트로가 1976년에 발표한 논문은 마치 단일언어를 사용하는 소수민족들의 선언문처럼 읽힌다.[42] 논문에서 카스트로는 미국이, 거주민 대다수가 스페인어나 나바호 언어, 중국어 등 **한 가지 말만** 하는 단일언어 커뮤니티를 허용하고 나아가 그것을 권장하여 언어의 다양성을 육성해야 한다고 주장한다. 즉, 이런 커뮤니티들 안에서는 직장, 학교, 의료 서비스, 법률 집행 등 **모든 일**이 그 지역 언어로 수행되는 것을 공식적으로 인정해야 한다고 말이다. 물론 각 단일언어 커뮤니티 안에 두 가지 이상의 말을 하고 외부 세계와 접촉하며 사는 사람들도 있을 것이다. 그러나 기본적으로 커뮤니티를 방문하는 사람들은 그곳 말을 알아야 제대로 기능할 수 있음을 알아야 한다. 카스트로가 꿈꾸는 다언어주의 미국은 작은 퀘벡이 여러 개 있는 국가일 수도, 어쩌면 많은 자주적 커뮤니티가 모여 만든 산업화 이전의 파푸아뉴기니와 비슷한 것일 수도 있다. 산업화 이전 파푸아뉴기니는 개개의 커뮤니티가 자신들의 언어와 문화를 지키면서, 영어를 공용어로 하는 다중언어 국민의 도움으로 단일 국가로 융합되었었다.

이는 흥미로운 비전이고, 카스트로 자신이 느꼈던 선조의 언어에 대한 상실감이 학술 논문에까지 스며든 게 확실해 보인다. 그는 커뮤니티의 단일언어주의가 일부 거주자들의 기동력을 제한한다고 인정하면서, 그러나 기동력은 주로 부유층이 득을 보는 이점이라고 외친다. 그는 "나머지 우리들에게 기동력은 좋기도 하고 나쁘기도 하다. 그것은 가족을 무너뜨리고 지금까지는 이 세계가 몰랐던 외로움을 만들어낸다"라고 선언한다.[43] 그렇다. 영어를 유창하게 하면 생기는 기회에 장벽이 있을 수 있다. 그러나 그는 이것이 자신의 언어와 문화 안에서 진실한 삶을 살 수 있는 기회와 상쇄된다고 주장한다. "정의로운 사회는 동등한 참여에 대한 대가로 역사, 문화유산, 조부모 혹은 자아를 포기하라고 요구하지 않는다."[44]

카스트로의 비전은 열정적이지만, 많은 이들에게 그것은 완고한 근본주의로 느껴진다. 그것은 근대에 일어난 '국가 건설'이라는 거대한 프로젝트를 뒷받침하는 철학에 저항한다. 국가와 같은 어마어마한 집단의 사람들은 그들을 하나로 묶는 어떤 크고 공유된 정체성을 기대한다. 그 정체성이 사람들로 하여금 자기가 본 적도 없는 도시의 본 적도 없는 동료 시민들에게 기꺼이 자원을 보내고, 심지어 그들을 보호하기 위해 전쟁에 자원하여 나가게 만든다. 다른 역사와 문화유산에서 비롯된 다른 언어를 쓰는 사람들을 위해 이런 일을 할까? 다양한 언어 커뮤니티의 집합체가 국가로 묶일 수 있을까?

언어와 정체성의 친밀한 관계는 우리를 역설로 이끈다. 한편으로는, 언어는 자아와 끈끈하게 엮여 있기 때문에 우리 삶에 그토록 큰 힘을 발휘한다. 언어가 가진 자아와의 연결성이 바로 사람들이 언어를 지키고 싶어 하는 동력이 된다. 이 연결성이 약해지면 작은 언어들은 경쟁적인 생태계에서 살아날 가능성이 거의 없다. 그러나 다른 한편으로는 언어의 생존을 고취하는 문화 분리와 날카롭게 경계를 긋는 정체성이 정말로 개인 또는 그들이 사는 사회에 좋을까? 모국어에 유익한 방향이, 어쩌면 우리가 사는 사회와 나아가 우리 자신의 영혼에 독으로 작용할 수 있다는 수수께끼에 맞닥뜨린 것인가?

다양성의 축복과 두려움

유럽의 공식 언어들이 그 나라의 정체성과 떼어놓을 수 없는 듯 보이지만, 아주 최근까지도 이들 언어가 국가의 기본이 되는 공동 뼈대로 여겨지지 않았다. 오히려 언어적 균열이 일반적이었다.[45] 예컨대 1860년에는 프랑스 아이들의 거의 절반이 지금의 표준 프랑스어를 알지 못했고, 대신 집에서 온갖 종류의 언어와 방언을 썼다. 같은 해에 이탈리아인의 10퍼센트도 안 되는 사람들만 결국 '이탈리아어'라고 명명된 토스카나 지방의 말을 했다. 프랑스어와 이탈리아어가 국가적 언어의 모습을 드러낸 것은 대체로 여러 언어 커뮤니티와 지역 문화를 통일하려는 집중적이고 신중한 노력 때문이었다. 그리고 일반적으로 선호되는 동질화 도구는, 아이들이 의무적으로 거쳐야 하는 표준화된 교육 시스템이었다. 때로는 정부가 지역 언어를 억압하기 위해 인정사정없는 시도들을 하기도 했다.

현재는 언어적 통일성을 향한 노력에 의문을 제기하는 경향이 있다. 이미 자리 잡은 민족 국가의 언어는 흘러들어오는 이민자들의 언어를 충분히 집어삼킬 능력이 있어 보이며, 많은 사람들이 국가 안의 다언어주의를 상호 연결된 세계에서 국가의 통일에 대한 위협이 아닌, 가치 있는 자원으로 보아야 한다고 생각한다. 캐나다와 호주처럼 이민에 크게 의존하는 나라들은 다언어주의를 공공연한 정책으로 시험하고 있다. 많은 도시에서 다양한 언어의 간판을 볼 수 있으며, 원하면 자신들의 전통 언어를 가르치는 공립학교에 자녀를 보낼 수도 있다.

하지만 언어가 벽을, 아니면 적어도 철창으로 만든 담을 세울 수도 있다는 사실은 부정할 수 없다. 진화의 역사에서 아주 옛날부터 언어는 인간을 여러 집단으로 나누었다. 언어가 자신의 정체성을 떠벌린다는 사실을 감안하면, 언어의 다중화음을 독려하는 것이 국가 단일성 고취와 상충되는 것 아니냐고 묻는 게 무리는 아니다. 지리적으로 광활한 땅에 퍼져 있음에도 사람들이 자신을 하나의 커뮤니티로 생각하게 만드는 것이 목적이라면 그들 사이의 언어 구분을 없애거나, 수동적 방법으로는 일부 언어의 도태를 막기 위한 조치를 전혀 취하지 않는 것이 이 목적을 달성하는 길이라고 생각할지도 모른다. 물론 이것이 19세기와 20세기의 민족 국가 실험을 이끌었던 **가정**이었다. 그러나 정말 그때 단일언어주의가 국가를 설립했다는 가정이 사실이었다고 해도, 그것이 19세기 유럽뿐 아니라 오늘날 현실과 증거 앞에서 무너지지 않는지는 두고 볼 일이다.

다양성의 축복과 두려움을 더 명확히 이해하는 것은 우리 시대에 가장 시급한 문제이다. 이 문제에 진지하게 열중하는 학자는 늘고 있지만, 언어 다양성과 그에 따른 분리된 정체성이 한 사회의 건강에 어떻게 영향을 미치는지에 대해서는 아직도 밝혀진 바가 거의 없다. 하지만, 눈이 번쩍 뜨이는 발견들도 있다. 몇몇 연구들은 여러 개의 언어 또는 민족 집단으로 분열된 지역이, 동질 지역보다 폭력적인 갈등 경향이 크거나 경제 발전이 더디다고 보고

했다.[46] (어떤 말을 한다고 그 사람이 꼭 그 언어 민족 집단에 속하지 않을 수 있지만, 이 둘이 너무 빈번하게 엮여 있기 때문에 이들 연구에서는 한 지역에서 사용되는 언어의 수를 보통 서로 다른 민족 집단의 수를 나타내는 지표로 간주했다.) 2007년에 정치학자인 로버트 퍼트넘은 미국인 3만 명을 표본으로 한 논문을 발표하여 미디어의 주목을 받았다. 논문에서 그는 미국에서 가장 다양한 민족이 사는 지역에서 사회적 신뢰public trust가 가장 낮다고 주장했다. 사회적 신뢰는 모르는 사람, 이웃, 다른 민족 집단의 일원, 심지어 자기가 속한 집단의 일원을 포함한 많은 관계를 아우른다.[47] 퍼트넘은 다른 배경을 가진 사람들 사이에 일상적으로 일어나는 마찰이 사람들을 커뮤니티 밖으로 빼내어 개인적 영역으로 물러가게 한다고 말했다. 카풀을 덜 하고, 조건 없는 친절 행위가 줄어들고, 커뮤니티 자원봉사 참여도 줄어든다. 정부에 대한 신뢰가 낮고 투표율도 저조하다(그러나 시위 참여는 높다). 친구의 수가 적고 TV 앞에서 더 많은 시간을 보낸다. 퍼트넘에게는 캘거리 공립도서관에서 **수많은 언어**를 마주한 남자의 반응이, 다른 배경을 가진 사람들에게 둘러싸인 인간의 전형적인 반응이다. 자기가 모르는 소리에 압도되어 이 남자는 자신을 둘러싼 사람들의 평온이나 욕구는 무시한 채 개인적으로 선택한 음악이라는 자기만의 방으로 물러간 것이다.

분리된 집단으로 나뉜 지역(집단의 수는 주로 언어를 기준으로 한다)이 사회적 신뢰를 감소시키거나 그 밖에 다른 나쁜 결과를 가져오는지 조사한 연구는 지난 20년 동안 세계적으로 수십 개에 달한다. 대다수 연구들이 그런 징후를 발견하였고, 2018년에 발표된 리뷰 논문의 저자들은, 다양성이 있으면 사회적 신뢰가 낮음을 보여주는 종합적인 증거가 있다고 "조심스럽게" 결론지었다.[48] 그러나 저자들은 이런 연결성의 발견이 '다양성이 사회적 유대의 해체를 **가져온다**'는 말과는 다르다고 서둘러 덧붙였다. 다양성이 높은 지역에서 두드러지게 보이는 문제가 단 하나의 공동 정체성이 없기 때문이라고 말할 수 없다는 것이다. 그것은 영어 이외의 말을 하는 미국 아이들의 학업 성취가 낮은 것을 가리켜 다언어주의가 인지적 문제를 가져온다고 주장하는 것과 비슷하다. 여기에는 다른 요인들이 있을 수 있으며, 이런 요인들을 분리하여 따로 평가할 필요가 있다. 예를 들면, 일부 지역은 경쟁과 반목의 역사가 길기 때문에 사람들이 자신을 지키기 위해 유대가 긴밀한 민족 집단들끼리 뭉쳐졌을지 모른다. 따라서 현재의 다양성은 역사적 갈등의 결과이지 그 원인이 아닐 수 있다. 마찬가지로 언어적 다양성도 빈곤한 경제의 결과이지 그것의 원인이 아닐 수 있다. 다양하게 많은 언어를 품고 있는 아프리카가 그런 경우다. 여기서는 대다수의 사람들이 주류 언어를 말하는 혜택에서 제외되며, 부분적으로는 그런 사회적 불평등이 언어적 다양성을 촉진한다. 결국 소수의 특권층만이 양질의 교육과 좋은 직업에 다가갈 수 있다면 왜 굳이 엘리트 언어를 배우겠는가? 한편, 특정 집단이 혜택과 권력의 위치에서 제외됨으로써 갈등이 조성되고 언어적 또는 민족적 차이가 불공정의 상징이 되기도 한다. 이런 경우 갈등의 주요 원천은 언어적 차이가 아닌 집단 간 배제 행위다. 한 가지더 고려할 사항은, 미국을 비롯한 서구 국가에서는 다양한 민족이 거주하는 지역이 곧 빈민 지역인 경우가 많다는 점이다. 이들 커뮤니티에서 사회적 신뢰가 낮은 이유는, 사람들을 자신과 다르다고 지각한 결과일까 아니면 수준이하의 학교가 있는 가난한 우범 지역이기 때문일까?

이처럼 가능한 여러 설명들을 하나하나 떼어내는 일은 쉽지 않다. 그러나 빈곤이나 소득 불균형 효과를 통계적으로 제거하는 것과 같은 신중한 시도들에서도 다양성과 불신의 연관성은 쉽게 없어지지 않는다. 이중언어와 낮은 학업성취라는 실체 없는 관계와 달리 사회 균열과 사회적 불신 사이의 관계는 지금까지 수행된 철저한 연구 조사를 견뎌내고 존재를 드러낸다.[49] 그리고 경제학자와 정치학자가 숫자를 기반으로 보고하는 개관적인 상관관계도, 집단 간 상호작용을 세밀하게 관찰한 심리학자들의 결과와 맥을 같이한다. 한 연구에서 심리학자들은 스페인어를 구사하는 연구보조자 두 명을 주로 백인 영어 사용자들이 사는 보스턴 교외 지역으로 보냈다.[50] 이 스페인어 사용자들은 그저 2주 동안 매일 같은 시각에 동네 전철역에 나타나 통근열차를 타고 스페인어로 대화를 나누었다. 그런 뒤 이 전철에 탄 통근자들은 멕시코 이민자들에 대한 태도를 묻는 설문조사에 답했고, 이들의 답변을 스페인어를 쓰는 침입자가 없었던 통근열차에 탄 사람들의 것과 비교했다. 스페인어를 쓰는 연구보조자들과 같은 전차에 타서 아마도 스페인어를 들었을 사람들은, 그렇지 않고 편안한 획일성을 즐겼던 사람들에 비해 강력한 이민 규제 정책을 선호했다. (그러나 스페인어 사용자와 같은 전차를 3일 동안 탔을 때와 비교해서 10일을 탄 뒤에는 이런 차이가 감소했다. 이와 같이 다른 배경의 사람들과 익숙해지면 적대감이 누그러질 수도 있다. 이 점은 뒤에서 다시 언급할 것이다.)

다양성에 따른 어려움이 있을 수 있지만, 그렇다고 자기 국경 안에 다양한 정체성을 용인하는 나라는 불화의 온상을 자초하는 것이라고 결론지을 수는 없다. 정치학자 제임스 피어론과 데이비드 라이틴은 우리가 나쁜 뉴스에 더 관심을 기울이는 습관이 있을 뿐, 실제로 집단 간 폭력 갈등은 우리가 생각하는 만큼 그렇게 자주 일어나지 않는다고 지적한다. 서로 다른 민족 사이의 폭력은 그들이 서로 영토를 나누어야 하는 상황에서 아주 낮은 비율로만 발생한다. 이 연구자들은 아프리카의 **잠재적인** 폭력 사태와 대비하여 실제 발생하는 폭력적 소요를 계산하였더니, 그 비율이 너무 낮아 "거의 0 주위를 맴돌았다."[51] 그들은 민족 집단 관계에서 갈등보다 평화와 협력이 훨씬 더 일반적이라는 것을 설명하는 좋은 이론이 필요하다고 제안한다. 그리고 이 이론은 왜 어떤 상황에서는 다름이 불신을 낳고 다른 상황에서는 그렇지 않은지도 설명해야 한다. 연구 데이터가 증가하면서 우리는 다양성과 불신 사이의 전체적인 관계를 어렴풋이 알게 되었지만, 그것이 모든 장소, 상황 혹은 사회적 습관에 균일하게 적용되지는 않음이 분명해졌다. 때로는, 관계가 전혀 없거나 심지어 뒤집히기도 한다.

예를 들면, 서구 국가 중 미국 안에서 다양성과 불신의 관계가 가장 밀접하다. 반면 미국보다 훨씬 더 다양한 사회임에도 꽤 잘 유지되는 나라들이 있다. 인도네시아는 7백 개가 넘는 민족과 3백 개가 넘는 언어(국가 공식어인 바하사 인도네시아어Bahasa Indonesia 는 인구의 20퍼센트 이하가 사용한다)를 품고 있어 특히 상황이 복잡하다. 1970년대와 1980년대에 2백 만 명이 넘는 인도네시아 사람들이 아우터 아일랜드Outer Islands 에 새롭게 조성된 마을로 이주하는 데 동의했는데, 그곳에서 거의 무작위로 민족들이 섞였다. 이 때문에 인도네시아는 깊게 뿌리내린 지역 역사나 반목이 없는 초다양성의 결과를 연구하기에 이상적인 실험실이 되었다. 그리고 2019년에 발표된 논문은 많은 수의 다양한 집단을 포함한 인도네시아 지역들이 실제로 **더 높은** 수준의 사회적 신뢰를 향유함을 보여주었다.[52] 오히려 사람들 대부분이 하나의 집단에 속하거나 그곳의 집단 수가 적은 지역들, 그래서 순수한 다양성이 아닌 권력 집단의 양극화를 초래한 지역들에서 최악의 사회적 퇴보를 볼 수 있었다. 이런 지역에서는, 학교나 도서관과 같은 공공재에 세금을 내는 것을 꺼리고, 이타심이 적으며, 동네 활동에 참여를 덜하고, 이웃에게 자녀를 잘 맡기지 않았다. 이에 더해서 커뮤니티 안에서의 분리 정도가 중요하다는 것이 드러났다. 서로 다른 인도네시아 민족들이 커뮤니티 안에서 섞이지 않고 자기네끼리 끈끈하게 뭉쳐 있으면 서로를 덜 신뢰한다. 이는 작고 많은 집단으로 구성된 지역에서나 적은 수의 큰 집단들이 지배하는 지역에서나 마찬가지였다. 연구자들은 일상적이고 유의미한 접촉이 서로 다른 집단의 구성원들 사이에서 표출될 수 있는 긴장감을 완화하는 일종의 연화제라고 말한다. 이러한 의견은 다양한 언어 집단이 서로 쉽게 상호작용하는 나라들이, 집단끼리 분리된 나라들보다 공공보건, 교육, 국민의 평균 소득 면에서 더 낫다는 경제학자들의 시각과 연결된다.[53]

　다른 집단 구성원과 전철역에서 마주친다든지 슈퍼마켓 계산대에서 몇 마디 주고받는 것이 아닌, 구성원들 사이에 진짜 상호작용이 있다면 다양성 한가운데에서도 사회적 신뢰가 번성할 수 있다는 희망을 심어주는 증거가 많다. 다른 집단에 속하는 낯선 사람과의 피상적인 접촉은 오히려 위기감을 느끼게 한다. 하지만 서로 진정한 대화를 나누거나 공동의 목표를 위해 함께 일하면 사회적 신뢰를 구축할 수 있다. 혼합된 커뮤니티가 다양한 배경을 가진 사람들과 접촉할 기회를 주지만, 사람들이 이 기회를 포착하고 실제로 서로 대화를 나누지 않는다면 그저 그 안에 산다는 것만으로 더 깊은 신뢰가 싹트지는 않는다. 이것은 캐나다와 미국 거주민들과 그들의 사회생활을 세세하게 살펴본 연구 기록에서 볼 수 있다.[54] 이 연구는 다음과 같은 일반적 양상을 다시금 증명했다. 다양성이 풍부한 동네에서 신뢰가 가장 낮았으며, 다른 민족이나 인종 배경의 이웃과 근접하여 사는 사람들(심지어 옆집에 사는 이웃) 사이의 신뢰가 가장 낮았다. 하지만 이 불신은 이웃과 거의 또는 전혀 이야기를 하지 않는 사람들 사이에서만 팽배했고, 이웃과 잘 어울리는 사람들은 그런 주저함을 보이지 않았다. 이와 비슷한 결과가 되풀이되는 다른 연구들과 함께 이 연구는 나와 다른 사람을 **보는 것**이 위협의 감정을 불러일으킬 수 있지만, 실제로 그들과 관계를 맺음으로써 그 위협을 타파할 수 있다는 주장을 뒷받침한다.

물론, 다른 문화나 민족 배경의 사람을 만나는 데 알레르기를 일으키는 사람이 바로 정확히 그들과 접촉할 확률이 가장 적은 사람이라는 사실이 큰 도전이기는 하다. 도서관의 남성처럼 그들은 보호막 속으로 들어가 다른 배경의 사람들을 묵살한다. 그런 사람들에게는 외부인과의 따뜻하고 인간적인 접촉도 효과가 없을 거란 의구심마저 든다. 그러나 사실, 다른 집단 구성원과 우호적으로 상호작용함으로써 태도가 가장 극적으로 바뀌는 사람들은 바로 이런 완고하고 편견에 취약한 사람들이다.[55]

이 모든 것은 언어와 민족 배경의 다양성이 국가 통일이나 커뮤니티 유대감의 종말을 알리는 전조가 아님을 말해준다. 다양성의 암울한 측면을 드러낸 논문으로 광범위하게 인용되는 로버트 퍼트넘조차도 사회는 '다름'을 감당할 능력을 가지고 있다는 낙관론을 표명한다. 그는 모든 다름이 불화를 초래하는 것은 아니며 설사 그랬던 것들도 시간이 지나면서 조금 더 유순해질 수 있다고 말한다. 한 예로 그는 종교적 소속감에 대한 태도의 변화에 주목한다. 퍼트넘은 자신이 청소년기를 보낸 1950년대 미국 중서부 지방에서는 다른 종교를 믿는 사람과 사귀는 것이 빈축을 살 만한 일이었기에, 누가 가톨릭이고 누구는 감리교 신자인지 등을 알아두는 것이 중요했다고 회상한다. 지금은 이름을 잊어버렸지만 그들이 어느 교회를 다녔는지는 아직도 기억나는 친구들이 있다고도 덧붙인다. 당시 종교적 소속은 단지 정체성의 일부가 아니었다. 그것은 자신의 사회적 네트워크, 그리고 누군가와 얼마나 친해질 수 있는지를 결정했다. 그렇지만 그것이 변했다. 종교가 아직도 개인의 정체성에 중요하지만—퍼트넘의 데이터에 의하면, 종교가 민족적 배경보다 사람들의 자의식에 더 중요하다고 한다—그것이 예전처럼 사람들을 서로 다른 집단으로 날카롭게 나누지는 않는다. 즉, 종교가 여전히 **개인적으로** 의미가 있지만 **사회적으로는** 의미가 훨씬 작아졌다. 어쩌면 민족적 혹은 언어적 정체성도 이와 같이 변할 수 있다고 퍼트넘은 말한다.[56]

퍼트넘이 꿈꾸는 것은, 18세기와 19세기의 국가 건설과 같은 단선적 이상향으로 되돌아가는 게 아니라 사회적 조화로 향하는 것이다. 그리고 실제로 언어 또는 민족적 구분을 불도저로 뭉개버릴 필요가 있는지, 심지어 도움이 되는지에 의구심을 갖는 이유가 있다. 강제로 밀어붙이는 그런 시도들이 역효과를 낳는 경향이 있기 때문이다. 아마도 바스크어에 대한 프랑코 정권의 억압이 스페인 바스크 지역의 저항을 활성화했을 것이며, 문화 소멸의 위협을 느낀 많은 바스크인들이 폭력을 수용했다. 결국 프랑코의 정책은 사회적으로 언어를 통일시킨 게 아니라 오히려 불화를 더 키웠다. 터키의 쿠르드어 탄압도 이와 비슷하다. '다름'을 없애려는 고압적인 시도, 즉 필연적으로 소수 집단이 다수 집단처럼 변형되어야 하는 시도가 다수를 안심시킬지 모르지만, 그 소수 집단과 정말로 하나가 되는 데는 거의 소용이 없다.

서로 다른 언어를 구사하는 사람들 사이의 긴장을 완화하는 가장 좋은 방법은, 그들 사이의 사회적 장벽을 줄이는 것이다. 하지만 동시에 가시 돋친 질문을 제기한다. 이것이 각자의 언어를, 특히 작은 언어를 보존하면서 성취할 수 있는 일인가? 걸러어의 경우에서 보듯이 집단 간 분리, 그리고 그들과 **우리**가 분리되어 있다는 감각이 곧 언어가 사라지지 않도록 막아주는 방벽이라면, 언어 집단 간 경계가 엉성해지고 언어적 정체성이 사회적으로 덜 중요하게 될 때 무슨 일이 생길까? 언어를 자격 요건으로 여기던 끈끈한 커뮤니티가 없어짐으로써 작은 언어들이 결국 시들어버릴까?[57] 이 점에 있어서는 앞에서 언급한 인도네시아 연구가 별로 확신을 주지 않는다. 분리된 커뮤니티보다 혼합된 곳에서 사회적 신뢰가 가장 높긴 했지만, 바로 이런 조건에서 사람들은 자신의 모국어를 기꺼이 포기했다. 이웃과 하나라는 느낌, 그리고 사회적 통합을 양성하는 환경이 사람들로 하여금 조상의 언어가 아닌 공용어를 쓰며 자식을 키우도록 부추겼다.

사회언어학자인 빌 라보브는 많은 미국 흑인들이 쓰는 방언인 AAVE를 논의하며 이 점을 파고든다.[58] 라보브는 AAVE가 번성할 수 있었던 것은 인종분리라는 오래된 미국의 역사 때문이라고 믿는다. 그리고 그 인종분리는 절망적 빈곤, 조악한 학교 교육, 수준 미달의 주거 환경을 포함하여 미국 흑인 사회를 절뚝이게 하는 많은 문제의 뿌리다. 라보브의 연구는 미국에서 가장 극명하게 분리된 도시 중 하나인 필라델피아에서 백인과 거의 접촉이 없는 사람들이 AAVE의 특질을 가장 뚜렷하게 보임을 밝혔다. 그는 인종 통합이 사회적으로 위태로운 사람들을 끌어올리는 대신 그들 고유의 언어를 위태롭게 하더라도, 그들에겐 해봄 직한 거래라고 제안한다.

맞는 말이다. 그러나 소수 언어를 포기하는 건 정말로 그 언어가 자기 인생에서 더 이상 도움이 되지 않는다는 생각에서 한 **선택**이지, 그 언어를 쓰는 게 죄가 되거나 가치가 없기 때문은 아니다. 결국에는 건강한 다양성을 키우는 사회의 능력은 여러 정체성을 가진 건강한 **개인**을 키울 수 있는 능력과 서로 묶여 있다.

사람들이 자신의 여러 모습 중 하나를 선택하도록 우리가 강요하지 않을 수 있을까? 사람들이 가진 가족, 커뮤니티, 언어와의 끈을 지지하면서 주류 사회에서 차단되지 않도록 할 수 있을까? 그들의 언어를 단지 유용한 경제적 자산이 아닌, 자기가 누구인지를 구성하는 대체 불가능한 측면으로 구축할 수 있을까? 두 개의 마음을 가진 사람들, 서로 다른 세계의 번역자들, 중간자들, 두 가지 언어로 기억하고 삶을 사는 사람들, 충성심이 하나 이상의 집단에 고루 퍼져 있는 사람들을 위해 우리가 정말 공간을 마련할 수 있을까? 그것이 가능하다면, 다양성에 따르는 최악의 위험은 피하면서 다양성이 제공하는 풍성한 열매들을 얼마간 수확할 수 있을 것이다.

두 커뮤니티 사이에서의 줄다리기

언어가 특권층과 소외계층을, 부자와 가난한 사람을, 기존 거주민과 새로 정착한 사람들을 나누면서 사회의 단층선이 될 때, 국가나 커뮤니티의 정신뿐 아니라 개개인의 정신도 고통받는다. 이 단층선은 다른 언어로 말하는 사람들 간의 일정한 거리를, 또한 이 분열에 양다리를 걸치고 살아야 하는 사람들의 자아에 깊은 균열을 만든다. 사이가 좋지 않은 언어 커뮤니티 사이에서 갈라지는 느낌을 받는 사람들은 이혼한 부모 사이의 아이와 같아서, 둘 중 하나를 배타적으로 따라야 한다는 압박을 느낀다. 많은 이중언어 작가들이 이 특별한 고통을 토로하며 셀 수 없이 많은 사람들이 살았던 경험을 구체화시켰다. 리처드 로드리게스의 자서전을 꿰뚫는 긴장감을 떠올려 보라. 한편으로는 주류 미국 사회에 속하려면 자신의 모국어인 스페인어를 버리라고 요구받는다. 그러나 다른 한편에서는 가족과 이웃들이 그의 어눌한 스페인어가 그들과 그들 문화에 대한 절연이라고 받아들여 상처를 입는다.

> 내가 말을 하면 듣는 사람들이 놀랐다. 그들은 내가 하려는 말을 이해하려고 고개를 낮추었다. 그리고 다시 부드럽고 애정 어린 목소리로 질문을 반복하곤 했다. 하지만 이미 난 영어로 대답하곤 했다. "아냐, 아냐, 네가 스페인어로 답하는 걸 듣고 싶어… en español." 하지만 난 할 수 없었다. 그러면 그들은 나를 Pocho라고 불렀다. 때로는 장난스럽게 놀리면서, 다정한 애칭을 사용하여 mi pochito라고 했다. 때로는 진심으로 비웃으면서 Pocho라고 불렀다. (스페인어 사전은 이 단어를 '무색의' 또는 '단조로운'을 의미하는 형용사라고 정의한다. 그러나 나는 그것을 자신이 태어난 사회를 잊고 미국인이 된 멕시코계 미국인을 부르는 명사로 들었다.)
> 그때 우리 부모님은 창피해하며 자식들이 유창한 스페인어를 하지 못한다고 설명해야 했다. 어머니의 유일한 남자 형제인 외삼촌이 어느 해 여름 가족을 데리고 우리 집에 왔을 때 어머니는 그의 노여움을 샀다. 삼촌은 그때 조카들을 처음 봤다. 내가 말하는 것을 듣더니 그는 눈길을 돌리고 내가 스페인어[su proprio idioma("너 자신의 언어")]를 못하는 것이 망신이라고 했다.[59]

언어가 소외 집단을 다수로부터 구별하는 정체성의 깃발이 될 때, 로드리 게스처럼 다수의 문화로 진입하려고 노력하는 사람들은 특히 힘들다. 그리고 한 사람의 인생에서 모국어가 다수 언어에 항복하고 그 소리를 죽일 수밖에 없으면, 그 사람은 진정으로 다시 집으로 돌아가지 못한다. 언어 쇠퇴를 연구 하는 독일 학자인 모니카 슈미트는 자신의 경험에 대해 다음과 같이 적는다.

> 내 인생의 첫 12년 동안 나는 남독일 슈바벤Swabian 사투리를 썼다. 우리 가족이 네덜란드와의 국경 근처 도시로 이사를 간 후로는 금방 슈바벤 사투리를 잊었고(새로운 학교 친구들이 무척 재미있어했기에), 꽤 표준적인 독일어를 구사하게 되었다.
> 몇 년 전, 친척의 장례식에 참석하기 위해 나는 내가 태어난 도 시에 다시 갔다. 아직도 그 지역에 사는 모든 친척들은 사투리 를 썼다. 어렸을 때 친했던 사촌도 마찬가지였다. 놀랍게도 나 는 친척들과 의사소통을 하는 것이 거의 불가능할 정도였다. 그 들의 말을 못 알아듣는 것이 아니라 내가 어떻게 말해야 할지 적절한 방식을 찾지 못했기 때문이다. 보통 때처럼 표준 독일어 를 쓰면 으스대거나 우아한 척하는 것처럼 느껴졌다. 박사님이 되어, 하찮은 사람들보다 낫다고 거들먹거리는 것 같았다. 한편 으로는 내가 연습을 좀 하면 사투리를 어느 정도 모방하여 대화 할 수 있겠지만, 그러면 스스로 가짜이고 사기꾼 같은 느낌, 혹 은 더 나쁘게 얘기해서 '성대모사'를 하는 재미없는 코미디언이 된 것 같은 느낌이 들었다.
> 이 딜레마에서 벗어날 방도는 없었다. 나는 그저 입을 다물고 있었다.[60]

과거에 있었던 비관적인 경고에도 불구하고, 두 가지 언어 또는 문화에서 자란다고 조현병 환자가 되지는 않는다. 그러나 심리학 연구들은 여러 문화 사이에 나누어진 삶에 어느 정도 위험이 따른다고 지적한다. 조금 더 구체적으로 말하면, 이중문화를 **겪는다고** 고통이 따르지는 않는다. 오히려 어떤 사람이 하나 또는 양쪽 문화를 **포기할** 때 문제가 발생한다. 이중문화 안에서 성장한 사람들의 정신 건강을 연구하는 심리학자들은, 피험자 중 일부는 다른 사람들보다 더 잘 살고 있다고 보고한다. 대부분의 경우, 특히 미국에서는, 지배적 문화에 완전히 동화되어 자신의 문화나 언어 유산의 흔적 대부분을 잃어버린 사람들, 아니면 주류 문화를 회피하며 소수 문화에 숨는 사람들은 안정적인 이중성을 성취한 사람들보다 잘 살지 못한다. 하나의 문화를 버리면서 다른 하나를 선택한 사람들은 우울, 불안, 외로움에 쉽게 괴로워한다. 학업 성취가 좋지 않으며, 직장에서 높은 자리에 오르지 못하고, 법적으로 문제를 일으킬 확률이 높다. 또한 사회적 네트워크와 지원 체계가 불안정하고, 일반적으로 심리·사회적 적용에 어려움을 겪는다. 그리고 양쪽 문화 모두에게서 등을 돌린 사람들, 자신이 어느 것에도 속하지 않는다고 느끼는 사람들이 가장 고통을 받는다.[61]

지금은 캘거리에서 학계에 종사하는 불가리아 출신 동료 한 명이, 자기가 인생에서 경험한 가장 고통스러웠던 내적 갈등이 아버지 쪽과 어머니 쪽의 정체성을 조화시키는 과제였다고 말해서 내가 놀란 적이 있다. 부모님 모두 불가리아 사람이었지만 양쪽 집안의 문화가 너무 달라 그녀는 오랫동안 그 둘이 서로 양립할 수 없다고 믿었다. 그녀는 자신 안에 두 집안의 문화를 모두 담을 수 있다는 것, 즉 둘 중 하나를 선택할 필요가 없음을 안 것이 행복한 깨달음이었다고 말했다. 그녀의 말에 나는 깊은 충격을 받았다. 당연하게도 이 이야기는 유년 시절 친구들이나 선생님들의 문화와 자주 어긋나곤 했던 우리 가족의 문화 사이에서 내가 느꼈던 갈등의 메아리였다. 그녀의 경우에는 가족 수준에서의 정체성 갈등이 새로운 국가 문화에의 적응이라는 과제를 덮을 만큼 컸다. (또는 그녀가 양쪽 조상 혈통을 같이 엮어 정체성을 정립하는 과정이 나중에 이민자의 삶에서 부딪치는 비슷한 도전을 순조롭게 받아들이게 만들었을 수도 있다.) 그러나 그녀의 이야기는 누군가의 인생이 여러 언어, 국가, 민족으로 나누어졌는지에 상관없이, 정체성 안의 어울리지 않는 측면들을 화해시키는 일이 대부분 사람들에게 매우 중요한 과제임을 상기시켰다. 단일한 문화에 뿌리를 둔 사람일지라도 대립하는 집안에 대한 충성심 사이에서, 혹은 자녀에 몰입하는 어머니와 성공적인 직장인 역할과 같이 경쟁하는 정체성들 사이에서 어쩔 줄 모를 수 있다. 우리는 한 부모 혹은 양부모 모두와 소원한 관계인 아이가 부모 모두와 따뜻한 관계를 유지하는 아이보다 더 큰 심리적 위험을 갖는 것을 당연하게 여긴다. 우리의 근본을 이루거나 어떤 사람이 되어야 하는지를 정의하는 모든 요소도 마찬가지다.

그러나 진실을 말하자면, 거의 모든 내적인 삶은 어떤 형태로든 깊은 골짜기를 가지고 있다. 그리고 이 골짜기의 양끝을 연결시켜 주는 다리가 필요하다. 이 일 — 복잡 미묘한 충성심을 받아들이는 일, 대립하는 체계 사이에서 능숙하게 움직이거나 독특한 방식으로 그것들을 접목하는 일, 자기 속에 모순되어 보이는 가치와 야망을 모두 붙잡는 일, 한 문화가 정도를 초과할 때 다른 문화의 규범에 기대어 그것을 억제하는 일 — 이 바로 행복에 이르는 열쇠다. 심리학자들에 의하면 이중 문화에 속한 사람들이 가질 수 있는 행복의 열쇠는, 두 문화가 대립할지라도 그것이 근본적으로 양립할 수 없는 것이 아니며 한 사람 안에 둘 다를 담는 게 가능하다고 믿는 것이라고 한다. 마음 속 두 목소리가 단순히 번갈아 독백을 하는 것이 아닌, 서로 대화를 나눈다면 금상첨화다. 요컨대 문화적으로 한쪽이 절단된 사람은 위험하며, 가능한 한 두 문화를 동반하는 편이 건강하다. 자신의 각 부분에 목소리를 부여하는 사람은 리처드 로드리게스의 회고록을 관통하는 괴로움을 적게 경험하며, 복잡한 배경을 아픔이나 손실이 아닌 강점으로 보기 때문에 이중 혹은 다중 자아를 자랑스러워할 때가 더 많다. 그런 사람 중 한 명 — 부모가 각각 프랑스와 레바논 사람으로, 그 자신은 미국에서 태어나고 어린 시절에 몬트리올로 이주한 사람 — 이 심리학자와의 인터뷰에서 자신의 다면적 정체성을 다음과 같이 표현했다. "나는 스위스 군용 칼과 같아요. 여러 개의 도구가 들어 있어 거의 모든 상황에 대처할 수 있지요. 드라이버가 필요할 때도 군용 칼만 있으면 돼요. 그래서 내가 미국인일 필요가 있을 때에도, 그건 이미 내 안에 있어요."[62]

실제로 몇 명의 연구자는 두 문화를 접한 사람이 하나의 문화에서 자란 사람들보다 더 창의적인 경향이 있다고 주장한다. 아마도 이들은 이미 정해진 생각이나 행동 양식으로 쉽게 빠지지 않기 때문인 듯하다. 끊임없이 마찰을 일으키는 세계관의 대립 때문에 그들은 새로운 해결책을 생각하고 모순에서 빠져나오는 길을 찾는 데 능숙하다.[63] 다양성이 사회적 신뢰를 위협한다는 연구로 잘 알려진 로버트 퍼트넘은 이런 결과들을 인정하면서 다양성의 어려움뿐 아니라 혜택에 대해서도 주목했다. 예를 들면, 그는 미국에 온 이민자들이 미국에서 태어난 사람들보다 노벨상과 같은 주요 국제 상을 서너 배 더 많이 수상함을 관찰했다. 그리고 수상자 중 이민 2세대까지 포함하면 이민자들이 그런 상을 훨씬 더 많이 받는다.[64]

다른 두 가지 문화를 체화한 사람들은 서로 반대 입장에 고착된 집단 사이의 적대감을 완화하여 커뮤니티 사이의 다리 역할을 한다는 증거도 있다. 사회심리학자 아론 레비와 동료들은 이중 정체성 집단을 '관문 집단gateway groups'이라고 부르며, 이중 문화를 지닌 사람은 혼합된 정체성이 가능함을 보여주는 것만으로도 커뮤니티 사이의 긴장을 완화시킨다고 말한다. 레비는 백인 피험자들에게 기억력에 관한 실험이라고 말한 후 사람들의 얼굴 사진을 보여주었다. 참가자 중 절반에게는 백인 얼굴과 흑인 얼굴을 보여주었고, 나머지 절반에게는 백인과 흑인 얼굴에 더하여 혼혈 얼굴을 보여주었다. 그리고 참가자들은 인종에 관한 태도에 대한 설문조사에 답했는데, 혼혈 얼굴을 봤던 참가자들은 다른 참가자들보다 흑인에 대해 더 호의적인 의견을 피력했다. 놀랍게도 편견에 취약하다고 생각되는 사람들에게서 혼혈 얼굴을 본 효과가 가장 크게 나타났다.[65] 또 다른 연구에서 유대계 이스라엘 사람들은, 자신을 이스라엘 사람이면서 팔레스타인 사람이라고 표현하며 두 가지 정체성이 모순이 아니라고 보는 사람들에 대한 기사를 읽은 후에, 이스라엘에 사는 아랍인들에 대한 침략적 정책을 지지하는 것을 꺼렸다.[66]

그렇게 잠깐 동안의 표면적인 노출만으로도 다른 집단에 대한 태도가 바뀐다면, 정체성이 혼합되어 있거나 여러 겹인 사람들과의 유의미한 만남이 어떤 결과를 가져올지 상상해 볼 수 있다. 두 개 혹은 그 이상의 정체성을 합병하는 데 성공한 사람은 아마도 두 문화 사이의 연결성이나 공통점을 더 쉽게 볼 수 있고 이것을 다른 사람에게 잘 전달할 수 있을지 모른다. 어쩌면 이들은 다른 편에서 보는 관점을 설명할 수 있기 때문에 통역자나 중재자의 역할을 할 수도 있다. 이미 자기 머릿속에서 많은 논쟁을 해결했기 때문에 다른 이들 사이의 다툼을 해결하는 도구를 가지고 있을 수도 있다. 적어도 이들은 근본적으로 다른 점이 있는 문화도 나란히 공존할 수 있다는 사실의 살아 있는 증거가 된다. 한 사람의 마음 안에서 서로 다른 문화가 같이 살 수 있다면, 같은 커뮤니티 또는 국가 안에서도 분명히 가능한 일이다.

이러한 연구 결과는 이중 정체성을 지지하는 강력한 논거가 된다. 두 문화의 영향을 받은 사람들은 둘 중 하나를 선택하라고 강요받지 않을 때 가장 잘 성장한다. 양쪽 모두에 뿌리를 내릴 수 있는 사람들은, 아마도 조각난 사회를 묶어 엮는 일 또한 도울 수 있다. 그리고 결국에는 복잡한 사회 안에서 언어 다양성을 보존하는 유일한 길은 이중성을 장려하는 것, 즉 언어를 배타적인 충성심의 상징으로 여기는 줄다리기에 의존하지 않는 것이다. 그러나 우리 사회 안에서 중요한 변화가 일어나지 않는다면 이는 이뤄지기 힘들 것이다.

두 개의 문화에 속한 사람이 이중 정체성을 유지할 수 있느냐는, 그 사람이 속한 각각의 문화와 커뮤니티가 복합적인 정체성을 얼마나 수용하느냐에 달려 있다. 문화나 커뮤니티가 '너무 민족적'이거나 반대로 '너무 동화되어' 있으면 이중 정체성으로 가는 전체 과정을 약화시킨다. 불행하게도 분쟁에 뒤얽힌 문화들은 구성원들에게 순수한 정체성을 요구하는 경향이 있다. 하지만 그런 요구는 외적 갈등이 개인의 내부에 이길 가능성이 없는 투쟁을 유발하는 독이 된다.

이민자나 난민, 토착민, 혹은 어떤 종류든지 민족·언어적 소수자가 살고 있는 나라들은 개개의 많은 조각들에서 전체적인 무언가를 만들려고 노력한다. 그러나 이런 나라들은 소수집단에게 주류 문화와 언어에 동화하라고 요구하기보다─이것은 집단들을 더 팽팽한 대치 상황으로 몰고 갈 위험이 있다─국민들이 복합적인 정체성을 개발하도록 도움으로써 국민들뿐 아니라 국가 자체의 이익을 꾀할 수 있다. 국민들이 잘 되도록 돕는 것 이외에도 다양성에 따른 사회적 신뢰의 위협을 완화할 수 있기 때문이다. 즉 인종, 민족, 언어, 종교 등으로 정의되는 집단 간 경계를 흐릿하고 복잡하게 만듦으로써 이런 '다름'에 잔뜩 실린 사회적 의미를 보다 무해한 것으로 변형시킬 수 있다. 그렇지만 이를 위해선 동질성이라는 아늑한 보호막을 포기하는 용기가 필요하다.

트랜스랭귀지, 이상적인 학습법

운이 좋게도 어릴 때 나는 많은 소외 집단에게 종종 쏟아지는 냉혹한 차별과 적대감을 겪지 않았다. 하지만 그렇다고 내 정체성의 체코적인 면을 성장시키도록 지원받지도 않았다. 내 인생을 구성하는 대부분의 방들—배움의 공간, 예배 장소, 직장—의 문을 들어갈 때 체코적인 것은 문 앞에서 내려놓아야 했고, 그것들을 저 뒤쪽 좁고 어두운 곳에 가둬두었다. 나는 선생님 눈에 내가 영어를 쓰는 다른 친구들보다 덜 여물어서 학교에 온 것으로 보일 거라 생각했다. 그래서 서둘러 스스로를 완성시키려 노력했다. 그러나 요즘 이민자 아이들은 적어도 학교에서는 다른 경험을 한다. 점점 더 많은 교육 전문가가 아동들이 교실에서 다양한 언어를 말하도록 북돋는 교육적 접근을 장려하기 때문이다. **트랜스랭귀지** translanguaging 라는 최신식 이름이 붙은 이 접근 방법은 언어들이 서로 고립될 필요가 없다는 인식에서 비롯된다. 사실 언어는 한 사람의 마음 안에서 서로 혼합되고 다른 이중언어 사용자들과 소통할 때 자연스레 함께 소용돌이치며, 일반적으로 동시에 같은 공간을 점령하고 싶어 한다.[67] 이 접근법을 지지하는 연구자들은 따뜻한 논리와 냉정한 논리를 모두 제시한다. 따뜻한 면은, 아이들이 자신의 배경과 근원이 되는 얘기들, 다양한 언어 능력을 가치 있는 것으로 여길 때 잘 자라고, "학생들 사이의 각기 다른 생활 세계의 간극을 메워주는 것"이 건강하다는 인식이다.[68] 냉정한 논리는, 언어적 배경이 무엇이든 상관없이 모든 아이들은 갈수록 다언어화되는 세계에서 기능할 수 있는 능력을 갖추어야 한다는 주장이다. 단일한 언어가 소통되는 교실은 점점 더 학교 밖 실제 세상과 다른 비현실적인 모델이 되고 있다.

현실에서는 언어의 혼합에 따라 교습 방법으로써의 트랜스랭귀지가 여러 형태를 띨 수 있다. 언어를 분리하여 특정한 과목, 교실, 시간에 그것을 배정하기보다는 충실하게 이중언어를 실행하는 학교에서는 선생님이 목적에 맞게 양쪽 언어를 모두 가져다 쓴다. 예를 들어 선생님이 어떤 개념을 스페인어로 가르친 후 학생들에게 인터넷에서 그 주제를 찾아보라고 하면서 스페인어뿐 아니라 영어로 된 자료를 찾아 읽으라고 권할 수 있다. 또 다른 선생님은 다양한 문학적 장치를 보여주거나 문학적 문화와 그것에 따른 관습의 대비를 보여주기 위해 영어과 스페인어로 된 글 모두를 오가며 토론할 수도 있다. 목표는 학생들이 과제와 관계된 모든 언어적 능력을 발휘하도록 권장하며 의식적으로 언어들 간의 차이를 주목하고 분석하도록, 그래서 **모든** 언어를 선명하게 의식하는 능력을 갖도록 가르치는 것이다.

이 접근 방식은, 수업이 하나의 언어로 진행되지만 학생들이 다양한 언어를 사용하는(선생님은 그 언어를 알 수도, 모를 수도 있다) 학교에서도 권장된다. 그런 경우 선생님이 다른 언어를 위한 공간을 마련하는 방법은 여러 가지다. 학생들에게 어버이날 편지를 모국어로 쓰도록 하거나, 친구들끼리 협력하여 두 가지 언어로 이야기를 만들도록, 혹은 자기가 선택한 언어로 쓰인 글을 읽고 영어로 독후감을 쓰도록 장려할 수도 있다. 같은 모국어를 쓰는 아이들끼리 수업 내용의 이해를 돕기 위해, 또는 그룹 프로젝트를 같이 하기 위해 그 언어를 쓰도록 허락할 수도 있다. 언어들 간의 재미있는 공통점이나 차이점을 주목할 수 있는 예를 들기 위해 선생님이 학생들에게 도움을 청할 수도 있다.

이런 시나리오는 내 학창 시절과 너무 달라서, 나라면 그것을 어떻게 느꼈을지 혹은 체코어에 대한 나의 소홀함을 방지하는 데 어떤 영향을 미쳤을지 상상하기 어렵다. 최소한 이런 방법이 있었다면, 내가 당시 우리 집에 있던 체코어로 된 책을 반복해서 읽었을 수 있고, 어쩌면 부모님이 내 숙제를 도와주는 일—우리의 영어가 부모님을 능가하자 아예 사라져버린 일—이 생겼을 수도 있다. 요즘 같은 디지털 세상에서는 이런 교습 방법이 학생들로 하여금 온라인에서 자신의 모국어로 된 자료를 깊게 조사하도록 이끌며, 또한 언어가 쇠퇴하지 않게 경계하고 조상의 문화와 연결시켜 주는 문학적 기술을 강화할 것이다.

물론 독일과 네덜란드의 많은 교사들이 인터뷰에서 인정했듯이, 여러 언어를 교실에 끌어들이는 것은 현실적으로 어려운 일이다.[69] 언어를 바꿔가며 비교하는 교습에 시간을 쏟으면 전통적인 교육과정에서 다루는 내용에 할애하는 시간이 그만큼 줄어든다. 또한, 일부 학생과 교사는 하나의 소리만 남기고 나머지 언어를 꺼버리는 대신 끊임없이 언어를 바꿔야 하는 것에 피로감을 느낄 수도 있다. 교실에 혼합된 언어가 돌아다니면 선생님들이 교실에서 문제 행동을 단속하거나 언어적 폭력을 감시하는 것이 더 어려울 수 있다. 일례로, 한 학생은 폴란드어를 방패삼아 선생님을 '창녀'라고 부른 경우도 있었다. 또한, 학생들이 모국어를 사용하여 어떤 개념을 서로 설명하면 선생님은 아이들이 정확한 정보를 주고받는지 알 길이 없다. 그리고 공통의 배경을 가진 학생들이 자기들끼리 모국어로 말하며 그 언어를 쓰지 않는 친구들을 고의적으로 배제하고 언어 파벌을 이룰 수 있다.

그러나 어쩌면 트랜스랭귀지의 이런 어려움 자체가 가장 중요한 점일 수 있다. 제대로 훈련받고 지원받는 교사가 진행하는 교실에서 학생들이 배울 수 있는 가장 값진 것은 어떻게 언어를 비교하고 대조하느냐가 아니라, 다른 말을 하는 사람들 사이에 생기는 일상적인 마찰을 헤쳐 나가는 방법일지 모른다. 학생들은 수많은 언어의 확산과 그것으로 인한 오해에도 불구하고 바벨탑이 건설될 수 있으며, 단순히 모든 사람이 같은 언어로 쉽게 소통할 수 없다는 이유만으로 앞으로의 전진이 멈추지 않는다는 것, 즉 여전히 각각의 전문 지식을 활용하는 방법을 찾을 수 있다는 사실을 배울 수 있다. 언어를 교차하는 데서 오는 긴장이 사적인 공간인 집이나 소수 언어를 말하는 사람의 정신으로 제쳐지지 않고 교실에서 허용된다는 바로 그 사실로부터, 학생들은 사회가 확신을 가지고 다중언어의 대가와 부담을 기꺼이 짊어진다는 사실을 알게 된다. 아마도 학생과 교사에게는 이런 교실이 훈련의 장이 될 것이다. 즉 불분명하고 낭만적이기만 한 다언어주의 이상이 아니라, 그 이상을 실현하기 위해 어떻게 굳건하고 반복적인 작업을 할 것인지를 연습하는 곳 말이다. 어쩌면 가장 큰 혜택은 갈등에도 '불구하고'가 아니라 갈등 '때문에' 얻는다.

불협화음의 미학

내적인 것이든 외적인 것이든, 언어 갈등 이야기는 곧 내 인생의 이야기다. 내 머릿속 언어들은 항상 패권 다툼을 벌였고, 영어가 성인기를 온통 주도하면서 어린 시절에 방치되었던 언어는 거의 침묵에 가깝게 억눌렸다. 그리고 북아메리카에서의 내 삶은 대륙에서 언어 갈등이 가장 큰 진원지에서, 언어와 문화를 둘러싼 긴장이 최고조에 이른 순간에 시작되었다. 우리가족이 몬트리올에 도착하기 불과 몇 달 전에 분리주의자 집단인 퀘벡해방전선Front de Liberation du Québec, FLQ 단원들이 영국 외교관과 퀘벡의 부수상을 납치한 뒤 결국 부수상을 살해했다. 이 사건은 이전 7년 동안 FLQ가 터뜨린 950개가 넘는 폭탄에 더한 것으로, 많은 폭탄이 웨스트마운트의 부유한 커뮤니티에 있는 집들의 우편함에서 터졌었다. 웨스트마운트는 마운트로열의 남서쪽 경사면에 호화로운 집들이 들어선 동네로, 많은 이들이 앙글로폰 지배력의 완벽한 본보기로 생각하는 곳이다. 폭탄 테러는 1969년에 몬트리올 증권거래소에서 폭발물이 터져 27명의 부상자를 낸 사건으로 최고조에 이르렀다. 어린아이였던 나와 형제들에게 이 언어 전쟁은 먼 이야기였다. 그러나 우리가 프랑스어와 영어를 모두 빠르게 흡수했기 때문에 우리는 종종 'frogs'라고 불리는 프랑코폰, 혹은 'maudits anglais'라고 불리는 앙글로폰으로 함께 뭉뚱그려졌다. 어릴 적 친구들 사이에서 이렇게 두 가지 모두와 연결된 일은 드물었다.

50년 후 몬트리올은 그때와 매우 다른 도시처럼 느껴진다. 언어는 더 이상 사회를 쪼개지 않으며, 어떤 사람이 영어를 쓰는지 프랑스어를 쓰는지를 보고 그 사람의 종교나 문화, 사회계층, 사는 곳을 예측하는 것이 점점 어려워진다. 두 말을 모두 하는 사람 또한 증가하고 있다. 그리고 이민자들이 유입됨으로써 모든 퀘벡인의 정체성이 뒤얽히는데, 특히 프랑스어 사용자들이 그렇다. 퀘벡의 언어 법령에 따라 이민자들은 자녀를 프랑스어 사용 학교에 보내야 한다. 프랑코폰 커뮤니티에 갖가지 민족과 조상의 씨를 심는 셈이다. 몬트리올에서 자라는 많은 젊은이들이 이제는 자신을 하나의 언어 혹은 문화 커뮤니티로 분류하지 못한다. 그리고 점점 더 복합적인 정체성에 익숙해지고, 이 편안함은 몬트리올의 대중문화에 반영된다. 예를 들어, 몬트리올의 래퍼들은 종종 가사에 프랑스어와 영어뿐 아니라 스페인어, 아이티 프랑스어, 자메이카 영어와 다른 언어를 한데 섞은 자신만의 예술 형태를 만들었다. 데드 오비스와 같은 프랑코폰 그룹은 퀘벡 예술기금 에이전시를 공동 설립했는데, 이들의 노래 가사에는 적어도 70퍼센트 이상의 프랑스어가 들어가야 한다. 우리는 아래와 같은 가사를 어떤 언어로 분류해야 할까?

> Dough to get
>
> I got more shows to rip
>
> Dead-O
>
> on the road again, **c'est mon tour de** get
>
> **Sous le** spotlight, **viens donc voir le dopest** set
>
> We just gettin' started **et pis t'es** captivated
>
> Looking at me now, thinking: "How'd he made it?"
>
> **J'suis tellement plus** about being felt **que** famous
>
> **Que meme moi, j'sais plus** what the hell my name is.[70]

이 유쾌한 언어 혼용 때문에 이 그룹은 지원금을 받지 못했을 뿐만 아니라 퀘벡에서 프랑스어 수호자를 자처하는 사람들의 노여움을 샀다. 그중 저널리스트 크리스티앙 리우는 데드 오비스를 글 안에서 격하게 난도질했다. 그는 이들의 "잡종 언어"가 언어적 자살 행위이며, 많은 사람들이 이것을 즐기게 되면 퀘벡의 프랑스어는 영어를 쓰는 사람도 프랑스어를 쓰는 사람도 이해할 수 없는 품위 없는 언어 형태로 전락할 것이라고 주장했다. 이것은 주알 사용자들에게 쏟아졌던 경멸을 떠올리게 한다.[71] 하지만 아직까지 퀘벡 프랑스어가 품위를 잃었다거나, 프랑스어가 영어와 함께 섞여 쓰여서 오염되었다는 증거는 없다. 30년이 넘게 캐나다의 언어 혼합을 연구하고 있는 언어학자인 섀너 포플락은 이제까지 연구된 모든 이중언어 커뮤니티는 언어를 혼합하여 쓰고 있고, 언어 능력이 부족할 것이라는 생각과는 많이 다르게 양쪽 언어를 잘 통제하는 사람들이 오히려 수사적 혹은 심미적 효과를 위해 두 언어를 적절히 오가며 사용한다고 주장한다. 포플락과 동료들은 퀘벡과 온타리오의 경계에 걸쳐 있어 프랑스어와 영어의 혼합이 가장 만연한 오타와 계곡과 같은 커뮤니티에서도 언어 혼합 관행이 프랑스어에 어떤 영구적인 자국도 남기지 않는다고 말한다.[72] 언어들은 융합되면서 고유의 정체성을 잃지 않는다. 오히려 탱고를 추듯 함께 어우러진다.

크리스티앙 리우가 왜 데드 오비스의 가사를 위협으로 느꼈는지 알 것 같다. 하지만 나는 그것에서 미적으로 **그리고** 존재론적으로 깊은 즐거움을 얻는다. 내게 그것은 다중언어적 삶에 내재되어 있는 갈등을 기리는 향연으로 다가온다. 한 문장 안에 두 언어가 섞여 있을 때, 말하는 사람의 마음속에서는 가장 팽팽한 경쟁이 발생한다. 두 언어 모두가 스포트라이트 아래로 초대되며, 그 어느 것도 상대방에게 양보할 필요가 없기 때문이다. 듣는 사람들도 영어와 프랑스어 둘 다 대기하고 있다가 예고 없이 튀어 들어오는, 롤러코스터처럼 덜컹거리고 휘청거리며 한 언어에서 다른 언어로 튀는 스릴에 초대받는다. 그것은 이것 아니면 저것이라는 선택을 거부하며 언어와 정체성의 강요된 순수성에 '아니오'라고 답하는 음악이다. 나는 그렇게 많은 젊은이들이 겹겹이 층진 자신의 정체성을 드러내는 창의적인 방법을 찾았다는 것이 대단히 고무적이라고 생각한다. 그것은 프랑스어를 다른 말들로부터 분리할 필요가 없다는, 프랑코폰들의 커져가는 자신감을 말해준다. 어쩌면 내가 너무 낙관적일 수도, 프랑스어를 걱정하는 사람들이 옳을 수도 있다. 뒤엉킨 정체성을 가진 사람들과 프랑스어의 결속이, 결국 영어의 기세를 견딜 만큼 강하지 못한 것으로 판명될지도 모른다. 그러나 적어도 지금 몬트리올은 내가 경험한 지역 중에서 가장 다성적인 소리를 낸다.

몬트리올의 정체성에는 항상 어느 정도의 언어 갈등이 따를 것이라고 생각한다. 퀘벡의 언어법을 강제하는 관료들과 산업 사이의 소소한 충돌은 계속된다. 2013년에는 특별히 열성적이었던 언어 감시자가 한 이탈리안 레스토랑의 메뉴에서 '파스타'와 '칼라마리'라는 말을 없애고 그것을 프랑스어로 번역하라고 요구하기도 했다. '파스타게이트'라는 별명이 붙은 이 사건은 인터넷 상에서 광범위하게 조롱과 불신을 자아냈다. 그리고 내 친구나 가족 중 영어만 할 줄 아는 사람들은 요즘도 가끔 프랑스어 무능력자를 못마땅해하는 상점 직원이나 공무원과의 일화를 나눈다. 일부 저널리스트들은 잠식해 오는 이중언어주의가 프랑스어를 위협한다고 맞서고 있다. 하지만 이러한 사례들은 우편함 속 폭탄과는 다르다. 그리고 시간이 갈수록 몬트리올 시민들 사이의 언어적 소통과 일상적 리듬의 진정한 특징을 대변해 주지 못한다. 이들은 일상생활을 구성하는 기본 구조라기보다, 다양한 장면과 행동 사이에서 변화하는 배경일 뿐이다. 뻣뻣하게 곤두선 언어적 불안보다 언어 사이의 평화로운 협상이 훨씬 더 자주 일어난다. 처음 만나는 사람들은 대부분 서로를 이해하기 위해 실용적이고 관대한 기반 위에서 각자가 가지고 있는 언어 능력의 보따리를 기꺼이 함께 더듬어 찾는다. 두 사람이 상황에 가장 잘 맞는 언어 조합을 찾을 때까지 이들의 대화는 여러 언어를 왔다 갔다 할 수 있다. 한 언어에 서투르다고 그것이 무례한 것은 아니다. 문법적 실수도 용서된다. 자의식은 옆으로 제쳐두어도 좋다.

어쩌면 나는 내가 가진 영구적인 다중성 때문에 갈등에 익숙해졌는지도 모른다. 그러나 내게는 몬트리올의 언어적 충돌이 아주 멋진 모테트에서 불협화음의 순간을 만들어내는 매력적인 음정과도 같다. 다성음악에 대한 찬사에서 로버트 브링허스트가 쓴 다음의 글을 보자. "불협화음이 허용된다. 그리고 이 과정은 전체의 윤곽과 완성도에 이바지한다."**73** 몬트리올에 방문했을 때 퀘벡프랑스어관리청Office Québécoise de la langue française, OQLF 관료들이 말하길, 몬트리올 상점 직원들이 손님을 "봉주르, 하이"라고 이중언어로 맞이하는 사례가 늘어서 걱정된다고 했다. 일부 정치인들이 이 인사를 곧 상업적 거래를 영어로 해도 된다는 바람직하지 않은 신호라고 생각했기 때문이다. 예상한 대로, 이중언어 인사에 대한 제재는 앙글로폰들을 자극했다. 공항에서 들어가는 택시 안에서 나는 영어로 진행되는 청취자 참여 라디오 방송을 듣게 되었는데, 거기서 청취자 한 명이 아마도 OQLF가 앞으로는 점원이 '하이'라는 말을 귓속말보다 크게 하면 안 된다는 법을 만들 것이라고 빈정댔다. 분명히 프랑스어가 영어보다 눈에 띄어야 한다는 간판 법을 빗대어 한 말이었다.

그런 뒤 나는 렌터카 사무실로 들어섰다. 카운터 뒤에 선 남성이 "봉주르"라고 상냥하게 인사했고 나도 계속 프랑스어로 대화했다. 그런데 내가 앨버타주의 운전면허증을 건네자 그는 영어로 바꿔 말했다. 그의 영어는 내 프랑스어처럼 눈에 띄는 악센트가 있었지만 유창하고 편안했다. 나를 위한 그의 배려가 고마웠지만, 나는 계속 프랑스어로 말했고 그는 영어를 계속했다. 마침내, 내가 프랑스어로 그에게 말했다. "제가 프랑스어로 말하게 해주세요. 이제 서부에 살게 되니 프랑스어를 할 기회가 거의 없어서 연습을 하면 도움이 될 거 같아요." 그는 미소를 지었고, 우리는 내가 어릴 때 몬트리올 어디에 살았는지, 그곳 주변 환경이 어떻게 변했는지 등 약간의 수다를 주고받았다. 그가 긴장을 풀자 그의 이중모음도 부드러워졌고, 낯선 사람 사이의 딱딱한 프랑스어가 아닌 퀘벡 사람들이 집에서 쓰는 따뜻하고 느슨한 프랑스어로 슬며시 바뀌었다. 그리고 그가 차 키를 건네줄 때 나는 비로소 집에 돌아온 느낌이었다.

5장

*

회복

내가(맨 왼쪽) 어머니, 형제들과 함께 삼촌(오른쪽에서 세 번째)이 만든 모라비아 지방 와인을 즐기고 있다. 삼촌은 집안 대대로 내려오는 모라브스카 노바 베스 토지 위에 아직도 살고 있다.

다시 만난 체코어

아버지가 돌아가시고 몇 년 후, 내 아이들이 고등학교를 졸업하여 독립도 하고, 일의 부담도 줄고 별다르게 위급한 일도 사라지자, 마침내 나는 아버지가 그토록 나누고 싶어 하던 고향 땅에 오랫동안 방문할 수 있었다. 나는 노트북을 챙기고 커다란 여행 가방을 쌌는데, 가방의 반은 체코에 있는 친척들을 위한 선물로 채웠다. 그러고는 아버지의 고향 마을인 모라브스카 노바 베스Moravská Nová Ves에서 가장 가까운 주요 공항이 위치한 빈으로 날아갔다. 신기할 정도로 아버지를 닮은 삼촌이 자동차로 한 시간 반 걸리는 집으로 나를 데려가려고 공항에서 기다리고 있었다. 내 체코어 실력은 누더기 같았다. 차 안에서 시도한 우리의 대화는 내가 모르는 단어의 뜻을 묻느라 마치 과속방지턱에 걸린 것처럼 덜거덕거렸고, 당황스럽게도 자주 침묵의 벽에 부딪쳤다. 더군다나 내가 심한 코감기가 걸린 것을 무시하고 비행을 한 탓에 비행기가 하강할 때 귀가 고통스러울 정도로 막혔고(나중에 곪아서 중이염까지 되었다) 이로 인하여 우리의 의사소통 전체가 더욱 힘겨웠다. 귀에 찬 콧물과 멍한 머리로 삼촌의 웅웅거리는 소리를 알아듣는 상황이 마치 우리가 물속에서 대화를 하는 듯 느껴졌다. 부족한 능력은 추측으로 메꿀 수밖에 없었다. 삼촌이 묻는 질문의 뜻을 어림짐작할 수밖에 없었고, 질문에 대한 답이 되는 단어의 모양도 대충 추측하여 답했다. 아마도 삼촌에게 나는 모자람과 정신이 나간 것 사이의 어딘가에 있는 것처럼 보였을 것이다.

마을에 도착하고 나서도 유예 기간은 없었다. 어린 친척들이 따라하는 팝송의 가사 토막을 제외하고는 영어를 전혀 찾을 수 없었다. 체코에서도 어렸을 때부터 학교에서 영어를 배우기는 하지만, 내가 알기로 그것은 의사소통 수단이 아닌, 수학 공부처럼 하나의 정답이 있는 일련의 문법 문제를 풀기 위한 영어였다. 결과적으로 그들은 수학을 말할 수 있는 정도로 영어를 말할 수 있었다. 열여섯 살짜리 사촌 한 명은 외설적인 영어 문구가 쓰인 티셔츠를 입고 있었는데, 아이도 부모도 그것을 전혀 모르는 듯했다. 내 말을 통역해 줄 사람, 나의 어눌한 체코어 문장 안에 난해하게 박혀 있는 영어 단어를 알아듣는 사람이 아무도 없었다. 나와 내 체코어는 스스로 살아남아야 했다. 불필요한 피부를 벗기듯 영어를 떨쳐내야 했다.

당시의 기억은 마치 현실 세계의 수정본 같다. 아니면 **내가** 수정되었지만, 그것도 내가 됐음 직한 모습으로의 복원이기에 완전히 새로운 변신이라고는 할 수 없는 것 같다. 어쩌면 수년 전 부모님이 자녀들을 데리고 바다 건너로 떠나지 않았다면 존재했을 법한 본래 나로 다시 돌아간 것이었는지도 모른다. 체코 친척들은 믿기 힘들 정도로 조상들의 삶을 그대로 이어받아 살고 있었다. 삼촌과 그의 두 자녀, 그리고 그 자녀의 가족들은 세디비 집안이 몇 백 년 동안 공동체로 거주하던 땅에 살고 있다. 소련 시절에 토지가 몰수되었지만 아버지 가족들은 정부에 세를 내는 조건으로 그 땅 귀퉁이에서 살 수 있었다. 세디비 공동체 지역은 마당을 L자 모양으로 둘러싼 돌로 된 건물로 구성되어 있다. 그 건물 안에는 아파트 여러 개와 작은 식료품점, 약국, 개인 병원이 있다. 우리 집안이 토지를 되찾은 후에 내 사촌과 그녀의 가족이 살 새 집을 뒤편에 지었고, 이전의 가축우리와 별채들에 이제는 수영장과 오락실이 들어섰다. 몇 년 전에 삼촌은 근처의 작은 포도밭에서 직접 기른 포도로 만든 다양한 포도주를 보관하기 위해 정성 들여 저장실을 만들었다. 이런 변화들, 그리고 오스트리아와의 국경이 열려 다른 삼촌 한 명이 그곳으로 통근하는 것을 제외하고는 그들의 생활 리듬은 오랫동안 내려오던 것과 거의 비슷했다. 일, 교회, 농사, 과일과 채소 보존, 슬리보비츠* 만들기, 그리고 어린 시절 내 어머니가—여러 나라의 식문화에서 영향을 받기 전—하셨던 음식 준비 등이 전부 그대로였다.

나는 이 연속성의 물결에 재빨리 흡수되었다. 가족 공동체 지역 안에 있는 작은 아파트에 살면서 나는 아버지와 그의 형제 셋이 태어난 침대에서 잠을 잤다. 내 아파트 창문은 교회 종탑 바로 옆이어서 나는 매일 아침 교회 종소리와 비둘기의 슬픈 지저귐을 들으며 잠에서 깼다. 이 소리들은 아주 어렸을 때의 청각 기억을 불러일으켜 신기한 기시감을 느끼곤 했다.

언어 또한 내 안에서 흔들렸다. 때로는 동요보다 요동치는 것에 가까웠다. 도착한 날에 나는 '우표'나 '포크'와 같은 일상적인 단어를 체코어로 끄집어내는 데 애를 먹었고, 네 살짜리가 못 믿겠다는 듯 킥킥거릴 만한 문법적 오류를 저질렀다. 체코어로 짧고 간단한 구절이나 문장을 만드는 것이 나의 야심 찬 목표였다. 그러나 내 언어적 정신은 계속해서 움직였다. 종종 밤에 꿈에서 깨어 보면, 그것들이 이미지나 행동, 사람, 사건이 아닌, 체코어가 거품처럼 부글거리며 의식 속으로 들어오는 꿈이었음을 발견하곤 했다. 몇 주 안에는 깨어 있는 시간에도 꽤 유창한 체코어가 실타래에서 나오듯 풀리기 시작했다. 몇 십 년 동안 쓰지 않았던 단어들이 입에서 튀어나와서 스스로 놀랐다. 머릿속 흐릿한 소리로 시작했던 긴 단어들이 날카롭게 모습을 찾아가고, 나는 용기를 내어 그것들을 소리 내어 말했다. 그 단어들은 맞을 때도 있었고 틀릴 때도 있었다. 한 남성이 내게 직업이 뭐냐고 물었을 때 내가 '구원자spasitelka'라고 대답하여 그를 놀라게 만들었다. 슬프게도 나는 일개 '작가spisovatelka'인데 말이다. 체코어 명사는 성별과 격을 가질 뿐 아니라 억양도 복잡하지만, 그것들이 마음속에서 어느 정도 정리되어 열을 갖추기 시작했고 나는 곧 점점 더 모험적인 문법의 땅으로 들어갔다. 속으로 하는 생각도 가끔은 체코어로 하

---

*   slivovice. 슬라브 민족의 전통주로 자두나 살구로 만드는 강렬하고 향기로운 브랜디.

게 되고, 체코에 머문 지 약 한 달째 되어가자 낯선 사람과 대화를 나눌 때 잠깐 동안은 체코어 원어민으로 여겨지기도 했다.

체코어를 다시 배우는 것이 내게는 예상하지 못했던 언어적 초능력의 발견처럼 느껴졌다. 생각에 형태를 입히기 위해 입을 열었고, 자주 적절한 문장이 흘러나와 스스로도 놀랐다. 마치 생각만으로 방 저쪽에 있는 책을 옮길 수 있는 능력을 발견한 기분이었다. 내 표현력이 새로 생기는 근육처럼 잔물결을 일으켰다. 내가 잊었다고 믿었던 언어의 많은 부분이 사실 잊힌 게 아니었고, 많은 부분이 단지 다른 언어들의 먼지와 파편 밑에 오래 묻혀 있었을 뿐이었다.

우리의 뇌가 언어를 기억하는 방식

내 체코어 발전 속도에 놀란 나는, 지금은 쓰지 않는 어릴 적 언어를 다시 배우는 사람들에 대한 연구를 찾아보기 시작했다. 그리고 결국 어떤 언어를 '잊는다'는 것이 그렇게 쉽지 않다는 것을 알게 됐다. 언어를 '잊는다'는 게 그저 그것을 잘 찾지 못하도록 깊게 감춰진 것이 아니라 완전히 삭제된 것을 의미한다면 말이다. 조건만 갖추어지면 '잊혔던' 언어의 살아 있는 잔재가 어떻게 수면 위에 떠오르는지를 보여주며 이들 '잊힌 언어'를 다시 찾아냈다고 보고하는 과학적 논문이 꽤 많았다.

가장 극적인 이야기는, 내담자들이 최면 상태에서 어린 시절로 돌아갔을 때 그들이 잃었다고 생각하던 언어를 얼마나 유창하게 구사하는지 보여주었던 심리학자들의 보고서다. 한 살부터 여섯 살까지 2차 세계대전 동안 강제수용소에서 살았던 일본계 미국인 학생이 스물여섯 살이 되었을 때의 사례가 그중 하나다. 그는 일본어를 할 줄 모른다고 했지만, 최면에 걸려 세 살 적 기억으로 돌아가자 꽤 안정적인 일본어를 구사하여 치료자를 놀라게 했다. 나중에 자신의 세션 녹음을 듣고 그는 여기 저기 단어 몇 개만을 이해할 뿐 자기가 10분 동안 했던 일본어 독백이 무슨 뜻인지 다시 설명하지 못했다.[1]

최근에 더 체계적으로 수행된 또 다른 연구에서 연구자들은 두 살에서 다섯 살 사이에 아프리카 토고에서 살았던 젊은 프랑스 학생의 숨겨진 언어 능력을 탐구했다. 그 학생은 토고에서 에웨족Ewe 언어의 한 종류인 미나어Mina를 배웠었다.[2] 그의 가족이 프랑스로 돌아온 후에는 미나어를 계속 쓰면 아이의 발달과 학업 성취에 방해가 될 거라는 학교의 조언에 따라 집에서도 쓰지 않았다. 최면 상태가 아닐 때 이 학생이 미나어를 얼마큼 말하고 이해하는지 시험해 보았더니, 그는 독립된 단어 몇 개만을 이해할 수 있었다. 그러나 여섯 번에 걸친 최면 세션 동안 점점 더 많은 미나어를 되찾아 갔다. 자발적으로 갑자기 어릴 적 언어를 사용했던 일본 학생과 다르게, 이 학생은 미나어로 말하도록 유도해야 했다. 학생이 최면에 걸려서도 미나어로 말하기를 거부하자, 세션을 진행하던 치료사는 그에게 '다른' 미나어 사용자는 그 단어를 뭐라고 부르느냐고 물었고 그제야 그는 그 단어를 미나어로 말할 수 있었다. 그리고 그가 미나어를 어떻게 말하는지 안다는 것과 그것을 말해도 된다고 확신시킨 후에야 그는 자신의 생각을 미나어로 표현할 수 있었다.

처음에 연구자들은 의식 상태에 따라 이 학생이 미나어에 다르게 반응하는지를 비교하기 위해 최면 중에 그리고 최면 상태가 아닐 때 그의 뇌를 스캔할 계획이었다. 실제로 처음에 이 학생은 자기가 최면 중에 하는 말을 거의 이해하지 못한다고 보고하며 자기가 미나어로 말하는 것을 듣고는 매우 놀라고 좋아했다. 하지만 한 달 동안 세션이 늘어갈수록 그의 미나어 능력은 최면 상태뿐 아니라 의식이 있을 때에도 새어나왔다. 몇 세션이 지난 후 그는 미나어를 훨씬 더 많이 이해할 수 있었고 최면에 걸려 있지 않을 때도 문법적으로 맞는 문장을 말할 수 있었다. 의식의 두 가지 상태 사이에 있는 장벽의 투과성이 매우 높은 것이 분명했다.

나는 이런 연구들에 매혹되었고, 내가 세디비 공동체에 머무는 것이 최면의 도움 없이 어릴 적 의식으로 뛰어들 수 있는 가장 비슷한 방법이라는 생각이 들었다. 오감을 통해 들어오는 모든 자극이 내 어릴 적 기억을 흔들어 깨웠다. 마을의 소리와 북아메리카에서는 들을 수 없는 새의 지저귐, 지역의 음악 경연대회에서 젊은 음악가들이 연주하는 민속음악, 수십 년 동안 맛보지 못했던 음식의 냄새와 풍미, 그리고 외모뿐 아니라 습관과 썰렁한 유머감각까지 아버지를 빼닮은 삼촌이 거기 있었다. 삼촌네 식탁에 앉으면, 아버지가 항상 내게 말을 걸던 언어로 아버지의 대리인과 대화를 나누는 듯한 으스스한 느낌이 들곤 했다. 어쩌면 체코어가 물밀듯 다시 돌아온 것이 너무나 당연한 일일지도 모른다.

최면 상태에서 언어가 회복되는 사례들이 흥미롭기는 하지만, 연구자들이 유아기 언어의 비밀스러운 탄력성을 확신하기에는 부족하다. 실제로 일부 연구들은 오랫동안 잊혔던 언어가 정말로 기억에서 사라졌음을 보여주기도 한다. 한 연구팀은 세 살에서 아홉 살 사이에 프랑스 가정에 입양되어 모국을 떠난 한국계 젊은이들에게 남아 있는 어린 시절 언어를 조사하기 위해 뇌 영상법을 이용했다.[3] 일단 프랑스에 도착한 후 그들은 갑자기 한국어에서 단절되었고, 연구자가 실험 중에 들려주는 문장이 일본어인지 한국어인지를 제대로 구분하지 못했다. 또한 프랑스어 단어를 한국어로 바르게 번역한 것을 한국어 단어 두 개 중에서 고르라고 하자 그들은 완전히 무작위로 하나를 선택했다. 실제로 이들이 보인 결과는 평생을 프랑스에서 살며 한국어에 의미 있는 정도로 노출된 적이 없는 프랑스어 사용자와 전혀 다르지 않았다. 게다가 이들 입양인의 뇌 스캔은 한국어를 들었을 때 그것을 인식하는 신경 반응을 보이지 않았다. 프랑스에서 태어난 참가자들과 똑같이 한국어를 들었을 때 이들의 두뇌 활동은 일본어나 폴란드어처럼 아예 다른 나라 말을 듣는 것과 똑같았다. 연구자들은 입양된 사람들의 프랑스어 습득이 한국어를 완전히 대체했다고 결론지었다. 이들이 제2언어를 원어민처럼 유창하게 습득하기 위해서는 첫 번째 말의 흔적을 완벽하게 잃는 것이 필요했을 것이라고 저자들은 추측했다.

하지만 다른 연구자들은 잊은 듯 보이는 자료들이 실제로는 놀라울 정도로 오래 살아남아 있다는, 기억에 관한 영향력 있는 연구들에 주목하며 이 결론에 반대한다.[4] 이런 연구들은 사람들이 이전에 학습한 자료(예를 들어 고등학교 생물이나 역사 시간에 배운 내용을 지금 시험하면 어떨지 생각해 보자)를 완전히 잊은 듯한 결과를 보이지만, 그 자료를 다시 학습하기 시작하면 이전에 습득한 것이 빛을 발하기 시작함을 보여주었다. 이들의 발전은 애초에 그것을 배우지 않은 사람들을 앞지른다. 이런 결과들 때문에 연구자들은 우리 마음에서 사라졌다고 믿는 것들이 실상은 아직도 거기에 있다고, 단지 우리가 찾기 힘들어할 뿐이라고 주장한다. 일단 저장된 지식을 파헤치기 시작하면 모든 내용에 접근하기가 더 쉬워진다.

이 논리를 바탕으로, 몇몇 학자들은 앞서 살펴본 프랑스어-한국어 연구가 정교하고 과학적인 방법에도 불구하고 입양인들의 잔재된 모국어 흔적을 쉽게 놓쳤을 수 있다고 본다. 즉 입양인들의 한국어가 정말 휴지기라면, 초기 테스트에서 이런 흔적을 보지 못할 수도 있다고 말이다. 그 언어가 깨어나도록 쑤석거린 뒤에야 비로소 입양인들이 다른 프랑스 태생 동료들을 앞지를 수 있을 것이다. 그리고 정말로 이 예측은 국제 입양인을 대상으로 한 다수의 후속 연구들에 의해 입증되었다.

일례로, 입양인들이 언어 재학습에 유리하다는 사실이 자신이 어느 나라에서 태어났는지 모르는 33세 입양 여성의 뿌리를 밝히는 방법으로 사용되기도 했다. 이 여성은 세 살이 되자마자 어딘가에서 미국으로 입양되어 왔다는 사실밖에는 알지 못했다.[5] 그녀는 아마도 러시아어일 확률이 높은(아니면 러시아어와 매우 비슷한 우크라이나어일 수도 있다), 슬라브족 말처럼 들리는 단어를 몇 개 말할 줄 알았지만, 그것들이 무슨 뜻인지는 몰랐다. 이 여성이 어렸을 때 진짜 이 말들 중 하나를 알았는지 확인하기 위해 연구자 류드밀라 이수린과 크리스티 세이델은 단어 재학습 수업을 진행했고, 이 입양 여성은 러시아어 단어 한 묶음을 배웠다. (그 단어들은 주로 우크라이나어로도 같거나 비슷한 단어들이었다.) 이 단어들 중에는 러시아 아이들이 보통 세 살 이전에 배우는 전형적인 단어도 있었고, 더 나이 든 아이들만이 알 만한 단어도 있었다. 가장 그럴듯한 이론을 검증하는 탐정처럼 연구자들은 다음과 같은 논리를 펼쳤다. 정말로 이 여성이 유아기 때 러시아어 혹은 우크라이나어를 할 줄 알았다면 전형적으로 아이들이 쓰는 단어에 친숙함의 잔재가 있을 것이다. 따라서 그녀가 미국에 도착하기 전에는 몰랐을 러시아 단어들보다 이런 단어들을 더 빨리 재학습할 수 있을 것이다. 그리고 그녀가 말을 배우는 동안 이와 똑같은 상황이 벌어졌다. 한 번도 러시아어에 노출된 적이 없는 대비 집단 참가자들은 러시아 유아가 쓰는 단어와 더 큰 아동들이 쓰는 단어를 배울 때 학습 속도가 일정했고, 이들이 단어를 배우는 데는 입양 여성보다 더 오랜 시간이 걸렸다. 이것은 어린 아이들이 아는 러시아어·우크라이나어 단어에 대한 그 여성의 선택적 소질이 친숙함에서 야기된 것이며, 단지 그 말을 처음 배우는 사람에게 쉬운 단어들이기 때문은 아니라는 사실을 보여준다. 이를 바탕으로 연구자들은 그녀의 인생이 러시아나 우크라이나에서 시작되었을 확률이 높다고 결론을 내렸다.

입양된 사람들은 또한 모국어 어휘뿐 아니라 문법도 빠르게 학습하는 것으로 밝혀졌다.[6] 그러나, 아주 어린 나이에 입양된 아이들은 완전히 새로운 언어 환경으로 옮겨지기 전에 모국어 문법을 배울 기회가 없었을 수도 있다. 가장 어린 시절의 모국어 잔재를 찾기 위해 연구자들은 모국어의 음성체계를 얼마나 아는지 먼저 확인해야 했다. 음성체계는 모국어 중에 우리가 가장 어릴 때 배우는 측면 중 하나다. 이런 이유로 입양인 연구는 아이들이 입양된 나라를 떠나기 전 아주 어릴 때 습득할 수 있었을 말소리 지각 능력에 초점을 맞추는 경향이 있다.

모국어에서 특히 의미 있는 소리의 변형을 얼마나 잘 구분하는가가 이런 능력에 속한다. 우리는 언어가 고정된 소리를 지닌 자음과 모음으로 되어 있다고 생각하는 경향이 있지만, 이것은 청각적 착시다. 사실 말소리는 색깔이 그러하듯 연속선 위에서 다양하게 변한다. 우리가 두 색이 모두 파랑이라고 동의하지만 서로 다른 농담의 파란색일 수 있듯이, 두 가지 t 발음도 사실은 전혀 다를 수 있다. 예를 들어, top과 stop에 들어 있는 t 소리는 실제로 매우 다르다. stop에서는 모음이 바로 t 뒤를 이어 시작되지만, top에서는 t 소리와 모음의 시작 사이에 약간의 지체되는 시간이 있다. 우리는 이 공백을 t와 뒤에 오는 모음 사이의 아주 미세한 날숨으로 듣는 경향이 있으며, 그 날숨을 눈으로 보려면 입술 근처에 불붙은 성냥을 대보면 된다. 적당히 떨어진 거리에서 top이란 단어를 말했을 때 성냥불이 꺼지지만 stop에서는 그렇지 않을 것이다. 이런 소리의 차이는 너무 미세해서 대부분의 영어 사용자들은 귀로 구분하기 힘들다. 하지만 타이어Thai와 같은 말을 하는 사람들에게 이 차이는 확연히 드러나서, 둘 중 하나를 발음해야 하는데 다른 것을 소리 내면 뜻이 달라져버린다. 영어에서 매우 비슷한 소리인 t와 d가 다른 단어(tip과 dip처럼)가 되는 것과 같은 이치다. 다시 말해서, 영어에서는 t의 변종들과 d의 변종들이 서로 다른 범주에 속하지만 타이어에서는 t의 변종들이 그 안에서 각각 다른 범주에 속하고, 이 모든 것은 d 범주와는 별개의 것이다. 각 언어는 말소리를 범주화하는 자기만의 독특한 방식이 있다. 일본어와 한국어에는 r과 l이 하나의 범주에 속하기 때문에 이 말이 모국어인 사람들은 두 음을 구분하는 데 애를 먹고, 영어로 말할 때 이 둘을 바꿔 쓰기도 한다. 갓난아기의 첫 언어적 과제는 소리의 어떤 미세한 차이가 범주 사이의 경계를 만드는지 배우는 것이다.

어떤 면에서 어린 아기들은 어른들보다 말소리 차이에 더 민감하다. 6개월이 되기 전 아기들은 말소리에 깃든 미세한 차이가 자신의 모국어에 존재하는지 여부와 상관없이 소리의 차이 대부분을 구별할 수 있다. 다시 말해, 영어를 쓰는 가정에서 태어난 아기가 top과 stop에 있는 t 소리의 차이를 쉽게 구분하고, 일본 가정에서 태어난 아기가 r과 l 소리의 차이를 듣는 데 아무 문제가 없을 것이다. 이 민감성은 소리가 어떻게 범주화되는지를 모르는 무지에서 발생한다. 하지만 생후 6개월이 지난 후부터 어떤 소리의 구분이 중요하고 어떤 것은 그렇지 않은지 알게 되면서 서서히 자기 주위에서 듣는 소리에 지각을 조율한다. 영어를 듣고 자라는 아이들은 t 변종들 사이의 차이를 구분하는 능력을 잃게 되고, 일본어를 배우며 자라는 아이들은 r과 l의 변종들을 같은 소리로 듣기 시작한다. 이 현상을 수십 년 연구한 언어학자 팻 쿨은 이를 '지속적인 범위 좁히기'로 표현한다.[7] 두뇌가 점점 더 자신의 모국어 소리에 집중하게 되면서 다른 언어를 그 언어 사용자들처럼 지각하기 어려워진다. 이로써 지속적인 언어의 창을 닫으며 다른 언어를 포기하는 대가로 모국어의 혜택을 얻는다. 이러한 모국어 집중은 에밀리 디킨슨의 시를 떠오르게 한다.

그녀의 영혼이 사회를 선택합니다 —
그러고는 — 문을 닫습니다 —

그녀의 신성한 내면으로 —
아무도 들어오지 못합니다 —

동요하지 않습니다 — 마차가 멈추어 선 걸 알면서도 —
그녀의 낮은 대문 앞에 —
동요하지 않습니다 — 황제가 무릎을 꿇는다 해도
그녀의 발 앞에 —

나는 그녀를 알고 있습니다 — 온 나라를 채우는 사람 중에 —
단 하나를 선택한 것을 —
그리고는 — 관심의 통로를 닫습니다 —
돌덩이처럼 — **8**

    프랑스 입양인 연구자들과 같은 일부 연구자들은 두뇌에서 첫 번째 언어에 할당되었던 신경체계의 연결이 헐거워져야 두 번째 언어가 원어민과 같은 능력을 성취할 수 있다고 주장한다. 그래야만 정말로 다른 언어를 받아들이는 관심의 문이 열린다는 것이다. 그러나 최근의 연구들은, 다른 언어를 완벽하게 덧씌운 후에도 어린 시절에 만들어진 모국어와의 연결이 놀라운 회복력을 지니고 있음을 보여주었다.

    그런 놀라운 언어 회복의 한 사례를 심리학자인 레허 싱의 논문에서 찾을 수 있다. 그녀는 자신의 어린 시절 언어인 펀자브어에 다시 몰두했을 때 그 소리가 놀랍도록 친숙하게 느껴졌던 것에 영감을 받아 이 연구를 고안했다고 내게 말했다. 그녀와 동료들은 미국에서 태어난 영어 사용자들과, 어릴 때(생후 6개월에 5세 사이) 미국의 영어 사용 가정으로 입양되고 출생지 언어와 전혀 접촉이 없었던 인도계 영어 사용자들을 비교했다.[9] 검사 당시 아이들은 8세에서 16세 사이였고, 처음에는 입양인 참가자와 미국에서 출생한 참가자들 모두 많은 인도어에서 구별되는 치음과 권설음 사이의 차이를 듣지 못했다. (모국어가 영어인 사람들에겐 이 모두가 t나 d 소리처럼 들리지만, 치음은 혀끝으로 치아 뒤를 칠 때 나는 소리이고 권설음은 혀를 입 뒤쪽으로 약간 말았을 때 나는 소리로서 펀자브어 사용자는 이 차이를 쉽게 구분할 수 있다.) 그런데 단지 몇 분 동안 두 소리를 대비하여 들려준 뒤 입양인들은 미국 출생자들과 다르게 두 자음 분류를 식별할 수 있었다.

비슷한 결과는 다른 연구에서도 보고되었다. 네덜란드 연구에서 한국어에 대한 기억이 없는 한국계 입양인들이 한국어에 전혀 노출되지 않은 네덜란드 출생 참가자들보다 한국어 소리 발음을 더 빨리 배웠다.[10] 놀랍게도 이 학습의 유리함은 한국어를 말하기 훨씬 전인 생후 6개월 때 네덜란드로 입양된 사람들에게서도 보였다. 이것은 유아기에 단순히 한국어를 듣기만 해도 훨씬 뒤에 이들이 한국어를 처음 배울 때 소리를 조직화하는 데 도움이 된다는 것을 보여준다.

모국어에 대한 두뇌 조율의 또 다른 사례는 소리의 성조에 따라 전혀 다른 의미의 단어가 되는 표준 중국어에서 분명히 드러난다(예를 들면, ma라는 음절은 "어머니" "대마" "말" 또는 "야단치다"라는 뜻이 될 수 있다). 표준 중국어 사용자들은 동일한 음절이지만 높낮이가 다른, 의미가 없는 음절을 들려주면 좌반구가 활성화된다. 좌반구는 사람들이 보통 pa와 ba 음절 사이의 차이처럼 의미를 다르게 표시할 수 있는 소리를 처리하는 영역이다. 이와 다르게 영어나 프랑스어처럼 성조 없는 언어 사용자들은 이 음절들을 듣고 **우반구**가 활성화된다. 이들의 두뇌가 음의 높낮이를 단어 구분과 관계없는 것으로 취급하기 때문이다. 연구자들은 중국에서 태어나 프랑스 가정으로 입양된 아기들이 중국어 사용자와 같은 두뇌 활동을 보여, 프랑스어만 사용하는 사람들과 뚜렷하게 다름을 발견했다. 태어날 때 들었던 말과 분리된 지 12년이 넘어도 이 효과는 여전했다.[11] 비록 그들이 중국어를 전혀 알아듣지 못해도, 자신의 모국어 소리를 **어떻게** 들어야 하는지에 대한 무의식적인 지식은 그들 안에 남아 있었다.

성인이 되어 새로운 언어를 배우기 시작할 때 가장 큰 도전 중 하나는 음운 체계, 혹은 소리의 구조이기 때문에 이런 연구들은 특히 시사하는 바가 크다. 사람들이 문법이나 어휘를 완전히 익히고 한참이 지난 후에도 평생을 따라다니는 악센트는 그 사람이 이 언어를 늦게 배웠음을 알려준다. 아놀드 슈워제네거는 많은 미국 영화에 출연한 배우였고 미국의 가장 큰 주의 주지사였지만, 그의 오스트리아 악센트는 그가 절대로 미국 대통령 선거에 나갈 수 없다는 사실을 끊임없이 상기시켰다. 한 언어의 음운 체계가 인생의 아주 초반기에 굳어버리기 때문에, 어린 시절에 쓰던 말에 부분적인 지식만 가진 많은 사람들이 어휘가 부족하고 문법이 틀려도 신기하게도 발음만은 원어민 같다. 악센트는 다른 무엇보다도 상대방의 출신에 대한 힌트를 준다.

우리 가족 안에서도 이 힌트는 뚜렷하게 보인다. 체코어에서 가장 악명 높은 어려운 소리는 작곡가 드보르작Dvořák 이름에도 들어 있는 ř 소리다. 이 철자는 스페인어에서 굴려 말하는 r과 영어 단어 genre의 첫 번째 소리 사이의 조합 비슷하게 발음된다. 내가 알기로 이 소리를 사용하는 다른 언어는 없다. 거기에는 다 이유가 있다. 사악할 정도로 발음하기가 어렵기 때문에 체코 아이들이 주로 맨 마지막에 숙달하는 소리이고, 체코어와 매우 흡사한 다른 슬라브어 사용자들도 자기 것으로 만들지 못한다. 따라서 이 발음은 체코어 원어민을 판별하는 믿을 만한 시금석이다. 체코공화국에 와서 살고 일하는 많은 슬라브 민족들이 원어민과 구별할 수 없을 정도로 유창하게 체코어를 구사하지만 ř은 거의 예외 없이 단순하게 r로 발음한다. 언제인지 알 수 없지만 나는 어릴 때 이 소리를 습득했고 지금까지 이것을 발음할 수 있다. 그러나 나보다 3년 후에 빈에서 태어난 남동생은 이 발음을 못 한다. 비록 내 체코어 문법이 엉성하더라도 그 소리에 대한 조율까지는 쇠퇴당하지 않았다는 사실에 나는 큰 위로를 받는다. 내게 이것은 체코어 생득권을 보여주는 청각적 상징이다. 이것은 내가 어디에서 살고 어디를 여행하든 체코어가 내 영혼이 선택한 사회 안으로 허락되었으며, 내 관심의 통로가 닫히기 전에 나의 인생과 기억에 들어왔음을 드러낸다.

아이와 성인의 차이

두뇌는 그것이 담고 있는 모든 언어에게 동등한 권리를 부여하지 않는다. 어릴 때 언어는 일종의 혜택을 누린다. 인정하건대 어른이 되어 배운 언어도 우리가 생각하는 것보다는 탄력성이 크다. 대학 시절에 배운 외국어 중 남아 있는 게 별로 없다고 생각할지라도 특정 언어를 다시 배우는 사람은 그것을 처음 배우는 사람들보다 빠르게 학습하는 것처럼, 커서 학습한 외국어 또한 한동안 제쳐두었던 뒤에 다시 흔들어 깨울 수 있다고 연구자들은 말한다.[12] 그러나 언어적이든 아니든, 어린 시절에 저장된 기억은 나중에 입력되는 기억보다 더 강한 경향이 있다.

이 사실은 여러 면에서 확연하게 드러난다. 예컨대, 알츠하이머를 앓는 환자들이 어린 시절 기억보다 최근의 기억을 잃는 경우가 더 빈번하다. 결혼과 자녀를 포함한 성인기 기억 대부분이 젖은 종이처럼 분해될지라도 어릴 적 기억은 빳빳하게 유지되기도 한다.[13] 나이가 들면 어릴 때 배운 말이 특히 더 강력한 힘을 발휘한다. 노인 이민자 중에는 몇 십 년 동안 정착한 나라의 지배적 언어 아래 숨어 있던 모국어가 나이가 들면서 전면에 나서는 모습을 보이기도 한다. 독일 이민자 연구팀이 중년과 노년 피험자의 언어 쇠퇴를 평가했더니, 모국어(독일어) 쇠퇴가 68~71세 사이에 최고조에 이르렀다. 이보다 더 나이 든 참가자들이 정착지에서 가장 오래 산 사람들임에도 불구하고 이들의 모국어가 가장 젊은 참가자 집단(57~64세 사이)보다 더 약해지지 않았다.[14] 피험자들이 은퇴한 후에는 정착지의 직장에서 매일 들었던 외국어의 자극이 줄어들었고, 따라서 새로 학습된 외국어는 모국어의 활동 재개를 막기에 너무 약했던 것으로 보인다.

어릴 적 배운 언어 지식이 지니는 장점은, 단일어만 구사하는 젊고 건강한 사람들에게서도 나타난다. 대학생을 대상으로 한 실험에서 참가자들은 나중에 배운 단어와 비교했을 때 유아기에 배운 단어를 더 빨리 읽고 생각해 냈으며, 이것은 나중에 배운 단어가 더 흔하게 쓰일 때도 마찬가지였다.[15] 실제로 일부 학자들은 유아기에 배운 단어를 떠올릴 때와 나중에 배운 단어를 사용

할 때 두뇌가 매우 다르게 움직인다고 보고했다.[16]

그리고 분명히, 아이들은 별 노력 없이 언어를 흡수한다. 어른들이 진땀을 흘리며 동사 활용을 익히고, 문법 책을 머리에 넣느라 시간을 쏟고, 문장을 도표로 만들고, 종속절을 어떻게 만드는지 연습장을 채우며 외우는 동안 그들의 자녀는 별다른 지적 노력 없이 그저 땀구멍으로 언어를 흡수하는 듯 보인다. 그리고 결국 아이들이 더 성공적이다. 아이들은 부모들이 대체로 할 수 없는 새로운 언어의 소리를 숙달할 뿐 아니라 부모보다 빠른 속도로 복잡한 문법을 배운다. 60만 명 이상의 다양한 연령대 영어 학습자를 대상으로 한 대규모 연구에서, 연구팀은 10세에서 12세가 넘은 후 영어를 배우기 시작한 사람들은 그들이 얼마나 영어를 계속 써왔는지에 상관없이 원어민과 같은 문법적 능숙함을 얻기 힘들다고 결론지었다.[17]

아이들이 왜 그렇게 우수한 언어 학습자인지에 대해서는 연구자들이 합의에 이른 바가 없다. 언어 습득 과정이 언어의 많고 다양한 측면(어휘, 음성 체계, 단어와 문장의 구조, 미세한 활용법 등)을 포함하고 각 측면은 서로 다른 두뇌 신경망을 사용하기 때문에 아이들의 이점에 대해 하나의 간단한 설명을 제공하기 어렵다. 그리고 아마도 언어가 가진 모든 다양한 요소들을 학습하는 데 최적화된 단일한 나이도 없을 것이다. 예를 들면, 새로운 언어에 대한 말소리 지각 능력은 문법 체계를 숙달하는 능력보다 더 일찍 닫히기 시작한다. 하지만 많은 언어과학자들은 부분적으로는 아이와 어른이 매우 다른 방식으로 언어를 배우기 때문에 유아기에 배운 언어가 이점을 갖는다고 주장한다. 즉, 그들이 사용하는 학습 전략과 두뇌 신경망이 다르다는 것이다. 아이들이 언어를 쉽게 통달하는 이유는 역설적으로 그들의 두뇌가 어른들이 학습을 잘 하기 위해 사용하는 기술(미적분학이나 브리지게임 규칙, 논리적 오류를 찾아내는 것과 같은 능력)을 배우기에 너무 미숙하기 때문이다. 아주 어린 아이들은 성인처럼 계획적이고 깊이 생각하는 도구를 쓰지 못한다. 어른들과 달리 이들은 언어를 배우기 위해 이런 도구에 의존하지 않는다. 세 살짜리 아이에게 문장에서 동사를 어디에 두어야 하는지 알려주거나 미완료 과거 시제에 쓰는 동사의 어미를 표로 설명한다든지, 혹은 과거 조건절을 사용하는 규칙을 가르쳐주어도 소용이 없다. 아이들은 자전거 타기를 배우는 것처럼 언어를 배운다. 근육의 생리학이나 운동물리학의 도움 없이 가공되지 않은 직관적 시행착오의 반복에 의존한다. 자전거에 올라 넘어지지 않게 최선을 다하고, 본능적으로 그것을 반복하다 보면 동작이 몸에 익는 것이다.

성인들이 명쾌하고 수준 높은 종류의 학습을 잘 하고 이런 학습이 브리지 게임을 하거나 과학 이론을 검증하는 데 도움이 되지만, 자전거 타기를 배우는 데는 별 도움이 되지 않는다. 자전거를 **어떻게** 타는지는 잘 알더라도 우리들 대부분은 자전거 위에서 우리 몸이 **무엇을** 하는지 설명하기 힘들다. 심리학자들은 '무엇인지 아는 것'과 '어떻게 하는지 아는 것'이라는 두 종류의 지식을 명확하게 구분한다. '무엇' 지식 체계는 사실과 사건(실화든 허구든)의 기억, 원의 둘레를 계산하는 공식이나 프랑스어에서 과거완료 시제를 만드는 규칙처럼 의식적으로 배운 공식이 포함된다. '어떻게' 지식 체계는 우리가 '근육 기억' 혹은 행동에 대한 본능적인 기억이라고 생각하는 많은 것을 아우른다. 수동 변속기 자동차를 운전하거나 좋아하는 피아노 곡을 연주하기, 또는 아주 친숙한 동요 외우기 등을 수행하는 일련의 동작들이 이에 해당한다. 일상생활에서 우리는 두 가지 지식 체계를 모두 사용하며, 실제보다 이 둘이 더 얽혀 있다고 느낄 수 있다. 대부분 사람들은 빗을 알아보는 능력(다시 말해서, 그 물건이 **무엇인지** 아는 것)과 그것을 **어떻게** 쓰는지에 대한 지식이 별개라는 사실을 깨닫지 못한다. 뇌가 손상된 환자들이 빗이라는 물건의 이름이나 그 물건의 목적을 설명하지 못하지만 직관적으로 그것을 집어 머리를 빗는 모습을 보면 이 두 가지를 확실하게 분리할 수 있다. 친숙한 전화번호나 비밀번호가 생각나지 않았는데 막상 키패드 위에서 근육 기억으로 맞는 번호를 누른 적이 있다면 그것도 두 유형의 기억의 단절을 경험한 것이다.

이중언어 사용자의 마음속에서 우위를 차지하려고 서로 경쟁하는 언어들처럼 이 두 기억 체계도 주도권 다툼을 벌인다. 더 의도적이고 사색적인 '무엇' 체계가 성숙하는 데 더 오랜 시간이 걸리기 때문에, 어렸을 때는 직관적인 '어떻게' 체계가 우세하다. 아이가 자라 성인기에 들어서면서 성숙해진 사색적인 체계가 더 복잡한 것들을 다룰 수 있고, 이전에는 직관적인 체계가 맡았던 자료들의 학습을 위해 '무엇' 체계가 소환된다. '프랑스어를 말할 때는 형용사의 성을 그것이 꾸미는 명사의 성과 일치시켜야 한다'와 같이 분명한 문법적 규칙으로 무장한 언어의 구문론에 성인들은 맞설 수 있지만 어린 아이들은 할 수 없다.

그러나 자전거 타기가 그런 것처럼, 언어의 어떤 측면을 배우는 데 있어서 의도적 체계를 활용하는 것이 최선이 아닐 수도 있다. 두 체계를 서로 경쟁시킨 연구들에서 이 점이 드러났다. 한 연구팀은 현실의 언어와 똑같이 관념적인 범주에 속한, 즉 일정한 양식과 구조의 제약을 받는 명사, 동사, 형용사를 갖춘 언어를 하나 발명했다. 참가자 절반은 의식적으로 그 양식을 공부해 보라고, 나머지 절반은 색칠놀이를 하면서 그냥 그 언어를 들어보라고 지시받았다. 첫 번째 집단의 노력은 아무 소용이 없었다. 그들의 노력에도 불구하고 그냥 수동적으로 언어를 들으면서 색칠놀이를 하던 사람들보다 언어 속 양식을 찾는 데 서툴렀다.[18] 또 다른 연구는 영어 사용자들에게 직관이 아닌 신중히 생각해서 표준 중국어의 성조를 범주화하라고 했더니 오히려 그것이 학습을 방해했다. 표준 중국어에서 성조는 단어를 구분하는 데 중대한 역할을 하며, 중국어를 배울 때 많은 영어 원어민들이 애를 먹는 부분이다.[19]

문법 양식이 아주 복잡해지면 분석적 학습자인 성인이 직관적인 어린이 학습자보다 뛰어날 것이라고 가정하는 것이 자연스럽다. 그러나 매우 복잡한 언어 양식일수록 명쾌한 규칙으로 정의하기 힘들기 때문에, 아주 복잡한 정보는 역설적이게도 직관적 체계에 더 잘 맞는다. 문법 논리는 단지 '근사치'일 뿐이다. 언어는 양식화되어 있지만, 그 양식이 믿음직하지 않다. 규칙에는 신기루와 같은 속성이 있어서 패턴을 올바르게 포착한 공식을 찾았다고 생각하는 순간 하위 양식이나 미칠 듯이 비논리적인 예외가 나타나 그 공식을 자주 없애 버린다. 그 두드러진 예시가 영어의 정관사 the로, 아주 유창한 영어를 구사하지만 원어민은 아닌 사람들조차 제대로 쓰지 못해 힘들어한다. 이 작은 단어는 문장 안에서 완전히 제멋대로 들어가거나 그냥 사라지기도 한다. 아래의 문장들이 이런 문제를 살짝 엿보게 해준다.

Shaheen took **the** bus to Baltimore. (샤힌은 버스를 타고 볼티모어에 갔다.)

Shaheen arrived from Baltimore by bus. (샤힌은 버스로 볼티모어에서 도착했다.)

Rory walked to school every day. (로리는 매일 학교로 걸어갔다.)

Rory walked to **the** store every day. (로리는 매일 상점으로 걸어갔다.)

어릴 때 영어를 배운 사람들은 정관사가 어떤 경우에는 들어가고 또 어떤 경우에는 들어가지 않는지 그 이유는 모를 수 있지만, 누군가가 틀리게 말하면 귀에 거슬린다. 어른이 되어 영어를 배운 가여운 영혼들은 명확한 설명이나 유용한 규칙을 찾아 헛되이 헤맬지도 모른다.

언어적 양식이 아닌 시각적 패턴에 초점을 맞춘 한 벨기에 연구는 때로는 분석보다 원초적 직관이 얼마나 더 나은지 방증한다.[20] 연구자들은 줄무늬로 채워진 이미지를 여러 범주로 분류하는 과제를 고안했다. 과제의 간단한 단계에서는 각 범주가 하나의 특징을 기반으로 분류된다(예를 들면, 한 범주의 줄무늬는 수직이 아니라 사선이고, 다른 범주에서는 선이 얇지 않고 굵을 수 있다). 복잡한 단계는 선의 굵기와 방향 모두를 기준으로 범주를 결정한다. 각 범주가 하나의 규칙으로 정의되지 않기 때문에 이 과제에 접근하는 최적의 방법은 각 범주에 들어가는 항목들의 전체적 유사성에 대한 직감에 의존할 수밖에 없다.

각기 다른 범주의 기저가 되는 규칙을 의식적으로 찾으려고 최선을 다했을 성인 참가자들은 단순한 과제에 비해서 복잡한 과제에서 부진했다. 그러나 그게 다가 아니다. 이들은 복잡한 과제에서는 실험 쥐보다도 부진했다. 실험 쥐들은 확실한 규칙이 있는 과제보다 복잡한 과제를 딱히 더 어려워하지 않는 것으로 드러났다. 아마도 실험 쥐들은 명백한 규칙을 찾으려는 생각이 전혀 없기 때문에 본능적 판단에만 의존했을 테고, 그것이 승리 전략이었다. 영어의 악랄한 정관사 학습이 그런 것처럼 말이다.

이런 연구들을 보면, 잘못된 교습 방법이 성인들을 미혹시킨다는 결론을 쉽게 내릴 수도 있다. 어른들도 문법 책을 집어던지고 아이들처럼 그때그때 봐가며 언어를 배운다면 다 잘될 수 있다고 말이다. 하지만 그래 보이지 않는다. 첫째, 한 연구에서 영어 학습자 60만 명을 대상으로 이들의 문법 숙달 정도를 비교했다. 이들 중 영어를 학교에서 처음 접했던 성인들과, 정식 수업 없이 그냥 영어 사용 환경에 던져져서 영어를 배운 성인들의 문법의 유창함이, 어느 지점에 이른 후에는 두 집단 모두 더 이상 발전하지 않았다.

둘째, 의도적인 학습 전략에의 의존이 언어의 많은 측면을 배우는 데 최선의 길은 아닐지라도 성인들에게 그렇게 나쁜 접근은 아닐 수 있다. 나이가 들면서 직관적 학습의 효율성이 점점 떨어지는 것을 보완하기 위해 성인들은 말을 배울 때 의도적인 학습에 기댈 **필요**가 있다. 아동과 성인의 서로 다른 학습 능력은 엘레오노레 스말레가 이끄는 또 다른 벨기에 연구에서 엿볼 수 있다. 자세한 사항은 약간 복잡하지만 이 연구는 연령에 따라서 발생하는, 흥미롭고 중요한 차이를 보여준다.[21] 이 연구에서 스말레와 동료들은 성인들과 8~9세 아이들에게 아홉 음절짜리 단어를 따라하는 과제를 주었다. 예를 들어 참가자들은 'furawomuzuvozakuwu' 또는 'garozuhiwigufimoza'처럼 뱀같이 긴 '단어'들을 스크린에서 글자로 보고 귀로도 들었다. 단어의 길이 때문에 약간 겁을 먹을지 모르지만, 이 과제는 새로운 단어 학습에 필요한 기술인 '연속된 소리의 기억과 재생 능력'을 드러낸다. 참가자들은 제시되는 여러 단어 중 하나의 특정 단어 앞에는 삐 소리가 나고, 그 단어가 반복해서 제시될 것이라는 지시를 받는다. 삐 소리는 참가자들의 주의를 집중시키고 그들이 원하면 뒤따라오는 특정 글자 배열에 더 많은 신경을 써서 나중에 단어를 더 잘 기억할 수 있다. 사실 연구자들은 다른 글자 배열을 하나 더 반복하여 제시하지만 참가자들에게는 그 사실을 말하지 않았고, 같은 세션에서 한 번만 제시되는 다른 단어들과 구분하는 어떤 신호도 없었다. 이것은 아동과 성인이 글자 배열을 들은 직후에 제시된 단어를 얼마나 잘 따라하는지 비교하는 연구였다. 그러나 연구자들은 또한 반복되는 단어를 얼마나 잘 기억하는지를 보고 싶어서 최초 세션이 있은 후 네 시간, 일주일, 그리고 마지막으로 1년 후에 참가자들이 반복되는 배열을 정확하게 따라하는지 검사했다. 이 연구의 주요 목적은, 아이와 어른이 반복된다고 명시적으로 알려준 배열과 비밀리에 반복된 배열을 학습하고 기억하는 데 있어서 어떻게 다른지 보는 것이었다. 다시 말해서 의도적인 노력이 학습을 돕는지 아니면 방해하는지를 파악하고자 했다.

일반적으로 성인의 작업 기억 공간은 아이의 것보다 크다. 어른들은 마음속에 더 많은 정보를 동시에 담을 수 있기 때문에 암산 등에 있어서 더 유리하다. 이 '단어 학습' 과제에서는 단어를 들은 직후에 성인이 아이보다 긴 철자 단어들을 더 정확하고 많이 기억함으로써 분명히 더 유리했다. 그럼에도 불구하고 최초 세션에서 아이는 삐 소리 존재 여부에 상관없이 반복되는 배열을 성인만큼 잘 학습했다. 그리고 첫 번째 세션에서 얼마간 시간이 지난 후에 반복되는 배열을 **유지하는** 능력은 오히려 성인보다 나았다. 시차가 짧게는 네 시간, 길게는 1년일 때도 마찬가지였다. 아이는 삐 소리 없이 반복되었던 단어를 학습하는 데서 더 우월했다. 즉 아이는 단어를 배우려는 의도적인 노력을 하건 안 하건 상관없이 이 배열들을 쉽게 기억한다.

긴 '단어'를 기억하기 위해 성인은 의도적으로 노력하며, 이런 전략이 목적 달성에 도움이 된다는 사실도 엿볼 수 있다. 첫째, 성인은 삐 소리로 알린 후 반복되는 단어를 비밀리에 반복되는 단어보다 더 쉽게 기억했다. 다시 말해 성인은 이 단어들을 기억할 때 명시적인 신호의 도움을 받아 주의를 집중한다. 둘째, 성인은 삐 소리 없이도 반복되는 단어의 존재를 아이보다 더 빨리 알아차렸다. 더 중요하게는, 아이는 단어가 반복되는 것을 알든 모르든 상관없이 같은 성취를 보이지만, 어른들은 단어의 반복을 의식적으로 인식함으로써 이 단어들을 더 잘 기억했다. 이로써 우리는, 어른이 아이처럼 반복되는 패턴을 인식·기억하려고 특별히 노력을 기울이지 않고 그냥 이 과제의 흐름을 따라간다고 해서 아이만큼 단어의 소리를 잘 기억하지는 못하리라 추측해 볼 수 있다. 성인들은 은연중에 배우는 학습에 취약하고 그것을 보충하기 위해 다른 인지 기능에 의존하는 듯 보였다. 그러나 아이들은 배우려는 노력 없이도 부러울 만큼 효율적으로 학습했다.

이 연구는 언어 능력의 단지 한 측면에만 초점을 맞추고 어린 시절의 매우 짧은 기간 동안 이 능력을 평가했다. 따라서 학습의 다른 측면들 혹은 다른 연령의 아이들은 언어 학습에 어떤 장점과 단점을 가지는지는 잘 드러내지 못한다. 그러나 이 연구는 언어를 배운다는 것이 인생의 시기에 따라 다른 과제임을 시사한다. 어릴 때 쉽게 언어를 흡수했던 사람이 커서도 언어에 재능이 있다는 보장이 없다. 미국에 정착한 헝가리 이민자들의 영어 유창성 연구는 이 쓸쓸한 사실을 정확히 짚어낸다. 성인이 되어 정착한 사람들의 영어 유창성은 그들의 언어 분석 능력과 연관되지만, 이민자 아이들은— 언어 능력을 타고난 몇몇 어른을 제외한— 모든 어른들보다 영어에 유창했으며 그것이 언어 분석 능력과는 무관했다.[22]

자전거 타기는 한번 배우면 영원히 잊지 않는다고 한다. 아이들의 언어 학습이 자전거와 같다면, 이 연구 결과들은 어린 시절에 배운 언어가 기억 깊은 곳에 박혀 있는 이유를 알려준다. 나의 체코어 학습은 분명 대부분 근육 기억에 의존했을 것이다. 체코 학교들이 학생들에게 체코어 문법을 가르치긴 하지만, 나는 그런 수업을 받은 적이 없다. 대학에서 언어학을 공부하고 나서야 체코어의 격 표시의 의미를 알게 되었다. 그전까지는 체코어 단어가 주격이냐 목적격이냐에 따라 모양이 변형된다는 것을 깨닫지 못했다. 그리고 이제 내가 아버지의 모라비안 마을에 돌아와서 어릴 적 배웠던 언어의 자전거에 다시 오를 수밖에 없을 때, 복잡하고 유기적이며 비논리적인 체코어 단어들이 내 머릿속 어딘가에서 다시 스멀스멀 기어 나왔다. 내가 아는지도 몰랐던, 오래전 노력하지 않고 배웠던 격 변형 형태를 갖추고 말이다.

잃어버린 모국어를 되찾을 수 있을까?

세습언어 학습자heritage language learner란, 어릴 때 익힌 모국어가 나중에 주위 사람 대부분이 사용하는 언어에 뒤덮여진 나 같은 사람을 말한다. 일부 교육자와 언어 연구자도 생애 초기에 조상의 언어를 조금 또는 전혀 익히지 못했지만 커서 그것을 배우기 원하는 사람을 지칭할 때 이 말을 사용한다. 이 늦깎이 언어 학습자들은 모국어가 어릴 적 기억에 남아 있든 없든 상관없이 태어날 때부터 자신이 그 언어에 속한다고 느낀다. 그들과 모국어의 관계는 안팎으로 모호함투성이다. 그 언어 속에 자신의 가장 오래되고 친밀한 기억이 온통 번져 있을 수 있지만, 소리 내어 말하려면 멈칫거리며 끊어진다. 그들이 다른 커뮤니티에 소속감을 느끼지 못한다 한들 모국어 커뮤니티에서도 딱히 구성원으로 받아들여지지 않는다. 말을 얼마나 유창하게 하는지와 상관없이 그들은 오해의 대상이 되며, 그것은 그들의 언어 정체성에 도전이 된다.

어린 시절에 세습언어를 알았으나 지금은 잘 못하는 사람들 중 많은 수가 대학에서 그것을 다시 배우려고 결심한다. 그들은 묻혔던 언어의 조각들을 품고 교실에 들어가 그 언어가 정말로 외국어인 다른 학생들과 섞인다. 그리고 그들이 글자로는 본 적 없던 단어들과, 자신의 거칠고 정돈되지 않은 말을 작고 정갈한 묶음으로 농축시켜 주는 도표와 그림을 만나면 이 친밀한 언어가 그들에게도 외국어로 느껴질 수 있다. 교실은 그들이 모국어를 익혔던 원래 삶의 리듬에서 단절되어 있고, 완전히 낯선 사람들이 그 언어로 말한다. 몸짓, 눈썹의 움직임, 특이한 구절, 오르내리는 억양, 그리고 어린 시절 언어에 함께 엮여 있던 사회적 몸놀림 등 모국어가 친숙할 수 있었던 그 모든 것들은 교육과정 어디에서도 찾을 수 없다. 교실에서는 이들도 다른 이들처럼 밖에서 안으로 그 언어에 들어가야 한다. 외부인으로서.

교실에서 외국어를 가르치는 방법은 성인이 되어 언어를 처음 접하는 사람들에게 나름 효율적이다. 아이는 어떤 언어에 던져졌을 때 그 안에서 헤엄치는 법을 쉽게 배우지만, 성인의 뇌는 그렇게 능숙하지 못할 수 있다. 그리고 몰입을 통한 언어 학습은 말 그대로 진정한 **몰입**을 요구한다. 매일 하루에 많은 시간 동안, 그 말을 구사하는 다양하고 많은 사람들과 다양한 상황에서 접촉해야 한다. 아이는 언어의 양식을 가르쳐주지 않아도 빨아들일 수 있지만, 역시 그 말을 수천 시간 들어야 한다. 교실에서의 외국어 수업은, 명시적이고 잘 정리된 설명을 필요로 하는 성인의 두뇌에 맞게 압축되어 효율적으로 이뤄진다. 어른이 되어 언어를 새로 배우는 데 이점이 없는 것은 아니다. 새로운 말을 원어민만큼 유창하게 할 수 없을지라도 학습의 초기 단계에서는 성인이 보통의 아동보다 진도가 빠른 경우가 빈번하다. 아마도 성인은 일정한 패턴을 알아차리고 자신이 듣는 것을 기억하기 위해 의도적인 전략을 사용하기 때문일 것이다. 이 이점은 성인과 아이가 교실에서 얼마나 말을 잘 배우느냐를 비교한 연구에서 특히 분명하게 나타난다. 성인은 정식 수업이 가르쳐주는 지름길을 더 효과적으로 사용한다.[23]

그러나 구조화된 언어 수업이 어떤 말을 처음 배우는 성인에게 혜택을 준다 하더라도, 이 방식이 세습언어를 다시 배우려는 사람들에게도 최선인지는 분명하지 않다. 이들이 세습언어를 잊어버린 것처럼 보이지만 그렇다고 아주 처음부터 시작하는 것은 아니기 때문이다. 그들은 이미 많은 시간을, 어쩌면 수천수만 시간을 이미 그 언어와 함께했다. 아이가 처음 말을 배울 때처럼 직관적이고 탄력적인 방법으로 모국어를 익혔던 것이다. 모국어를 최초로 들었던 환경과 전혀 다른 교실 수업이 그들이 품고 있는 언어 기억을 촉발할 확률은 희박하다. 그것은 마치 어릴 때 자전거 타기를 배웠으나 오랫동안 타지 않은 사람에게 다시 자전거를 타기 전에 교실에서 자전거 역학 수업을 들으라고 하는 것과 같다. 적어도 이런 수업은 이전의 경험과 학습을 엄청나게 낭비하는 일이다. 그리고 수업 과정이 이들이 처음에 말을 배울 때와 다른 인지 능력을 활용하도록 고안되었기 때문에, 세습언어 학습자들은 이 언어를 처음 접하지만 언어에 재능 있는 학생들보다 자신이 뒤처진다고, 또한 그 언어에 완전히 초면인 사람들보다 자기 자신이 언어에 접근하는 게 더 힘들다고 느낄 수 있다.

세습언어 학습자들은 보통 초보자 단계의 수업을 듣는다. 하지만 언어 연구자들은 이런 수업이 세습언어 학습자들에게, 특히 유아기에 조상의 언어에 꽤 많이 노출되었던 사람들에게는 맞지 않는다는 사실에 주목했다.[24] 외국어 수업은, 특히 십 대와 성인을 위한 수업은 그 말을 완전히 처음 배우는 사람들에게 맞춰져 있다. 어떤 언어를 교실에서 처음 접하는 사람은 언어 기능의 모든 범위에 걸쳐 엄격하게 진도를 따라간다. 그들은 문장을 이해하자마자 말하고 읽을 수 있다. 하지만 유아기 언어 습득은 매우 다른 단계로 진행된다.

아이들은 말을 하기 훨씬 전부터 복잡한 말을 알아들을 수 있으며, 읽고 쓰기는 말하기와 듣기가 유창해지고 한참 뒤에 따라온다. 유아기의 어느 순간에 모국어 발달이 중단된 사람은 성인이 되어서 그 말을 매우 불안정하게 사용할 수밖에 없다. 어려서 이민 온 사람 중 많은 이들이 모국어로 비대칭적인 대화를 나눈다. 즉, 세습언어를 듣고 이해하는 것은 잘하지만 대답은 항상 영어로 한다. 한편 그들은 세습언어의 문자는 전혀 혹은 조금밖에 접하지 못했을 수 있다. 그럼에도 언어 수준 테스트는 말하기, 듣기, 쓰기 능력이 고르다고 가정한다. 이런 테스트들은 세습언어 학습자들이 갖는 언어 기능의 최고치와 최저치를 제대로 파악하지 못하며, 이들을 어떤 면에서는 너무 쉽고 어떤 면에서는 너무 어려운 단계로 분류한다.

같이 수업을 듣는 친구들과 달리 세습언어 학습자들은 약간의 감정적 부담을 안고 수업에 들어온다. 그들이 배우려는 언어는 옷을 사는 것처럼 그냥 한번 해보고 싶은 외국어가 아니다. 그 언어는 이미 항상 그들 혹은 조상의 일부분이었고, 이제 그 언어 유산을 자기 것으로 만들기를 원한다. 어쩌면 그 언어에 정신적으로 충격을 주는 기억이 새겨져 있을 수 있다. 어쩌면 어린 시절 친구 앞에서는 그 말을 쓰기가 창피할 수도 있다. 어쩌면 학교에서 그 말을 쓰지 말라는 얘기를 들었거나 심지어 쓴다고 벌을 받았을 수도 있다. 어쩌면 그 말을 잘 못한다고 친척들에게 놀림을 받았을 수 있고, 한때는 자연스럽게 구사하던 말을 잃었다는 느낌에 슬프고 주눅이 들었을 수도 있다. 어쩌면 말과 함께 가족, 장소, 역사적 사건과의 끈을 다시 찾으려는지도 모른다. 그 언어와의 관계가 무엇이든 그것은 지금 반짝반짝한 새 외국어 앞에 선 사람들의 것보다 더 복잡하고 무거울 게 확실하다. 그들의 언어를 문법적 사물로 취급하는 교실 안에는 이런 복합적 감정을 위한 공간이 거의 없다.

그리고 거의 모든 세습언어 학습자들은 단순한 외국어 학습자와 다른 목적을 가지곤 한다. 그들은 그 언어를 여행하는 데 사용하거나 전문가로 기능하는 데 쓰려고 배우지 않는다. 그들은 조상의 문화에 속한다고 느끼고 싶어 한다. 언어 수업은 낯선 사람 혹은 지인과 대화하기에 적합한 말에 초점을 맞추는 경향이 있지만, 세습언어 학습자는 내부자들 사이에 오고가는 말, 또는 문법적으로 유창할 뿐 아니라 사회적 뉘앙스까지 전달하는 언어를 배워야 할지 모른다. 더구나 교사는 그 언어의 표준 형태를 가르치지만, 이 말이 특정 학습자의 친밀하고 중요한 언어 커뮤니티에서 쓰이는 방언이 아닐 수 있다. 이런 경우에 강사는 부모님이 했던 것처럼 이들의 말을 고쳐줄 것이고, 그러면 당사자로선 본의 아니게 자신의 역사에서 한 걸음 더 멀어지게 될 수도 있다.

오해는 교실에서만 일어나지 않는다. 나는 체코어 수업을 들은 적이 없지만, 고향에서 만났던 체코인들 중에 나를 놀라게 하는 태도와 선입견을 가진 사람들이 있었다. 그때 나는, 영어가 모국어인 사람들은 영어를 성인이 되어 배운 사람들에 익숙하지만 체코어가 모국어인 사람들은 그렇지 않다는 것을 깨달았다. 수도인 프라하가 몇 세기 동안 범세계적인 도시의 위치를 차지하고 있지만, 체코인 대부분이 사는 작은 마을과 시골까지 외국 출신 거주자들이 유입되는 경우는 거의 없다. 세계적 관점에서 본다면 체코어는 상대적으로 작은 언어다. 이 말을 할 줄 아는 사람들 대부분은 태어나면서부터 체코어를 접했다. 그 결과, 많은 체코인은 체코어가 서툰 성인을 만난 적이 거의 없다. 이런 경험에 너무 익숙지 않아서, 실제로 몇 년 전 체코 정부는 용감하게 체코어를 배우려는 외국인들과 어떻게 상호작용하는지를 자국민에게 가르치려고, "체코 사람들, 우리를 도와주세요. 우리는 배우는 중이에요"라는 문구로 캠페인을 벌였다. 캠페인은 이런 식이다. 젊은 프랑스인 관광객이 브르노로 가는 기차표를 사려는데, 매표소 직원이 "Jednoduchý nebo zpáteční(편도예요 왕복이에요)?"라고 물었으나 관광객은 이해하지 못한다. 직원은 계속 같은 말을 더 큰 소리로 반복할 뿐이다. 문제가 해결되지 않을 때 동료가 등장한다. 그는 브르노를 가리키며 "Tam(저기요)?"라고 묻고는 다시 반대로 돌아오는 방향을 짚으며 "Zpátky(돌아와요)"라고 말한다. 그제야 이해한 관광객이 안심하고 고개를 끄덕이며 말한다. "Tam(거기요)." 정부는 새로 체코어를 배우는 사람들을 이해시키려면 목청을 높이기보다는 체코 사람들이 몸동작과 단순한 말을 배워야 한다고 믿은 듯하다.

나 또한 체코어 실력이 부족해서 당황스러웠던 적이 충분히 많다. 그중 하나는, 내가 문법적으로 틀리게 말하자(틀릴 수 있는 구성이 얼마나 무한대로 많은

지!) 한 친척이 지적을 했다. "네가 지난주에 똑같은 잘못을 저지르기에 내가 분명히 고쳐주었는데…… 기억 안 나니?" 그는 분명히 내 지능을 의심하고 있었다. 나는 머리를 저으며 이란에서 태어나 지금은 캐나다에 사는 친구를 떠올렸다. 고연봉 사무직인 그녀는 매일 영어를 쓰며 10년 넘게 일했는데 아직도 가끔 he 대신 she를 쓰며 인칭대명사를 섞어 쓴다. (그녀의 모국어인 페르시아어는 모든 대명사에 성별을 구분하지 않는다.) 친척의 지적에 나는 '조금 너그럽게 봐줘요'라고 속으로 생각하곤 했다.

적어도 나는 체코공화국에 2주간 함께 머물렀던 동생보다는 낫다. 내가 어렸을 때 동생보다 체코어를 더 오래 경험했기 때문에 동생보다는 내 발음이 조금 더 원어민 같다. 내가 듣기엔 동생에겐 아주 미세한 악센트가 있다. 예를 들어 그는 영어에는 없는 체코어 구개음 자음인 tʼ와 dʼ 발음을 어려워한다. 대신 자기가 할 수 있는 최선의 발음인 영어 단어 chin과 gin의 첫소리를 낸다. 음운론적으로 이 소리들은 매우 비슷하지만, 일부 체코 사람들은 이 변형된 소리를 전혀 못 알아듣는다. (공정하게 말하면, 어떤 언어의 다양한 발음에 노출되지 않은 사람들은 그 언어로 하는 말을 알아듣는 데 꽤 편협하다. 반면 우리가 영어에서 듣는 것처럼 다수의 악센트를 듣는 것은 청각적 탄력성을 함양하는 데 큰 도움이 된다.[25]) 한 상점에서 점원이 특히 동생의 말을 이해하지 못하는 것 같았다. 점원은 아이를 가르치듯 동생이 제대로 발음하지 않는 단어들이 있다고 말했다. 마치 그것을 알려줌으로써 동생의 악센트를 고칠 수 있다는 듯. "죄송해요. 내가 체코어가 서투르지요"라고 동생이 말하자 점원은 조금의 미소나 격려의 기색도 없이 "네, 그런 것 같네요"라고 대답했다.

이런 사건들은 당연히 언어를 익히는 데 걸림돌이 된다. 내가 만났던 체코 사람들을 탓할 수는 없다. 체코어가 적어도 21세기에는 딱히 범세계적인 언어가 아닌 점을 감안하면 그들의 반응이 충분히 이해된다. 그러나 그들이 체코어 사용자와 비사용자 사이의 언어 능력 차이를 연속적인 것으로 생각하지 않는다는 사실이 내게는 종종 나와 체코어 사이의 보이지 않는 장벽으로 느껴진다. 그런 생각과 태도 때문에 체코어가 내 것이라는— 적어도 나는 정당하다고 생각하는— 주장이 약화되기 때문이다. 때로는 내가 체코어를 가볍게 생각하기 때문에 실수한다고 여겨지는데, 이는 절대로 진실이 아니다.

내가 전문가의 자세로 언어 학습의 본성, 그리고 언어 노출의 감퇴와 연령이 주는 효과에 대해 짧은 강의를 하고 싶은 욕구를 꾹꾹 누른 적이 여러 번이다. 그런 특정 상황에서 강의는 분명히 아무 소용이 없었을 것이다. 그럼에도 매번 나는 그런 상호작용에서 발끈했다. 그것은 자신의 모국어를 다시 찾으려 하는 사람들이 마주하는 많은 장애물, 한 언어 속에 태어난 뒤 그것에서 멀어졌던 사람들이 감내해야 하는 복잡한 언어 여행을 이해하지 못하는 데서 오는 장애물을 생생하게 상기시켜 주었기 때문이다.

언어 둥지, 우리가 회복하기 위하여

내 언어 여행 이야기는 많은 이민자들의 이야기와 맥락이 같다. 완전히 모국어에만 몰입되어 있다가 점점 접촉이 줄어들었다. 나의 체코어는 제대로 무성한 성체가 된 적 없이 성장을 저지당한 채로 남아 있다. 그래도 내 안에 존재한다. 제대로 양육하여 소생시킨다면, 나는 이 언어의 진짜 외부인과 쉽게 구별될 수 있다. 그것은 글자 그대로 **모국어**다. 어머니와 아버지의 혀끝에서 춤추던 바로 그 언어 말이다.

그러나 토착 언어를 세습언어로 다시 배우려는 사람들 사이에서 나와 같은 이야기는 흔하지 않다. 그들의 언어 여행 이야기에는 그들이 태어나기 전까지의 이야기가 빠져 있다. 많은 토착민들은 자신의 세습언어를 모국어로서 알지 못한다. 그들의 어머니와 할머니, 그리고 아버지와 할아버지가 기숙학교를 다니며 그 언어를 잊어야 했고, 사용할 경우 벌을 받거나 창피를 당했기 때문이다. 그 언어는 몇 세대에 걸쳐 화자를 잃은 셈이다. 원어민처럼 유창하게 그 언어를 할 줄 아는 사람 중 70세라면 젊은 축에 속할 것이고, 그 이후 세대부터는 자식들에게 자신들의 언어를 남기지 못한다. 언어 전달의 연결고리에 심각한 단절이 생긴다.

예컨대 캐나다의 2016년 인구조사에 따르면, 토착민의 13퍼센트만이 집에서 조상의 언어를 사용하며, 가정에서 그 언어만 사용하는 비율은 불과 3퍼센트였다. 반면 토착민의 75퍼센트는 집에서 영어만 사용하고, 89퍼센트는 저녁식사 자리에서 영어로 대화했다. 이 조사가 퀘벡 거주자들까지 포함한 것을 생각하면 영어의 위치가 얼마나 독점적인지 알 수 있다.[26]

언어 소멸은 광범위한 지역에서 벌어진다. 그리고 위와 같은 사례가 바로 언어 소멸의 조건이다. 언어 연구자들은 한 언어가 더 이상 가정에서 사용되지 않을 때 그것이 멸종 위기에 처했음을 알리는 확실한 신호 중 하나라는 데 의견을 같이한다.[27] 아이들이 일단 학교에 들어가면, 이미 뿌리가 뽑힌 어릴 적 말을 유지하기는 무척 어렵다. 특히 그 언어가 공적 생활에 풍부하게 섞여 있지 않으면 더욱 그렇다. 아이들에게 그 말을 아주 첫 단계부터 가르치는 것은 학교 입장에서 커다란 부담이다. 어떤 아이도 일주일에 고작 몇 시간 배운 말을 편하게 구사하지는 못한다. 학교 교육으로 어떤 언어를 유창하게 말하게 하려면, 보통 외국어 수업을 하듯 교과과정 한 구석에 끼워 넣는 것이 아니라 이 언어를 전면으로 내세운 집중적인 프로그램이 필요하다. 예를 들면 수학이나 과학 같은 과목의 교습 수단으로 이 언어를 사용할 수 있다. 그러려면 이 말로 된 책과 교재가 필요한데, 쉽지 않은 일이다. 이런 학습이 지연될수록 그 말을 숙달하기는 어른이 되면서 더 힘들어진다.

위태로운 모국어에 다시 생명을 불어넣고 싶은 토착민에게 중요한 과제는 잃어버린 원어민-부모 세대를 대체할 방법을 찾는 일이다. 한 가지 방법은 '언어 둥지language nests'를 설립하는 것이다. 이는 1980년대에 뉴질랜드의 마오리어Māori를 되살리려는 노력에서 유래된 용어인데, 아주 어릴 때부터 자신들의 세습언어 사용자와 상호작용할 수 있는 환경을 조성한다는 구체적 목적을 가지고 있다. 시스템과 자원에 맞추어 어떤 언어 둥지는 생후 몇 개월 지난 아기부터 받기도 하고, 또 다른 곳은 기저귀를 떼어야 받아주기도 한다. 멸종 위기에 처한 언어의 사용자들은 보통 나이가 많기 때문에 둥지를 운영하기 위해서는 하루 종일 아이들과 놀아줄 은퇴한 노인들을 모셔 와야 할 때가 있으며, 그 말을 잘 하지는 못하지만 식사, 청소, 기저귀 교체 등의 일을 도와줄 직원도 종종 필요하다.

아이들이 어떻게 말을 배우는지에 익숙한 연구자라면, 적절하게 운영되는 언어 둥지가 얼마나 효과적인지 잘 알 것이다. 언어 둥지는 아이가 각 언어의 소리가 어떻게 다른지 기민하게 포착하는 초기의 수용적 단계를 잘 활용한다. 아이들은 언어 학습과 유지에 최적화된 두뇌 신경망을 사용하여 그 언어에 침잠하고 말하는 방법을 기억하여 자기들 언어 양식을 직관적으로 배울 수 있다. 또한 이렇게 언어를 배우려면 아이가 수십만 개 문장을 듣고 말하면서 많은 시간 동안 그 말에 젖어 있어야 한다는 사실을 존중한다. (언어학자인 윌리엄 오그래디와 료코 하토리에 따르면, 아이가 어떤 말을 유창하게 할 만큼 배우려면 적어도 하루에 네 시간씩 일주일에 다섯 번은 그 말에 푹 젖어 있어야 한다.)[28]

언어 둥지는 마오리어에게 새 생명을 불어넣었다. 1982년 첫 번째 언어 둥지를 개원한 이후에 400개의 새 둥지가 탄생했다.[29] 마오리어 몰입교육을 하는 초등학교가 1985년에 문을 열었고 중·고등학교도 뒤따랐다. 마오리어가 재활성화되기 이전에는 대략 마오리족 다섯 명 중 한 명만이 조상의 언어로 대화할 수 있다고 보고되었으나, 2006년이 되었을 때는 마오리족의 절반이 마오리어로 대화를 나눌 수 있다고 말했다.[30] 지금은 유치원부터 대학원까지 마오리어로 공부할 수 있으며, 1987년 공식어의 위치에 오르면서 영어와 뉴질랜드 수화와 함께 공공 생활에서 마오리어가 점점 더 많이 사용되고 있다. 마오리어로 된 TV 프로그램, 뉴스 기사, 영화를 볼 수 있으며 마오리어로 말하는 변호사, 교사, 작가, 통역관, 미디어 전문가의 수요도 있다. 2018년에 뉴질랜드 수상 저신다 아던이 딸을 낳았을 때, 그녀는 마오리어가 자기 조상의 말은 아니더라도 아이가 영어와 마오리어를 함께 배울 것이라고 선언했다.

마오리어 언어 둥지의 성공은 자신들의 토착 언어를 되살리려는 많은 집단에 영감을 주었다. 이제는 교육자, 연구자, 부모가 국제적인 네트워크를 통해 서로의 경험과 결과를 공유한다. 그리고 이들 언어에는 사아미*, 하와이어 Hawai'ian, 모호크**, 알루티크***, 아이누**** 등이 포함된다. 이런 노력에 대

---

*   Saami. 핀란드·스웨덴·노르웨이·러시아에서 쓰이는 말.

**   Mohawk. 온타리오·퀘벡·뉴욕에서 쓰이는 말.

해 읽으며 나는 다양한 언어에 관련된 사람들의 말에 깊은 인상을 받았다. 그들은 언어 둥지를 방문하고 그곳의 아주 어린 아이들이 자기 조상의 언어를 전혀 힘들이지 않고 편안하게 말하는 모습을 관찰했다. 이들은 그 언어를 전혀 가르치지 않아도 말을 배우는 것이 얼마나 놀라운지를 공통적으로 반복해서 얘기했다. 아이들은 이야기를 듣거나 음식을 나누고 산책을 하고 바깥 자연세계를 탐험하는 등 노인들과의 일상적인 상호작용에서 단순하게 언어를 흡수했다.[31] 내가 깊은 인상을 받은 것은 언어 둥지를 방문한 사람들의 반응이 내가 모국어를 다시 배우기 위해 상호작용했던 체코 사람들의 반응과 정확히 반대로 보였기 때문이다. 체코인들은 아이들 **이외에는** 체코어를 배우는 사람을 접한 경험이 거의 없고, 아이들은 당연히 유난 떨지 않고 노력 없이 말을 배우니까 상대적으로 나와 내 동생이 둔해 보였을 것이다. 그러나 많은 성인 토착민들은 세습언어가 이렇게 아이들 방식으로 학습되는 것을 직접 본 적이 없다. 이들이 어른이 되어 조상의 언어를 다시 찾으려면 불굴의 노력이 필요하고 그럼에도 세상이 바라는 것보다 유창하지 못하다는 사실을 알고 있다. 이들은 아기들의 입에서 새로운 언어가 아무렇지도 않게 흘러나오는 것을 듣고 무척 감동받았을 것이다.

언어 둥지를 지지하는 많은 이들에게 이 프로그램은 단지 언어를 전수하는 효과적인 방법 그 이상의 의미다. 그들에게는 조상의 언어가 유아기 돌봄 그리고 진정한 문화의 기억과 함께 단단하게 **묶이는** 것 또한 중요하다. 마오리어 둥지는 단지 언어를 새로운 세대로 전수하는 데서 그치지 않는다. 더 나아가 마오리 문화를 흡수시킨다. 아이들은 자기 민족의 역사와 영적 관행을 배운다. 전통 노래와 기도를 배우고, 밖으로 나가 열매를 따고 주변의 야생에 대한 얘기를 듣는다. 이 모든 것이 마오리어로 이루어지기 때문에 마오리 언어 자체가 마오리의 존재 방식과 연결된다. 내 체코어 기억이 체코에서 살던 어린 시절의 음악, 음식, 축제, 인간관계, 가치관, 사회적 관습과 밀접하게 연

***   Alutiq. 알래스카에서 쓰이는 말.
****   Ainu. 일본에서 쓰이는 말.

결되어 있는 것과 같다. 이런 조건에서만 언어가 프루스트적 힘을 발휘할 수 있다.

노인들을 참여시키는 것은 그들이 그 말을 할 줄 아는 마지막 사람들일 뿐 아니라 그들의 기억이 조상의 문화, 즉 자연계에 대한 집합적 지식, 영적 의식들, 윤리체계, 예술 형태, 사회적 가치관 등을 담은 저장고이기 때문이다. 역사적 연속성에서 단절된 것이 언어만은 아니다. 그 언어로 수행되었던 모든 것이 끊어졌다. 이런 언어 둥지는 전 세계 어린이들이 모국어를 배우는 환경과 가능한 한 비슷한 환경 — 외부 문화의 교습법에 따라 구조화된 교실이 아니라 가족과 커뮤니티 안 — 에서 언어를 배우도록 함으로써, 언어가 문화와 재결합하는 공간이 된다.

언어 둥지가 무척 자연스럽고 단순한 개념 같지만, 현실에서는 그것을 만들고 운영하는 게 절대로 쉽지 않다. 특히 언어 사용자가 아주 조금만 남은 작은 커뮤니티에서는 더욱 힘들다. 그 어려움들은 결혼 후 브리티시컬럼비아의 오카나간Okanagan 커뮤니티로 들어간 뒤 자녀를 언어 둥지에 보냈던 내털리 챔버스의 박사 논문에 자세히 기록되어 있다.[32] 우선 그 언어를 쓰는 사람을 찾는 것이 가장 큰 어려움이었다. 그 말의 사용자들은 더 이상 젊지 않고, 매일 하루 종일 어린아이들과 시간을 보내기 힘든 경우가 많았다. 알다시피 어린아이들의 방문이 즐겁긴 하지만, 아무리 헌신적인 할아버지, 할머니도 다른 사람의 아이는 고사하고 자기 손주도 매일 하루 종일 보라고 하면 망설일 것이다. 심각한 건강 문제가 있을 수도 있고, 기동력이 떨어지거나 에너지가 쉽게 고갈되고 잘 듣지 못할 수도 있다. 노인들 어깨에 지우기에는 너무 막중한 무게다. 이상적으로는 언어 둥지의 직원들도 완전히 원어민이어야 하지만, 현실에서는 이런 학교 중 많은 수가 아이들 곁에서 함께 그 말을 배우는 젊은 사람들이나 성인이 되어 배워서 어느 정도 말할 줄 아는 사람들에게 많이 의존한다. 최소한 아이 돌봄에서 육체적으로 아주 힘든 일들을 돕기 위해 노인 옆에 다른 성인이 있을 필요가 있다. 작은 언어 둥지 하나를 유지하는 데도 열정적인 헌신과 함께 지속적인 모금 활동이 필요하다. 한 연구에 따르면, 대여섯 명의 아동이 있는 아주 작은 언어 둥지를 운영하는 데 적어도 한 해에 대략 10만 달러가 든다.[33] 마오리어 둥지처럼 국가에서 지원을 해주어도 프로그램들은 무급 노동력이나 헌신적인 부모, 자원봉사자들이 기부한 무료 공간에 많이 의존한다.[34]

언어 둥지가 언어 환경을 집약적으로 제공하지만 그것만으로는 충분하지 않다. 아이들이 어떤 말에 유창해지는 데 **최소한** 하루에 네 시간의 노출이 필요하다면, 집에서도 그 말을 사용할 때 비로소 언어 둥지의 효과는 극대화될 것이다. 연구자들이 인터뷰한 많은 직원들도 이 점을 언급했다. 결국 일부 커뮤니티에서는 노인들이 아이를 맡는 것에 더해서, 아이의 부모에게도 말을 가르치는 책임을 맡는다. 다시 말해서, 토착 언어를 지키는 노인들의 역할을 대신할 만큼 말을 능수능란하게 하는 젊은 성인을 키우는 것이 더 시급하다. 어쨌든 지금 아이들이 커서 후대에 토착 언어를 전수할 만큼 되기까지는 오랜 시간이 걸리기 때문이다.

다섯 살짜리가 언어 둥지에서 조상의 말을 배워서 유창해진다고 해도 그 다음이 문제다. 이 시점에서 언어 둥지는 많은 이민자 가정과 똑같은 역할을 한 셈이다. 즉, 아이에게 모국어의 훌륭한 기반을 만들어주었다. 하지만 셀 수 없이 많은 이민자 이야기에서 보았듯이 이것은 한 세대에서 다음 세대로 언어 유산을 물려주기에는 충분하지 않다. 부모들이 가정에서 세습언어를 계속 쓴다고 해도, 아이들은 살아갈수록 그 말을 점점 덜 사용한다. 그리고 언어에 대한 노출이 갑자기 끊어지면 그것을 말하고 이해하는 능력도 추락한다. 연구자들은 어린 시절 이후에 자기 언어를 계속 배우지 못한 아이들이 언어를 잃을 위험이 가장 크다는 데 동의한다. 그리고 그 상실은 아이가 한 언어 환경에서 다른 환경으로 옮겨진 후 충격적일 만큼 빠르게 시작된다. 여섯 살짜리 한국 이민자 아이의 사례를 살펴보자. 이 아이는 한국을 떠난 지 한 달 안에 한국어 어휘력이 흔들리기 시작했고, 미국에 도착한지 두 달이 지난 뒤에는 이전에 알았던 단어의 절반만을 구사할 수 있었다.[35] 또 다른 연구에서는 세 살 반 된 히브리 아이가 북아메리카에 도착한 지 고작 몇 개월 만에 히브리어를 말하고 이해하는 능력을 잃었다.[36] 어릴 때 익혔던 말에 다시 젖어들면 많은 부분을 다시 깨울 수 있는 게 사실이다. 체코공화국으로 여행을 갔을 때 나는 내 모국어를 완벽하게 구사하는 사람들, 거의 그 말밖에 할 줄 모르는 사람들로 채워진 공간으로 금방 들어갈 수 있었다. 그러나 많은 토착 민족들에게는 거의 불가능한 일이다.

세습언어의 땅에 아이들을 심는 것이 새로운 원어민을 키우는 가장 좋은 방법이다. 그들의 언어가 계속 자라고 번성하기 원한다면, 아이들이 학교 갈 나이가 되는 순간 그 땅에서 뽑아내면 안 된다. 첫 번째 마오리 언어 둥지 뒤에 곧 마오리어를 사용하는 초·중·고등학교, 대학교 프로그램이 뒤따르지 않았다면 마오리어 언어 둥지의 성취는 요원했을 것이다. 아이들의 뇌는 언어의 복잡한 양식을 스펀지처럼 빨아들이지만 언어 학습은 어린 시절에서 멈추지 않는다. 자라면서 더 복잡한 개념, 상황, 문학 작품 등에 노출되면서 계속 더 복잡한 말을 접한다. 실제로 어휘는 성인기가 한참 지나서도 확장된다. 완전하게 **성인**의 언어를 구사할 수 있는 원어민으로 자라기 위해서는, 모든 발달 단계에서 그 말을 사용해야 한다. 이것은 토착 언어의 언어 둥지 이후에도 혹은 그 말을 쓰는 가정 밖에서도 세습언어에 접근해야 한다는 뜻이다.

둥지나 가정 밖에 존재하는 풍성한 언어적 환경이 중요하다는 것은, 단순한 노출이나 그 말을 연습할 충분한 시간 이상을 의미한다. 말을 능숙하게 하려면 다양한 사람과의 상호작용 또한 중요하다. 어린이와 대학생 모두를 대상으로 한 연구에서 연구자들은 많은 수의 다양한 사람들과 이야기할 기회가 있는 사람들이 자신의 세습언어(스페인어, 중국어, 히브리어 어느 것이든)를 가장 잘 구사한다는 사실을 발견했다.[37] 즉, 그 언어를 사용하는 시간보다 그 말을 함께 나누는 사람의 수가 더 중요했다. 아마도 다른 어휘, 살짝 다르게 발음하는 방식, 자주 쓰는 문장 구조 차이 등 사람마다 자기만의 독특한 스타일로 말하기 때문인 듯하다. 말을 배우는 것은 곧 매우 광범위한 기술을 배우는 것이기 때문에, 폭넓은 스타일을 가진 개인들에게서 서로 다른 표본을 추출하는 것은 고른 음식 섭취가 사람에게 필요한 모든 영양분을 제공하는 것과 같다. 더욱이 이 말을 쓰는 사람들로 구성된 폭넓은 커뮤니티의 일부가 된다는 것은 이 언어를 쓰면서 중요하고 재미있는 일이 이루어진다는 사실을 보여준다.

그런 커뮤니티의 중요성을 알고, 핀란드에서 약 350명이 쓰는 언어인 아아나아르 사아미를 지키는 사람들이 행동으로 옮겼다.[38] 1997년에 첫 번째 언어 둥지가 생기기 전에는 19세 이하의 원어민이 단 네 명뿐이었기 때문에 이는 매우 시급한 과제였다. 그리고 언어 둥지는 아아나아르 사아미로 편하게 재잘거릴 수 있는 아이들을 대량생산했다. 하지만 이들 커뮤니티는 교사, 예술가, 기자, 작가 등 자신의 직업에 이 언어를 도입할 수 있는, '잃어버린 세대'인 중간 세대 원어민을 위해서도 무언가가 절실하게 필요하다는 것을 알았다. 이 중간 세대는 언어 둥지를 졸업한 어린이들이 세습언어 안에서 계속 자랄 수 있는 환경을 구축해 줄 수 있다. 언어 전문가들은 성인을 위한 1년 집중 프로그램을 만들었고, 노인들이 이들을 가르쳤다. 이들이 1년 후에 원어민이 되리라고 기대하지는 않았다. 단지 그들이 다양한 직업 현장에서(그들이 더 큰 아이들을 가르치는 학교를 포함하여) 이 말을 사용할 만큼 유창하기를, 그리고 커뮤니티에서 적극적으로 사용하기를 바랐다.

이 프로그램은 많은 목표를 달성했다. 그곳 출신들이 아아나아르 사아미를 중심으로 하는 커뮤니티 클럽과 활동들 — 게임, 낚시, 들새 관찰, 버섯 따기 등 — 을 이끌어서, 사람들이 모여 함께 이 말을 사용할 수 있었다. 어떤 사람은 노인들이 많이 참여하는 대화 모임을 만들어 그들의 모국어에 활기를 되찾는 기회를 제공하기도 했다. 참여자 중 한 명은, "우리는 완전히 잊고 있었어요. 우리가 누구인지 선생님이 가르쳐주었지요. 우리가 잃었던 말과 정체성을 다시 돌려준 거예요. 지금 우리는 너무 행복해요"라고 말했다.[39] 아아나아르 사아미는 놀이터, 슈퍼마켓, 예배에서 점점 빈번히 들리기 시작했다. 한 어머니는 자신이 성인 몰입 프로그램에 참여하기 전에는 아이가 언어 둥지 밖에서 아아나아르 사아미를 거의 쓰지 않았는데, 이 프로그램 덕분에 아이와 이 말로 대화할 수 있는 한 무리의 어른들이 생겼다고 말했다. 실제로 언어 둥지 아이들이 아아나아르 사아미를 '바깥'에서도 듣는 데 익숙해져서, 이제는 친한 어른들과 핀란드어 대신 자동적으로 이 말을 사용하여 대화하기 시작했다.

깨지지 않은 문화와 언어 유산을 물려받은 운 좋은 사람들은, 특히 자신이 사는 곳의 다수가 그것을 공유하고 있다면, 심각하게 파괴된 유산을 재건하는 데 필요한 영웅적인 노력과 끝없는 자원을 미처 상상하지 못한다. 이런 행운아들은 자신들의 언어 가운데 태어났고, 그 말을 자연스럽게 사용하는 사람들의 사랑과 보살핌을 받는다. 그들의 책꽂이는 그 언어를 갈고닦은 사람들이 집필한 책으로 채워져 있다. 선생님들은 지식의 확장을 위해 그 언어를 비계 삼아 능수능란하게 말하며, 선생님들이 믿는 교과서와 자료는 그 말을 전문적으로 연구한 사람들이 주의 깊게 만든 것들이다. 그들은 그 말의 아름다움을 증폭시켜 주는 노래에 감동을 받고, 그 말의 가치가 거리의 이정표와 상점 간판으로 세상에 알려지는 것을 목격한다. 그리고 그 권위는 라디오와 TV 프로그램에서 요란하게 들리고, 신문으로 인쇄된다. 그러나 이 모든 문화적 작업과 그것을 가능하게 만드는 모든 것이 희미해지고 사라질 수 있다. 이것들을 당연하게 여기기는 쉽다. 문화와 언어는 공기 같아서, 수없이 많은 세대에 걸친 노력과 그것을 구축하고 유지하는 데 투여된 창의력을 기억하기는 쉽지 않다.

몇 년 전 나는 우연히 내가 살고 있는 지역의 일간신문인『캘거리 헤럴드』의 고정 칼럼니스트 나오미 라크리츠가 쓴 칼럼을 읽었다. 그녀는 캐나다의 토착 언어에 더 많이 투자할 필요가 있는지 의문을 제기했다. 그녀는 이런 언어를 되살리기 위해 이미 존재하는 다양한 프로그램과 단체를 소개하면서, "이 모든 것으로 이미 충분하지 않은가?"라고 적었다.

"이 언어들을 가르치고 보존하려고 매년 수백만 달러를 쓰는데도 그것이 계속 죽어가고 사람들이 다시 배우지 않는다면, 문제는 수백만 달러 규모의 정부 계획이나 법안이 없기 때문이 아니다. 결국 사람들이 주어진 기회를 이용하여 그 언어를 사용해야 한다. 그렇지 않다면 이것은 더 많은 돈과 프로그램으로 고칠 수 있는 문제가 아니다."[40]

칼럼니스트가 숫자를 더 철저하게 조사했다면, 그런 프로그램들이 운영되는 데 필요한 액수와 실제로 그들에게 허용된 액수 사이의 휑뎅그렁한 차이에 놀랐을 것이다. 예컨대, 2011년에 캐나다 정부는 언어 둥지를 포함한 여러 프로그램을 지원하는 '원주민 언어 계획Aboriginal Language Initiative'에 8백만 달러를 할당했다. 그러나 60개가 넘는 캐나다 토착 언어의 본거지 중 약 3분의 2를 차지하는 브리티시컬럼비아주를 보면, 토착민 한 사람당 1년에 단지 3.48달러가 할당되는 꼴이다. 언어 둥지를 1년 운영하는 데 드는 돈에 비하면 말도 안 되게 미미한 액수다.[41] 토착 언어를 보존하는 데 드는 비용에 관한 보고서는 커뮤니티에서 꽤 넓게 사용되는 언어 **하나**를 유지하는 데만 15년 동안 매년 5백만 달러가 든다고 추산한다. 그리고 그보다 더 위험에 빠진 언어를 살리기 위해서는 매년 6백만 달러가 필요할 것으로 추정한다.[42]

그러나 그 칼럼에는 60개는 고사하고 단 하나의 취약한 언어를 살리는 데 정말로 얼마가 소요되는지는 제시되지 않았다. 이런 면에서 칼럼니스트는 내 문법의 잘못을 지난주에 고쳐줬는데도 내가 계속 같은 실수를 반복한다고 탓하던 체코 친척을 떠올리게 했다. 어릴 때 그 어떤 노력도 필요 없이 그냥 말을 익힌 사람은 언어를 배운다는 것 혹은 다시 배운다는 것이 얼마나 힘든 성취인지를 이해하기 어렵다. 이와 같은 방식으로 주변 문화가 자기가 쓰는 말의 학습을 쉽게, 심지어 그것을 **배울 수밖에** 없게 만든다면, 이를 가능하게 하는 모든 문화·제도적 지원을 알아채기 힘들 것이다. 한 언어가 번성하지 못하는 것이 그 언어가 그저 무시되기 때문에, 또는 커뮤니티가 관심을 가지지 않아서라고 치부해 버리기는 매우 쉽다. 하지만 절대로 사실이 아니다.

단순한 언어와 복잡한 언어

체코공화국의 친척들을 방문하고 있는 동안 나는 연속성을 상징하는 물건과 장소의 마력에 빠졌다. 아버지가 태어났던 침대에서 잠을 잤더니 조상들이 꿈에 잠입하곤 했는데, 그중에는 가끔 할머니도 있었다. 할머니는 아담하지만 철옹성 같은 여인으로 네 명의 아들을 낳아 공산 정권의 많은 핍박 아래서도 모두 성인으로 키운 분이다. 우리 집안의 땅이 몰수된 직후 할아버지는 뇌출혈로 쓰러져 결국 돌아가셨지만, 할머니는(내 이름은 할머니 이름을 물려받았다) 집안의 견고한 어른으로 그 후 반세기를 버티셨다. 나는 여러 친척들이 살았던 방들을 돌아다녔다. 그 방들은 몇 세대에 걸쳐 아기를 어르고, 콜라체*를 만들고, 놀러 온 친구에게 포도주를 부어 주던 공간이다. 나는 중정에 있는 살구나무가 어떻게 오랜 세월 동안 많은 사람의 보살핌을 받았을지, 과거 몇 세기 동안 그 모든 전쟁과 대변동, 점령을 겪으면서도 수없이 많은 양배추, 콩, 딸기가 어떻게 그리 굳건하게 같은 땅에서 자랐을지 상상해 보았다.

북아메리카 문화는 자신의 혈통으로부터 역사적으로 분리되어 있으며 젊은이처럼 자신만만하다. 이 문화는 거의 과거를 기억 상실 수준으로 평가절하하는 경향이 있으며, 단절과 혁신을 연속성보다 더 소중하게 여긴다. 이런 문화가 주입되어 있던 나는 조상들과 물리적으로 같은 공간에 머물면서 얼마나 많은 감정이 내 안에 차오르는지 깨닫고 스스로 놀랐다. 나는 이전에 느껴 보지 못한 방식으로 어딘가에 정박되었다고 느꼈다. 함께 모여 모국어를 나누었던 아아나아르 사아미 노인들처럼, 나도 심오한 방식으로 자아가 회복되는 느낌을 받았다. 상상하거나 예측하지 못했던 느낌이었고, 느끼는 동안에도 말로 설명할 수 없었다. 하지만 그 회복이 주는 효과는 삶을 송두리째 바꾸었다. 나라는 존재가 내 일생의 테두리 안에만 묶여 있지 않다는 깊은 시간적 감각을 얻었다.

많은 사람들에게 언어는 자신을 역사의 줄기에 연결시켜 주고 연속성을 부여하여 혼돈과 불확실성에서 지켜주는 방어벽이다. 이미 땅과 전통적 생활양식을 빼앗긴 멸종 위기 언어의 사용자들의 경우에 특히 더 그렇다. 그러나 물리적 사물이나 장소가 그런 것처럼, 언어 또한 시간이 지나면서 변화한다. 언어학자들은 언어 변화가 생물의 종 안에서 일어나는 변이나 변화처럼 자연스럽고 불가피한 것이라고 말한다. 그런데 매우 짧은 기간 안에 언어가 극적으로 바뀌었을 때, 그 언어가 여전히 같은 정도의 연속성과 회복의 느낌을 제공할 수 있을까? 멸종 위기의 언어에게 이것은 아주 중요한 질문이다. 이런 언어들은 한 세대에서 다음 세대로의 전달이 중단된 결과로 바로 이런 포괄

---

*   koláče. 치즈나 과일로 채운 페스트리.

적인 변화가 흔히 급성으로 진행되기 때문이다.

작은 토착 언어들은 변화할 수밖에 없는 압력을 다방면에서 받는다. 첫째, 다른 언어와의 접촉이 한 언어의 변화를 가속화시킨다는 점은 잘 알려져 있다. 같은 생태계 안에서 경쟁하는 다른 종의 존재가 종종 생물학적 변화의 원동력이 되는 것과 같다. 이런 변화는 부분적으로 이중언어주의에서 그 원인을 찾을 수 있다. 우리는 이중언어 사용자의 마음속에서 언어들이 서로 영향을 주고받으며 경쟁한다는 사실을 알고 있다. 이중언어 사용자가 충분히 많으면 한 언어의 특징이 다른 것 안에 씨를 뿌리고 뿌리를 내릴 수 있다. 토착 언어를 구사하는 사람 중 아주 많은 수가 이중언어 사용자일 수밖에 없다. 지배적 언어를 모르면 공공 생활의 많은 면에서 소외되기 때문이다. 이런 상황 때문에 언어 간의 상호 교배가 빈번히 일어난다.

둘째, 많은 토착 커뮤니티에서 지배적 문화와 정책이 원주민 언어를 적극적으로 억눌러 왔다. 많은 사람들이 그 말을 하지 못하게 설득하거나 금지했고, 그것이 사용되는 맥락의 폭이 줄어들었다. 그 결과 언어가 광범위한 쇠퇴를 겪는데, 이때 종종 문법이 단순해지거나 특성이 사라진다. 그리고 언어가 점점 더 작은 공간으로 물러섬으로써, 적어도 그것이 기록되는 범위가 좁아질 수밖에 없다.

불안정의 세 번째 원천은 언어를 다시 살리는 과정에 있다. 아아나아르 사아미에서처럼, 아이들이 확실한 원어민으로 성장하는 언어 마을을 조성하기 위해서는 잃어버린 세대가 대체되어야만 한다. 성인도 훈련을 받으면 커뮤니티에서 언어를 지원하는 데 확실한 도움이 될 만큼 충분히 유창해질 수 있다. 그러나 그들이 아이들처럼 말을 배우는 경우가 매우 드물고, 원어민처럼 언어의 소리와 문법의 모든 측면을 잘 구사하지 못한다. 어떤 언어를 커서 배운 사람들이 사용자의 많은 부분을 차지하고 있다면, 그들이 그 언어를 변화로 몰고 갈까? 다시 말해서, 아이들이 듣는 말의 대부분이 그 언어의 미묘한 특성들을 완벽하게 구사하지 못하는 성인에게서 온다면, 그들이 원래의 말을 제대로 모사할 수 있을까?

어떤 언어가 성인 학습자들로 넘쳐나면 언어 커뮤니티에서의 그들의 존재가 커뮤니티의 앞날을 영원히 바꿀 수 있다고 암시하는 언어학자들도 있다. 그중 존 맥워터는 그게 바로 영어에서 일어났던 일이라고 주장한다.[43] 어떤 측면에서 영어는 그것이 속한 게르만어파의 다른 언어들보다 훨씬 더 단순하다. 현대 독일어에는 모든 보통 명사에 부여된 여성, 남성, 중성의 성별을 기억해야 하는 문법적 함정이 있다. 그런데 부여된 성별이 임의적이고 터무니없는 경우가 잦아서 그냥 외우는 수밖에 없다. 예를 들어, das Mädchen("소녀")는 중성이지만 der Kohl("양배추")는 남성형, die Karotte("당근")은 여성형이다. 독일어는 또한 문장에서 명사의 역할을 알려주는 격조사case marker를 사용하며(슬라브어처럼 정교하지는 않지만), 이로써 단어의 위치는 문장 안에서 훨씬 더 유동적이다. (게르만어파 중에서도 많이 복잡한 아이슬란드어나 페로어 Faroese는 제쳐두고) 독일어와 비교해서 영어는 외부인이 배우기에 훨씬 단순해 보이며, 맥워터는 실제로 그렇다고 말한다. 그에 따르면, 이런 단순함은 8세기부터 스칸디나비아 바이킹들이 영국 북부를 침략하기 시작했던 결과이며, 동시에 당시 영국 언어의 복잡한 장식들을 모두 배우지 못한 큰 무리의 새로운 언어 학습자들이 영국의 **언어**를 침범했음을 의미한다. 따라서 영어는 자신의 문법적 특징 일부를 영원히 박탈당했다. 맥워터는 페르시아어, 표준 중국어, 말레이어를 포함한 다른 몇 개 언어의 간결해진 특징들에 대해서도 비슷한 주장을 펼친다. "폴란드어는 방해받지 않고 발전했다"라고 그는 말한다. 그러나 "영어는 누군가 내민 발에 걸려 넘어졌다. 인간의 문법은 잘 자라는 잡초와 같다. 영어, 페르시아어, 표준 중국어와 같은 언어들은 잘 다듬어진 잔디밭이다."[44]

영어가 오래전에 외부인들에 의해 다듬어졌다면, 세계의 많은 토착 언어들은 아직 멋대로 울창하게 자란 문법을 가지고 있다. 그리고 이 잡초 같은 문법이 시간이 지나면 싹을 틔우고 덩굴을 만들어 영어 하나만을 말하는 평범한 단일어 사용자의 마음에 혼란을 불러일으킬 것이다. 실제로 외부인의 침입이 비교적 적으면서 매우 친밀한 사람들 사이에서 사용되는 작은 언어의 문법은 극도로 복잡할 수 있다. 다수의 연구자들은 작고 밀폐된 언어들의 공통점에 주목했다.[45] 이런 언어들은, 다른 언어들이 사용자가 맥락에 따라 추측하도록 남겨놓는 정보들까지 자주 표현하곤 한다. 예컨대, 일부 언어들은 어떤 주장이 직접적 관찰에 근거한 것인지 아니면 이차적 정보로 들은 것인지를 문장 안에서 드러내는 문법적 표식을 의무적으로 사용한다. 밀폐된 언어들은 또한 언어적으로 불필요한 반복을 허용하는 경향이 있다. 예를 들어 체코어에서는 격이 문장의 모든 명사에 표시될 뿐 아니라 모든 형용사, 수사, **그리고** 명사에 따라오는 관사에도 표시되어야 한다. 그리고 그것에는 예외적 문법이라는 구멍이 숭숭 뚫려 있다. 그 예외들은 결코 잘 정리된 규칙으로부터 논리적으로 추론될 수 없는 양식들이며, 그 언어 그리고 그것의 특이성과 아주 친숙해서 그저 **알 수밖에** 없는 것들이다. 이런 복잡함과 특이성이 이들 언어의 학습을 가시덤불에 접근하는 일만큼 어렵게 만든다. 더구나 언어를 근육 기억처럼 배우는 것이 아니라 의도적이고 규칙에 근거한 정신 기제로 배우는 성인의 경우에는 더욱 그렇다.

사회의 역사와 언어 구조 간의 관계에 대한 이론은 비교적 최근에 생겼으며, 아직도 증명되지 않은 부분들이 있다. 예를 들면 성인과 아동의 언어 학습 방법이 다르기 때문에 특별히 성인들이 문법적으로 다듬어지지 않은 언어를 배우기가 더 힘들 것이라고 가정할 수 있다. 그러나 이 관계는 아직 명확하지 않다. 영어를 배울 때와 아이슬란드어를 배울 때의 성인과 아동의 학습 곡선을 비교하고, 어른들이 영어는 그럭저럭 배우지만 아이슬란드어 학습은 아이들보다 엉망임을 보여준 사람이 아무도 없다. 더 구체적으로는, 아이슬란드어에는 존재하나 영어는 오래전에 없애버린 특징들을 배우는 데 어른들만 어려움을 겪는다는 것을 보여주는 연구도 없다. 그러나 만약 이런 추론들이 사실이라면, 언어의 한 세대를 잃는 것 그리고 새로운 성인 학습자로 이들을 대체하는 것이 밀림처럼 복잡한 언어의 연속성 유지를 더 힘들게 만들 것이다. 촘촘하게 짜인 커뮤니티 안에서 자생한 언어의 특징이 이제는 어릴 때 박탈당했던 언어를 성인이 되어 다시 배우려는 바로 그 커뮤니티의 많은 이들에게 걸림돌이 된다면 그것은 매우 슬픈 아이러니일 것이다.

때로는 느리게 때로는 빠르게 진행되는 언어 변화의 불가피성에도 불구하고, 자신들의 언어에서 변화를 마주한 사람들은 실존의 위협이 옥죄어 옴을 느낀다. 영어 안의 변화를 유발한 여러 압력과 상황을 평생 연구해 온 언어학자 빌 라보브는 비꼬듯 말했다. "노인 중에도 새로운 음악과 춤, 전자기기와 컴퓨터를 즐기는 사람이 있다. 그러나 '요즘 젊은이들이 말하는 말투가 마음에 들어. 내가 어렸을 때 말하던 방식보다 훨씬 나아'라고 말하는 사람은 본적이 없다."[46] 적어도 자신의 말을 사랑하고 그것을 민감하게 자각하는 사람들에게 이런 위협은 고조된다. 동료 작가 몇 명은 곳곳에서 보이는 언어 부패의 징후를 열심히 도려낸다. 예를 들어, 양이 아닌 수를 의미할 때 **정확한** 표현인 'fewer than three' 대신 'less than three'를 쓰거나, 부적절한 문맥에서 'whomever'를 사용하는 것을 지적하는 식이다.

영어는 오랜 세월 동안 여기저기 꼬집히고 당겨지며 다양한 모습으로 바뀌었다. 외국어 단어를 기꺼이 자기 것으로 삼켰으며 수없이 많은 방언을 수용해 왔다. 이런 영어에 대해서조차 사람들이 보호 반응을 보인다면, 변화의 비바람을 피해 내려온 언어 안에서의 격변을 목격하는 일은 훨씬 더 혼란스러울 것이라 생각한다. 과거와의 연속성을 잃는 느낌일 것이다. 그리운 어린 시절의 집으로 돌아갔더니 아늑한 시골풍 부엌 대신 매끈한 가전제품들로 업그레이드한 부엌이 있고, 벽을 허물어 집 옆으로 새 방들이 종양처럼 자라는 것을 보는 느낌과 비슷하리라.

일부 토착 민족들에게는 가능한 한 언어의 연속성을 유지하는 것이 우선이다. 그리고 지배적 언어가 급습하는 것에 저항하기 때문에 흔히 영어의 차용이나 적용을 극도로 싫어한다. 그 반대의 경우는 일본어다. 일본어는 영어 단어를 일본어 소리 구조에 그대로 넣는다(예를 들어 'business hotel'은 일본어 발음으로 '비지니수 호테루'가 된다). 캐나다 북서부 영토에서 사용되는 트와치어Tłı̨chǫ 라디오 방송 진행자인 마리 로즈 블랙덕은 커뮤니티에서 노인들이 자신들의 언어로부터 소외감을 느끼지 않게 하는 게 매우 중요하다고 설명했다. 따라서 전통적인 명칭이 없는 개념에 대한 단어가 필요할 때는 이들에게 먼저 상의한다고 한다. 일례로, 1980년대부터 널리 알려지기 시작한 질병인 에이즈AIDS에 대한 트와치어 단어는 토착 언어만을 섞어 만들었는데, 영어로 번역하면 대충 '치료되지 않는 병'이란 의미이다. 영어(혹은 체코어)로 말하는 사람이라면 새로운 단어를 만들기 전에 할아버지, 할머니의 허락을 먼저 받는다는 생각을 하지 않을 것이다. 우리의 노인들은 자기 말에서 느끼는 소외감에 대해 툴툴거리도록 그냥 방치된다.

어떤 새로운 단어가 자신들의 언어로 들어올 수 있는지를 결정하는 일종의 국경수비대를 만드는 일은, 특히 작은 커뮤니티에서는 어렵지 않다. 그러나 언어의 미묘한 다른 측면들, 예를 들면 특정한 문법적 표식이나 단어를 정확히 발음하는지 아니면 생략하는지를 감시하고 통제하기는 훨씬 어렵다. 그리고 지금 그 말을 쓰는 사람들 중 많은 수가 성인이 되어 그것을 배웠고 말의 유창함 정도도 제각각이라면, 커뮤니티가 엄격한 언어 규범을 강요하기는 거의 불가능하다. 이 때문에 커뮤니티 연장자들이 보기에는, 자기가 부모로부터 배웠던 언어를 조악하게 고친 형태처럼 보이는 언어를 보존하는 데 에너지를 쏟을 가치가 있는지 의문이 들 수 있다. 심지어 신성시되던 말의 훼손이라고 여길 수도 있다.

멸종 위기에 처한 언어를 수호하는 사람들은 이렇듯 심각한 문제들에 직면한다. 즉, 그들이 용케 어떤 언어를 구했을 때 그것은 어떤 모습일지, 그리고 언어가 연속성을 제공하려면 어느 정도까지 바뀌어도 되는지와 같은 문제들이다. 이것은 각 커뮤니티가 스스로 결정해야 하는 문제다. 그렇지만 비록 한 언어가 이전 상태와 매우 다른 것으로 소생되었더라도, 어떤 사람들은 언어의 소생 자체만으로도 과거와 강하게 연결된다.

역사를 관통해 살아남다: 히브리어

언어 '부활'의 전형으로 여겨지는 것은 물론 히브리어다. 고대 유대인들은 히브리어를 약 1300년 동안 사용하다가 2세기경에 이르러서 당시 지배적 언어였던 아람어와 그리스어의 압력에 굴복해 더 이상 그 말을 사용하지 않았다(예수도 히브리어가 아닌 아람어로 말했다). 그러나 히브리어는 두 가지 신성한 문헌으로 각각 보존되었다. 그 둘을 합하면 짧은 시와 서사시부터 일상적 글과 법률적 문서까지 넓은 범위의 언어 스타일을 망라한다. 이 문헌들은 단순히 어딘가 창고에 있던 것이 아니다. 전 세계의 유대인들이 계속해서 이것을 공부했다. 그들은 자기가 사는 지역의 말로 자녀와 대화했지만 경전은 히브리어로 읽었고, 기도도 히브리어로 했으며, 때로는 개인적인 편지나 사업·법적 문서를 히브리어로 쓰기도 했다. 많은 유대인 커뮤니티에서 히브리어는 그들이 읽고 쓸 줄 아는 유일한 언어였다.[47] (오늘날 우리에게는 말로 하는 언어와 글로 쓰는 언어가 다른 게 이상해 보일 수 있다. 그러나 중세에는 거의 전 세계가 이렇게 살았다. 사람들은 자기 지방의 말을 하면서 자라지만, 글을 읽게 되면 라틴어, 고전 아랍어, 산스크리트어, 혹은 고대교회 슬라브어로 교육받았다.) 히브리어가 오로지 종이에만 존재하지는 않았다. 각기 다른 나라에서 온 유대인들이 함께 대화할 때 공통 언어로 사용하기도 했고, 초청받은 랍비가 그 지방말을 모르면 히브리어로 설교를 했다. 그러나 여전히 히브리어를 일상생활언어로 사용하는 곳은 없었고, 1700년 이상 그것을 모국어로 배우는 아이들도 없었다. 유대 민족도 공용어가 필요하다고 열렬히 믿었던 엘리에제르 벤-예후다는 1881년에 파리에서 예루살렘으로 이주한 뒤 동료 유대인들에게 히브리어로 말을 걸기로 결심했다. 그리고 1882년에 태어난 그의 아들은 현대 히브리어Modern Hebrew라고 불리게 된 언어의 첫 번째 원어민이 되었다.

이 언어는 신성한 히브리어 문헌에 쓰인 것과 많이 다르다. 부족한 부분을 채우려고 많은 단어가 새로 들어왔을 뿐 아니라, 벤-예후다가 그 말의 원어민이 아니었고 그것을 집에서 쓰는 말로 채택한 많은 1세대 사람들도 원어민이 아니었기 때문이다. 언어학자 거일라드 추커만은 이 새로운 언어를 '히브리어' 혹은 '현대 히브리어'라고 부르는 것은 오해의 소지가 있다고까지 주장하며, 그것을 '이스라엘어Israeli'라고 부르자고 제안한다. 추커만에 의하면 이스라엘어는 히브리어와 이디시어를 부모로 둔다. 이디시어는 벤-예후다의 모국어였다. 추커만은 벤-예후다가 이스라엘 언어에 미친 영향을 연구했다. 그는 종이 위에만 있던 언어가 집과 거리로 들어오게 되면 새로운 사용자들 마음에 이미 박힌 모국어의 색채를 필연적으로 띨 수밖에 없다고 말한다. 새 언어에는 그것을 바르게 고치거나 반박할 원어민이 없기 때문에, 초기 사용자들의 말 습관이 새 언어의 형태를 잡아줄 것이다.

예를 들어, 아랍어와 같은 중동의 동족 언어는 성문폐쇄음glottal stop 이라고 부르는 소리를 많이 사용한다. 목구멍에서 공기의 흐름을 차단하여 만드는 소리다. 히브리어 문헌이 이 소리를 분명하게 표시하지만 — 거일라드 추커만의 이름인 Ghil'ad를 영어로 표기할 때 붙는 강세 부호(')가 그것이다 — 유럽 언어들에는 이 소리가 없고, 결과적으로 대부분의 이스라엘어에 이 소리가 존재하지 않는다. 더욱이 문헌에 잘 보존된 언어 요소들도 있지만, 어떤 것들은 문자 언어로 전혀 표현되지 못한다. 문장 위에 흐르는 멜로디 같은 어조, 단어의 함축된 의미, 어떤 말에 꼭 따라붙는 억양이나 몸짓, 대화 속에 오가는 말로 나누는 춤사위, 이 모든 것이 글로 쓴 기록에서는 보이지 않고 따라서 옛날 히브리어에서 회복될 수 없었다. 그 결과, 히브리어 양식이 이디시어 패턴 위에 얹힐 수 있다. 예를 들면, 이스라엘어 인사말인 'má nishmà'는 고대 히브리어 문헌에서 가져온 **단어**들을 사용하지만(문자 그대로 직역하면 "무엇이 들리니?"), 인사말을 하는 **방식**은 이디시어의 'vos hert zikh'(문자 그대로 직역하면 "사람들이 듣는 게 뭐야?")에서 온 것이다.

문어에서 구어가 되면서 이스라엘 언어는 변화했다. 추커만은 그것을 '히브리어'라고 부르기 꺼려하지만, 히브리어와의 역사적인 연결이 이스라엘 국가에 주는 엄청난 의미를 부정하지 않는다. 그는 다음과 같이 적었다. "'열성적이고 강박적이며 의욕적인' 벤-예후다와 초기 히브리어 회복주의자들이 아니었다면 이스라엘 사람들은 히브리어라고 절대 할 수 없는 말(영어, 독일어, 아랍어, 이디시어 등)을 쓰며 살았을 것이다. 그런 가상의 언어를 '히브리어'라고 부르는 것은 오해의 여지가 있을 뿐만 아니라 잘못된 것이다. 오늘날의 이스라엘어를 '히브리어'라고 부르는 게 오해를 유도할 수 있지만 잘못된 것은 아니다."[48] 히브리어를 공용어로 다시 복구하는 과정에서 초기 사용자들은 그들이 흩어져 정착해 살던 땅의 국가 문화와 거리를 두고 차단했다. 그들의 언어 복구는 단순한 고대 언어의 부활이 아니라 하나의 민족으로 그들을 구분하는 확증이었고, 나는 그들이 새로운 나라를 건립할 때 언어 자체보다 이 확증이 자신들의 커뮤니티를 하나로 뭉치게 잡아주었다고 생각한다. 신중하게 언어를 복구하는 행위는 단지 이스라엘어-히브리어를 다시 살린 **방법**이 아니었다. **생명 그 자체**였다. 그것이 언어를 가득 채운 의미였고, 신성한 글에 생기를 불어넣어 모국어가 되게 했다.

　재생 과정은 언어마다 다르지만, 모든 언어에 단절의 상처와 특유의 역사적 흔적이 남아 있을 것이다. 그리고 여러 가지 영향력과 정체성이 얽혀 있을 수도 있다. 일부 커뮤니티는 현재 구성원 대부분이 지배적으로 쓰고 있는 언어와 복잡한 관계를 가질 수밖에 없으며, 그 지배 언어의 손아귀에서 벗어나기 위한 장벽을 세우기로 선택할 수 있다. 이런 노력에도 불구하고 그 영향력이 단어의 억양이나 문법의 뼈대 등 언어 안으로 교묘하게 숨어들 수 있다는 사실은 중요하지 않다. 중요한 것은 공동 논의와 결정이며, 이 과정을 통해 커뮤니티는 영혼을 찾고 자신들이 누구인지를 규정한다. 새로운 말의 사용자들이 옛 조상들이 살던 공간으로 똑같이 들어갈 수 있느냐는 별로 중요하지 않을지 모른다. 언어를 재건축하는 과정이 한 민족으로서 그들의 정체성을 드러낼 것이다.

　문화적 기억이 한 사람의 개인적 기억과 많이 닮았다는 생각이 든다. 심리학자들은 개인이 어떤 경험을 기억하는 방식이, 사건의 세세한 부분까지 그대로 보존되는 녹음이나 녹화와 다르다는 것을 오래전부터 알았다. 오히려 그것은 방문과 같다. 기억을 방문할 때마다 살짝 재조정된다. 몇 가지 사소한 것을 새롭게 두고 올 수도, 이전 방문에는 있던 것을 잃어버릴 수도, 벽을 다른 색감으로 칠할 수도, 가구의 위치를 약간 바꿀 수도 있다. 그에 따른 결과에는 자신의 정신적 현실과 심리적 욕구가 반영되고, 이는 종종 무의식적이다. 이와 같이 언어를 포함한 문화적 관행도 한 세대에서 후대로 다치지 않고 온전하게 물려주는 가보가 아니다. 그것들도 방문의 특성을 가지고 있으며 사회의 현실과 심리적 욕구를 반영하는 미묘한 수정들이 반복된다. 19세기 심리학자 윌리엄 제임스의 말이 생각난다. "'정신적 유지mental retention'라는 것은 없다. 이 단어가 어떤 생각이 몇 달이고 몇 년이고 정신적 칸막이에 저장되어 있어서 우리가 원하면 꺼낼 수 있는 '생각의 지속성'을 의미한다면 말이다. 지속되는 것은 생각의 관계를 지으려는 경향이다."[49]

문화의 소생

언어를 되찾는 것은 관계에 대한 경향성을 복구하는 것이다. 문화적 기억의 권리를 주장하는 것이며 삶의 이야기, 한 사람의 일생 안에 한정된 삶이 아닌 그 밖으로 넘쳐흐른 삶의 이야기를 다시 들려주는 것이다. 아아나아르 사아미 몰입 프로그램 중 수비 키벨라라는 학생이 있었다. 그녀는 사아미족 뿌리를 가지고 있지 않았지만, 이 프로그램이 사아미족에게 미친 영향을 직접 경험했다. 그녀는 이렇게 적었다. "자신의 모국어를 다시 회복하는 사람들만큼 감동적이고 영감을 주며 치유가 되는 모습을 본 적이 없다. 사람들이 다시 온전해지는 것, 다시 말해 자신의 조상, 역사, 오랫동안 잃었던 유산과 다시 관계를 맺는 것을 보면 이것이 옳다는 생각 이외에 다른 생각이 들지 않는다."[50]

그것이 나에게 일어난 일이었다. 체코어가 더욱 자연스럽고 편안해지면서 나는 내게 꼭 필요했던 대화를 할 수 있었다. 삼촌네 부엌에서 수많은 저녁을 보내며 우리 중 한 명이 준비한 식사를 나누고, 삼촌이 만든 와인을 마시고, 삼촌의 인생 얘기를 들었다. 그의 인생은 어느 정도 내 아버지의 것이기도 했다. "할 얘기가 뭐가 있어요?" 자기 아버지 집에서 몇 걸음 떨어진 곳에 사는 사촌이 물었다. "아버지랑 나의 대화는 30분도 채우지 못할걸요." 삼촌과 나 사이의 이야기는 그녀가 아버지와 함께 살았기 때문에 굳이 나눌 필요가 없는 모든 것들이었다. 그녀와 달리 나는 내 아버지가 고향이라고 부르는 곳에서 살아본 적이 없었다. 아버지의 영혼을 빚은 일상적 습관, 의례와 의식, 사회적 기대, 그리고 산과 들과 과수원의 풍경을 나도 알고 있었지만, 단지 멀리 떨어진 메아리처럼만 알고 있었다. 이런 것들을 이해할 수 있으려면 대화가 필요했다. 그러면 아버지를 이해할 수 있을 것이었다. 그 부엌에서 삼촌은 내 아버지의 언어 안에 살고 있었다. 삼촌의 몸짓, 직설적 유머감각, 꽃에 대한 강박적인 사랑까지 아버지와 닮았다. 우리는 딸이 아버지를 알아가는 장면을 그 부엌에서 재연했다.

삼촌이 나를 다시 빈의 공항에 데려다줄 때까지 우리에겐 아직 할 얘기가 남아 있었다. 이전에 내가 적당한 단어가 생각나지 않아 차 안에서 버벅대던 모라브스카 노바 베스 마을까지의 여정과 달리, 우리는 서로를 깊이 그리워할 사람들처럼 끊임없이 말을 주고받았다. 가능한 한 우리의 대화를 연장하고 싶어서 삼촌은 주차를 하고 터미널 안까지 들어왔다. 작별할 때가 되자 내 눈에 차오르는 눈물을 보고 삼촌은 퉁명스런 유머로(아버지와 똑같이) 말했다. "고맙게도 네가 드디어 떠나는구나. 이제 나도 원래 식사 스케줄로 돌아갈 수 있겠어." (그는 점심보다 저녁을 거하게 먹는 나의 북아메리카 식사 방식에 대해 꾸준히 불평했지만, 나에게 맞춰주느라 자신의 일정을 조정해 주었다.) 그러고는 내가 오해할까 봐, "아, 너무 심각하게 받아들이지 마라. 그게 우리 세디비 집안이 말하는 방식이니까"라고 서둘러 덧붙였다. "알아요." 나는 삼촌을 안심시켰다.

집으로 돌아왔을 때 여행 가방 안에는 내가 가져갔던 선물들 자리에 체코에서 가져온 책들이 대신 채워져 있었다. 그 중 많은 것은 내가 무엇을 읽으면 좋을지 물었을 때 사촌이 자기 책꽂이에서 꺼내 한아름 안겨준 책들이다. 그 가방은 체코 방문 중에 일어났던 교환의 불균형을 보여주는 적절한 은유처럼 보였다. 내가 캐나다에서 가져간 가벼운 먹거리나 새로운 물건들이 언어와 문화의 무게와 맞교환되었다.

비행기에 싣고 온 다른 것도 있다. 내 안에 존재하는 자기모순에 대한 날카로운 인식이다. 가족들이 사는 마을에 있는 동안 새로운 방식의 존재와 시각이 자기주장을 하기 시작했고, 그것은 영어를 말하는 내 자아와 부딪쳤다. 체코에서 나는 일요일마다 예배에 참석했지만 북아메리카에서는 그렇지 않았다. 또한 부활절에 회초리질을 당하는 의례를 거절했는데 체코에서는 묵인했다. 캐나다에 있을 때는 체코의 가부장제와 그들의 특권 주장을 비판했다. 체코에서 나는 가부장제가 황소같이 책임을 기꺼이 짊어지는 것일 수도 있음을 보았다. 야망을 좇는 삶이 한편으로는 어떻게 가족을 버리는 것이 되는지 여기서는 느낄 수 있었다. 그러나 이런 모순들에 의해 산산이 부서지기보다, 내가 경험한 것은 완전체라는 느낌이었다. 내가 영혼의 쌍둥이를 물려받았다는 것을 더 쉽게 인정하고 받아들일 수 있을 것 같았다.

내 인생의 가장 큰 후회는 아버지가 살아 있을 때 이 여행을 하지 않았다는 것이다. 이것에 맞먹는 또 다른 후회를 하고 싶지 않다. 그렇지만 비록 아버지가 떠난 뒤였더라도 그 여행을 통해 나는 아버지의 죽음으로 인한 단절이 만든 아주 깊은 상처를 치유할 수 있었다. 우리 사이에 있었던 어떤 오해들을 바로잡을 수 있었기 때문이다. 아버지가 내 입장을 들을 수 없지만 나는 그의 입장에 대해 새로운 통찰을 얻었고, 우리 사이의 경계를 건너기 위해 내가 무슨 말을 해야 할지 상상할 수 있었다. 사실 나는 이미 그 경계를 넘었다. 그리고 그 대가로 아버지 인생의 테두리를 넘어 그가 내게 흘러 들어옴을 느꼈다.

6장

고향

아이들과 내가(왼쪽) 카나나스키스Kananaskis에서 등산 여행을 즐기고 있다. 카나나스키스는 캘거리에 위치한 우리 집에서 가까운 로키산맥에 있다.

내 집은 어디인가?

고향 체코에서 캘거리로 떠나는 날 하늘은 깊고 맑은 푸른빛이었다. 비행기가 하늘로 점점 높이 올라가면서 나는 오랫동안 아래에 펼쳐지는 초록 들판과 군데군데 모여 있는 붉은색 기와지붕을 볼 수 있었다. 그리고 발아래 풍경이 멀어진다고 느끼면서 곧 향수의 아픔에 휩쓸렸다. 머릿속에서는 영어 단어 homeland("조국")가 맴돌았다. 너른 땅덩어리에 심오하고 영적이기까지 한 소속감을 불어넣는 단어다. 정말로 체코에 있는 친척들에게 home과 land의 개념은 떨어질 수 없는 것이었다. 방문 기간 동안 나는 삼촌이나 사촌들이 진짜 사랑하는 사람을 볼 때의 표정으로 전원 풍경을 바라보는 모습을 여러 번 목격했다. 그것은 갈망, 자부심, 흐뭇함이 섞인 표정이었다. 정원이나 포도밭을 돌볼 때 그들의 팔다리에는 긴장감이 전혀 없고 동작이 평화로워서, 마치 발이 땅에 맞닿은 곳에서부터 만족감이 타고 올라와 온몸을 흐르는 듯 보였다. 지난 두 달 동안 삼촌은 자신이 다른 두 형제와 달리 고향을 떠나지 않은 이유가, 누군가가 남아 가문의 영지를 지켜야 했기 때문이라고 여러 번 얘기했다. 당시에는 그 집이 국가 소유였고 우리 가족은 그 일부를 사용하는 대가로 비용을 지불해야 했으며, 건물이나 토지에 대해 아무런 권리가 없고 미래 세대에 그것을 물려줄 수 있다는 약속도 전혀 없었음에도 말이다. 그럼에도 삼촌에게 그것은 여전히 세디비 집이었다. 그것을 버릴 수는 없었다.

오랫동안 앉아서 이런 생각을 하다가 비행기가 육지를 뒤로하고 바다로 나가자 하늘에서 캘거리로 접근할 때는 어떤 느낌일지 궁금해졌다. 태어난 땅과의 유대관계를 새롭게 다졌으니, 이제는 캘거리가 조국이 아닌 낯선 나라strangeland로 보일까? 집안의 영토 위에 있는 조상들의 존재를 분명하게 느꼈으니 캘거리에 소속감을 느끼기가 힘들어질까?

나는 또한, 작가 J. 에드워드 챔벌린이 묘사한 사건을 떠올렸다. 정부 관료들과 기트산족* 사람들 사이의 회의에서, 관료들이 그 지역 땅에 대해 국가의 권리를 주장했을 때의 일이다.[1] 기트산 사람들이 어리둥절해하며 말했다. "이게 당신들 땅이라면 이 땅에 대해 어떤 이야기를 가지고 있나요?" 그러고는 그 땅에 대한 자신들의 전래 이야기들을 들려주었다. 그중 하나는 약 7천 년 전에 그 지역 계곡이 변형된 이야기였다. 이야기에 따르면, 천연자원을 남용하는 사람들에게 분노한 계곡의 영령이 회색 곰으로 빙의하여 산꼭대기에서 사람들을 향해 포효했다고 한다. 내려오는 길에 회색 곰이 넘어져 구르며 산의 반이 함께 흘러내려 계곡 안에 자리 잡았던 마을을 포함하여 계곡 바닥 전체를 뒤덮었다. 사냥이나 열매 채취를 위해 마을 밖으로 나갔던 사람들 몇 명만이 살아남았다. 그런데 이 이야기는 현대 지질학적 자료에서 그 흔적을 찾을 수 있다. 계곡 바닥 땅속 18미터에 있는 흙 성분이 산꼭대기의 것과 같다는 사실은, 과거 언젠가 지진으로 엄청난 산사태가 일어났음을 암시한다. 이 지진은 약 7천 년 전에 발생했을 것으로 추정된다.

기트산족은 자신들의 전래 이야기를 그 땅과 자신들 사이의 깊고 오랜 연결의 증거로 제시했다. 그 땅에 대한 권리를 주장하는 데 있어서 몇 천 년 전으로 거슬러 올라간, 땅에 대한 직접적이고 친밀한 지식보다 더 강력한 증거가 있을까? 정부가 권리를 주장하며 내미는 종잇조각은, 내 삼촌이 그랬던 것

---

* Gitksan. 브리티시컬럼비아 북서부에 있는 토착민 커뮤니티.

처럼, 그들에게는 아무 의미가 없었다.

이 이야기를 곱씹으며 나는 지금 '집'이라고 부르는 캘거리를 생각했다. 나의 캘거리 이야기는 어디 있는가? 기트산족이나 다른 토착 민족들, 심지어 고향에 대한 삼촌의 이야기와 견주어 내 이야기는 참을 수 없을 만큼 엉성하고 조악했다. 몇 백, 몇 천 년은 고사하고 아직 내 일생도 채우지 못했다. 인생의 한 조각조차도. 사실 내 인생 전체의 지형도는 얇은 조각들로 나뉘어 있다. 이곳에서의 영아기, 저곳에서의 유아기, 또 다른 곳에서의 성장기, 그리고 출산, 결혼, 우정, 학업, 실연, 일……. 이 모든 것이 여러 나라의 여러 도시에 흩뿌려져 있다. 법적인 국적조차 세 개 나라에 걸쳐 있다.

"Kde domov můj?" 체코 국가는 묻는다. "내 집은 어디입니까?" 어쩌면 그것은 역사의 대부분을 외국 통치자의 손아귀 밑에서 살아온 민족의 국가로 아주 적절한 제목일 수 있다. 물론 내게 그 제목은 수사법이 아니다. 누군가 내게 어디에서 왔냐고 물으면 나는 항상 어쩔 줄 모른다. 솔직하게 뭐라 해야 할지 모르겠다. 그러나 체코 사람들은 답을 가지고 있다. 국가는 이렇게 이어진다.

Voda hučí po lučinách
bory šumí po skalinách,
v sadě skví se jara květ,
zemský ráj to na pohled!
A to je ta krásná země,
země česká domov můj,
země česká domov můj!

강물은 초원을 굽이쳐 흐르고
험준한 바위 옆 소나무는 바스락거리며,
봄과 함께 과수원에 꽃이 핀다.
지상의 낙원과 같은 풍경이구나!

그것이 아름다운 체코의 땅이다.

내 고향 체코의 땅,

내 고향 체코의 땅.[2]

이 노래로 체코 사람들은 땅의 소유권을 주장한다. 이 주장은 땅에 대한 지식에서 오는 것이 아니라 땅에 대해 품은 깊은 감성에서 유래한다. 어쩌면 실제로는 땅이 체코인에게 갖는 권리를 노래한 국가일 수도 있다. 국가는 단조의 선율이며, 뇌리를 떠나지 않는 멜로디는 갈망으로 뒤덮여 있다. 이 갈망은 독특한 체코 정서인 lítost, 혹은 세계 공통의 정서이지만 체코어로는 이렇게 부르는 느낌과 매우 가깝다. 국가는 땅에 대한 사랑이 무엇인지와 그것을 잃는 게 어떤 것인지가 하나로 합쳐진 노래이며, 사람들을 지속적으로 사로잡는다. 나는 이 노래를 들으면 사랑하는 사람을 마주할 때의 표정으로 땅을 응시하던 친척들의 모습이 떠오른다.

내 집은 어디인가? 이 질문이 체코 국가 안에서 제시되었을 때와는 달리 개인적으로 나는 명확한 답을 모른다. 하지만, 이것만은 알고 있다. 캘거리 근처에서 비행기가 하강하면서 서쪽 눈 덮인 산 정상 아래, 초록빛 대초원 위를 빙빙 돌 때 내 가슴은 기대로 벅차올랐다. 그리고 집에 오니 참 좋다고 느꼈다. 그 뒤 며칠, 몇 주 동안 내가 살고 있는 곳이 어색하게 느껴지는 대신 오히려 뿌리가 깊어지는 듯한 느낌이 들기 시작했다. 내가 캘거리에 돌아왔을 때는 5월 중순이었다. 모라비아의 봄은 벌써 여름으로 기울고 있었지만, 이곳 캘거리에서는 새로운 성장이 이제 막 분출되기 시작하는 시기였다. 정원에는 손봐야 할 일거리가 많았고, 식물의 뿌리를 덮고 잡초를 뽑고 가지치기를 하면서 나는 대담해진 내 체코어가 아버지의 음색에 대한 기억과 함께 표면으로 쉽게 떠오르는 것을 발견했다. 내가 아버지와 나누었던 대화, 그리고 최근에 삼촌과 나누었던 대화 중 많은 부분이 원예를 주제로 했던 것은 우연이 아니다. 아버지 집안은 수세기 동안 모라비아의 비옥한 포도밭과 과수원 지역의 땅에서 일해 왔고, 경작 본능이 집안 피에 깊게 흘렀다. 평생 나는 사는 곳이 어디든 한 줌의 땅만 있으면 그 위에 무언가를 길러 그곳과 나를 묶으려는 강박에 굴복해 왔으며, 그 충동은 종종 이동식 삶을 사는 내 인생의 궤적과 갈등을 일으켰다. 로키산맥이 바람을 막아주는 이곳에서 나는 또 충동에 항복한다. 불안정한 산바람 때문에 포도나 살구는 잘 자라기 힘들지만, 대신 나는 산과酸果 앵두나무와 서부 캐나다 토종 산딸기 열매인 새스커툰을 기르며, 아버지가 좋아했을 법한 꽃밭도 작게 키운다. 캘거리에서 정원 가꾸기는 약한 정신력으로는 할 수 없는 일이다. 가차 없이 불어대는 건조한 바람, 매서운 겨울 추위였다가 갑자기 봄날처럼 녹고 다시 곤두박질하는 기온, 몇 분 만에 정원을 초토화시키는 우박폭풍까지 견뎌야 하기 때문이다. 여기서 성공적으로 정원을 기르려면 식물의 습성과 조건에 대한 세심한 지식과 기후를 받아들이는 극기심이 필요하다.

나는 조상의 땅을 뒤로하고 와야 했다. 그러나 정원에서 일하면서 많은 유산을 캘거리로 가지고 왔음을 깨달았다. 그중 하나는 조상들이 땅과 관계를 맺는 방식이다. 땅을 깊게 알고 싶은 욕구, 그곳에서 무엇이 자랄 수 있는지 참을성 있게 알아내면서 그 땅을 이해하는 것, 그곳에서 하는 노동의 리듬을 느끼면서 그리고 꽃이 피고 열매 맺으며 시들어 가는 주기를 관찰하면서 나 스스로가 흙 속에 뿌리를 내리는 것이다. 또한 정원에 앉아 저녁 빛―부서질 듯 맑아 눈물이 날 듯한 황금색 서부의 빛―에 감탄하고 있노라면 자신의 소유든 아니든 간에 이 땅에 사랑을 주는 것이 무엇인지 알게 된다.

나는 또한 언어의 씨앗을 들고 왔다. 이 씨앗은 조상의 일부이며 그들로 가는 관문이다. 지금 내가 걷고 잠자는 땅에 그 씨앗을 심을 수 있다. 체코 사람들이 자기 땅에 사랑의 눈길을 보내듯 그들은 자주 자기네 말을 사랑의 귀로 듣는다. 수년 전에 나는 체코 작가 보후밀 흐라발의 이 구절을 읽고 숨이 멎었다.

> 글을 읽을 때, 나는 정말로 글을 읽는 게 아니다. 아름다운 문장을 입안에 쏙 집어넣고 알사탕처럼 빨거나, 그 안의 생각이 알코올처럼 내 안에서 녹아들 때까지 홀짝인다. 녹아든 문장은 뇌와 심장에 스며들고 핏줄을 타고 모든 혈관 뿌리로 빠르게 흐른다.[3]

내 아버지가 이 구절을 구현하듯 체코어를 소리 내어 읽는 모습이 쉽게 상상된다. 아버지가 자신의 언어를 사랑하는 물건 다루듯 했던 것이 기억난다. 그는 체코어를 요리조리 살펴보고 감탄하고 손가락으로 조심스럽게 쓰다듬어야 하는, 신중하고 느긋한 관심을 받아 마땅한 물건으로 취급했다. 내가 땅과 관계를 맺는 방식이 조국 영토를 넘어 살아난 것처럼 언어와 관계를 맺는 내 방식도 깊은 뿌리가 있음을 깨달았다. 내 마음 속 독백을 체코어로 표현할 때, 언어 안으로 가라앉는 게 무슨 느낌인지, 딱 맞는 단어나 절묘한 구절에 놀라는 게 무엇인지, 말소리 배열에 즐거워하고 그 박자에 편안해지는 게 어떤 느낌인지 쉽게 상기된다. '조국homeland'이라는 말과 함께 '조국어homelanguage'라는 단어도 있어야 하지 않을까.

지배 언어와 공존하기

현재의 집에 대한 내 감정은 피할 수 없는 사실 때문에 복잡하다. 내가 이 땅을 집이라고 부를 수 있는 것은 단지 이전에 수천 년 동안 이곳을 '집'으로 삼았던 많은 사람들이 이 땅을 빼앗겼기 때문이다. 내가 정말로 이 땅에 속하고 싶으면 단순히 내 유산을 여기에 심는 것으론 부족하다. 이 땅의 오랜 유산의 조각들이 내 안에 심기도록 노력해야 한다. 처음에는 불가능해 보였다. 이곳의 최초 거주민들이 영유하던 유목민 생활 방식은 흙에 묶여 살던 내 조상의 습성과는 너무 달라서 이 두 문화가 양립할 수 없을 듯했다. 이 땅이 조국인 토착민들과 내가 공유하는 역사가 전혀 없었고, 관습에서도 겹치는 부분이 거의 없었다. 그러나 나와 그들에게 공통점이 꽤 많이 있다는 것이 점점 명확해졌다. 우리는 각각의 조상들이 물려준 유산과의 연속성을 보존하면서, 지배적 언어와 문화의 그늘 아래서 스스로를 다시 만들어야 하는 엄청난 과업을 공유한다. 어쩌면 이 과업을 짊어지고 있는 개인과 커뮤니티에서 내가 배울 점이 있을 것이다. 비록 그들과 비교하면 내 이민 경험은 사소해 보일지 모르지만 말이다.

조국을 빼앗긴 사람들은 자연스럽게 조국어에서 피난처를 찾는다. 그리고 조국어마저 소멸될 위험에 처한 사람들에게 언어 회복은 내가 상상밖에 할 수 없을 만큼 긴박한 문제다. 체코공화국에서 돌아온 지 얼마 되지 않았을 때, 나는 에드먼턴에서 시간을 보내며 '캐나다 토착 언어와 문학 개발 연구소Canadian Indigenous Languages and Literacy Development Institute, CILLDI'에서 몇 개 수업을 관찰했다. 토착 유산을 가진 사람들이 조상들의 언어를 배우고 기록하며 가르칠 수 있는 기술을 갖게 하는 것이 목표인 프로그램이었다. 한 수업의 강사인 다린 플린은 언어 분석의 기본 도구를 가르쳤다. 학생들은 자신들 말의 다양한 소리를 어떻게 목록으로 만드는지, 문장을 구성하는 방법을 어떻게 설명하는지, 자기들 말과 다른 언어의 공통된 문법은 무엇인지, 그리고 자신들 언어의 독특한 표현 방식은 어떤 것들이 있는지 등을 찾아내는 방법을 배웠다. CILLDI에 오기 직전에 나는 토착 언어가 '진짜 언어가 아니다'라고 말하는 사람과 대화를 나눈 적이 있었다. 이야기를 하다 보니 그는 북아메리카 원주민들이 약간의 기본적인 어휘는 있으나 문법이나 복잡한 문장 구조가 없는 원시적인 부호로 의사소통을 한다는 잘못된 믿음을 가지고 있다는 걸 알게 됐다. 내가 그렇지 않다고 반박했지만 그는 계속 회의적인 태도를 견지했다. 다린의 수업을 참관하면서 나는 이들 토착 언어 사용자들이 자신의 언어가 어떻게 구성되었는지를 조사하기 위해 그것을 비집어 여는 모습을 그 남성이 보았으면 좋겠다는 생각을 했다. 그렇다면 순진한 그의 가정을 금방 바로잡을 수 있을 것이다.

세계의 다른 언어들 옆에 나란히 두고 언어를 부분으로 나누어 살펴보면 북아메리카의 초기 언어들도 정밀함과 표현력을 성취하려고 광범위한 기술에 의존하였음이, 그리고 이들도 다른 언어들만큼 복잡성에 대한 열의가 있었음이 금방 분명해진다. 일부 프로그램 참여자의 언어는 표준 중국어처럼 소리의 높낮이를 사용하여 서로 다른 단어를 구분했다. 모든 언어가 접두사나 접미사, 많은 경우에는 이 둘 모두를 갖춘 시스템을 갖추고 있어서 때로는 현기증이 날 정도로 정교하고 복잡했다. 어떤 언어들은 영어처럼 명사와 동사의 순서에 까다롭고, 또 다른 것들은 체코어처럼 순서에는 별로 까다롭지 않지만 단어들의 관계를 알려주기 위해 다른 기법에 의존했다. 일부 언어는 영어를 그대로 거울에 비춘 듯, 명사의 앞이 아닌 뒤에 형용사와 관사가 순서대로 배열되는 양식을 보였다. 프랑스어와 독일어에서 볼 수 있는 문법적인 성별의 개념이 이 언어들과는 대체로 무관했지만, 생물과 무생물 명사의 구분은 문법 체계 전반에 펼쳐져 있었다. 예를 들어 스토니 나코다어에서는 접미사가 생물 명사에 붙어 복수를 나타내지만, 무생물 명사에는 그것이 복수일 때도 접미사를 붙이지 않는다. 이 모든 언어에 복잡한 양식이 존재했으며, 같은 말을 하는 사람이 여럿일 때는 어떤 생각을 표현하는 올바른 방식에 대해 가끔 열띤 토론이 발생하기도 했다. 지역이나 나이에 따라 방언에 체계적인 변이가 있음을 알 수 있는 대목이다.

자기 모국어를 해부하여 문법적 뼈대에 명칭을 부여하는 일이 많은 학생들에게는 언어를 생각하는 생소한 방식이었다. 그리고 이런 도구들이 어떻게 이들 언어의 불꽃을 유지하는 데 도움이 되는지 항상 명확하지는 않았다. 언어학적 분석이 특정한 목적을 달성하는 데 유용했음은 분명하다. 예를 들면 같은 어족에 속하는 언어들 사이의 관계를 보여주거나, 이들이 원시적인 부호가 아닌 완전히 진화된 언어라는 점을 강조하거나, 어떤 언어가 완전히 소멸하는 재앙이 발생했을 때를 대비해서 기록을 남길 수 있었다. 그러나 어떻게 사람들이 그 언어 속에서 **살며** 편하게 느끼도록 도울 수 있는지는 명확하지 않았다. 일부 학생들은 이 모든 분석이 오히려 언어와의 연결성을 느끼기 어렵게 만든다고 느꼈다. 한 남성은 이것이 언어와 관계를 맺는 매우 '백인'스러운 방식이며, 커뮤니티 원로들이 설명하고 가르치는 것과는 전혀 다르다고 이의를 제기했다. 나는 농부의 시선이 아닌 지질학자의 눈으로 모라비아의 풍경을 바라보는 것을 상상하며, 그것이 내게 얼마나 어색하게 느껴질지 짐작할 수 있었다.

이 교실에서 일어나는 일은 여러 면에서 많은 토착 민족들이 마주한 적응이라는 거대한 문제를 작게 보여주는 실험이라 할 수 있다. 여기서 문제는 서구 문화의 유용한 도구와 관행을 흡수하는 과정에서 어떻게 자신의 문화로부터 멀어지지 않을 수 있는지다. 실용적 문제가 실존적 의미를 빼앗을 수는 없다. 때로는 언어학적 분석 자체가 이런 실존적 질문을 수면 위로 끌어올린다. 어느 날 누군가가 스토니 나코다어의 인사에 쓰이는 구절을 표기하는 가장 좋은 방법에 대한 질문을 했다. 그 인사는 영어에서 '좋은 날Good day'이라고 말하는 것과 같지만, 나는 그것이 '좋은 날 보내세요Have a nice day'라는 **소망**의 의미가 아닌, 직역하면 '좋은 날입니다It is a good day'라는 사실을 알고 매우 재미있다고 생각했다. 영어 사용자가 그 구절을 소리 나는 대로 적으면 amba wathtech다. 그러나 스토니 나코다어를 구사하는 사람들의 가장 흔한 표기는 âba wathtech다. â는 이 모음이 스토니 나코다어에서 중요한 특징인 비음으로 발음된다는 것을 알려준다. 어떤 모음에 비음 표식이 있다면, 그것들은 서로 다른 단어인 것이다. 프랑스어 단어 paix와 pain에서 두 번째 단어의 모음만 비음의 성질을 가지고 있는 것과 비슷하다. 영어에도 비음인 모음이 있지만 비음과 그렇지 않은 모음을 글자로 구분하지는 않는다. 왜냐하면 영어에서는 비음의 존재 여부만 다르고 나머지는 동일한 단어를 구분하는 데 모음이 비음인지가 그렇게 중요하지 않으며, 모음이 비음인지 아닌지는 매우 구체적인 음성학 맥락에서만 예측할 수 있기 때문이다. 즉, 영어에서는 뒤에 오는 자음이 m이나 n처럼 비음일 때만 그 앞의 모음이 비음의 성질을 갖는다. 언어의 철자법은 보통 완전히 예측 가능한 소리의 성질을 굳이 표기하지 않으며, 따라서 영어의 bed와 bend와 같은 단어에서 모음이 다른 소리를 내더라도 글자로는 똑같이 표기하는 게 놀랍지 않다. 하지만 스토니 나코다어에서는 뒤에 비음성 자음이 뒤따르든 아니든 상관없이 여러 가지 음성학 맥락에서 모음이 비음 소리를 낼 수 있기 때문에 모음의 비음화를 예측할 수 없다. 예측할 수 있는 것은 단어 amba, âba에서 비음성 자음인 m 소리의 존재다. 비음을 내는 모음은 자음 b 앞에 절대로 올 수 없으며, m은 모음과 그 뒤를 따르는 자음 사이에서 일종의 환승 역할로 끼어든다.

다시 말해서, 소리의 특정 성질을 예측할 수 있느냐의 문제에 대해서는 영어와 스토니 나코다어가 거울을 보는 듯 닮았다. 영어 사용자들은 영어 단어에서 모음의 비음 성질을 예측할 수 있고, 스토니 나코다어 사용자들은 자신들의 언어에서 특정한 비음성 자음의 존재를 예측할 수 있다. 그러므로 각 언어 사용자들은 글로 적을 때 어떤 소리의 성질이 가장 중요한지에 대해 서로 다르게 생각한다.

스토니 나코다어의 원어민이자 이 언어의 문해력 향상을 위해 애쓰는 트렌트 폭스는 더 나은 표기 방식을 알고 싶어 했다. 이에 대한 답변으로 다린은 영어 원어민과 스토니 나코다어 원어민들에게 비음인 모음이 어떻게 다른 정신적 위치를 갖는지를 정리해 주었다. 어떤 표기가 좋은지에 대해서는 다시 트렌트에게 질문했다. 철자법의 주요 역할이 무엇인가? 스토니 나코다어 원어민들이 자신들의 구어에 대해 알고 있는 암묵적 지식을 반영하기 위함인가? 영어를 말하는 외부인들이 그 말을 배우는 것을 돕기 위함인가? 트렌트는 스토니 나코다어에서 모음의 비음 성질을 부호로 표시하지만 환승 역할의 비음성 자음은 생략하기 때문에 영어를 쓰는 자기 학생들이 단어들을 어떻게 발음할지 애를 먹는다는 사실을 언급했었다. 그리고 점점 더 많은 스토니 나코다 사람들이 더 이상 자신들의 언어로 양육되지 않으며, 만약 그 말을 배운다 해도 이미 영어로 읽고 쓰기를 배운 후라는 사실을 어떻게 여길 것인가? 언어 커뮤니티의 현재 상황에서, 그리고 미래를 생각하면, 영어로 자연스럽다고 느껴지도록 적는 게 타당할까, 아니면 스토니 나코다어로 자연스러운 것이 타당할까? 영어의 표기 체계는 표준 형식이 되기까지 수세기가 걸렸다. 그러나 현재 위태로운 스토니 나코다어의 상황을 생각하면, 커뮤니티는 이것을 포함한 많은 결정을 매우 짧은 시간 안에, 엄청난 언어의 유동성과 불안정이라는 조건 아래에서 내려야 한다.

토착 언어를 쇄신하려는 노력이 그들이 서구의 언어 및 문화와 맺은 관계와 뒤엉키는 현상을 나는 여러 번 보았다. 이 관계를 규정하는 일은 지속적이고 중요한 문제였다. 때로는 그 고민이 비음인 모음 소리를 어떻게 표기하는 게 가장 좋은지와 같이 매우 구체적인 결정이었다. 하지만 다른 경우에는 그 고민의 범위가 넓고 기본적이었다. 한 가지 예를 들자면, 트렌트는 그의 커뮤니티의 많은 사람들이 그들의 말을 굳이 글로 적을 가치가 있느냐고 의문을 제기했다는 소식을 전했다. 그들의 말이 글로 안치되면 살아 있는 구어의 전통을 잃거나 가치가 손상될까 염려한다고 말이다. 언어를 글로 읽고 쓴다는 것은 자신의 언어와 전혀 다른 방식으로 관계를 맺는 일이다. 마치 돌아다니며 사냥을 하던 땅에 농사를 짓는 것만큼 낯선 셈이다.

　일부 커뮤니티들은 서양 문화를 꿀꺽 삼켜 자기의 문화 안으로 흡수하기로 선택한 듯 보였다. CILLDI 참가자 중 가장 많은 이가 쓰는 말은 트와치어(과거에 도그립어Dogrib라고 알려진)로 현재 이 말의 사용자는 2천 명이 되지 않는다. 트와치 민족은 물이 땅만큼 많고 광활한 캐나다 북서부 영토에서 가장 외진 커뮤니티 중 하나다. 네 개의 트와치 커뮤니티 모두를 자동차로 방문하는 것은 물길이 단단히 얼어 도로의 역할을 하는 겨울에만 가능하다. 약 3백 명이 거주하는 끝자락 커뮤니티인 개머티Gamèti에는 의사가 기껏해야 한 달에 한 번 비행기로 방문한다. 캐나다의 다른 지역과 물리적으로 그렇게 분리되어 있음에도 트와치 민족은 지배적 문화로부터 고립될 생각이 전혀 없어 보인다. 이곳의 인구는 내 아버지 고향 마을 모라브스카 노바 베스 정도로 적은데 이들이 인터넷에 남긴 공식적인 자료들은 인상적일 만큼 방대하여, 꽤 많은 시간을 들여 이들의 언어, 역사, 그리고 현재 트와치 민족의 통치 방식에 대해 읽을 수 있다. CILLDI의 트와치족 학생들은 매끄럽게 인쇄된 영어-트와치어 사전을 가지고 수업에 들어왔다. 또한 영어에서 트와치어로 번역된 글도 여럿 가지고 왔는데, 그중에는 원로들의 도움을 받아 번역한 성경 내용도 있었다. 그리고 자기네 말로 된 노래를 부탁하자 몇 명의 여성들이 일어나 노래를 불렀는데, 노래 가사는 낯설지만 멜로디는 곧 허밍으로 따라할 수 있는 것이었다. 내가 어릴 때 성당 예배 시간에 많이 들었던 찬송가였다. 트와치족이 자주 언급하는 모토 '두 사람처럼 강해져라'는 고인이 된 추장 지미 브루너의 말로 알려져 있는데, 이것은 두 문화에 온전히 참여하는 삶이 혼란이 아닌 강한 힘의 원천이 된다는 믿음을 드러낸다.

　역사와 문화 관습이 다른데도 불구하고 나는 CILLDI 학생들 사이에서 편안함을 느꼈다. 그들을 사로잡고 있는 질문들은 내게 너무나 익숙했다. 어떻게 하면 우리를 만들어준 전통과 가치관과 연결되어 있으면서, 동시에 지배적 문화의 기대에 부합하는 사람에게 주는 보상 또한 수확할 수 있을까? 주류 문화의 어떤 측면을 내 것으로 만들고, 어떤 것들을 버리는 것이 좋을까?

우리가 잃는 것이 무엇일까?

두 문화의 최고만을 거둬들여 그것들을 하나의 새로운 정체성으로 섞겠다는 야망은 영웅적이지만, 일상생활에서 그것은 잔인할 만큼 힘든 단련이다. 두 문화가 끊임없이 대화하고 협상하며, 두 세력 사이의 견제와 균형을 점검하는 시스템을 가동해야 하기 때문이다. 2020년 8월에 나는 트와치족 연례회의를 온라인으로 참관했다. 이전에는 이 행사를 평계로 사람들이 베초코Be-hchokǫ 마을에 모여 북을 치고 춤을 추며 핸드게임(손기술을 이용한 복잡한 게임의 일종)을 했지만, 이 해에는 COVID-19 때문에 스트리밍으로 중계되었다. 모임 첫날에는 영어로 각종 보고가 진행되었다. 보고하는 사람 중에는 트와치족이 아닌 직원도 있었다. 보고서는 재정적 투자와 커뮤니티의 사회 프로그램을 정리한 것들이었는데, 군데군데 트와치어가 섞이기도 했으며 때로는 트와치어 발언이 보고서의 서문 역할을 했다. 둘째 날에는 시민들도 영상 회의를 통해 자신의 질문과 우려를 전달했다. 이 날은 대부분 트와치어로 진행되었지만 개회와 폐회 인사는 완벽하게 유창한 영어로 전달되었다. 트와치어 사용자들이 영어를 쓰는 정도는 다양했다. 때로는 숫자, 날짜 혹은 특정 문구('strategic plan' 'federal government' 'small business' 등)에만 영어를 사용했고, 때로는 생각나는 대로 두 언어를 오가며 사용했다. 후자는 두 말을 실시간으로 통역하던 통역자들을 힘들게 했을 것이다. 그러나 두 언어의 조화로운 춤사위 아래에서 일부 시민들이 긴장과 가치관 대립을 넌지시 내비쳤다. 한 젊은 여성은 트와치 행정부가 경제 활동의 원천인 지역 광산에 너무 많이 집중하고 자신들의 언어와 문화, 특히 젊은이들을 위한 프로그램에는 충분히 투자하지 않는다고 토로했다. 영어로 발언한 다른 두 사람은 실망감을 표현했다. 그들은 "두 사람처럼 강해지기"를 꿈꾸지만 그 어느 쪽이라도 성공하기 위해 커뮤니티가 충분히 지원하지 않는다고 느꼈다. 그들의 좌절감은 내가 그동안 만났던 사람들에게서 반복해서 들었던 익숙한 이야기였다. 두 문화 사이에 갇혀 아파하다가 어느 쪽에도 발을 디디지 못한 채 그 사이 크레바스로 빠져버린 사람들의 메아리였다.

지배 문화는 자기네 경계선 안에서 사람들이 온전한 정체성을 유지하기 바라며, 그렇지 않은 사람들의 충성심을 의심하고 미심쩍어한다. 그러나 나는 자신의 전통 유산을 보살피는 것이 주류 문화에 대한 소속감을 더 강화할 수 있다고 점차 확신했다. 자신의 모습 전체를 드러낼 수 있다고 느끼면 그 사회에 전폭적으로 참여하기가 쉽기 때문이다. 그렇게 살긴 어렵지만, 나도 추장 지미 브루너가 만든 모토를 따르게 되었음을 인정한다. 내가 체코어와 문화를 다시 회복한 뒤 몇 년간 나는 내 제2의 조국의 역사와 관습에 대해 더 궁금해졌다. 지금 내 삶이 박혀 있는 이 문화를 만든 힘을 더 잘 이해하고 싶었다. 그 욕구가 긴 발굴의 여정에 불을 지폈고, 이곳 초기 거주자들이 소유한 언어와 문화를 탐구하게 했다. 그리고 이 불꽃은, 하나의 목적의식을 가지고 모든 유산을 그러모아 하나의 위대한 완전체를 만드는 일의 축복과 두려움을 조금 더 자세히 탐구해 보도록 부추겼다.

내가 CILLDI 참가자들에게 작별 인사를 하자, 트와치족 친구들이 북쪽으로 자신들을 보러 오라고 졸랐다. 나는 그러겠다고 장담했다. 그중 한 명이 자기가 휴가를 내서 나를 데리고 다니며 가족과 친구들을 소개시키고, 겨울에 생기는 도로를 따라 끝자락 커뮤니티에도 데리고 가겠다고 약속했다. "약속 잊지 말아요." 그녀가 말했다. "우리는 우리가 한 약속을 꼭 지켜요." 비록 처음에는 집안에 아픈 사람이 생겨서, 그러고는 팬데믹 때문에 그곳 방문을 연기해야 했지만 약속을 잊지는 않았다. 여기에 이렇게 글을 씀으로써 나는 서로의 연결, 그리고 이 땅을 조국으로 함께 만들어 나가자는 약속을 다시 되새긴다. 결국 우리는 한 명의 개인 이상의 더 큰 무언가를 만들려는 과업에 함께 동참하고 있다.

온몸으로 마주하는 언어

토착 언어의 재생을 연구하다 보면, '땅 기반 학습land-based learning'이라는 말을 자주 만난다. 핵심 개념은 간단하다. 아이들이 자신의 언어와 문화에 **대하여** 교실에서 배우면 안 된다는 것이다. 즉, 유럽에서 제2차

세계대전을 발발시킨 일련의 사건이나 라틴어의 바로크식 격 체계를 배우듯 하면 안 되고, 최대한 그 언어 안에 거주하는 법을 배워야 한다. 식물, 동물, 지리, 기후의 방식을 이해해야 생존할 수 있는 민족들, 아직은 기술 때문에 자연계로부터 멀어지지 않은 사람들의 문화와 언어는 땅으로부터 분리될 수 없다. 역사적으로 이 사회들은 전원으로부터 교실, 견습 기간, 직장 훈련 프로그램을 제공받아 왔다. 땅은 모든 생명이 성공하고 실패하는 무대다.

언어도 마찬가지다. 예를 들어 트와치어는 물의 지리에 특히 집착하는데, 그것은 북쪽 그레이트슬레이브호Great Slave Lake 주변에 갈라진 많은 수로 위를 배 타고 다녀야 하는 생활양식을 반영한다. 강물의 합류 지점, 큰 호수 옆에 작게 딸린 호수, 큰 호수와 곁다리 호수 사이의 수로, 급류 사이의 강, 여울과 강어귀 사이, 호수의 저편 끝, 개울이 호수에 이르는 곳, 그물을 치는 장소, 물이 길게 뻗어나가는 곳 등등은 각각 그것을 지칭하는 특별한 용어를 가지고 있다.[4] 특정 장소에 대한 이름은 유럽의 명소처럼 인간에게 기념비가 될 단어를 쓰지 않는다. 대신 그곳을 충분히 설명하는 말로 되어 있다. Kʼàdzàetì("마른 버드나무 호수"), Nı̨htʼèhtìa("검은 흙 연못"), Gotsʼǫkàtikʼètłʼàa ɂelàetǫdaaɂàa("진들딸기 호수 끝 썰매길 종착지") 같은 식이다. 트와치족의 생활에서 지리는 매우 중요해서 많은 전통적 여행기가 단순히 방문한 곳의 이름의 나열인 경우가 많다. 각 장소의 이름은 듣는 사람 마음속에 그곳의 풍경, 소리, 냄새를 떠올리게 하여 다중감각의 슬라이드 쇼를 보여준다.

2008년에 처음 캘거리로 이사했을 때, 나는 나름의 '땅 기반 학습'에 착수했다. 재혼한 남편이 다니던 캘거리 서쪽 로키산맥의 꽤 길고 험준한 등산 코스를 함께했고, 이전에 한 번도 만난 적 없는 어휘들을 새로 배웠다. 그것들은 익숙하지 않은 자연 환경과 관련된 단어들로, 자갈 비탈, 안부鞍部, 돌무덤, 권곡圈谷, 빙하호, 코니스cornice, 애추崖錐, 산악 헌병, 눈의 융기부, 빙퇴석, 아레테arete, 이면각二面角, 권곡벽圈谷壁, 탑상 빙괴塔狀 氷塊, 단층 지괴斷層 地塊, 갑岬, 초스choss, 베르글라verglas 등등이다. 이 단어들은 다른 단어들과 다르게 내 기억 안의 공간을 차지한다. 이들은 땅에서 배운 말이다. 이 단어들에는 로지폴소나무와 낙엽송에 휘감기던 바람의 울부짖음, 요란하게 존재를 알리던 큰까마귀 울음, 숨은 마멋들이 서로 주고받는 휘파람 소리가 스며들어 있다. 더 나아가 암벽등반에서 어려운 동작을 취하느라 혹사한 근육의 당김, 높은 봉우리에서 느끼는 공기의 희박함을 상기시킨다. 이 단어들에는 당시 내가 경험한 치유, 그리고 끔찍한 이혼 후 이 멋지고 만만치 않은 풍경 안에서 펼쳐진 새로운 사랑이 가득하다.

기간이 얼마든 캘거리를 떠났다가 돌아올 때마다 나는 산에 다시 올라야 정말 집에 왔다고 느낀다. 오랫동안 체코공화국에 머물다 온 뒤에도 마찬가지였다. 돌아온 바로 그 주말, 시차에 적응하자마자 나는 남편과 함께 차 트렁크에 배낭과 등산화, 등산용 지팡이를 신고서 서쪽으로 차를 몰았다. 수목 한계선 위로 발을 내딛고 들쭉날쭉한 지평선을 향해 뻗어 있는 풍경의 파노라마를 둘러보자마자 나는 평소대로 되뇌었다. "산아, 내가 너를 얼마나 그리워했는데." 그러나 이번에는 그 생각이 복합 화음 안에 들어 있는 하나의 음처럼 느껴졌다. 그 생각과 함께 울리는 다른 음들은 부드러운 능선과 나긋한 조광을 가진 유럽의 매우 다른 풍경을 고향으로 느끼는 감정, 그리고 그곳 사람들과 나눈 끈끈함이었다. 그리고 새로운 배음倍音도 감지할 수 있었다. 오랜 옛날부터 지금까지도 내 유럽의 친지들이 전원을 바라보는 것과 같은 시선으로 산을 바라보는 유목 민족, 자신의 땅과 언어에 대한 지식이 나를 훨씬 능가하는 그들에게 느끼는 연대감이었다.

그들은 바로 스토니 나코다족이다. 로키산맥의 동쪽사면과 구릉지대를 따라 남쪽으로는 미국 몬태나주, 동쪽으로는 캐나다 서스캐처원주까지 뻗어 사냥하고 야영하며 살던 사람들이다. 이들은 물소, 무스, 엘크, 사슴, 산양, 염소, 토끼와 이 광활하고 다채로운 영토에서 자라는 식물에 의존하여 살았다. 하지만 지금은 세 개의 작은 보호구역에 국한되어 살고 있다. 그중 가장 큰 곳은 몰리 보호구역Morley Reserve으로, 캐나다 횡단도로가 관통하고 있어 캘거리 공항과 밴프국립공원Banff National Park을 오가는 수많은 관광객들이 자신도 모르는 사이에 그곳을 지나간다. 이들은 역사적으로 수족Great Sioux Nation에 뿌리를 두고 있으며 현재 미국에 사는 다코타족Dakota과 라코타족Lakota과 친족이다.

스토니 민족(혹은 그들의 말로 부르는 이이스카Iyethka) 인구는 약 5천 명으로, 내 아버지 고향 마을 인구의 약 두 배 정도다. 그중 약 2천 명이 토착 언어를 구사할 수 있다고 추산한다. 이이스카어는 수십 년 동안 아이들이 영어 기숙학교로 보내졌음에도 살아남았지만, 현재 젊은 사용자는 급격하게 줄어들고 있다. 몰리 보호구역에 사는 트렌트 폭스는 내게 다음과 같은 사실을 알려주었다. 1972년에는 보호구역에 살며 유치원에 입학하는 아이들 중 95퍼센트가 이이스카어로 말했으나, 최근 한 유치원 선생님에게 들은 바로는 203명 중 한 명만이 토착 언어를 할 줄 알았다고 한다. 가정에서 토착 언어에 덜 노출되는 만큼 학교 수업에서 보충하는 것이 불가능하다는 트렌트의 걱정이 일리가 있었다.

캐나다 로키산맥 안에서 상징적인 경치들을 처음으로 발견하여 소개한 사람들은 유럽인이었고 그들 곁에는 그곳으로 안내한 스토니 나코다 가이드가 있었으나, 공식적인 지도에는 이이스카어 흔적이 거의 없다. 예를 들어, 1882년에 이이스카 가이드 에드윈 헌터는 유럽에서 온 정착민 톰 윌슨을 장엄한 빙하 아래 펼쳐진 옥색 호수, Horâ Juthin Îmne("작은 물고기들의 호수")로 데려갔다.[5] 얼마 지나지 않아 그곳은 엄청나게 호화로운 호텔이 들어선 세계적인 산악 리조트가 되었으며 결국 유네스코 문화유산으로 등재되었다. 그러나 아무도 원래 이름을 모른다. 사람들은 루이스 호수Lake Louise 라고 알고 있다. 빅토리아 여왕의 넷째 딸 루이스 캐럴라인 앨버타 공주를 기념하여 만든 이름이다. 루이스 공주가 그곳에서 작은 물고기를 잡았을 것 같지는 않은데 말이다.

캘거리 근처의 산에 대한 애착으로 나는 스토니 나코다어를 배우고 싶었다. 언어를 통해 우리는 땅과 깊은 친밀도를 형성할 수 있다. 얼마 전에 나는 남편과 시어머니와 등산을 하며 흐드러지게 핀 각종 야생화의 이름을 나누었다. 시어머니가 예전에 어떤 남성과 같이 산에 올랐는데, 그는 꽃을 좋아하지만 꼭 그 이름을 알 필요성은 느끼지 못했다고 했다. "그 사람이 뭘 모르는 거야." 그녀가 말하자 남편이 동의하며, 식물의 이름을 아는 것이 그 경험에 중요한 무언가를 더한다고 느끼지만 그걸 딱히 뭐라 불러야 할지 모르겠다고 덧붙였다. 나도 똑같이 느꼈기에, 계속 걸으며 이 추가되는 뭔가가 무엇일까를 곰곰이 생각했다. 그리고 이런 결론을 얻었다. 식물이나 동물, 장소 또는 그 무엇이든, 그 이름을 안다는 것은 곧 인간이 그 지식에 들어가는 관문이다. 이 식물이 인간의 관심과 호기심을 끌 만큼 중요하게 여겨졌음을 의미한다. 이름은 사람들이 식물에 대해 쌓아온 한 뭉치 지식과 경험을 살짝 알려준다. 내가 그 이름을 열기로 선택하면, 식물도감이나 인터넷에서 그것을 찾아볼 수 있다.

내가 사랑하는 곳의 식물, 동물, 지리의 이름을 이이스카어로 아는 것도 같은 맥락이다. 그 이름들은 지금의 이름에 결합된 지식, 이야기, 설화를 넌지시 암시한다. 이 지식 보따리는 내가 인터넷에서 찾을 수 있는 것들과 매우 다르다. 지금은 아직 내게 닫힌 문일지 모른다. 하지만 이름을 안다는 것은 문이 거기 있다는 걸 아는 것이고, 그 자체만으로도 내가 보는 풍경을 풍요롭게 해준다.

그래서 나는 캘거리대학에 스토니 나코다어 강의가 있다고 해서 수강하기로 결심했다. 이이스카족 학자인 트렌트 폭스와 토착민이 아닌 언어학자 코리 텔퍼가 공동으로 가르쳤다. 나는 대학에서 가르치는 독일어나 러시아어가 어떤지는 알고 있었지만, 이 수업에서는 무엇을 기대해야 할지 확신이 안 섰다. 보통 언어 수업에서 나는 이중언어로 된 사전, 그 언어의 주요 양식을 설명하는 문법 책과 유용한 연습 문제를 옆구리에 끼고 강의를 듣곤 했다. 그러나 몇몇 학자들이 이이스카어를 연구한 자료가 있고 더구나 이것들이 여러 대학과 박물관 서고에 보관되어 있음에도, 학생들이 이용할 만큼 대량생산된 자료는 없었다. 아마도 자신들의 언어에 외부인이 들어오는 것에 대해 커뮤니티가 느끼는 상반된 감정이 반영된 현실인 듯했다. 트렌트는 몰리 보호구역 사람들 중 일부는 그가 이이스카족이 아닌 학생들도 들을 수 있는 대학 강의에서 자신들의 말을 가르치는 것을 달가워하지 않는다고 말했다. 그들은 언어와 문화가 그 민족의 지적 재산이며 그것이 어떻게 쓰이는지는 그들 자신만이 결정해야 한다고 믿는다. 서양 문화에 익숙한 우리에게는 낯선 개념이다. 우리는 어떤 지적 내용물을 처음 만든 사람을 한 **개인**으로 확인할 수 있고 그 사람이 법적 권리를 주장할 만큼 생존하지 않는 한 그것은 누구의 것도 아니며, 따라서 누구라도 원하는 대로 사용할 수 있다고 믿는다. 그러나 흥미롭게도 우리는 어떤 집합적 집단에 대해서는 쉽게 예외를 둔다. 예를 들면, 지적 작업의 창작에 대해 대가를 지불한 회사는 그것에 대해 권리를 주장할 수 있지만, 이 생각이 민족 집단이나 그들이 만든 언어, 구전 문학까지 확대되지는 않는다. 그 결과로, 월트 디즈니가 가지고 있는 신데렐라와 잠자는 숲속의 공주 이미지 저작권은 쉽게 인정하면서 그 창작물에 영감을 준 전래동화는 누구나 대가없이 이용할 수 있다고 생각한다. 이 맹점이 토착 민족의 재산권을 아주 심하게 침해하기도 했다. 일례로 서양 학자들이 토착 민족의 설화들을 녹음하고 번역한 뒤에, 커뮤니티의 동의도 없이 그것을 자기 이름으로 출판하고 그것의 유일한 저작권자가 되기도 했다.

물론 글로 된 교재를 포함하여 언어를 가르치는 교육적 도구가 없는 작은 언어의 생존 확률은 줄어든다. 따라서 이이스카 사람들은 자신들의 언어에 대한 문화 통제, 그리고 2017년에 출시되었고 기본 어휘와 구절을 가르치는 모바일 앱과 같이 언어 학습을 양성할 수 있는 도구와 기회의 보급, 그 사이에서 줄타기를 하고 있다.

트렌트와 코리가 가르친 강의는 이이스카어의 매우 매력적인 모습을 보여주었다. 트렌트는 특히 자신의 문화와 관련된 단어 목록을 만들었고, 나는 자연 세계("mâkoche")에 관한 단어, 그리고 음식 준비와 잔치에 관련된 단어 목록을 보고 매우 기뻤다. 또한 이이스카 월력에 있는 명칭들에 넋을 빼앗겼다. Rhuya Tawe("검독수리 달")은 검독수리의 도래를 의미하고, Nowadeth-kan Tawe("거위 달")은 한 달 뒤 강과 호수가 녹기 시작하면 시끄럽게 돌아오는 캐나다 거위를 암시한다. 중간 크기의 사슴에 살이 올라 사냥하기 좋은 시기를 알려주는 Wodeja Thmun Wahiâba("사슴 발정기 달")도 있다. 캘거리 기후는 세 개의 계절로 되어 있다는 이 지역 사람들의 농담을 들은 적이 있다. 7개월간의 겨울, 3개월 반의 두 번째 겨울, 그리고 6주간의 여름이다. 물론 내 뒷마당 눈도 10월 초부터 쌓이기 시작해서 5월 말까지 완전히 사라지지 않는다. 하지만 전형적인 도시인들의 날씨 분류는 다달이 일조량이 극적으로 변하는 위도에서 알아챌 수 있는 많은 변화, 주의 깊은 관찰자에게는 분명하게 보이는 동물 활동의 변화를 놓치고 있다. 나는 이이스카 달력이 그 지역의 진정한 계절 리듬에 맞추어져 있어서 좋다.

스토니 나코다 언어의 문법으로 말할 것 같으면, 내가 그것을 숙달하려면 얼마나 오래 이 언어와 시간을 보내야 하는지 감만 잡았다고 할 수 있다. 북아메리카에 있는 다른 많은 토착 언어처럼 주요 문법적 행위는 동사에 있다. 언어를 배우는 학생이라면 누구나 동사 활용이라는 개념에 익숙하지만, 배우는 사람에게 조금 쉬운 동사 체계를 가진 언어도 있다. 예를 들면, 페르시아어에서의 동사 활용은 다음과 같다.

miravam	나는 간다
miravi	너는 간다
miravad	그는/그녀는 간다
mikonam	나는 산다
mikoni	너는 산다
mikonad	그는/그녀는 산다
mixaram	나는 (물건을) 산다
mixari	너는 (물건을) 산다
mixarad	그는/그녀는 (물건을) 산다

특별히 눈치 빠른 학생이 아니더라도 동사가 어떻게 끝나는지를 보면 주어를 알 수 있음을 금방 알아챈다. -am은 1인칭(나), -i는 2인칭(너), -ad는 3인칭(그/그녀)이다. 그리고 모든 동사에 접두사 mi가 붙는데, 아주 조금 더 살펴보면 그것이 동사의 현재형을 나타내는 원형임을 알 수 있다. 대부분의 유럽 언어와 비교해서 페르시아어는 놀랍도록 예외가 적다. 대개는 페르시아어 초보자에게 동사 어간을 알려주면 문장 안에서 올바른 동사 형태를 사용할 확률이 아주 높다. 이런 단순함에는 행복한 우연 이상의 이유가 있다. 언어학자 존 맥워터는, 시간이 지나면 언어 안에서 자라는 일반적인 복합성이 페르

시아어에서 잘려 나간 것은 그것이 **다른** 말을 모국어로 하고 성인이 되어서야 공동 언어를 배웠던 광대한 제국의 시민들 사이에서 공통어 역할을 했기 때문이라고 주장했다.[6]

이이스카어에서 일정한 양식을 끌어내기는 조금 더 어렵다.

wa'û	나는 ~에 있다
ya'û	너는 ~에 있다
û	그는/그녀는 ~에 있다
mâwanî	나는 걷는다
mâyanî	너는 걷는다
mânî	그는/그녀는 걷는다
ma	나는 간다
na	너는 간다
ya	그는/그녀는 간다
wamata	나는 먹는다
wanata	너는 먹는다
wayata	그는/그녀는 먹는다
pimîchiya	나는 일한다
pinîchiya	너는 일한다
pi'îchiya	그는/그녀는 일한다
epa	나는 말한다
eha	너는 말한다
eya	그는/그녀는 말한다
awahima	나는 노래한다
ayahina	너는 노래한다
ahiya	그는/그녀는 노래한다

오랫동안 언어 분석 훈련을 받아왔지만 나는 트렌트와 코리의 안내 없이

이 체계를 요약할 자신이 없다. 이이스카어 동사 활용은 대충 다음과 같다. 3인칭(그/그녀)은 변하지 않는다. 기본적으로 그것은 아무것도 첨가되지 않는 동사 어간과 같다. 이것을 기반으로 우리는 나머지 체계를 해결해야 한다. 그런데 그 나머지 체계가 전혀 간단하지 않다. 예를 들어 1인칭 주어에 상응하는 동사 부분이 때로는 wa'û("나는 ~에 있다")에서처럼 접두사가 wa일 때가 있고, 때로는 mâwanî("나는 걷는다")처럼 작은 토막 wa가 나타나지만 접두사로 붙지 않고 동사의 중간에 들어가기도 한다. 비슷한 패턴이 2인칭 주어에 상응하는 ya에도 적용되는 듯 보인다. 그러나 때로는 y나 '(목구멍으로 삼키라는 뜻) 소리를 자음 m이 대체하고 2인칭에서는 이 소리들이 n으로 대체되기도 한다. 그리고 다시, '말한다'라는 뜻의 단어에서처럼 때로는 y가 p(1인칭)나 h(2인칭)로 대체된다. 마지막으로, 때로는 1인칭을 이중으로 표시하여 '노래한다'라는 단어에서처럼 wa(2인칭일 때는 ya)를 집어넣고, 동시에 y를 m(2인칭일 때는 n)으로 대체한다.

다시 말해서 이 언어에 패턴이 분명히 있지만, 동사의 주어를 표시하는 방법이 여러 가지이며 특정 동사에 따라 정확한 선택이 다르다. 내가 어떤 동사가 어떤 패턴으로 움직이는지 어떻게 아느냐고(언어학자들은 이런 패턴을 wa-군, m-군, p-군, wa-와 m-혼합군이라 부른다), 혹은 wa-군에 속하는 동사일 때 wa 표식을 동사 앞에 붙이는지 아니면 중간에 넣는지를 어떻게 아느냐고 묻자 "그냥 아는 수밖에 없어요"라는 대답이 돌아왔다. 즉, 각 동사에 필요한 특별한 요구 사항은 그 언어 안에서 엄청난 시간을 보내면서 결국 동사가 어떻게 활용되는지 기억하는 수밖에 없다. 이것은 체코어에서 같은 격이 여러 가지 방법 중 하나로 표시되고, 언제 무엇이 쓰이는지는 그냥 아는 수밖에 없는 정교한 명사 격조사 체계를 떠오르게 했다. 물론 체코어를 처음 배우는 사람이 힘들여 문장을 만들려고 한다면, 다양한 격조사와 각 군에 속하는 명사들 목록이 있는 문법 책을 찾아볼 수 있다. 언젠가는 스토니 나코다어를 배우는 학생들에게도 그런 목록이 주어질지 모른다. 그때까지는 내가 이 말을 배우려면 그것을 유창하게 하는 사람과 많은 시간을 보내야 하고, 또 그 사람이 기꺼이 자신의 언어로 순탄치 않은 대화를 해주어야 한다. 어쩌면 그 방법밖에 없는지도 모른다.

학기가 끝나갈 무렵 강사들은 학급을 위해 '잔치'를 계획하고 학생들에게 자신들의 전통 음식을 가져오라고 했다. 트렌트의 무스 스튜와 배넉*, 코리의 해기스** 옆에 나는 달 모양 과자를 담은 접시를 내려놓았다. 내게 매우 상징적인 음식이었다. 어머니가 이 과자를 매년 크리스마스 때, 오직 크리스마스 때만 구워주었고 지금은 내 아이들이 어디에 있든 크리스마스에 구워 먹는다. 나는 이 과자에 매우 특별하고 강렬한 감정을 지니고 있다. 우리의 전통 과자가 동유럽과 중유럽 어디에서든 볼 수 있는 것들과 비슷할지라도 이 달 모양 과자는 우리 집에서만 보았다. 그리고 과자에는 이야기도 담겨 있다. 과자를 구울 때마다 나는 어머니가 들려준 이야기가 생각난다. 소련 시절에 일년 내내 설탕과 견과류 배급품을 모아서 한 해 중 유일하게 부유함의 환상에 젖을 수 있는 크리스마스 디저트를 만들었다는 것이다. 그리고 내 어린 시절에도 크리스마스는 배터지게 먹을 수 있는 유일한 때여서, 내게 이 과자는 풍요로움의 맛이다. 이런 기억의 향취가 없더라도 이 과자들은 끔찍하게 맛있고, 이것을 내놓을 때마다 사람들이 꼭 조리법을 묻곤 한다. 그러나 알려주지 않는다. 그것을 알려면 결혼해서 우리 집안사람이 되어야 한다고 농담을 하는데, 그러면 그럴 만한 가치가 있다고 사람들이 되받아칠 때도 자주 있다. 우리의 교실 잔치는 3월이어서 크리스마스에서는 많이 벗어났지만, 나는 이번 행사를 위해 과자를 준비하기로 결심했다. 그것은 내 가족의 역사와 문화에서 소중한 것을 공유하고, 트렌트가 자기 언어를 가지고 시도했듯이 잘 맞지 않는 낯선 상황이라도 그것을 끌어들이려는 작은 노력이었다. 그리고 스토니 나코다 사람 중 요리법을 묻는 이가 있다면 기꺼이 알려줄 것이었다.

트렌트는 우리가 자신의 언어를 어떻게 사용할지 전혀 통제하지 못하는 데도 기꺼이 가르쳐주었다. 이런 모습에서 나는 신뢰를 느꼈다. 그 신뢰에 보답하고 싶었다. 최근 캐나다에서는 흔히 공공 모임이나 행사에서 '땅 인정 선

---

*　bannock. 오트밀이나 보릿가루를 개서 구운 과자빵.

**　haggis. 양의 내장으로 만든 순대 비슷한 스코틀랜드 음식.

언문'을 읽는다. 격식을 갖춘 이 정중한 선언은 역사적으로 이 땅을 주인이 없고 단순히 유럽인들의 정착을 기다렸던 토지로 취급했던 경향에 응수하는 시도로, 대규모의 정착민이 바다 건너 들어오기 전 이 지역에 살았던 여러 토착 민족의 이름을 부르는 의식이다. 이제 나는 쥐꼬리만큼 알고 있는 이이스카어 지식을 가지고 산에 오른다. 그리고 산길에서 만나는 산양, 파랑새, 독수리, 마멋, 나무, 산딸기들의 이이스카어 이름을 기억하려고 노력한다. 그것은 내가 개인적으로 그들의 땅을 인정하는 방법이며, 대형 강의실이나 공공 도서관의 정체된 공기 속이 아닌, 내가 집처럼 사랑하는 바람 거센 땅, 내 가슴을 사로잡은 땅, 내 것이면서 내 것이 아닌 땅 위에서 수행하는 성명식이다.

언어에 숨을 불어넣기: 블랙풋어

　　보통 캘거리에서 낭독되는 땅 인정 선언문이 열거하는 민족들은 다음과 같다. 식시카Siksika, 카이나이Kainai, 피이카니Piikani 부족국가들이 포함된 블랙풋 연맹Blackfoot Confederacy, 새크리Sarcee라고도 알려진 츠우티나Tsuut'ina, 베어스포Bearspaw, 치니키Chiniki, 웨슬리Wesley 부족국가들이 포함된 스토니 나코다, 그리고 메티스Métis 부족국가다. 전통적으로 이 네 개의 주요 집단은 영토가 서로 많이 겹치지만 완전히 다른 언어를 쓰고 있어서, 땅에 깃든 이주와 다양성의 긴 역사를 살짝 드러낸다. 스토니 나코다어는 다코타어와 라코타어와 함께 수 어족에 속한다. 츠우티나어는 데네Dene 어족으로 북쪽 언어인 트와치어, 틀링기트어, 에야크어의 사촌격이며, 더 멀리는 나바호와 아파치 민족 언어와도 연관되어 있다. 블랙풋은 북아메리카 동부 해안에서부터 로키산맥까지 이르는 큰 어족인 알곤킨Algonquian에 속하고 크리어Cree, 샤이엔어Cheyenne, 델라웨어어Delaware, 미크맥어Mi'kmaq를 아우른다. 그리고 메티스의 언어인 미치프어Michif는 독자적인 창조물로, 프랑스어와 플레인 크리어Plains Cree가 놀랍게 결합된 것이다.

　　이들 중 츠우티나 민족의 언어가 가장 위태롭다. 2016년 인구조사에 따르면 캐나다 전체를 통틀어 단지 80명만이 이 언어가 모국어라고 응답했고, 그 중 절반은 캘거리와 맞닿아 있는, 인구 약 2천 명이 거주하는 보호구역에 산다. 많은 토착 언어가 그렇듯 이 말을 능숙하게 하는 사람의 대다수가 노인이다. 그럼에도 이 언어는 2020년 보호구역에 문을 연 거대한 코스트코 매장 표지판에 영어와 함께 나란히 자리를 잡고 존재감을 드러냈다. 이 일은 최근 츠우티나 사회의 극적인 변신을 강력하게 상징한다. 이 커뮤니티가 자신을 재창조해야만 했던 것이 이번이 처음은 아니다. 원래는 캐나다 북극에 가까운 지역에 거주하던 츠우티나족은 17세기 말경 남쪽으로 이주했다. 새로운 정착민들, 그리고 모피 무역으로 인한 기존 생활양식이 파괴되면서 다른 민족들이 서쪽과 북쪽으로 밀려왔기 때문이다. 결국 츠우티나 민족은 블랙풋과 연맹했고 평원의 생활양식에 완전히 적응하게 되었다.

현재 앨버타에 있는 세 군데 블랙풋 보호구역에서 살고 있는 사람들은 강력했던 블랙풋 연맹의 자손들이다. 블랙풋 연맹은 몬태나의 블랙풋 민족과 츠우티나처럼 비非혈족 동맹을 몇몇 포함하고 있었다. (편의를 위해, 캐나다 용어인 블랙풋을 캐나다뿐 아니라 미국에 살았던 이들을 지칭하는 포괄적인 용어로 사용하겠다.) 전통적으로 이들의 생계는 버펄로(과학적 명칭을 원하는 사람에게는 '들소') 사냥 중심이었고, 이 때문에 북아메리카 민족들 중 가장 큰 정신적 충격이었을 대변동을 겪었다. 불과 20년이란 세월 동안 그들은 수백만 마리의 동물을 사냥하며 건강과 번영을 누리던 평원의 주인에서, 1880년에는 거의 멸종에 이를 정도로 개체가 감소한 버펄로로 인해 대규모 기아 사태 직전까지 몰렸다. 나는 그때의 상황에 비견될 만한 경제적 붕괴를 상상해 보려고 노력했으나, 완전한 디스토피아밖에 떠오르지 않았다.

돌연한 파국이 오기 약 백 년 전, 전통적인 블랙풋 생활양식은 오래된 기술과 관습의 끈기를 보여주었다. 캘거리 남쪽으로 약 2백 킬로미터 떨어진 곳에는 내가 이집트 피라미드와 맞먹는 문화 유적이라고 생각하는 장소가 있다. '헤드-스매시-인 버펄로 점프Head-Smashed-In Buffalo Jump'라는 사냥터다. 평원에는 '버펄로 점프'라고 부르는 험준한 곳들이 많이 있다. 많은 사람이 며칠 동안 협력하여 들소 떼를 좁은 길로 몰아, 들소들이 극심한 공포 속에 결국

낭떠러지에서 뛰어내려 죽게 만드는 곳이다. 이렇게 사람들이 모이면 그곳이 고기와 가죽을 가공하는 임시 공장이 되기도 했다. 몇 개월 먹을 수 있는 음식이 준비되었고, 버펄로 가공품을 만들어 널리 거래했다. 수백 명이 함께하는 이런 사냥은 각각 50~70명으로 이루어진 많은 작은 무리를 화합시켰다. 일부는 사냥에 참가하기 위해 아주 먼 곳에서 찾아왔다. 북아메리카의 문명 접촉 이전을 연구하는 고고학자인 잭 브링크에 의하면, 이런 사냥은 평균 약 백 마리의 암컷 들소와 약간의 수컷 들소, 이에 더해서 50마리 정도의 어린 들소들이 서로 엉켜 죽은 생물체 더미를 만든다고 한다. 더미 무게는 약 6만 킬로그램으로, 북극고래 한 마리 반과 비슷한 중량이다. 들소 떼가 고깃덩이 폭포처럼 절벽에서 떨어지는 순간을 브링크는 이렇게 적는다. "눈 깜박하는 사이에 사냥꾼들은, 인간 역사상 그 누구보다도 한순간에 가장 많은 음식을 획득했다."[7]

헤드-스매시-인은 버펄로 점프로서 중요한 지리적 특성을 갖추었다. 낭떠러지 뒤쪽이 대접같이 둥글고 우묵한 지형이어서 들소 떼가 모이기 쉽고, 절벽 앞까지 완만한 하향 경사여서 공포에 빠진 동물들이 뛰기 시작할 때 속도를 제어할 수 없다. 이런 유리한 조건의 조합 덕에 이곳은 북아메리카에서 가장 오래되고 가장 많이 이용된 버펄로 점프다. 고고학적 증거에 의하면 멀게는 거의 6천 년 전에, 가깝게는 1800년대 중반까지도 사냥꾼들이 그곳에 모였다. 이집트 피라미드가 몇몇 권력 있는 개인에게 영생을 주려는 훌륭한 공학적 업적의 증거라면, 이 버펄로 점프는 매우 다른 종류의 성취의 증거다. 수십 개 문명이 태어나고 스러지는 세월 동안 더 오래 버틴, 수천 년 동안 인류 전체를 지탱해 준 생활양식의 연마인 것이다. 방문자들은 절벽 안에 지어진 안내센터를 통과해 관광을 시작하면서, 당시 사냥의 모습을 재현한 놀라운 영상을 통해 그 느낌을 직접 맛볼 수 있다. 멀리 사는 독자라면 잭 브링크가 쓴 책『헤드-스매시-인을 상상하다』에 선명하게 묘사된 설명으로 버펄로 사냥 생활양식을 음미할 수 있다.

그렇게 대규모의 복잡한 공동 사냥을 시작하기 위해서 블랙풋 사람들은 조직화 기술을 고도로 발달시켰을 뿐 아니라, 땅과 버펄로의 생리와 습성에 대한 수준 높은 지식을 분명히 가지고 있었다. 내가 발견한 바로 블랙풋 언어는 매우 정교하게 고안되었다. 그러나 버펄로처럼 이들의 언어도 거의 소멸 직전에 이르렀다. 현재 북아메리카에 살고 있는 대략 3만 5천 명의 블랙풋 중에 13~14퍼센트만이 이 언어를 토착 언어로 쓴다고 여겨진다.[8] 블랙풋 인구의 약 3분의 2의 고향은 캐나다이며, 캐나다의 2012년 인구조사 데이터에 따르면 약 3,250명이 블랙풋의 언어를 모국어로 삼으며, 그중 805명만이 이 말을 집에서 주요 언어로 사용했다. 그리고 가장 놀라운 것은 집에서 이 말을 자주 쓰는 사람 중 25명만이 5세 이전이었다. 하지만 어쩌면 버펄로의 질긴 생명력이 좋은 은유가 될지 모른다. 한때 116마리만 남아 멸종의 끝자락까지 몰렸던 들소는 들소 떼를 다시 번성시키려는 결연한 노력 덕에 지금 북아메리카 농장과 목장에서, 그리고 작은 규모로 야생에서 35만~40만 마리의 개체 수를 자랑한다.[9] 블랙풋 언어를 회복하기 위해 비슷한 노력을 하고 있다. 이 언어가 대부분 가정에서 밀려났기 때문에 언어 회복은 이 말을 처음부터 배우기로 결심한 성인 또는 어린 시절에 이 언어에 노출된 적이 있었으나 이제 세습언어 학습자로서 그것을 다시 배우려는 사람들에 상당 부분 의존할 수밖에 없다.

다행히도 이런 성인 학습자들에게는 그들의 배움을 북돋을 자료가 있다. 외국어 학습의 전형적인 도구, 즉 표준어 사전, 설명이 잘 된 문법 책, 연습 문제집, 온라인 사전의 도움을 받을 수 있다.[10] 이에 더하여, 유창한 녹음 자료들이 박물관에 많이 보관되어 있고 CD 형태로도 구매할 수 있으며, 유튜브의 블랙풋 언어 채널이나 앨버타 남부 레스브리지대학에서 수집한 디지털 자료로 만날 수 있다. 몬태나주에서는 블랙풋 라디오 방송도 송출된다. 그리고 앨버타에 있는 여러 대학에서 블랙풋어를 수준별로 배울 수 있다. 그래서 나도 배워봤다.

나는 새 언어를 배울 때마다, 내가 그 말에 있어서는 유아기 상태라고 생각하고 가능한 한 많은 시간을 그 말과 함께 보낸다. 첫 단어를 말할 수 있기 전까지 아기들은 셀 수 없는 시간 동안 자기 주변에 떠도는 말의 흐름에 몸을 맡긴다. 아기들이 아직 의미를 이해하지 못하더라도 말소리를 들으며 아주 많은 것을 배운다는 증거는 충분하다. 그들은 언어의 소리 패턴을 파악하고, 주의를 기울여야 하는 소리와 배경 소음으로 무시해도 되는 소리를 구분한다. 이 학습은 실제로 더 일찍 시작된다. 태어났을 때 아기들은 부모가 사용하는 말과 다른 언어는 리듬과 억양이 다르다는 사실을 안다. 또한 집에서 듣는 익숙한 말을 낯선 말보다 선호한다.[11] 나는 이 경험을 모사해서 내가 하는 집중적 학습과 몸으로 배우는 학습의 균형을 맞추려고 노력한다.

그래서 언어 수업과 (나중에 알게 된) 블랙풋 문법의 덤불로 뛰어들기 전 나는 내가 찾을 수 있는 모든 디지털 자료를 이용하여 몇 달 동안 그저 듣기만 했다. 헤드-스매시-인 관광 안내소에서 구매한, 블랙풋 노인들이 그들의 말로 들려주는 이야기가 담긴 CD를 들으며 운전했고, 휴대전화에서 나오는 블랙풋 말을 들으며 설거지를 했다. 오래지 않아 이 언어의 억양이 내 안에 자리를 잡았다. 블랙풋어는 11개의 자음과 3개의 모음을 가진, 음운학적으로 간결한 언어였다. 영어에서 발음하기 어려운 th, sh, r이나, 노르웨이어나 프랑스어에 있는 움라우트umlaut를 현명하게 피한 듯 보인다. 그러나 모음뿐 아니라 자음까지 거의 모든 소리가 길게도 짧게도 발음되어서, 멜로디가 있는 모스 부호처럼 매우 독특한 리듬으로 들린다. 몇 달에 걸쳐 듣기만 한 노력으로 아주 멋진 보상을 받기도 했다. 하루는 2017년 영화 〈원더우먼〉을 보고 있는데, 거기서 '추장'이라고 알려진 인물이 내가 듣기로 분명 블랙풋어를 하고 있었다. 예상치 못했던 곳에서 친구를 봤을 때처럼 순간적으로 알아챘다. 나는 완전히 공짜로 자부심을 얻었다. "어머나, 저건 '내' 언어잖아!" (그 배우는 유진 브레이브 록이었고, 내가 사는 앨버타에 있는 카이나이 부족국가 출신이었다. 그가 연기한 인물은 블랙풋 신화에서 물리적 세계를 관장하는 신 같은 존재인 나피Napi였다.)

내가 캘거리대학의 블랙풋어 강의를 들었을 때에는 이미 그 말에 익숙해졌을지 모르지만, 문법을 배우기 위해선 고도로 집중해야 했다. 적어도 대학에서 가르치는 압축된 언어 수업에서는 그랬다. 블랙풋어는 생물적 요소와 무생물적 요소 사이의 문법적 구분을 중심으로 진행된다. 유럽 언어들이 남성과 여성이라는 성별을 표시하듯 이 언어도 실제 세계에 존재하는 차이를 근거로 구분을 한다. 예를 들어 프랑스어의 un garçon("한 소년")이 문법적으로 남성을 표시하고 une fille("한 소녀")가 여성을 표시하는 것처럼, natáyowa("한 스라소니")와 nínaawa("한 남자")는 문법적으로 생물을, óóhko-toki("한 조약돌")은 무생물을 표시한다. 그러나 이 이분법은 고유한 언어학적 삶을 펼치며 물리적 현실에서 순전히 추상적인 세계로 내달린다. 프랑스어에서 un bol("대접")은 남성이지만 ne idée("아이디어")는 여성이다. 블랙풋어에서 si'káana("담요")는 생물이지만 isskská'takssini("생각")은 무생물이다.

유럽 언어들에서 성별은 기껏해야 말하는 사람이 관사, 형용사와 같은 요소들을 명사와 맞추어 어떻게 표현하느냐의 문제다. 하지만 블랙풋어에서 생물성은 언어의 중앙 허브로서 모든 바퀴살이 거기서부터 뻗어 나온다. 예컨대, 동사는 그것이 생물 명사 혹은 무생물 명사와 같이 쓸 수 있는지에 제약을 받는다. 다람쥐가 떨어지는 모습을 얘기할 때는 innisi'yi라는 동사를 쓰지만, 조약돌이 떨어질 때는 다른 동사 innisi를 쓴다. 하지만 암석이 떨어지는 것을 표현하려면 이 단어가 생물로 간주된다는 것을 알아야 하고, 따라서 조약돌에 썼던 동사가 아닌 첫 번째 동사 innisi'yi를 써야 한다. (실제로 óóhkotok는 조약돌과 암석에 모두 쓰이는 단어인데, 동사의 선택에 따라 둘 중 어느 것을 얘기하려고 하는지가 명확해진다.) 비슷하게 들소(생물)나 순무(생물!)를 먹을 때는 동사 ooyi가 사용되지만, 일반적인 고기(무생물)를 먹을 때는 다른 동사 owatoo가 필요하다. 여기서부터 모든 게 점점 더 극적으로 복잡해진다.

시제를 나타낼 목적으로 동사에 붙는 다양한 표식과 함께, 그 동사의 주어와 목적어의 문법적 메아리와 같은 표식도 붙여야 한다. 그러나 생물을 주어로 할 수 있는 동사에 붙는 표식은 무생물을 주어로 하는 동사의 표식과 다르며, 생물 목적어와 무생물 목적어와 함께 쓰는 동사에 붙는 표식도 다르다. 이것으로도 모자라 이것저것 표식이 붙은 동사를 사용할 때 또 다른 계산이 필요하다. 목적어를 취하는 동사를 쓸 때는 목적어와 주어 중 어느 것이 '생물성 위계' 척도에서 더 높은 위치인지를 결정해야 한다. 이 위계에 따른 문법적 주어와 목적어의 순서는 다음과 같다. 1인칭(나, 우리)이 위계의 제일 꼭대기에 있고, 2인칭이 두 번째, 그 뒤를 '가까운proximate' 3인칭이, 그 뒤를 '중요하지 않은obviative' 생물 3인칭, 그리고 위계의 맨 바닥은 '중요하지 않은' 무생물 3

인칭이다. [여기서 '가까운' 3인칭은 다른 3인칭 요소들('중요하지 않은')보다 문장의 주제와 더 근접한 요소를 가리킨다. 이로써 '그가 그를 보았다'와 같이 한 문장 안에 두 개 이상의 3인칭이 있을 때 문법적 요소들을 쉽게 파악할 수 있다.] 블랙풋 말로 "나는 내 딸을 사랑한다"라는 문장에서 주어가 목적어보다 위계상 높으면 동사에 특정 표식을 붙이고, "내 딸은 나를 사랑한다"처럼 주어가 목적어보다 낮은 위치면 동사에 다른 표식을 붙인다.

말도 안 되게 대충인 설명을 굳이 적은 이유는, 블랙풋어 사이사이에 들어 있는 문법의 복잡성을 아주 조금이나마 보여주고 싶어서다. 블랙풋은 3개의 모음과 11개 자음이라는 효율적 수단을 통해 기적적으로 이 모든 것을 전달한다. 내가 들은 이번 수업 역시 두 명의 강사, 블랙풋어 원어민인 라모나로 혼(블랙풋어로 Akáípiksi)과, 토착민이 아닌 언어학자 조이 윈저(블랙풋어로 Áápohkiááyo)가 공동으로 가르쳤다. 수업 시간에 우리는 이 동사 조합 과정을 이해하는 데 도움이 되는 도표를 받았다. 강사들은 우리가 시각적 도움을 받아 máákitsikákomimmokihpinnaana와 같은 동사를 조립할 수 있기를 바랐다. 이 단어에는 "너는 우리를 사랑하지 않는다"라는 대하소설이 담겨 있다. 대부분의 경우 우리가 단어를 조합할 수 있었지만, 그것은 말을 유창하게 하는 것과는 거리가 먼, 고통스러운 과정이었다. 하루는 우리가 제대로 된 동사를 쓰는 것을 돕기 위해 조이가 블랙풋 글자들을 조각조각 코팅하고, 그것을 붙일 수 있는 커다란 판을 가지고 왔다. 마치 냉장고 문짝에 시 구절이 적힌 마그넷을 붙여놓듯 말이다. 그는 각 조각이 비슷한 것들로 묶이도록 넓은 판에 배열했다. 한쪽에는 생물 명사들, 다른 곳에는 무생물 주어에 쓰이는 동사들, 또 다른 곳에는 시제를 나타내는 표식들 등이었다. 우리는 간단한 영어 문장을 블랙풋어로 옮기는 도전을 했다. 올바른 명사와 동사를 선택하고 그 밖에 다른 맞는 조각들을 찾아 이어 붙이는 과정이었다. 학생들이 차례대로 앞에 나가 문장을 조합하는 데 문장당 평균 2~3분이 걸렸고, 때로는 자리에 앉은 학생들이 수정 제안을 하거나 의문을 제기하면 훨씬 더 오래 걸렸다.

도표와 문법적 분석, 생물성 위계의 그래픽 자료, 동사 활용표를 통해 우리는 이 언어의 모습을 마치 10킬로미터 밖에서 보는 것처럼 볼 수 있었다.

수업은 블랙풋어의 전체적인 언어학적 배치도를 보는 것과 같았고, 다른 곳에서 얻을 수 있는 자료를 찾아 내가 직접 디테일을 채워 넣어야 했다. 하지만, 나는 훈련받은 언어학자이다. 그리고 내가 보기에는 같이 강의를 듣는 학생 중 거의 절반이 그런 거 같았다. 우리는 언어를 시계처럼 분해하여 작동법을 분석하는 습관 그대로 수업에 임했다. 언어만 아는 괴짜들이라 그런지 분해 과정이 엄청나게 재미있었다. 그러나 자리에 앉아 있을수록 나는 이전에 CILLDI에서 만났던 참가자들이 생각났다. 그들에게는 이런 접근 방식이 전혀 맞지 않았을 것이다. 나는 언어 교습이라는 틀에 한 언어를 집어넣는 과정에서 잃는 것이 무엇일까 생각했다. 이 방식은 효율성을 위해 개발된 것으로, 학생들이 수천 시간 동안 몰입해야 흡수할 수 있는 패턴을 빨리 알려준다. 그러나 그 몰입의 시간을 건너뜀으로써 강의는 언어에서 사회·문화적 맥락을 벗겨낸다.

도표와 자석 판이 언어의 문법적 구조를 전달하는 효율적인 도구임은 틀림없지만, 오랜 시간에 걸친 훈련으로 쌓이는 언어의 다른 많은 측면들을 전하지는 못한다. 진정한 블랙풋어 사용자임을 알 수 있는 몸동작이나 표정에 대해서, 어떤 단어나 구절이 쓰이는 억양이나 특별한 문맥에 대해서, 연장자에게 말하는지 아이에게 말하는지에 따라 말하는 스타일이 어떻게 변하는지에 대해서, 친밀감 혹은 거리감을 넌지시 드러내는 언어적 방법에 대해서, 대화 사이에 얼마큼 여백을 주어야 하는지에 대해서, 또는 블랙풋어 사용자들이 배꼽을 잡을 정도로 웃게 하는 게 무엇인지에 대해서 알려주지 않는다. 이 교습은 실용적인 목적을 가진 학생들을 가르치기 위해 개발된 (대부분 유럽 언어) 모델이란 생각이 들었다. 프랑스어, 독일어, 표준 중국어를 수강한 많은 학생들은 그것을 유용한 수단으로 이용하고 그 말로 기능할 수 있기를 바란다. 적절한 내용을 채워 넣을 수 있는 언어의 기본적인 틀을 습득하는 것은 유용성을 가속화할 수 있다. 그렇지만 블랙풋 강의실에 앉아 나는 이것이 언어에 대한 정서적 애착을 함양하기 위한 수업이었다면, 혹은 이 말의 사용자들의 사회적 규범에 대한 통찰을 얻기 위한 수업이었다면 어땠을까 가끔 상상한다.

강의를 폄하하려는 것이 절대 아니다. 강사들은 훌륭했고 나는 이 언어의 아름답고 복잡한 섬세함의 진가를 알아보고 곧 경이로움에 사로잡혔다. 그러나 그럴수록 원어민들 사이에서 통하는 살아 있는 블랙풋 말은 어떨까 하는 호기심도 커졌다. 소수 문화를 주류 문화의 전통에 결합시키려는 시도가 항상 그렇듯이, 이득과 손실을 계산하는 건 어디에나 존재하는 물음표다. 생존을 위한 교환 조건으로 우리는 무엇을 타협해야 할까?

우리가 살아가는 방식: 미치프어

CILLDI에서 만난 참가자들은 두 가지 매우 다른 전통의 접점에 자신의 고향을 만드는 게 목표였다. 미치프어 사용자들은 이런 노력을 정말 독특한 결정체로 만들어냈다. 나는 여러 정체성을 일관성 있는 전체로 통합하기 위해 평생을 노력한 사람이었기에 미치프어에 완전히 매료될 수밖에 없었다. 오래전 과거에 뿌리를 둔 다른 토착 언어들과 다르게 미치프어는 대부분 프랑스어에 크리어를 훌륭하게 섞은, 아마도 19세기 초 언젠가 태어난 매우 젊은 언어다. 많은 메티스* 사람들이 쓰는 말로, 지금은 위니펙시가 뻗어 있는, 레드강Red River과 어시니보인강Assiniboine River의 합류점인 레드강 정착지Red River Settlement에서 그 뿌리를 찾을 수 있다. 미치프(메티스) 언어와 문화는 프랑스계 캐나다 남성 선조들("보야저"**)과 토착 민족 출신(주로 크리족과 오지브족Ojibwe) 여성 선조들 사이의 결합, 말 그대로 결혼으로 탄생했다. 보야저들은 1700년대에 북아메리카의 모피 무역이 한창일 때 서부로 가서 독립적인 모피 무역상 역할을 했던 프랑스계 캐나다 남성들이다.

초기의 많은 메티스들은 아마도 다중 언어, 특히 프랑스어와 당시 다양한

---

* Métis. 캐나다에서 원주민과 유럽인(특히 프랑스인) 사이에서 태어난 사람.

** Voyageurs. 18세기와 19세기에 캐나다 북서부에 살던 프랑스계 캐나다인으로, 이들은 주로 모피 회사에 고용되어 물자 수송에 종사했다.

토착 민족 사이에서 일종의 공통어로 통용된 플레인 크리어에 능통했을 것이다. 다중언어를 사용하는 사람들이 자기네끼리 대화할 때 언어를 섞어서 말하는 건 매우 자연스러운 일이다. 각 언어에서 가장 효과적인 표현력을 짜내는 길이며 하나 이상의 정체성을 가지고 있음을 널리 알리는 방법이다. 마치 현대의 몬트리올에서 이중언어를 사용하는 젊은이들, 그리고 그들이 써서 지탄받는 프랑글레*가 그런 것처럼 말이다. 하지만 미치프어는 프랑글레 또는 그 어떤 다양한 언어 전환**의 사례와는 아주 다른 무언가를 표상하며 훨씬 더 놀랍다. 현대에 미치프어를 말하는 사람들은 대부분 크리어도 프랑스어도 할 줄 모르지만 어쨌든 그들은 프랑스어나 크리어를 가지고 '뭔가'를 만들었다. 그 '뭔가'는 언어 순수주의자들이 언어를 뒤섞어 쓰는 프랑글레나 다른 이중언어 사용자들을 보고 앞으로 일어날까 봐 걱정하는 바로 그것이었다. 실제로 프랑글레나 다른 이중언어 혼합에는 그런 일이 일어난 적이 거의 없지만 말이다. 다시 말해 미치프어 사용자들은 프랑스어와 크리어의 이중언어 전통을 유지하지 않고 완전히 새로운 언어를 창조했으며, 이 새 언어는 다른 언어들 사이에서 자기만의 공간을 유지하며, 두 언어 중 어느 것도 아니다. 미치프어 사용자들은 두 개의 독립적인 언어 사이를 오가며 말하는 것이 아니라, 혼합 버전을 자신의 모국어로 삼는다.

미치프어를 들을 때면, 나는 익숙한 것과 완전히 낯선 것의 감질나는 조합에 매혹된다. 프랑스어를 몇 토막 알아듣고 이해를 하는가 싶다가도 곧 나를 밖으로 내동댕이쳐 버리는 다른 단어들과 뒤범벅이 된다. 이 놀라운 언어는 네덜란드 언어학자인 페터 바커의 관심을 사로잡았고, 그는 미치프어를 일종의 언어학적 오리너구리***라고 표현하며 이 언어의 역사와 구조를 상세하게 기록했다. 미치프어로 쓰인 짧은 단락을 통해 이 언어를 살짝 맛볼 수 있을

---

*　franglais. 프랑스어와 영어를 혼합해서 쓰는 말.

**　code switching. 말하는 도중에 언어나 말투를 바꾸는 것.

***　platypus. 호주대륙의 토종 포유류의 일종으로, 오리너구리과에서 유일하게 명맥을 잇고 있는 종이며 다른 종들은 모두 화석으로만 발견된다.

것이다. 아래의 이야기는 캐나다 서스캐처원에 있는 포트콰펠 계곡Fort Qu'Ap-pelle Valley 주민이자 미치프어와 영어를 모두 구사하는 모데스테 고슬린이 구술한 것을 바커가 녹음하고 필사한 것이다. 각 문장의 프랑스어 부분은 굵은 글씨로 표시했고, 여기저기 이상한 영어 단어들이 교묘히 숨어 있다.

Un vieux ê-opahikêt ê-nôcihcikêt, you see, êkwa **un matin** ê-waniskât âhkosiw, but kêyâpit ana wî-nitawi-wâpahtam **ses pièges**. Sipwêhtêw. Mêkwât êkotê ê-itasihkêt, **une tempête**. Maci-kîsikâw. **Pas moyen** si-miskahk **son shack**. Wanisin. **Pas moyen son shack** si-miskahk. Pimohtêw, pimohtêw. Êy-âhkosit êkwa **le-vieux**-iw-it nôhtêsin. **D'un gros arbre** pimi-cipatapiw. "Ôta nipiyâni," itêyihtam êsa, "**Une bonne place** ôma si-nipi-yân." Ê-wâpamât ôhi **le loup de bois** ê-pâ-pahtâ-yi-t. Ha, ha. Pêhêw, ka-kanawâpamêw. **Le loup** awa pê-isipahtâw êkota itê api-yit. Êkwa pâstinam **sa bouche ôhi le loup** ê-wî-otinât. Pastinên, **son bras** yahkinam, right through anihi **le loup**. The wolf **dans la queue** ohci-otinêw, **par la queue** âpoci-pitêw! Kîhtwâm **le loup** asê-kîwê- pahtâw![12]

바커가 지적했듯이 두 언어의 조합은 절대 마구잡이가 아니다. 실제로는 숨이 막힐 정도로 치밀한 분업이 이루어진다. 명사와 명사를 꾸미는 품사들(형용사, 수사, 관사 등)은 거의 항상 프랑스어에서 가져오고, 동사는 거의 예외 없이 크리어에서 가져오는데, 그것은 동사가 정교한 접두사와 접미사라는 휘장을 두르고 문장을 받쳐준다는 것을 의미한다. 두 가지 언어 중 어느 것이라도 부족한 사람들이 아니라, 두 언어 모두를 유창하게 말하는 사람들이 만든 것임이 분명하다. 프랑스어와 크리어 부분 모두 모태가 되는 말의 거의 모든 문법을 온전하게 보존하고 있기 때문이다. 사실 미치프어는 크리어의 가장 복잡한 측면과 프랑스어의 가장 복잡한 측면의 융합이라고 볼 수 있다. 이 둘을 단순화한 타협이 절대 아니다. 외국어로 프랑스어를 배우는 사람들은 보통 명사에 임의로 붙는 여성형과 남성형 표식에 애를 먹고, 제2외국어로 프랑스어를 아주 유창하게 하는 사람도 때때로 성별에서 실수를 범한다. 그러나 미치프어는 이 까다로운 문법을 제 안에 담았다. 크리어나 다른 어떤 북아메리카 토착 언어에도 없는 특징임에도 말이다. 크리어 쪽 가계도를 보면, 미치프어는 크리어를 배우는 사람이 가장 무서워하는 요소인 복잡한 동사를 물려받았음을 알 수 있다. 미치프어 동사는 최대 20개의 문법적 요소를 합병하여 영어 문장 하나만큼의 의미를 동사에 압축해 넣을 수 있다.

미치프어의 소리 체계도 프랑스어와 크리어 구조에 충실하다. 프랑스어에서 가져온 단어는 대체로 프랑스식으로 발음하고, 크리어에서 유래한 단어는 크리어처럼 발음한다. 두 가지 언어는 이런 점에서 뚜렷이 구별된다. 프랑스어는 크리어에 비해 더 많은 별개의 소리를 가지고 있다. 프랑스어는 14개의 모음과 23개의 자음 소리를 가지고, 크리어는 7개의 모음과 10개의 자음 소리를 가진다. 예를 들어 프랑스어에는 y, l, r, f 소리가 있으나 크리어에는 없다. 어떤 소리 조합은 한 언어에서는 가능하나 다른 언어에서는 허용되지 않아서, ht와 hk 배열은 크리어에만 있다. 이런 차이점들은 미치프어의 프랑스어 요소와 크리어 요소에 각각 반영된다. 미치프어는 또한 특정 단어가 둘 중 어디에 속하느냐에 따라 말소리에 다른 규칙을 적용하는 듯 보인다. 프랑스어 단어들은 언어학자들이 시적으로 **모음조화** vowel harmony 라고 부르는 경향을 보인다. 한 단어 안에 있는 두 개의 다른 모음이 서로 비슷해지는 현상을 말한다. 예컨대, 총을 뜻하는 프랑스어 단어 퓌지 fusil 가 미치프어에서 피지 fizi 로 발음된다. 일부 미치프어에서는 근접한 모음들이 하나의 모음으로 합쳐지는데, 프랑스어에서는 발생하지 않는 과정이다. 두 언어 체계 사이의 현저한 독립성은 초기 미치프어 사용자들이 아마도 어린 시절부터 이중언어를 유창하게 구사했으리라는 이론에 증거를 더한다. 사람들은 자기가 모르는 언어에서 나온 단어는 그것을 개조하여 자기 모국어의 소리 양식에 끼워 맞추는 경향이 있다. 따라서 프랑스어를 잘 못하는 사람들은 프랑스어 단어를 크리어 발음에 동화시켜 발음했을 것이고, 크리어가 서툰 사람은 정확히 그 반대로

했을 것이다. 미치프어의 문법에서도 비슷한 현상이 나타나며, 이 역시 초기 사용자들이 양쪽 언어에 모두 매우 능숙했음을 시사한다.

　미치프어의 초기 사용자들이 프랑스어와 크리어 모두에 능통했다면, 왜 새로운 혼합 언어가 생겨났을까? 이중언어 사용자들이 간단하게 두 언어 사이를 오가며 사용하거나, 혹은 하나를 선택하고 다른 하나를 방치하는 게 대단히 더 보편적인데 말이다. 바커는 미치프어와 같이 뒤엉킨 언어는 그것의 모태가 되는 언어들 모두에게서 따로 떨어져야만 하는 다급한 사회적 원인이 있을 때만 진가를 발휘한다고 주장한다. 그리고 메티스 민족의 역사가 정확하게 그 압력을 드러낸다. 메티스족은 1800년대 초반에 이르러서야 자신들의 정체성을 하나의 독립된 민족 집단으로 확립한 듯하다. 이 시기 이전에도 북아메리카에는 유럽인-토착민 혼혈 조상을 가진 사람들이 많았으나, 이들의 자녀들은 보통 어머니의 토착 커뮤니티나 아버지의 유럽인 커뮤니티에 흡수되었다. 현대 메티스 부족국가는 메티스 정체성이 생물학적이 아닌, 매우 구체적인 공통 문화와 역사에서 연유한 문화적 정체성이라고 단호하게 말한다.[13] 프랑스인-토착인 혼혈 유산을 가진 사람들이 레드강 정착지로 집단 이주하기 시작하면서 가장 인구가 많고 조직화된 하나의 집단으로 자리 잡게 되자, 그들은 더 이상 조상의 문화 어느 것에도 묶일 필요가 없었다. 그들은 고유의 커뮤니티를 형성하여 함께 버펄로를 사냥하고 피들*을 연주하며 페미컨**을 먹고 음주 가무를 즐겼다. 양쪽 문화 어디에도 동화되기를 거부함으로써 그들은 양쪽으로부터 무시를 받기도 했다. 위엄 있는 토착민들이 보기에 이들은 너무 시끄럽고 제멋대로였고, 유럽인들에게는 너무 불경하고 자유로운 영혼들이었다. 그리고 1867년 캐나다 연방 초기에 이들은 중요한 역사적 드라마에 휘말렸다. 메티스족은 그들을 자신들의 땅에서 쫓아내려는 시도에 저항하며 그들만의 지방정부를 세우려고 했고, 일련의 투쟁 끝에 결국

---

　*　　fiddle. 바이올린의 속칭으로, 메티스들이 고유하게 발달시킨 바이올린 연주법을 지칭하기도 한다.

　**　　pemmican. 말린 고기로 만든, 서부 북아메리카 원주민들이 발명한 보존 식품.

열성적인 달변가였던 그들의 지도자 루이 리엘이 처형되었다. 자치 정부를 위한 그들의 꿈은 좌절되었고 메티스족은 마침내 캐나다 초원 지방과 노스다코타주로 흩어졌다. 미치프어는 그 격동의 역사 동안 메티스들이 구축한 사회적 연대의 생산물이며, 모태가 되는 문화들로부터 버림받은 아이들이 만든 고아의 언어다. 영어가 세력을 키우면서 고작 2백 살밖에 되지 않은 이 특이한 언어는 지금 위험에 처해 있다. 끝내 절멸한다면, 이 특별한 언어는 북아메리카 언어의 기라성 중에서 잠깐 타오르던 불꽃이 될 것이다.

미치프어 이야기의 비극적인 이면에도 불구하고, 내겐 고향의 언어를 나눌 수 있는 커뮤니티에 대한 환상이 있다. 나의 뒤섞인 충성심을 혼합할 수 있는 언어에 대해, 그리고 비슷하게 혼합된 영혼을 가진 사람들과 함께 말이다. 그런 언어는 어떤 소리로 말할까? 아마도 체코어의 악랄한 ř 소리와 혀짤배기 소리를 내기 쉬운 영어의 th를 보존하고 있을 것이다. 그 말이 체코어 명사의 현기증 나는 격어미case ending 와 영어의 잡종 어휘를 가지고 있었으면 좋겠다. 그리고 모든 비속어는 흥거운 퀘벡 프랑스어에서 가져올 것이다.

나와 당신의 이야기

한때 영국 작가 데이비드 굿하트가 만든 용어 '섬웨어Some-wheres'와 '애니웨어Anywheres'를 구분하는 것이 유행이었다.[14] '섬웨어'는 모라브스카 노바 베스에 있는 내 삼촌 같은 사람으로, 하나의 특별한 장소에 깊은 애착을 가지고 그 지방의 커뮤니티와 생활양식에 충실하며, 대체로 상당히 전통적이고 자기가 평생 살고 있고 조상들이 살았던 고향에 정체성이 꽉 묶여 있는 사람들을 말한다. 한마디로 뿌리가 박힌 사람들이다. '애니웨어'는 아마도 나 같은 사람을 말한다. 잘 돌아다니고 야망이 있으며 정체성이나 사회적 연대감이 유동적이고, 국제적인 세계관을 가지고 상황이 맞는다면 어디에서라도 살 의향이 있는 사람들이다. 한마디로 뿌리가 없다. 이러한 단어 구분에는, 흩어진 삶을 사는 사람은 그 장소들 중 어느 곳에도 깊은 감정을 갖지 못한다는 통념을 담고 있다. 내가 반복해서 만나게 되는 개념이다. 예를 들어 이중국적을 가진 사람은 소속된 국가들에 약한 의무감을 갖는다고 말하는 신문 칼럼니스트의 주장, 이민자들은 '진짜' 미국인 혹은 캐나다인이 아니라는 태도, 그리고 심지어 어떤 글이 그 작가를 만든 특정 장소에 기반을 두지 않는다면 그것은 설득력 있는 글이 될 수 없다고 역설한 유명한 작가의 연설에서도 그 개념을 찾을 수 있다. **그 장소.** 너무 자주 들어서 나조차도 거의 믿을 뻔했던 단어.

그러나 정말로 사실이 아니다. 심지어 '애니웨어'라는 말에는 나를 형성한 장소들에 대해 내가 전혀 가지고 있지 않은 무심함이 녹아 있다. 비록 내가 각 장소들에 대해 말해줄 이야기가 몇 개 없을지라도, 감정이 탈색되었거나 애정이 없는 것은 절대로 아니다. 단순히 고향이 여러 군데였다고 해서, 내가 그것들의 영향을 덜 받은 것도 아니다.

어쩌면 이 때문에 내가 미치프어에 그토록 강한 연대감을 느끼는지도 모른다. 이 언어는 아무도 **"너는 이것으로 충분하지 않아"** 또는 **"너에겐 저게 부족해"**라는 말을 못 하게 한다. '애니웨어'로 범주화되는 것을 거절한다. 두 가지 언어의 복합성을 고집스럽게 유지하기 때문에 두 가지 유산에 대한 권리를 모두 주장한다. 이중의 애착을 천명하는 성명서이자 어느 혈통에서도 단절되지 않겠다는 거부의 표현이다.

미치프어는 내게 이런 말을 할 수 있는 용기를 주었다. **이것이 내 이야기입니다. 이주와 상실, 발견과 재생, 사랑과 고향에 대한 이야기입니다. 아득한 옛날부터 시작된 것도 아니고, 끊임없이 서로 다투고 있습니다. 그러나 여전히 나의 것이며 여기, 그리고 여기, 또 여기에 살아 있었습니다.**

감사의 말

이 책은 개인적으로 매우 힘든 시기에 집필되었고, 나를 지탱해 준 중요한 사람들에 대한 고마움이 매 페이지마다 담겨 있습니다. 엄마 베라, 그리고 형제자매들인 실베스터, 마리, 바클라브, 자나, 패트릭에게 다음과 같은 말을 전하고 싶습니다. 이 책에 쓰인 모든 사건들과 그 밖에 즐겁고 고통스러웠던 모든 일들을 여러분과 함께 여행할 수 있던 것은 행운이었어요. 여러분의 존재가 제 기억을 대단히 풍성하게 만들어 주었습니다. 특히, 이 책을 쓰는 동안 세상을 떠난 동생 바클라브의 기억을 소중하게 생각합니다. 그의 사랑과 영향력은 계속 저를 변화시킵니다. 기쁨과 희망의 가장 큰 원천인 딸 케이트와 아들 벤에게도 고마움을 전합니다. 내 아버지를 알게 도와준 프란티젝 삼촌, 그리고 전 세계 흩어져 사는 세디비 집안과 비치틸 집안의 친척들에게도 감사합니다. 이들은 내 고향 문화에 변함없는 닻이 되어주고 있습니다. 시부모님인 짐 머피와 앤 머피, 매우 앵글로적인(가장 좋은 의미로) 쾌활함으로 용기를 북돋아주어 감사드립니다. 거친 바다 속 튼튼한 뗏목이 되어주는 웨인 챈, 위기에 대한 모든 것을 아는 플로리안 재거와 치구사 쿠루마다도 고맙습니다. 그리고 사랑하는 남편 이안 그레이엄. 항상 내게 필요한 집이 되어주고 계속 살아줘서, 나를 계속 사랑해 줘서 감사합니다.

학계 동료들에게 큰 감사의 빚을 느낍니다. 그들의 연구와 피드백, 그들과 나눈 대화 덕분에 이 책이 앞으로 나갈 수 있었습니다. 특히, 다린 플린, 베치 리터, 올가 브라드노바, 조단 라클러, 잉게 제니의 지식과 통찰은 이 책에 매우 특별한 발자국을 남겼습니다.

내게 자신의 경험과 이야기를 나눠준 캐나다 토착 언어와 문학 개발 연구소CILLDI 2017년 세션의 모든 참가자에게 정말로 깊고 깊은 감사의 마음을 전합니다. 특히 트렌트 폭스, 마리 로즈 블랙덕과 헬레나 웰시에게 존경을 표합니다.

나의 스토니 나코다어 선생님이었던 트렌트 폭스와 코리 텔퍼, 그리고 블랙풋어 선생님이었던 아카이픽시와 조이 윈저에게 배울 수 있었던 것은 커다란 선물이었습니다.

이 책은 세 명의 익명 검토자로부터 얻은 것이 많습니다. 이들은 하버드대학교 출판사의 부탁으로 기꺼이 완성된 초고를 읽은 뒤 자세하고 통찰력 넘치는 비평을 해주었습니다. 또한, 하버드대학교 출판사 편집부의 유용한 제안들, 책임 편집자인 재니스 오뎃의 한결같고 냉철한 안내와 지지에 고마움을 표합니다. 그리고 예리한 언어 감수성을 가졌으며 내 원고에 헌신적으로 관심을 쏟아준 교열 담당자 케이트 브릭에게도 감사합니다. 아직도 이 책에 오류가 남았다면 그것은 정말 제 잘못입니다.

앨버타예술재단Alberta Foundation for the Arts에게도 감사드립니다. 재단의 재정적 지원으로 온전히 이 책을 위해 조사하고 집필하는 시간을 가질 수 있었습니다.

1장에는 노틸러스(Nautilus, no.30, 2015년 11월 5일)에 처음 발표되었던 「모국어의 이상한 지속성The Strange Persistence of First Languages」이란 글의 일부분이 포함되어 있으며, 3장은 같은 글에서 논의했던 생각을 기반으로 집필했습니다. 이 생각을 탐구하고 윤곽을 잡는 데 도움을 준 편집자 아모스 지버그와 마이클 세갈에게 감사합니다.

참고문헌

1장. 죽음

1. M. Polinsky, "Incomplete Acquisition: American Russian," *Journal of Slavic Linguistics* 14, no. 2 (2006): 191-262.

2. E. Bylund, N. Abrahamsson, and K. Hyltenstam, "The Role of Language Aptitude in First Language Attrition: The Case of Pre-pubescent Attriters," *Applied Linguistics* 31 (2009): 443-464.

3. B. Kopke, "Language Attrition at the Crossroads of Brain, Mind, and Society," in *Language Attrition: Theoretical Perspectives*, ed. B. Kopke, M.S. Schmid, M. Keijzer, and S. Dostert (Amsterdam: John Benjamins, 2007).

4. J. L. Montag and M. C. MacDonald, "Text Exposure Predicts Spoken Production of Complex Sentences in 8-and 12-year-old Children and Adults," *Journal of Experimental Psychology: General* 144, no. 2 (2015): 447-468.

5. M. S. Schmid, *Language Attrition* (Cambridge: Cambridge University Press, 2011), 105.

6. R. R. Agudo, "The 'English-Only' Nativist Movement Comes with a Cost," *Los Angeles Times*, August 27, 2018.

7. T. Laqueur, "Prelude," in *The Genius of Language: Fifteen Writers Reflect on Their Mother Tongues*, ed. W. Lesser, 85-101 (New York: Anchor Books, 2004), 87-88.

8. D. Hallett, M. J. Chandler, and C. E. Lalonde, "Aboriginal Language Knowledge and Youth Suicide," *Cognitive Development* 22 (2007): 392-399.

9. T. D. LaFromboise, D. R. Hoyt, L. Oliver, and L. B. Whitbeck, "Family, Community and School Influences on Resilience among American Indian Adolescents in the Upper Midwest," *Journal of Community Psychology* 34 (2006): 193-209.

10. M. E. Krauss, "The World's Languages in Crisis," *Language* 68, no. 1 (1992): 4-10. Intergovernmental Science-Poliocy Platform on Biodiversity and Ecosystem Services(IPBES)가 2019년에 발표한 더 최근 보고서는, 종의 멸종과 서식지 파괴가 가속화되고 있으며 8백만 종으로 추정되는 동식물 중 약 1백만 종이 앞으로 수십 년 안에 멸종될 위협을 받고 있다고 경고한다.

11. 잔존하는 언어가 정확히 몇 개인지는 논쟁의 여지가 있다. 언어들 사이의 경계가 대체로 불분명하기 때문이다. 한 언어의 변종이나 방언이 시간이 지나며 서로 점점 멀어지고 마침내 확연하게 구분된 언어가 된다. 흔히 사용하는 판단 법칙에 따르면, 다른 방언을 하는 사람들이 서로의 말을 이해하지 못하면 그 방언들은 별개의 언어가 된 것이다. 하지만 이 법칙은 일관성 없이 적용된다. 예를 들어 체코어와 슬로바키아어는 그것의 사용자들이 쉽게 서로의 말을

이해하는데도 다른 언어로 여겨진다. 스웨덴어와 노르웨이어도 마찬가지다. 게다가 상호 이해라는 것 자체도 엉성한 개념이다. 자기가 쓰는 말과 많이 다른 방언을 이해할 수 있는지 여부는 그 사람이 가지고 있는 언어적 경험에 부분적으로 좌우되기 때문이다. 영화를 볼 때 같은 언어지만 다른 방언으로 진행되는 대화에 자막이 자주 사용되는 것도 일부 시청자들의 이해를 돕기 위해서다. 전 세계에 존재하는 언어의 수가 6천 개에서 7천 개 사이라는 것이 일반적인 의견이다.

12. Krauss, "The World's Languages in Crisis," 8.

13. M. E. Krauss, "A History of Eyak Language Documentation and Study: Fredericae de Laguna in Memoriam," *Arctic Anthropology* 43, no. 2 (2006): 172-217.

14. A. N. Harry, "Lament for Eyak," translated by M. E. Krauss, in *In Honor of Eyak: The Art of Anna Nelson Harry*, edited by M. E. Krauss (Fairbanks: Alaska Native Language Center, 1982).

15. M. Pagel, "The History, Rate and Pattern of World Linguistic Evolution," in *The Evolutionary Emergence of Language*, ed. C. Knight, M. Studdert-Kennedy, and J. Hurtford (Cambridge: Cambridge University Press, 2000), 391-416.

16. L. A. Grenoble, "Language Ecology and Endangerment," in *The Cambridge Handbook of Endangered Languages*, ed. P. K. Austin and J. Sallabank (Cambridge: Cambridge University Press, 2011), 27-44.

17. Krauss, "The World's Languages in Crisis."

18. N. wa Thiong'o, "Recovering the Original," in *The Genius of Language: Fifteen Writers Reflect on Their Mother Tongues*, ed. W. Lesser, 102-110 (New York: Anchor Books, 2005), 105.

19. S. S. Mufwene, *Language Evolution: Contact, Competition and Change* (Cambridge: Cambridge University Press, 2008).

20. B. Hart and T. R. Risley, *Meaningful Differences in the Everyday Experience of Young American Children* (Baltimore: Paul H. Brookes, 1995).

21. Organisation Internationale de la Francophonie, "La langue francaise dans le monde 2018: synthese" (Paris, 2018).

22. K. Matsumoto, *Recent Language Change in Shoshone: Structural Consequences of Language Loss*. PhD diss., University of Utah, 2015.

23. W. Dressler and R. Wodak-Leodolter, "Language Preservation and Language Death in Brittany," *International Journal of Bilingual Education and Bilingualism* 9, no. 5 (1977): 557-577.

24. A. Schmidt, *Young People's Dyirbal: An Example of Language Death from Australia* (Cambridge: Cambridge University Press, 1985).

25. 서덜랜드 게일어에 대해서는 다음을 참조하라: N. C. Dorian, "Grammatical Change in a Dying Dialect," *Language* 49, no. 2 (1973): 413-438; 센트럴 포모어에 대해서는 다음을

참조하라: M. Mithun, "Language Obsolescence and Grammatical Description," *International Journal of American Linguistics* 56, no. 1 (1990): 1-26; 마니어에 대해서는 다음을 참조하라: G. T. Childs, "What Happens to Class When a Language Dies? Language Change vs. Language Death," *Studies in African Linguistics* 38, no. 2 (2009): 235-255.

26. I. Maddieson, *Patterns of Sounds* (Cambridge: Cambridge University Press, 1984).

27. J. McWhorter, *What Language Is (and What It Isn't and What It Could Be)* (New York: Gotham Books, 2011), 58.

28. D. Everett, "Cultural Constraints on Grammar and Cognition in Piraha," *Current Anthropology* 46, no. 4 (2005): 621-646.

29. F. Karlsson, "Constraints on Multiple Center-Embedding of Clauses," Journal of Linguistics 43, no. 2 (2007): 365-392; D. Biber and M. Hared, "Dimensions of Register Variation in Somali," *Language Variation and Change* 4 (1992): 41-75.

30. G. Lupyan and R. Dale, "Language Structure Is Partly Determined by Social Structure," *PLoS one* 5, no. 1 (2010): e8559.

31. D. Deutsch, K. Dooley, T. Henthorn, and B. Head, "Absolute Pitch among Students in an American Music Conservatory: Association with Tone Language Fluency," *Journal of the Acoustical Society of America* 125, no. 4 (2009): 2398-2403.

32. T. F. Jaeger and E. J. Norcliffe, "The Crosslinguistic Study of Sentence Production," *Language and Linguistics Compass* 3 / 4 (2009): 866-887.

33. Eyak Preservation Council, *The Eyak Language Project*, 2020; http://eyakpreservationcouncil.org/culture/eyak-revitalization-project/

34. E. K. Acton, "Pragmatics and the Social Life of the English Definite Article," *Language* 95, no. 1 (2019): 37-65, 37.

35. R. B. Woodward, " 'The Americans' Revisited," *Wall Street Journal*, November 18, 2009.

36. Statement by US Representative Dana Rohrabacher (R-CA), October 27, 2009, quoted in Acton, "Pragmatics and the Social Life of the English Definite Article," 44.

37. D. Nettle and S. Romaine, *Vanishing Voices: The Extinction of the World's Languages* (Oxford: Oxford University Press, 2000).

38. M. Abley, *Spoken Here: Travels among Threatened Languages* (Boston: Houghton Mifflin, 2005).

39. Nettle and Romaine, *Vanishing Voices*.

40. Krauss, "A History of Eyak Language Documentation and Study."

41. Abley, *Spoken Here*.

42. C. Dowrick, *Beyond Depression: A New Approach to Understanding and Management* (Oxford: Oxford University Press, 2004), 23.

43. M. Lock, "Local Biologies," in *Ideas on the Nature of Science*, ed. D. Cayley (Fredericton: Goose Lane Editions, 2009), 60.

44. D. Katz, *Grammar of the Yiddish Language* (London: Duckworth & Co., 1987), 96.

45. E. Kolbert, "Last Words," *New Yorker*, June 6, 2005, 46-59, 46.

46. Nettle and Romaine, *Vanishing Voices*.

2장. 꿈

1. S. P. Huntington, *Who Are We? The Challenges to America's National Identity* (New York: Simon & Schuster, 2004), 256.

2. R. Rodriguez, *Hunger of Memory: The Education of Richard Rodriguez* (New York: Bantam Dell, 1982), 15.

3. Rodriguez, *Hunger of Memory*, 16.

4. Rodriguez, *Hunger of Memory*, 18.

5. Rodriguez, *Hunger of Memory*, 21.

6. Rodriguez, *Hunger of Memory*, 24.

7. L. Wong Fillmore, "When Learning a Second Language Means Losing the First," *Early Childhood Research Quarterly* 6, no. 3 (1991): 323-346.

8. Wong Fillmore, "When Learning a Second Language," 344.

9. J. Ford, *Hotel on the Corner of Bitter and Sweet* (New York: Ballantine Books, 2009), 12-13.

10. B. Franklin, *The Papers of Benjamin Franklin*, ed. Leonard W. Labarre (New Haven, CT: Yale University Press, 1959), 234.

11. Pew Research Center, *Modern Immigration Wave Brings 59 Million to U.S., Driving Population Growth and Change through 2065*, September 2015, https://www.pewresearch.org/hispanic/2015/09/28/modern-immigration-wave-brings-59-million-to-u-s-driving-population-growth-and-change-through-2065/.

12. *Comprehensive Immigration Reform: Becoming Americans, Hearing before the Subcommittee on Immigration of the Committee on the Judiciary*, House of Representatives, 110th Congress, serial no. 110-27 (prepared statement of R. G. Rumbaut) (Washington, DC: US Government Printing Office, 2007).

13. C. Ryan, "Language Use in the United States: 2011," *American Community Survey Reports* 22 (Washington, DC: US Census Bureau, 2013), https://www2.census.gov/library/publications/2013/acs/acs-22/acs-22.pdf

14. 예를 들어, 다음을 참조하라: Associated Press, "In Miami, Spanish Becoming Primary Language," *NBC News*, May 29, 2008, https://www.nbcnews.com/id/wbna24871558.

15. T. B. Morgan, "The Latinization of America," *Esquire*, May 1, 1983, 47-56.

16. *Comprehensive Immigration Reform*, pp. 22-23.

17. R. Akresh and I. R. Akresh, "Using Achievement Tests to Measure Language Assimilation and Language Bias among the Children of Immigrants," *Journal of Human Resources* 46, no. 3 (2011): 647-667.

18. J. Paradis and R. Jia, "Bilingual Children's Long-Term Outcomes in English as a Second Language: Language Environment Factors Shape Individual Differences in Catching Up with Monolinguals," *Developmental Science* 20, no. 1 (2017): e12433.

19. J. Paradis, "Individual Differences in Child English Second Language Acquisition: Comparing Child-Internal and Child-External Factors," *Linguistic Approaches to Bilingualism* 1, no. 3 (2011): 213-237; H. Goldberg, J. Paradis, and M. Crago, "Lexical Acquisition over Time in Minority First Language Children Learning English as a Second Language," *Applied Psycholinguistics* 29, no. 1 (2008): 41-65.

20. A. A. MacLeod, L. Fabiano-Smith, S. Boegner-Page, and S. Fontolliet, "Simultaneous Bilingual Language Acquisition: The Role of Parental Input on Receptive Vocabulary Development," *Child Language Teaching and Therapy* 29, no. 1 (2013): 131-142.

21. T. Soehl, "But Do They Speak It? The Intergenerational Transmission of Home-Country Language in Migrant Families in France," *Journal of Ethnic and Migration Studies* 42, no. 9 (2016): 1513-1535.

22. P. Sabourin, A. Belanger, and P. Reeve, "The Dynamics of Language Shift in Canada," *Population* 70, no. 4 (2015): 727-757.

23. B. R. Chiswick and P. W. Miller, "International Migration and the Economics of Language," IZA Discussion Papers, no. 7880 (Bonn: Institute for the Study of Labor [IZA], 2014), 76-77.

24. H. Bleakley and A. Chin, "Language Skills and Earnings: Evidence from Childhood Immigrants," *Review of Economics and Statistics* 86, no. 2 (2004): 481-496.

25. Rodriguez, *Hunger of Memory*, 27.

26. N. C. Dorian, "A Response to Ladefoged's Other View of Endangered Languages," *Language* 69, no. 3 (1993): 575-579, 577.

27. M. Zhou and C. L. Bankston III, *The Rise of the New Second Generation* (Malden, MA: Polity Press, 2016).

28. R. L. Bubbico and L. Freytag, *Inequality in Europe* (Kirchberg, Luxembourg: European Investment Bank, 2018), https://www.eib.org/attachments/efs/econinequalityineuropeen.pdf

29. Zhou and Bankston III, The Rise of the New Second Generation.

30. E. Telles and V. Ortiz, *Generations of Exclusion: Mexicans, Assimilation, and Race* (New York: Russell Sage Foundation, 2009); 다음을 참조하라: C. G. E. Coll and A. K. E. Marks, *The Immigrant Paradox in Children and Adolescents: Is Becoming American a Developmental Risk?* (Washington, DC: APA Books, 2012).

31. M. Crul, "Super-diversity vs. Assimilation: How Complex Diversity in Majority-Minority Cities Challenges the Assumptions of Assimilation," *Journal of Ethnic and Migration Studies* 42, no. 1 (2016): 54-68. 크럴은 스웨덴에 정착한 이민자 아이들과 베를린에 정착한 아이들 사이의 차이가 부분적으로는 도착했을 때 부모의 교육 수준 격차 때문이라고 말한다. 그러나 이 요인을 통제했을 때도 두 집단 사이에는 분명한 차이가 있었다.

32. Y. Bar-Haim, T. Ziv, D. Lamy, and R. M. Hodes, "Nature and Nurture in Own-Race Face Processing," *Psychological Science* 17, no. 2 (2006): 159-163.

33. S. Sangrigoli and S. De Schonen, "Recognition of Own-Race and Other-Race Faces by Three-Month-Old Infants," *Journal of Child Psychology and Psychiatry and Allied Disciplines* 45, no. 7 (2004): 1219-1227.

34. P. A. Katz, "Racists or Tolerant Multiculturalists? How Do They Begin?" *American Psychologist* 58, no. 11 (2003): 897-909.

35. A. Doyle and F. Aboud, "A Longitudinal Study of White Children's Racial Prejudice as a Social Cognitive Development," *Merrill-Palmer Quarterly* 41 (1995): 213-223.

36. K. D. Kinzler, E. Dupoux, and E. S. Spelke, "The Native Language of Social Cognition," *Proceedings of the National Academy of Sciences* 104, no. 30 (2007): 12577-12580.

37. K. D. Kinzler, K. Shutts, J. DeJesus, and E. S. Spelke, "Accent Trumps Race in Guiding Children's Social Preferences," *Social Cognition* 27, no. 4 (2009): 623-634.

38. L. A. Hirschfeld and S. A. Gelman, "What Young Children Think about the Relationship between Language Variation and Social Difference," *Cognitive Development* 12, no. 2 (1997): 213-238.

39. K. D. Kinzler and J. B. Dautel, "Children's Essentialist Reasoning about Language and Race," *Developmental Science* 15, no. 1 (2012): 131-138.

40. J. B. Dautel and K. D. Kinzler, "Once a French Speaker, Always a French Speaker? Bilingual Children's Thinking about the Stability of Language," *Cognitive Science* 42 (2018):

287-302.

41. Judg. 12:5-6, *New American Standard Bible*.

42. K. Byers-Heinlein, D. A. Behrend, L. M. Said, H. Girgis, and D. Poulin-Dubois, "Monolingual and Bilingual Children's Social Preferences for Monolingual and Bilingual Speakers," *Developmental Science* 20, no. 4 (2017): e12392.

43. J. M. DeJesus, H. G. Hwang, J. B. Dautel, and K. D. Kinzler, "Bilingual Children's Social Preferences Hinge on Accent," *Journal of Experimental Child Psychology* 164 (2017): 178-191.

44. P. Bourdieu, *Language and Symbolic Power* (Cambridge, MA: Harvard University Press, 1991).

45. J. A. Fishman, *Reversing Language Shift: Theoretical and Empirical Foundations of Assistance to Threatened Languages*, no. 76 (Bristol, UK: Multilingual Matters, 1991).

46. P. Malone, " 'Good Sisters' and 'Darling Sisters': Translating and Transplanting the Joual in Michel Tremblay's Les Belles-Soeurs," *Theatre Research in Canada / Recherches théâtrales au Canada* 24, no. 1 (2003), https://journals.lib.unb.ca/index.php/TRIC/article/download/7065/8124?inline=1.

47. W. E. Lambert, R. C. Hodgson, R. C. Gardner, and S. Fillenbaum, "Evaluational Reactions to Spoken Languages," *Journal of Abnormal and Social Psychology* 60, no. 1 (1960): 44-51.

48. J. N. Fuertes, W. H. Gottdiener, H. Martin, T. C. Gilbert, and H. Giles, "A Meta-analysis of the Effects of Speakers' Accents on Interpersonal Evaluations," *European Journal of Social Psychology* 42, no. 1 (2012): 120-133.

49. M. Dragojevic, D. Mastro, H. Giles, and A. Sink, "Silencing Nonstandard Speakers: A Content Analysis of Accent Portrayals on American Primetime Television," *Language in Society* 45, no. 1 (2016): 59-85.

50. R. Lippi-Green, *English with an Accent: Language, Ideology, and Discrimination in the United States* (London: Routledge, 2012).

51. Rodriguez, *Hunger of Memory*, 19.

52. W. Zeydanlioglu, "Repression or Reform? An Analysis of the AKP's Kurdish Language Policy," in *The Kurdish Question in Turkey: New Perspectives on Violence, Representation and Reconciliation*, ed. W. Zeydanlioglu and C. Gunes, 162-185 (London: Routledge, 2013), 163.

53. Hawaii State Data Center, Research and Economic Analysis Division, *Detailed Languages Spoken at Home in the State of Hawaii* (2016), http://files.hawaii.gov/dbedt/census/acs/Report/DetailedLanguageMarch2016.pdf.

54. Lippi-Green, English with an Accent.

55. R. R. Day, "The Development of Linguistic Attitudes and Preferences," *TESOL Quarterly*

14, no. 1 (1980): 27-37. 데이의 연구가 수행된 지 수십 년이 지났음에도, 아이들이 비표준 언어에 대한 부정적 태도를 언제 어떻게 흡수하는지, 그리고 이런 태도가 언어와 맥락에 따라 어떻게 다른지를 추적한 연구는 상대적으로 적다. 그러나 다양한 문화에서 수행된 몇몇 연구들이 아이들이 이르면 다섯 살부터(어쩌면 더 일찍) 자기들이 쓰는 말의 비표준어를 나쁘게 생각한다고 말한다. 다음을 참조하라: K. Feher, "Status-based Preference of Varieties in Bidialectal Kindergarteners: An Experimental Study," *Argumentum* 16 (2020): 147-172; S. K. Shah and F. Anwar, "Attitudes of Parents and Children towards Multilingualism in Pakistan," *Journal of Literature, Languages and Linguistics* 8 (2015): 22-27; K. D. Kinzler, K. Shutts, and E. S. Spelke, "Language-based Social Preferences among Children in South Africa," *Language Learning and Development* 8, no. 3 (2012): 215-232; M. S. Rosenthal, *The Magic Boxes: Children and Black English* (Urbana, IL: University of Illinois, ERIC Clearinghouse on Early Childhood Education and ERIC Clearinghouse on Languages and Linguistics, 1977). 또한 취학이 비표준 방언에 대한 부정적 태도를 고조시킬 수 있다는 증거도 있다: C. Cremona and E. Bates, "The Development of Attitudes toward Dialect in Italian Children," *Journal of Psycholinguistic Research* 6, no. 3 (1977): 223-232; B. Bangeni and R. Kapp, "Shifting Language Attitudes in a Linguistically Diverse Learning Environment in South Africa," *Journal of Multilingual and Multicultural Development* 28, no. 4 (2007): 253-269.

56. WHRO Documentaries, *Code-Switching*, aired January 3, 2011, https://www.pbs.org/video/whro-documentaries-code-switching/.

57. Royal Commission on Bilingualism and Biculturalism *A Preliminary Report of the Royal Commission on Bilingualism and Biculturalism* (Ottawa: Queen's Printer, 1965).

58. R. Landry and R. Y. Bourhis, "Linguistic Landscape and Ethnolinguistic Vitality: An Empirical Study," *Journal of Language and Social Psychology* 16, no. 1 (1997): 23-49.

59. R. M. Dailey, H. Giles, and L. L. Jansma, "Language Attitudes in an Anglo-Hispanic Context: The Role of the Linguistic Landscape," *Language & Communication* 25, no. 1 (2005): 2738.

60. R. Y. Bourhis and R. Sioufi, "Assessing Forty Years of Language Planning on the Vitality of the Francophone and Anglophone Communities of Quebec," *Multilingua* 36, no. 5 (2017): 627-661.

61. R. Kircher, "Thirty Years after Bill 101: A Contemporary Perspective on Attitudes towards English and French in Montreal," *Canadian Journal of Applied Linguistics / Revue canadienne de linguistique appliquée* 17, no. 1 (2014): 20-50.

62. A. Mizuta, "Memories of Language Lost and Learned: Parents and the Shaping of Chinese as a Heritage Language in Canada" (PhD diss., University of British Columbia, 2017), 47.

63. Mizuta, "Memories of Language Lost and Learned," 236.

64. R. E. Eilers, B. Z. Pearson, and A. B. Cobo-Lewis, "Social Factors in Bilingual Development:

The Miami Experience," in *Childhood Bilingualism: Research on Infancy through School Age*, no. 7, ed. P. McCardle and E. Hoff, 68-90 (Bristol, UK: Multilingual Matters, 2006).

65. J. Didion, *Miami* (New York: Simon & Schuster, 1987), 63.

66. P. Carter and A. Lynch, "Multilingual Miami: Current Trends in Sociolinguistic Research," *Language and Linguistics Compass* 9, no. 9 (2015): 369-385.

67. M. Valencia and A. Lynch, "The Mass Mediation of Spanish in Miami," in *The Routledge Handbook of Spanish in the Global City*, ed. A. Lynch, 73-100 (London: Routledge, 2019).

68. Eilers and Pearson, "Social Factors in Bilingual Development."

3장. 이중성

1. V. T. Nguyen, *The Sympathizer* (New York: Grove Press, 2015), 1.

2. E. Hoffman, *Lost in Translation* (New York: Penguin, 1990), 199.

3. Hoffman, *Lost in Translation*, 199-200.

4. A. Pavlenko, "Bilingual Selves," in *Bilingual Minds: Emotional Experience, Expression, and Representation*, ed. A. Pavlenko, 1-33 (Clevedon: Multilingual Matters, 2006).

5. S. Ervin-Tripp, *Language Acquisition and Communicative Choice: Essays by Susan M. Ervin-Tripp* (Palo Alto, CA: Stanford University Press, 1973).

6. N. Ramirez-Esparza, S. D. Gosling, V. Benet-Martinez, J. P. Potter, and J. W. Pennebaker, "Do Bilinguals Have Two Personalities? A Special Case of Cultural Frame Switching," *Journal of Research in Personality* 40, no. 2 (2006): 99-120.

7. N. Ramirez-Esparza, S. D. Gosling, and J. W. Pennebaker, "Paradox Lost: Unraveling the Puzzle of Simpatia," *Journal of Cross-Cultural Psychology* 39, no. 6 (2008): 703-715.

8. D. Akkermans, A. W. Harzing, and A. Van Witteloostuijn, "Cultural Accommodation and Language Priming," *Management International Review* 50, no. 5 (2010): 559-583.

9. K. Y. Wong, "The System of Honorifics in the Korean Language." Outstanding Academic Papers by Students (OAPS). Retrieved from City University of Hong Kong, CityU Institutional Repository, 2011.

10. B. V. Lal, "Three Worlds: Inheritance and Experience," in *Translating Lives: Living with Two Languages and Cultures*, ed. M. Besemeres and A. Wierzbicka, 26-44 (St. Lucia, Australia: University of Queensland Press, 2007), 39-40.

11. R. Donadio, "Surreal: A Soap Opera Starring Berlusconi," *New York Times*, January 22,

2011.

12. F. Sautet, "Is Language a Determinant of Reform Success?" https://austrianeconomists.typepad.com/weblog/2006/12/islanguagead.html.

13. A. Tan, "Yes and No," in *The Genius of Language: Fifteen Writers Reflect on Their Mother Tongues*, ed. W. Lesser, 25-34 (New York: Anchor Books, 2005), 27.

14. Tan, "Yes and No," 33.

15. A. H. Bloom, *The Linguistic Shaping of Thought: A Study in the Impact of Language on Thinking in China and the West* (Hillsdale, NJ: Lawrence Erlbaum, 1981).

16. 언어에서의 가상 상황 추론과 사고의 관계를 조사한 연구들에 대한 흥미로운 논의는 다음을 참조하라: J. H. McWhorter, *The Language Hoax: Why the World Looks the Same in Any Language* (Oxford: Oxford University Press, 2014).

17. K. Chen, *The Effect of Language on Economic Behavior: Evidence from Savings Rates, Health Behaviors, and Retirement Assets*, Cowles Foundation Discussion Papers, no. 1820 (New Haven: Yale University, 2012).

18. B. Berlin and P. Kay, *Basic Color Terms: Their Universality and Evolution* (Oakland, CA: University of California Press, 1991).

19. J. Winawer, N. Witthoft, M. C. Frank, L. Wu, A. R. Wade, and L. Boroditsky, "Russian Blues Reveal Effects of Language on Color Discrimination," *Proceedings of the National Academy of Sciences* 104, no. 19 (2007): 7780-7785.

20. G. Thierry, P. Athanasopoulos, A. Wiggett, B. Dering, and J. R. Kuipers, "Unconscious Effects of Language-Specific Terminology on Preattentive Color Perception," *Proceedings of the National Academy of Sciences* 106, no. 11 (2009): 4567-4570.

21. J. Trueswell and A. Papafragou, "Perceiving and Remembering Events Cross-linguistically: Evidence from Dual Task Paradigms," *Journal of Memory and Language* 63, no. 1 (2010): 64-82.

22. McWhorter, *The Language Hoax*, 21.

23. M. J. Fitzgerald, "Limpid, Blue, Poppy," in *The Genius of Language: Fifteen Writers Reflect on Their Mother Tongues*, ed. W. Lesser, 127-144 (New York: Anchor Books, 2004), 130.

24. Hoffman, *Lost in Translation*, 106.

25. P. A. Kolers, "Interlingual Word Associations," *Journal of Verbal Learning and Verbal Behavior* 2, no. 4 (1963): 291-300.

26. R. A. Javier, F. Barroso, and M. A. Munoz, "Autobiographical Memory in Bilinguals," *Journal of Psycholinguistic Research* 22, no. 3 (1993): 319-338; V. Marian and M.

Kaushanskaya, "Self-Construal and Emotion in Bicultural Bilinguals," *Journal of Memory and Language* 51, no. 2 (2004): 190-201.

27. V. Marian and U. Neisser, "Language-Dependent Recall of Autobiographical Memories," *Journal of Experimental Psychology: General* 129, no. 3 (2000): 361-368.

28. Pavlenko, *The Bilingual Mind*.

29. Hoffman, *Lost in Translation*, 245.

30. T. Laqueur, "Prelude," in *The Genius of Language: Fifteen Writers Reflect on Their Mother Tongue*, ed. W. Lesser, 85-101 (New York: Anchor Books, 2005), 92.

31. Hoffman, *Lost in Translation*, 107.

32. A. Pavlenko, *Emotions and Multilingualism* (Cambridge: Cambridge University Press, 2005).

33. T. Teicholz, ed., *Conversations with Jerzy Kosinski* (Jackson: University Press of Mississippi, 1993), 125.

34. J. M. Dewaele, "The Emotional Force of Swearwords and Taboo Words in the Speech of Multilinguals," *Journal of Multilingual and Multicultural Development* 25, no. 2 / 3 (2004): 204-222.

35. C. L. Harris, A. Ayiceği, and J. B. Gleason, "Taboo Words and Reprimands Elicit Greater Autonomic Reactivity in a First Language than in a Second Language," *Applied Psycholinguistics* 24, no. 4 (2003): 561-579.

36. C. L. Harris, "Bilingual Speakers in the Lab: Psychophysiological Measures of Emotional Reactivity," *Journal of Multilingual and Multicultural Development* 25, no. 2 / 3 (2004): 223-247.

37. W. Toivo and C. Scheepers, "Pupillary Responses to Affective Words in Bilinguals' First versus Second Language," *PLoS one* 14, no. 4 (2019): e0210450.

38. A. Costa, A. Foucart, S. Hayakawa, M. Aparici, J. Apesteguia, J. Heafner, and B. Keysar, "Your Morals Depend on Language," *PLoS one* 9, no. 4 (2014): e94842.

39. J. Geipel, C. Hadjichristidis, and L. Surian, "How Foreign Language Shapes Moral Judgment," *Journal of Experimental Social Psychology* 59 (2015): 8-17.

40. 리뷰에 대해서는 다음을 참조하라: S. Hayakawa, A. Costa, A. Foucart, and B. Keysar, "Using a Foreign Language Changes Our Choices," *Trends in Cognitive Sciences* 20, no. 11 (2016): 791-793.

41. I. Ulman, "Playground and Battlegrounds: A Child's Experience of Migration," in *Translating Lives: Living with Two Languages and Cultures*, ed. M. Besemeres and A. Wierzbicka, 45-55 (St. Lucia, Australia: University of Queensland Press, 2008).

42. Akkermans et al., "Cultural Accommodation and Language Priming."

43. Hoffman, *Lost in Translation*, 186.

44. E. Buxbaum, "The Role of the Second Language in the Formation of Ego and Superego," *Psychoanalytic Quarterly* 18 (1949): 279-289.

45. R. R. Greenson, "The Mother Tongue and the Mother," *International Journal of Psychoanalysis* 31 (1950): 18-23; 19.

46. R. Perez Foster, "Psychoanalysis and the Bilingual Patient: Some Observations on the Influence of Language Choice on the Transference," *Psychoanalytic Psychology* 9, no. 1 (1992): 61-76.

47. J. M. Dewaele and B. Costa, "Multilingual Clients' Experience of Psychotherapy," *Language and Psychoanalysis* 2, no. 2 (2013): 31-50.

48. J. S. Schwanberg, "Does Language of Retrieval Affect the Remembering of Trauma?" *Journal of Trauma & Dissociation* 11, no. 1 (2010): 44-56; 52.

49. Perez Foster, "Psychoanalysis and the Bilingual Patient," 68-9.

50. Dewaele and Costa, "Multilingual Clients' Experience of Psychotherapy."

51. W. James, *The Principles of Psychology* (New York: Henry Holt and Company, 1890), 1: 294.

52. Hoffman, *Lost in Translation*, 164.

4장. 갈등

1. K. Matsumoto, "Recent Language Change in Shoshone: Structural Consequences of Language Loss" (PhD diss., University of Utah, 2015).

2. R. Bringhurst, *The Tree of Meaning* (Berkeley, CA: Counterpoint, 2006), 288-289.

3. D. M. Abrams and S. H. Strogatz, "Modelling the Dynamics of Language Death," *Nature* 424, no. 6951 (2003): 900.

4. M. J. Spivey and V. Marian, "Cross Talk between Native and Second Languages: Partial Activation of an Irrelevant Lexicon," *Psychological Science* 10, no. 3 (1999): 281-284.

5. T. H. Gollan, R. I. Montoya, C. Fennema-Notestine, and S. K. Morris, "Bilingualism Affects Picture Naming but Not Picture Classification," *Memory and Cognition* 33, no. 7 (2005): 1220-1234.

6. C. Baus, A. Costa, and M. Carreiras, "On the Effects of Second Language Immersion on First Language Production," *Acta Psychologica* 142, no. 3 (2013): 402-409.

7. C. Frenck-Mestre, "Use of Orthographic Redundancies and Word Identification Speed in Bilinguals," *Journal of Psycholinguistic Research* 22, no. 4 (1993): 397-410.

8. T. H. Gollan and N. B. Silverberg, "Tip-of-the-Tongue States in Hebrew-English Bilinguals," *Bilingualism: Language and Cognition* 4, no. 1 (2001): 63-83.

9. N. Huston, *Losing North: Musings on Land, Tongue, and Self* (Toronto: McArthur & Company, 2002), 46.

10. C. B. Chang, "Rapid and Multifaceted Effects of Second-Language Learning on First-Language Speech Production," *Journal of Phonetics* 40, no. 2 (2012): 249-268.

11. M. L. Sancier and C. A. Fowler, "Gestural Drift in a Bilingual Speaker of Brazilian Portuguese and English," *Journal of Phonetics*, 25, no. 4 (1997): 421-436.

12. P. Athanasopoulos, B. Dering, A. Wiggett, J. R. Kuipers, and G. Thierry, "Perceptual Shift in Bilingualism: Brain Potentials Reveal Plasticity in Pre-attentive Colour Perception," *Cognition* 116, no. 3 (2010): 437-443.

13. B. C. Malt, R. L. Jobe, P. Li, A. Pavlenko, and E. Ameel, "What Constrains Simultaneous Mastery of First and Second Language Word Use?" *International Journal of Bilingualism* 20, no. 6 (2016): 684-699.

14. A. Pavlenko and B. C. Malt, "Kitchen Russian: Cross-linguistic Differences and First-Language Object Naming by Russian-English Bilinguals," *Bilingualism: Language and Cognition* 14, no. 1 (2011): 19-45.

15. M. S. Schmid and B. Kopke, "The Relevance of First Language Attrition to Theories of Bilingual Development," *Linguistic Approaches to Bilingualism* 7, no. 6 (2017): 637-667; 641.

16. T. Kupisch, F. Bayram, J. Rothman, "Terminology Matters II!: Early Bilinguals Show Cross-linguistic Influence but They Are Not Attriters," *Linguistic Approaches to Bilingualism* 7, no. 6 (2017): 719-724; H. Gyllstad and L. V. Suhonen, "Is Attrition a Type of Learning?" *Linguistic Approaches to Bilingualism* 7, no. 6 (2017): 700-703; A. Gurel, "Is Every Bilingual an L1 Attriter? The Unbearable Complexity of Defining L1 Attrition," *Linguistic Approaches to Bilingualism* 7, no. 6 (2017): 696-699; C. Flores, "Problematizing the Scope of Language Attrition from the Perspective of Bilingual Returnees," *Linguistic Approaches to Bilingualism* 7, no. 6 (2017): 691-695; I. M. Tsimpli, "Crosslinguistic Influence Is Not Necessarily Attrition," *Linguistic Approaches to Bilingualism* 7, no. 6 (2017): 759-762.

17. D. J. Saer, "The Effect of Bilingualism on Intelligence," *British Journal of Psychology* 14 (1923): 25-38; 38.

18. F. L. Goodenough, "Racial Differences in the Intelligence of School Children," *Journal of Experimental Psychology* 9 (1926): 388-397; 393.

19. M. K. Adler, *Collective and Individual Bilingualism: A Sociolinguistic Study* (Hamburg: Helmut

Buske Verlag, 1977), 40.

20. E. Peal and W. E. Lambert, "The Relation of Bilingualism to Intelligence," *Psychological Monographs: General and Applied* 76, no. 27 (1962): 1-23.

21. B. Hart and T. R. Risley, *Meaningful Differences in the Everyday Experience of Young American Children* (Baltimore: Brookes Publishing, 1995).

22. The Annie E. Casey Foundation, *Early Reading Research Confirmed: A Research Update on the Importance of Third-Grade Reading* (Baltimore: The Annie E. Casey Foundation, 2013).

23. C. S. Hammer, E. Hoff, Y. Uchikoshi, C. Gillanders, D. C. Castro, and L. E. Sandilos, "The Language and Literacy Development of Young Dual Language Learners: A Critical Review," *Early Childhood Research Quarterly* 29, no. 4 (2014): 715-733.

24. E. Bialystok, "Bilingual Education for Young Children: Review of the Effects and Consequences," *International Journal of Bilingual Education and Bilingualism* 21, no. 6 (2018): 666-679.

25. Y. S. G. Kim and B. Piper, "Cross-language Transfer of Reading Skills: An Empirical Investigation of Bidirectionality and the Influence of Instructional Environments," *Reading and Writing* 32, no. 4 (2019): 839-871.

26. M. Kaushanskaya and V. Marian, "The Bilingual Advantage in Novel Word Learning," *Psychonomic Bulletin & Review* 16, no. 4 (2009): 705-710; H. Yoshida, D. N. Tran, V. Benitez, and M. Kuwabara, "Inhibition and Adjective Learning in Bilingual and Monolingual Children," *Frontiers in Psychology* 2, no. 210 (2011), doi: 10.3389/fpsyg.2011.00210; P. Escudero, K. E. Mulak, C. S. Fu, and L. Singh, "More Limitations to Monolingualism: Bilinguals Outperform Monolinguals in Implicit Word Learning," *Frontiers in Psychology* 7, no. 1218 (2016), doi: 10.3389/fpsyg.2016.01218.

27. C. B. Chang, "Bilingual Perceptual Benefits of Experience with a Heritage Language," *Bilingualism: Language and Cognition* 19, no. 4 (2016): 791-809.

28. L. Singh, "Bilingual Infants Demonstrate Advantages in Learning Words in a Third Language," *Child Development* 89, no. 4 (2018): e397-e413.

29. J. Cummins, "Bilingualism and the Development of Metalinguistic Awareness," *Journal of Cross-Cultural Psychology* 9 (1978): 131-149; E. Bialystok, K. F. Peets, and S. Moreno, "Producing Bilinguals through Immersion Education: Development of Metalinguistic Awareness," *Applied Psycholinguistics* 35, no. 1 (2014): 177-191.

30. E. Bialystok, G. Luk, K. F. Peets, and S. Yang, "Receptive Vocabulary Differences in Monolingual and Bilingual Children," *Bilingualism: Language and Cognition* 13, no. 4 (2010): 525-531.

31. E. Hoffman, *Lost in Translation* (New York: Penguin, 1990), 272.

32. E. Dąbrowska, "Different Speakers, Different Grammars: Individual Differences in Native Language Attainment," *Linguistic Approaches to Bilingualism* 2, no. 3 (2012): 219-253.

33. S. Poplack, "Contrasting Patterns of Code-Switching in Two Communities," *Codeswitching: Anthropological and Sociolinguistic Perspectives* 48 (1988): 215-244.

34. E. Bialystok, F. I. Craik, R. Klein, M. Viswanathan, "Bilingualism, Aging, and Cognitive Control: Evidence from the Simon Task," *Psychology and Aging* 19, no. 2 (2004): 290-303.

35. These studies are reviewed in E. Bialystok, "The Bilingual Adaptation: How Minds Accommodate Experience," *Psychological Bulletin* 143, no. 3 (2017): 233-262.

36. E. Bialystok, F. I. Craik, and M. Freedman, "Bilingualism as a Protection against the Onset of Symptoms of Dementia," *Neuropsychologia* 45, no. 2 (2007): 459-464.

37. M. Antoniou, "The Advantages of Bilingualism Debate," *Annual Review of Linguistics* 5 (2019): 395-415.

38. S. Laporte, "Pourquoi parler francais?" *La Presse*, January 1, 2012. 프랑스어 원문은 다음과 같다: Pour de plus en plus de gens, une langue n'est qu'un code. Un outil interchangeable. Si c'est plus pratique parler anglais, parlons anglais. Si c'est plus pratique parler chinois, parlons chinois. Une langue, ce n'est pas seulement un ensemble de sons et de symboles qui permettent de parler au cellulaire et d'envoyer des textos. Une langue, c'est l'empreinte du coeur de ceux qui la parlent. C'est le repertoire des reflexions, des emotions, des experiences et des reves partages par une communaute. Notre langue n'est pas meilleure que celle des autres, mais c'est la notre. C'est notre vecu. C'est a nous qu'elle parle. Bien au-dela des mots. Nos rires, nos pleurs, nos soupirs sonnent francais. Et si on est fier de ce qu'on est, on est fier de la langue qui nous a permis de devenir ce que nous sommes. Notre realite, c'est en francais que nous l'avons nommee. Que nous la sommes appropriee.

39. A. Mizuta, "Memories of Language Lost and Language Learned: Parents and the Shaping of Chinese as a Heritage Language in Canada" (PhD diss., University of British Columbia, 2017).

40. C. Charalambous, "Language Education and 'Conflicted Heritage': Implications for Teaching and Learning," *Modern Language Journal* 103, no. 4 (2019): 874-891.

41. S. S. Mufwene, "The Ecology of Gullah's Survival," *American Speech* 72, no. 1 (1997): 69-83.

42. R. Castro, "Shifting the Burden of Bilingualism: The Case for Monolingual Communities," *Bilingual Review / La Revista Bilingüe* 3 (1976): 3-28.

43. Castro, "Shifting the Burden of Bilingualism," 15.

44. Castro, "Shifting the Burden of Bilingualism," 20.

45. A. Alesina and B. Reich, "Nation-Building," NBER Working Paper 18839, National Bureau

of Economic Research, 2013.

46. 폭력적 충돌이 있는 지역에 대해서는 다음을 참조하라: P. Collier and A. Hoeffler, "Greed and Grievance in Civil War," *Oxford Economic Papers* 56, no. 4 (2004): 563-595; H. Hegre and N. Sambanis, "Sensitivity Analysis of Empirical Results on Civil War Onset," *Journal of Conflict Resolution*, 50, no. 4 (2006): 508-535; 경제 발전이 더딘 지역에 대해서는 다음을 참조하라: A. Alesina and E. La Ferrara, "Ethnic Diversity and Economic Performance," *Journal of Economic Literature* 43, no. 3 (2005): 762-800.

47. R. D. Putnam, "*E pluribus unum:* Diversity and Community in the Twenty-First Century," The 2006 Johan Skytte Prize Lecture, *Scandinavian Political Studies* 30, no. 2 (2007): 137-174.

48. P. T. Dinesen and K. M. Sonderskov, "Ethnic Diversity and Social Trust: A Critical Review of the Literature and Suggestions for a Research Agenda," in *The Oxford Handbook on Social and Political Trust*, ed. E. Uslaner (Oxford: Oxford University Press, 2018).

49. 민족 다양성과 사회적 신뢰를 여러 나라에서 다양한 방법으로 측정한 87개 연구를 메타 분석한 논문이 있다. 자세한 내용은 다음을 참조하라: P. T. Dineson, M. Schaeffer, and K. M. Sonderskov, "Ethnic Diversity and Social Trust: A Narrative and Meta-analytical Review," *Annual Review of Political Science* 23 (2020): 441-465.

50. R. D. Enos, "Causal Effect of Intergroup Contact on Exclusionary Attitudes," *Proceedings of the National Academy of Sciences* 111, no. 10 (2014): 3699-3704.

51. J. D. Fearon and D. D. Laitin, "Explaining Interethnic Cooperation," *American Political Science Review* 90, no. 4 (1996): 715-735.

52. S. Bazzi, A. Gaduh, A. D. Rothenberg, and M. Wong, "Unity in Diversity? How Intergroup Contact Can Foster Nation Building," *American Economic Review* 109, no. 11 (2019): 3978-4025.

53. K. Desmet, J. F. Gomes, and I. Ortuno-Ortin, "The Geography of Linguistic Diversity and the Provision of Public Goods," *Journal of Development Economics* 143 (2020): 102384.

54. D. Stolle, S. Soroka, and R. Johnston, "When Does Diversity Erode Trust? Neighborhood Diversity, Interpersonal Trust and the Mediating Effect of Social Interactions," *Political Studies* 56 (2008): 57-75.

55. 예를 들어, 다음을 참조하라. G. Hodson, K. Costello, and C. C. McInnis, "Is Intergroup Contact Beneficial among Intolerant People? Exploring Individual Differences in the Benefits of Contact on Attitudes," in *Advances in Intergroup Contact*, ed. G. Hodson and M. Hewstone (London: Psychology Press, 2012), 49-80; G. Hodson, "Interracial Prison Contact: The Pros for (Socially Dominant) Cons," *British Journal of Social Psychology* 47 (2008): 325-351; K. Dhont and A. Van Hiel, "We Must Not Be Enemies: Interracial Contact and the Reduction of Prejudice among Authoritarians," *Personality and Individual Differences*, 46, no. 2

(2009): 172-177; E. P. Visintin, J. Berent, E. G. T. Green, and J. M. Falomir-Pichastor, "The Interplay between Social Dominance Orientation and Intergroup Contact in Explaining Support for Multiculturalism," *Journal of Applied Social Psychology* 49 (2019): 319-327.

56. Putnam, "*E pluribus unum.*"

57. 현대에는 분리된 디지털 공간이 분리된 물리적 공간의 기능 일부를 떠맡을 수 있다. S. M. Croucher and D. Rahmani, "A Longitudinal Test of the Effects of Facebook on Cultural Adaptation," *Journal of International and Intercultural Communication* 8 (2015): 330-345.

58. W. Labov, "Unendangered Dialects, Endangered People," in *Sustaining Linguistic Diversity*, ed. K. A. King, N. Schilling-Estes, L. Fogle, J. J. Lou, and B. Soukup, 219-238 (Washington, DC: Georgetown University Press, 2008).

59. "Su proprio idioma" translates into English as "his own language." R. Rodriguez, *Hunger of Memory: The Education of Richard Rodriguez* (New York: Bantam Dell, 1982), 28-29.

60. M. Schmid, *Language Attrition* (Cambridge: Cambridge University Press, 2011), 83-84.

61. A-M. D. Nguyen and V. Benet-Martinez, "Biculturalism and Adjustment: A Meta-analysis," *Journal of Cross-Cultural Psychology* 44, no. 1 (2013): 122-159.

62. M. A. Yampolsky, C. E. Amiot, and R. de la Sablonniere, "Multicultural Identity Integration and Well-Being: A Qualitative Exploration of Variations in Narrative Coherence and Multicultural Identification," *Frontiers in Psychology* 4 (2013): Article 126.

63. A. K-y. Leung, S. Liou, E. Miron-Spektor, B. Koh, D. Chan, R. Eisenberg, and I. Schneider, "Middle Ground Approach to Paradox: Within-and Between-Culture Examination of the Creative Benefits of Paradoxical Frames," *Journal of Personality and Social Psychology* 114, no. 3 (2018): 443; M. A. Gocłowska and R. J. Crisp, "How Dual-Identity Processes Foster Creativity," *Review of General Psychology* 18, no. 3 (2014): 216-236.

64. Putnam, "*E pluribus unum.*"

65. A. Levy, E. Halperin, M. van Zomeren, and T. Saguy, "Inter-racial Gateways: The Potential of Biracials to Reduce Threat and Prejudice in Inter-racial Dynamics," *Race and Social Problems* 11 (2019): 119-132.

66. A. Levy, T. Saguy, M. van Zomeran, and E. Halperin, "Ingroups, Outgroups, and the Gateway Groups Between: The Potential of Dual Identities to Improve Intergroup Relations," *Journal of Experimental Social Psychology* 70 (2017): 260-271.

67. '트랜스랭귀지'라는 용어는 이중언어 교육으로 웨일스어와 영어를 혼합하려던 웨일스 교육자들이 최초로 사용하였다. 예를 들어, 다음을 참조하라: C. Williams, "*Arfarniad o ddulliau dysgu ac addysgu yng nghyd-destun addysg uwchradd ddwyieithog* [An Evaluation of Teaching and Learning Methods in the Context of Bilingual Secondary Education]" (PhD diss., University of Wales, Bangor, UK, 1994). 그리고 영향력이 큰 교육 전문가들이 이 용어를 선택하여 유명하게

만들었다. 다음은 그중 하나다: O. Garcia, *Bilingual Education in the 21st Century: A Global Perspective* (Oxford: Wiley-Blackwell, 2009).

68. A. Ticheloven, E. Blom, P. Leseman, and S. McMonagle, "Translanguaging Challenges in Multilingual Classrooms: Scholar, Teacher and Student Perspectives," *International Journal of Multilingualism* (2016), 3; doi: 10.1080/14790718.2019.1686002.

69. Ticheloven, Blom, Leseman, and McMonagle, "Translanguaging Challenges in Multilingual Classrooms."

70. Dead Obies. Do 2 Get. *Gesamtkunstwerk*, 2016.

71. C. Rioux, "J'rape un suicide," *Le Devoir*, July 18, 2014, https://www.ledevoir.com/opinion/chroniques/413795/j-rape-un-suicide.

72. S. Poplack, L. Zentz, and N. Dion, "Phrase-Final Prepositions in Quebec French: An Empirical Study of Contact, Code-Switching and Resistance to Convergence," *Bilingualism: Language and Cognition* 15, no. 2 (2011): 203-225.

73. Bringhurst, *The Tree of Meaning*, 289.

5장. 회복

1. E. Fromm, "Age Regression with Unexpected Appearance of a Repressed Childhood Language," *International Journal of Clinical and Experimental Hypnosis* 18, no. 2 (1970): 79-88.

2. R. Footnick, "A Hidden Language: Recovery of a 'Lost' Language Is Triggered by Hypnosis," in *Language Attrition: Theoretical Perspectives*, ed. B. Kopke, M. Schmid, M. Keijzer, and S. Dostert, 169-187 (Amsterdam: John Benjamins, 2007), 169-189.

3. C. Pallier, S. Dehaene, J. B. Poline, D. LeBihan, A. M. Argenti, E. Dupoux, and J. Mehler, "Brain Imaging of Language Plasticity in Adopted Adults: Can a Second Language Replace the First?," *Cerebral Cortex* 13, no. 2 (2003): 155-161.

4. H. Ebbinghaus, *Memory: A Contribution to Experimental Psychology*, trans. H. A. Ruger and C. E. Bussenius (New York: Columbia University, 1885); T. Nelson, "Detecting Small Amounts of Information in Memory: Savings for Non-recognized Items," *Journal of Experimental Psychology: Human Learning and Memory* 4 (1978): 453-468.

5. L. Isurin and C. Seidel, "Traces of Memory for a Lost Childhood Language: The Savings Paradigm Expanded," *Language Learning* 65, no. 4 (2015): 761-790.

6. T. K. F. Au, J. S. Oh, L. M. Knightly, S. A. Jun, and L. F. Romo, "Salvaging a Childhood Language," *Journal of Memory and Language* 58, no. 4 (2008): 998-1011.

7. P. K. Kuhl, "Early Language Acquisition: Cracking the Speech Code," *Nature Reviews Neuroscience* 5 (2004): 831-843.

8. Emily Dickinson, *The Poems of Emily Dickinson: Reading Edition*, edited by Ralph W. Franklin (Cambridge, MA: The Belknap Press of Harvard University Press, 1998). Copyright c 1998, 1999 by the President and Fellows of Harvard College.

9. L. Singh, J. Liederman, R. Mierzejewski, and J. Barnes, "Rapid Reacquisition of Native Phoneme Contrasts after Disuse: You Do Not Always Lose What You Do Not Use," *Developmental Science* 14, no. 5 (2011): 949-959.

10. J. Choi, A. Cutler, and M. Broersma, "Early Development of Abstract Knowledge: Evidence from Perception-Production Transfer of Birth-Language Memory," *Royal Society Open Science* 4 (2017): 160660.

11. L. J. Pierce, D. Klein, J. K. Chen, A. Delcenserie, and F. Genesee, "Mapping the Unconscious Maintenance of a Lost First Language," *Proceedings of the National Academy of Sciences* 111, no. 48 (2014): 17314-17319.

12. L. Hansen, Y. Umeda, and M. McKinney, "Savings in the Relearning of Second Language Vocabulary: The Effects of Time and Proficiency," *Language Learning*, 52, no. 4 (2002): 653-678.

13. J. D. Greene, J. R. Hodges, and A. D. Baddeley, "Autobiographical Memory and Executive Function in Early Dementia of Alzheimer Type," *Neuropsychologia* 12 (1995): 1647-1670. 그러나 일부 퇴행성 신경질환은 알츠하이머와 반대되는 양상을 보인다. 즉 예전 기억보다 최근 기억에 더 쉽게 접근한다. 예를 들어, 다음을 참조하라: P. Piolino, B. Desgranges, S. Belliard, V. Matuszewski, C. Lalevee, V. De La Sayette, and F. Eustache, "Autobiographical Memory and Autonoetic Consciousness: Triple Dissociation in Neurodegenerative Diseases," *Brain* 126, no. 10 (2003): 2203-2219.

14. M. S. Schmid and M. Keijzer, "First Language Attrition and Reversion among Older Migrants," *International Journal of the Sociology of Language* 200 (2009): 83-101.

15. C. M. Morrison and A. W. Ellis, "Roles of Word Frequency and Age of Acquisition in Word Naming and Lexical Decision," *Journal of Experimental Psychology: Learning, Memory, and Cognition* 21, no. 1 (1995): 116.

16. C. J. Fiebach, A. D. Friederici, K. Muller, D. Y. Von Cramon, and A. E. Hernandez, "Distinct Brain Representations for Early and Late Learned Words," *NeuroImage* 19, no. 4 (2003): 1627-1637.

17. J. K. Hartshorne, J. B. Tenenbaum, and S. Pinker, "A Critical Period for Second Language Acquisition: Evidence from 2 / 3 Million English Speakers," *Cognition* 177 (2018): 263-277.

18. A. S. Finn, T. Lee, A. Kraus, and C. L. H. Kam, "When It Hurts (and Helps) to Try: The

Role of Effort in Language Learning," *PloS one* 9, no. 7 (2014): e101806.

19. B. Chandrasekaran, H. G. Yi, and W. T. Maddox, "Dual-Learning Systems during Speech Category Learning," *Psychonomic Bulletin & Review* 21, no. 2 (2014): 488-495.

20. B. Vermaercke, E. Cop, S. Willems, R. D'Hooge, and H. P. O. de Beeck, "More Complex Brains Are Not Always Better: Rats Outperform Humans in Implicit Category-Based Generalization by Implementing a Similarity-based Strategy," *Psychonomic Bulletin & Review* 21, no. 4 (2014): 1080-1086.

21. E. H. Smalle, M. P. Page, W. Duyck, M. Edwards, and A. Szmalec, "Children Retain Implicitly Learned Phonological Sequences Better than Adults: A Longitudinal Study," *Developmental Science* 21, no. 5 (2017): e12634.

22. R. M. DeKeyser, "The Robustness of Critical Periods Effects in Second Language Acquisition," *Studies in Second Language Acquisition* 22, no. 4 (2000): 499-533.

23. B. H. Huang, "A Synthesis of Empirical Research on the Linguistic Outcomes of Early Foreign Language Instruction," *International Journal of Multilingualism* 13, no. 3 (2016): 257-273.

24. 예를 들어, 다음을 참고하라. S. Beaudrie, and C. Ducar, "Beginning Level University Heritage Programs: Creating a Space for All Heritage Language Learners," *Heritage Language Journal* 3 (2005): 1-26; M. A. Bowles and S. A. Montrul, "Heritage Spanish Speakers in University Language Courses: A Decade of Difference," *ADFL Bulletin* 43, no. 1 (2014): 112-122.

25. M. M. Baese-Berk, A. R. Bradlow, and B. A. Wright, "Accent-Independent Adaptation to Foreign Accented Speech," *Journal of the Acoustical Society of America* 133, no. 3 (2013): EL174-EL180.

26. Statistics Canada, 2016 Census of Population, Statistics Canada Catalogue no. 98-400-X2016159, https://www12.statcan.gc.ca/census-recensement/2016/dp-pd/dt-td/Rp-eng.cfm

27. N. H. Lee and J. Van Way, "Assessing Levels of Endangerment in the Catalogue of Endangered Languages (ELCat) using the Language Endangerment Index (LEI)," *Language in Society* 45, no. 2 (2016): 271.

28. W. O'Grady and R. Hattori, "Language Acquisition and Language Revitalization," *Language Documentation and Conservation* 10 (2016): 46-58.

29. R. K. Hill, "Bilingual Education in Aotearoa / New Zealand," in *Bilingual and Multilingual Education*, 3rd ed., ed. O. Garcia, A. Lin, and S. May, 329-345 (Cham, Switzerland: Springer, 2017).

30. C. Gallegos, W. E. Murray, and M. Evans, "Research Note: Comparing Indigenous

Language Revitalisation: Te reo Māori in Aotearoa New Zealand and Mapudungun in Chile," *Asia Pacific Viewpoint* 51, no. 1 (2010): 91-104.

31. N. A. Chambers, " 'They All Talk Okanagan and I Know What They Are Saying.' Language Nests in the Early Years: Insights, Challenges, and Promising Practices" (PhD diss., University of British Columbia (Okanagan), 2014).

32. Chambers, "They All Talk Okanagan and I Know What They Are Saying."

33. E. K. Okura, "Language Nests and Language Acquisition: An Empirical Analysis" (PhD diss., University of Hawai'i at Māoa, 2017).

34. D. Stiles, "Four Successful Indigenous Language Programs," *Teaching Indigenous Languages*, 1997, https://files.eric.ed.gov/fulltext/ED415079.pdf.

35. O'Grady and Hattori, "Language Acquisition and Language Revitalization."

36. R. Berman, "The Re-emergence of a Bilingual: A Case Study of a Hebrew-English Speaking Child," *Working Papers on Bilingualism* 19 (1979): 158-179.

37. T. H. Gollan, J. Starr, and V. S. Ferreira, "More than Use It or Lose It: The Number of Speakers Effect on Heritage Language Proficiency," *Psychonomics Bulletin Review* 22, no. 1 (2015): 147-155.

38. M-L. Olthuis, S. Kivela, and T. Skutnabb-Kangas, "Revitalising Indigenous Languages: How to Recreate a Lost Generation," *Multilingual Matters* (2013): 10.

39. Olthuis, Kivela, and Skutnabb-Kangas, "Revitalising Indigenous Languages," 138.

40. N. Lakritz, "More Money Won't Save Aboriginal Languages," *Calgary Herald*, July 11, 2015.

41. Chambers, "They All Talk Okanagan and I Know What They Are Saying."

42. H. Bliss and M. Creed, *Costing Models for Language Maintenance*, Revitalization, and Reclamation in Canada, Report for the First Peoples' Cultural Council, 2018, https://fpcc.ca/wp-content/uploads/2020/07/Bliss and Creed Costing Models-FINAL FORMATTED.pdf.

43. J. McWhorter, *Language Interrupted: Signs of Non-native Acquisition in Standard Language Grammars* (Oxford: Oxford University Press, 2007).

44. McWhorter, *Language Interrupted*, 15.

45. G. Lupyan and R. Dale, "Language Structure Is Partly Determined by Social Structure," *PloS one* 5, no. 1 (2010): e8559; P. Trudgill, "Social Structure, Language Contact and Language Change," in *The Sage Handbook of Sociolinguistics*, ed. R. Wodak, B. Johnstone, and P. Kerswill (Los Angeles: Sage, 2011), 236-248; A. Wray and G. W. Grace, "The Consequences of Talking to Strangers: Evolutionary Corollaries of Socio-cultural Influences on Linguistic

Form," *Lingua* 117, no. 3 (2007): 543-578.

46. W. Labov, *Principles of Language Change: Cognitive and Cultural Factors*, vol. 3 (Chichester, UK: Wiley-Blackwell, 2010).

47. J. Fellman, "Concerning the 'Revival' of the Hebrew Language," *Anthropological Linguistics* 15, no. 5 (1973): 250-257.

48. G. Zuckermann, "Hebrew Revivalists' Goals vis-a-vis the Emerging Israeli Language," in *The Handbook of Language and Ethnic Identity: The Success and Failure Continuum*, ed. J. A. Fishman and O. Garcia (Oxford: Oxford University Press, 2011), 2:70.

49. W. James, *The Principles of Psychology*, vol. 1 (New York: Henry Holt and Company, 1890).

50. Olthuis, Kivela, and Skutnabb-Kangas, "Revitalising Indigenous Languages," 19.

6장. 고향

1. J. E. Chamberlin, *If This Is Your Land, Where Are Your Stories? Finding Common Ground* (Toronto: Vintage Canada, 2003).

2. Translation by Julie Sedivy.

3. B. Hrabal, *Too Loud a Solitude*, translated by M. H. Heim (San Diego: Harcourt, 1990), 1.

4. L. Saxon, S. A. Zoe, G. Chocolate, and A. Legat, *Dogrib Knowledge on Placenames, Caribou, and Habitat*. Report submitted by the Dogrib Treaty 11 Council to the West Kitikmeot Slave Study Society, 2002, https://www.enr.gov.nt.ca/sites/enr/files/wkssdogribknowledge2002.pdf.

5. J. Dulewich, "Stoney Ceremony Commemorates Untold Lake Louise History," *Rocky Mountain Outlook*, August 30, 2020.

6. J. McWhorter, *What Language Is (and What It Isn't and What It Could Be)* (New York: Gotham Books, 2011).

7. J. W. Brink, *Imagining Head-Smashed-In: Aboriginal Buffalo Hunting on the Northern Plains* (Edmonton: Athabasca University Press, 2008), xiii.

8. I. Genee and M.-O. Junker, "The Blackfoot Language Resources and Digital Dictionary Project: Creating Integrated Web Resources for Language Documentation and Revitalization," *Language Documentation and Conservation* 12 (2018): 274-314.

9. W. Olson, "Bison," *The Canadian Encyclopedia*, 2013, https://www.thecanadianencyclopedia.ca/en/article/bison

10. 블랙풋어 표준사전은 다음을 참조하라: D. G. Frantz and N. J. Russell, *The Blackfoot Dictionary of Stems, Roots, and Affixes*, 3rd ed. (Toronto: University of Toronto Press, 2017); 문법 책으로는 다음을 참조하라: D. G. Frantz, *Blackfoot Grammar*, 3rd ed. (Toronto: University of Toronto Press, 2017). 온라인 자료는 블랙풋 언어 자료원Blackfoot Language Resources에서 만든 '블랙풋어 사전'이 있다: https://dictionary.blackfoot.atlas-ling.ca/#/help.

11. J. Mehler, P. Jusczyk, G. Lambertz, N. Halsted, J. Bertoncini, and C. Amiel-Tison, "A Precursor of Language Acquisition in Young Infants," *Cognition* 29, no. 2 (1988): 143-178.

12. Adapted from P. Bakker, *A Language of Our Own: The Genesis of Michif, the Mixed Cree-French Language of the Canadian Métis* (Oxford: Oxford University Press, 1997), 5.

13. J. Teillet, *The North-West Is Our Mother: The Story of Louis Riel's People* (Toronto: HarperCollins, 2019).

14. D. Goodhart, *The Road to Somewhere: The Populist Revolt and the Future of Politics* (Oxford: Oxford University Press, 2017).

찾아보기